譯註 鴿原雜詠

乾 目

拙齋先生集

譯註

鴒原雜詠

乾 三

拙齋先生集

신범식(申範植)

충북 청주 출생(자 仲楷).
가정에서 부친 景雲公과 청주향교 명륜당에서 申若浩 선생으로부터 한문을 수학하고, 상당고전연구소 石邨 李斗熙 선생과 한국고전번역원 명예교수 寒松 成百曉 선생을 사사하였다.

청주대학교 사범대학 한문교육과 졸업하고, 청주대학교 대학원 한문학과에서 석사학위를, 한성대학교 대학원 국문학과에서 박사학위를 받았다.
유원대학교 교수로 교양융합학부장·도서관장·평생교육원장·학생처장·교무처장·대학원장을 지냈고, 현재 부총장이다.

국사편찬위원회 《승정원일기》 정보화사업 교열위원을 거쳐, 백곡김득신기념사업회 연구위원, 증평학연구소 연구위원, 유원대학교 호서문화연구소 전임연구위원, (사)해동경사연구소 이사, 충청북도 문화유산위원회 전문위원으로 활동하고 있다.

주요 저역서로는 『국역 백곡집』(2006문화관광부 우수학술도서, 2006), 『백곡 김득신의 문학론과 문학세계』(2011대한민국학술원 우수학술도서, 2010), 『譯註 名家寶墨』(공역, 2011), 『(국역)영조국장도감의궤』(공역, 2018), 『道岡詩稿』(2019), 『예관신규식전집 제1권·아목루』(공역, 2019), 『역주 농계유고』(공역, 2020), 『譯註 大谷集』(공역, 2021) 외 다수가 있다.

譯註 鴿原雜詠 乾 ⊟ | 拙齋先生集

제1판 제1쇄 발행 2025년 11월 24일

지은이 신식
옮긴이 신범식
펴낸이 허재식
펴낸곳 고반
주소 (28042) 충청북도 괴산군 소수면 민들레마을길 58.
전화 043-832-1866
전송 0504-241-1866
전자우편 gb@gobanbooks.com
홈페이지 www.gobanbooks.com
블로그 blog.naver.com/gobanbooks
출판신고 제446-251002009000053호(2009년 7월 27일)
ISBN 978-89-97169-71-9 (94810)
978-89-97169-69-6 (전3권)

값 70,000원(전3권)
옮긴이와 협의하여 인지는 생략합니다.

이 책은 '고령신씨영성군파종약회'의 지원을 받아 제작되었습니다.

쌍천서원(雙泉書院)

1695년(숙종 21)에 대사헌(大司憲)을 지낸 졸재(拙齋) 선생을 배향하기 위해 세운 서원이다. 2015년에 청주시 향토유적 제6호로 지정되었으며, 충청북도 청주시 상당구 낭성면 무성리에 있다.

효자 정려

쌍천서원에 걸려 있는 졸재 선생의 효자 정려 편액이다. 편액에는 '효자 증 자헌대부 이조판서 겸 지경연의금부춘추관성균관사 홍문관대제학 예문관대제학 오위도총부도총관 행 가의대부 사헌부대사헌 겸 동지춘추관사 신식지문(孝子贈資憲大夫吏曹判書兼知經筵義禁府春秋館成均館事弘文館大提學藝文館大提學五衛都摠府都摠管行嘉義大夫司憲府大司憲兼同知春秋館事申湜之門)'이라고 쓰여 있다.

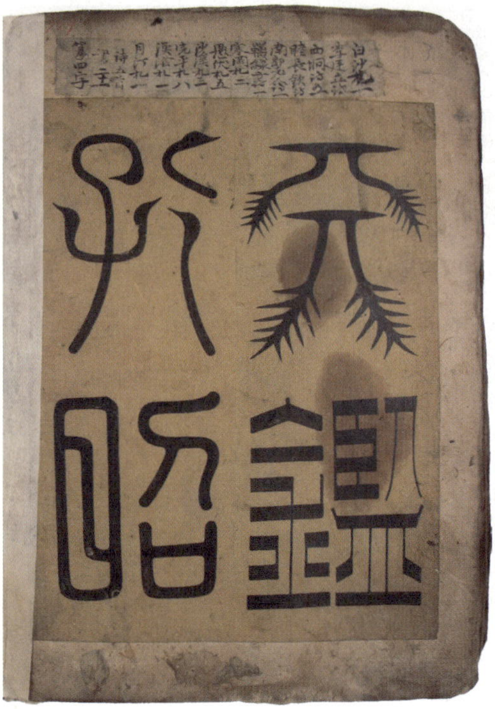

천감공소(天鑑孔昭)
'하늘이 굽어봄이 매우 소상하다'는 뜻으로 졸재 선생은 이 네 자를 벽에 걸어두고 항상 군주의 은혜를 갚겠다는 뜻을 간직하였다.
《역주 명가보묵(譯註 名家寶墨)》

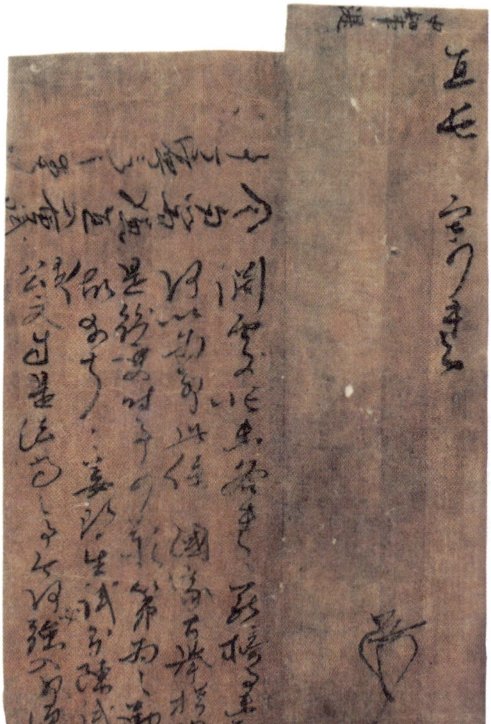

졸재 선생 필적
淵處忙 未各書 罷榜事 未知何以爲耶 此係國家大擧措 如是紛更 時事可歎 第爲之動 做幸甚 姜期生試 則陳試 有公文 自是法 當之事 今何 必強入耶 須令勿以爲嫌 直入會議事 丁寧言之幸甚
直長 寄書

대궐 안에서 바빠 각각 따로 편지 쓰지 못합니다. 파방(罷榜) 문제는 어떻게 할 것인지요? 이것은 국가에 관련된 큰 조치인데 이렇게 분란스러우니, 시국이 개탄스럽습니다. 다만 그 문제를 위하여 열심히 노력하시면 천만 다행이겠습니다. 강낭(姜郎)의 생원시(生員試)는 진시(陳試)의 공문이 있으며 그 자체로 합법적 일인데, 지금 하필이면 억지로 초시에 넣습니까? 반드시 혐의가 있다고 생각하지 말고, 바로 회시(會試)에 들어가라고 정녕 말해주시면 좋겠습니다.
(성균관대학교박물관)

拙齋先生集

目次

시 | 詩

|오언절구|五言絶句|

|오언사운|五言四韻|

|칠언절구|七言絶句|

|칠언사운|七言四韻|

문 文

|기|記|

|제문|祭文|

|전|傳|

|차|箚|

|답교|答教|

부록 | 附錄

|관동별장|關東別章|

|춘천별장|春川別章|

|호서별장|湖西別章|

|서|書|

|명|銘|

|좌목|座目|

습유 | 拾遺

시·문 | 詩·文

| 시 | 詩 |

| 계 | 啓 |

| 발 | 跋 |

| 묘비문 | 墓碑文 |

| 제문 | 祭文 |

제현(諸賢)의 글

|경수연 시|慶壽宴詩|

|별장|別章|

|호(號)와 관련한 시|

|계|啓|

|상량문|上樑文|

|서|書|

|설|說|

|기|記|

|후서|後敍|

|발|跋|

|만사|挽詞|

|제문|祭文|

|잡록|雜錄|

|행장|行狀|

拙齋先生集

시

詩

오언절구五言絶句

동헌에 걸린 시에 차운하다

次東軒韻

北地寒常晩	북녘 땅이라 추위가 늘 더디 가니
春深尙有霜	봄 깊어도 오히려 서리가 내리네.
詩情空惝怳	시정(詩情)은 부질없이 심란한데
靑草小池傍	푸른 풀 작은 못가에 돋았구나.

눈 내리는 밤에

雪夜

淡月三更白	맑은 달 한밤에 환한데
寒燈一點靑	찬 등불 한 점이 푸르네.
寥寥坐深夜	쓸쓸해라 깊은 밤에 앉아
時復閱玄經	이따금씩 현경[1]을 읽는다.

다시 앞 시의 운자를 써서 짓다

再用前韻

勒梅仍妬白	매화 꽃망울 짓누르니 흰색 질투함이요
壓竹欲埋靑	댓잎을 압도하니 푸르름 덮고자 함이네.
不辭侵夜榻	밤 책상에 들이치길 마다치 않으니
留取映殘經	그대로 두고 해진 경전이나 비춰보리.

1) 현경(玄經) : 《주역(周易)》의 별칭이다. 한(漢)나라 양웅(揚雄)이 저술한 《태현경(太玄經)》을 이르기도 한다.

정관재에서 함께 얘기 나누며

靜觀齋共話

冬日溫於絮　겨울 날씨가 솜보다 따뜻하니
披襟坐小齋　옷자락 헤치고[2] 작은 서재에 앉았네.
新豐酒可貰　신풍의 맛난 술[3]을 사와야 될 터
一酌瀉幽懷　한잔 술에 그윽한 회포 쏟아 놓으리.

앞 시의 운으로 다시 지어 이자유가 찾아와 준 데 사례하다

再用前韻 謝李子瑜來訪

閒中人事絕　한적한 곳이라 왕래가 끊어지니
還坐太常齋　도리어 태상의 재궁[4]에 앉은 듯.
乾坤一俯仰　천지를 한번 이리저리 둘러보니
緬彼古無懷　먼 옛날 무회씨[5] 때 사람이로고.

다시 앞 시의 운자를 사용하여 3수

再用前韻 三首

繩絲蓬作戶　밧줄로 엮고 쑥대로 지게문 얽어
蕙帳竹爲齋　혜초의 장막[6]에 대나무로 집을 엮었네.

---

2) **옷자락 헤치고** : 원문의 '피금(披襟)'은 서로 흉금을 터놓았다는 중의적 표현이기도 하다.

3) **신풍(新豐)의 맛난 술** : 신풍에서 생산되는 맛이 좋은 술을 이른다. 왕유(王維)의 〈소년행(少年行)〉 시에 "신풍 땅의 맛 좋은 술 한 말에 만전이고, 함양의 유협들은 대부분이 소년이로세.[新豐美酒斗十千 咸陽遊俠多少年]"라는 시구가 있다.

4) **태상(太常)의 재궁(齋宮)** : '태상'은 종묘(宗廟)의 제사를 관장하는 관명(官名)이고, '재궁'은 옛날 무덤을 지키고 죽은 이의 명복(冥福)을 빌기 위하여 묘소 옆에 지은 집이다. 전하여 종묘의 재궁처럼 평소 사람의 왕래가 없다는 말이다.

5) **무회씨(無懷氏)** : 중국 상고 시대의 제왕으로, 그 시대에는 풍속이 순박해서 아무런 근심 걱정도 없었다는 내용이 도잠의 〈오류선생전찬(五柳先生傳贊)〉에 보인다.

6) **혜초의 장막** : 원문의 '혜장(蕙帳)'은 향기로운 혜초(蕙草)로 엮은 장막이라는 뜻으로, 은자(隱者)의 처소를 의미한다. 남북조 시대 남조의 송(宋)나라 사람 공치규(孔稚珪)의 〈북산이문(北山移文)〉에 은자가 떠나고 난 뒤의 정경을 묘사하며 "혜장이 텅 비자 밤에 학이 원망하고, 산 사람이 떠나가자 새벽에 원숭이가 놀라 우네.[蕙帳空兮夜鶴怨 山人去兮曉猿驚]"라고 표현한 말이 나온다.

山居多歲月　　산중에 거처해 세월도 제법 흘렀건만
塵累不縈懷　　속세의 번뇌 마음속에 얽혀 있지 않네.

朝日出東方　　아침 햇살 동녘에서 떠올라
照此向南齋　　여기 남녘 향한 서재 비추네.
終然不可遍　　끝까지 두루 다 비출 수 없으니
陰谷若爲懷　　음지 골짝의 이 마음 어쩔거나.

誰言陋巷僻　　뉘 누추한 시골 궁벽타 하나
有此靜觀齋　　이곳에 정관재가 있거늘.
至樂初非假　　지극한 즐거움 애초 빌리지 못하니
浮榮豈累懷　　헛된 영화 어찌 속마음에 누되랴.

유주[7]의 아이
幽州兒

有客虬髯紫　　굽돈 용처럼 붉은 수염의 길손
鎧甲金鱗光　　갑옷은 금 비늘인 양 빛나네.
飜身賈餘勇　　몸을 뒤쳐 남은 용맹을 펼쳐
馳突古戰場　　옛 싸움터로 치달려 내달네.

7) 유주(幽州) : 중국의 고대 구주(九州) 가운데 하나다. 전국 시대 연(燕)나라 땅에 해당되며, 지금의 하북성(河北省) 북부와 요령성(遼寧省) 일대가 여기에 속한다. 예로부터 이곳에는 열사들이 많이 난다고 칭해졌다.

오언사운五言四韻

수락암
水落菴

琮琤聆夜玉　졸졸졸 물소리 밤새 옥 굴리고
汩瀄韻幽泉　돌돌돌 깊숙한 샘물소리 울리네.
茶竈雲猶濕　차 달이는 아궁이 운무에 젖어들고
荊薪火不燃　가시섶은 불에 지펴지지 않는구나.
瓦罇鳴綠醑　동이에는 맛난 술 익는 소리 나고
金鴨裊青烟　금빛 향로에는 푸른 연기 살랑이네.
獨抱瑤琴奏　홀로 거문고를 안고 연주하자니
那時月滿天　어느 때나 달빛 하늘에 가득할까.

작은 서재에서
小齋

怕寒墐北戶　추위가 걱정스러워 북녘 창 바르고
負瀑坐南楹　폭포를 등지고 남쪽 마루에 앉았네.
殘雪松間白　잔설은 소나무 사이로 하얗고
輕風竹外淸　산들바람 대숲 밖에서 맑아라.
琴書元有契　거문고와 서책은 원래 서로 맞으니
詩酒更關情　시와 술은 더욱 정회를 일으키느니.
緬彼西方美　멀리 서방의 미인[8]을 생각하니

8) 서방(西方)의 미인(美人) : 서주(西周)의 어진 임금들을 가리킴. 《시경(詩經)》 〈패풍(邶風)·간혜(簡兮)〉에 "누구를 생각하는가, 서방의 미인이로다. 저 미인은 바로 서방 사람이로다.[云誰之思 西方美人 彼美人兮 西方之人兮]" 한 데서 온 말인데, 서방의 미인이란 바로 서주(西周)의 성왕(聖王)을 가리키며, 이 시는 현자(賢者)가 쇠세(衰世)에서 뜻을 얻지 못하여 서주의 융성하던 시대를 생각하고 노래한 것이다.

雙龍匣裡鳴　　쌍룡의 검 칼집 속에서 우누나.[9]

겨울밤 나그네의 회포

冬夜客懷

牕前密雪亂　　창밖에는 함박눈 어지러이 내리는데
席下嚴霜凝　　자리 밑에는 엄한 성애가 엉겨 있구나.
突久寒如鐵　　굴뚝은 오래 묵어 차갑기 쇠와 같고
衣穿結若繩　　옷은 해어져 기운 것이 노끈 같구나.
含盃酒無力　　술잔을 기울여도 효력이 없으니
撲面風有稜　　얼굴 치는 바람은 사납기만 하네.
凜冽冬威酷　　몹시 추운 겨울의 위세가 혹독하니
客愁轉不勝　　나그네의 시름 점점 이기지 못할레.

압록강에서 부윤 이선복의 시에 차운하다

鴨綠江 次府尹李善復韻

鴨綠三江水　　압록강의 세 줄기 물길은
朝宗萬古流　　조종[10]하려 만고에 흐르네.
行人一劍在　　떠나는 사람은 한 자루 칼 지니고
暮子四方遊　　늘그막에 사방을 떠돌아다니네.[11]

---

9) **쌍룡(雙龍)의 …… 우누나** : 쌍룡검(雙龍劍)은 전설 속의 보검인 용천검(龍泉劍)과 태아검(太阿劍)을 말한다. 진(晉)나라 때 뇌환(雷煥)이 용천(龍泉)과 태아(太阿)의 두 명검을 얻어 하나는 자기가 차고 하나는 장화(張華)에게 주었는데, 그 뒤에 장화가 복주(伏誅)되면서 그 칼도 없어지고 뇌환의 칼은 아들이 차고 다니다가, 복건성(福建省) 연평진(延平津)에 이르렀을 때 차고 있던 칼이 갑자기 물속으로 뛰어들면서, 없어졌던 장화의 칼과 합하여 두 마리의 용으로 변한 뒤 사라졌다는 고사가 전한다.《晉書 張華傳》 여기에서 갑 속에 있는 보검은 주로 세상에 알려지지 못한 자신의 재능을 비유한다.

10) **조종(朝宗)** : 제후들이 천자(天子)를 찾아가서 조회(朝會)하는 명칭으로 그 형세가 마치 강물이 바다로 흘러들어가 모이는 것과 같기에 이른 것이다.《서경(書經)》〈우공(禹貢)〉에 "강수(江水)와 한수(漢水)가 바다에 조종하다.[江漢朝宗于海]"라고 하였다.

11) **늘그막에 …… 떠돌아다니네** : 원문의 '모자(暮子)'는 날은 저무는데 돌아가지 못하는 자식을 말한 듯도 보인다. 참고로 당나라 맹교(孟郊)의 〈유자음(遊子吟)〉에 "어머니 손 안의 실이, 길 떠난 아들 몸 위의 옷일세. 떠날 때 촘촘히 꿰매주셨으니, 더디 돌아올까 걱정하는 뜻일세. 한 치의 풀 같은 자식의 마

解纜我當去　　닻줄을 걷어 올리매 내 떠나야할 터
牽衣君莫留　　옷자락 잡으며 그대 만류하지 마시게.
平生報國志　　한평생 나라에 보답하려는 뜻이거니
今日肯回頭　　오늘 기꺼이 고개를 돌리련다네.

저무는 봄날 감회

暮春有感

春風日又日　　봄바람이 날로 날로 불어오더니
芳菲看向歇　　향기로운 화초 뜸해짐을 보겠네.
園桃紅落雨　　동산의 복사꽃 붉게 빗발 날리고
溪柳白飛雪　　냇가 버들솜 하얀 눈발 흩날리네.
對之嗒無言　　마주 대한 채 말조차 잊었거니
豈不感時節　　가는 계절 어찌 느껍지 않으랴.
白日欺靑陽　　밝은 시대 청춘[12] 헛되이 보내
紅顔忽黃髮　　홍안이 홀연 황발이 되었네.

人生豈草木　　인생이 어찌 초목과 같으랴
年年花再發　　해마다 꽃은 다시 피어난다네.
況此美人阻　　하물며 미인과 만나지 못하고
屢月音塵闕　　여러 달 소식마저 오질 않네.
川路長且長　　시내와 길 길고도 길어라
思之不可越　　그리워도 넘을 수 없네.
思之無奈何　　생각한들 어찌할 수 없으니
且酌金罍啜　　금잔[13]에 술이나 마시노라

음으로, 삼춘의 햇살 같은 어머니 사랑에 보답하기 어려워라.[慈母手中線 遊子身上衣 臨行密密縫 意恐遲遲歸 難將寸草心 報得三春暉]" 하였다.

12) **청춘** : 원문의 '청양(靑陽)'은 청년의 아름다운 얼굴 모습으로, 한창 기력이 왕성한 청년 시절을 말한다.

13) **금잔** : 원문의 '금뢰(金罍)'는 《시경》 〈권이(卷耳)〉에 "내 우선 금잔에 술을 따라 긴 그리움을 잊어보리라.[我姑酌彼金罍 維以不永懷]"라는 구절에 보인다.

칠언절구七言絶句

패강[14]을 건너며 2수

渡浿 二首

十載長爲千里客　　십년이라 오래도록 천 리 밖 떠도는 나그네
不堪隨處困風塵　　도처의 풍진 속에 시달림 어이 견딜까.
游女休歌渭城柳　　유녀는 위성류[15]를 노래하지 말라
孤舟又渡浿江春　　외론 배로 또 봄날 패강을 건넌다오.

沙明水碧浿之濱　　모래밭 밝고 물빛 짙푸른 패강 물가에
楊柳風和不起塵　　버들에 부는 바람 부드러워 티끌 일지 않네.
三三五五踏青女　　삼삼오오 짝지어 답청[16]하는 여인네들
暖日凝粧嬌上春　　따사론 봄날 곱게 단장하고 다리에[17] 오르네.

---

14) **패강(浿江)** : 대동강(大同江)을 이른다.

15) **유녀(游女)는 위성류(渭城柳)** : '유녀'는 패강에서 노는 여자로 곧 기녀(妓女)를 이른다. '위성류'는 위성(渭城)의 버들잎이라는 뜻인데, 위성은 함양(咸陽)을 가리킨다. 왕유(王維)의 〈위성가(渭城歌)〉에 "위성의 아침 비가 가벼운 티끌을 적시니, 객사의 푸르고 푸른 버들 빛이 새롭구나. 그대에게 다시 한잔 술 기울이라 권하노니, 서쪽으로 양관을 나가면 친구가 없음일세.[渭城朝雨浥輕塵 客舍青青柳色新 勸君更盡一杯酒 西出陽關無故人]"라고 한 시구로 인해, 후대에는 이별하는 장소를 뜻하는 말로 쓰이게 되었다.

16) **답청(踏青)** : 봄날 야외에 나가서 산책하며 노니는 풍속이다. 《진중세시기(秦中歲時記)》에, "3월 3일에 곡강연(曲江宴)을 여는데, 도성 사람들이 모두 강가에서 계사(禊事)를 열고 술을 마시고, 싱그러운 풀을 밟고 노닐었다.[踏青]"고 하였다.

17) **다리에** : 저본에는 '교(嬌)'로 되어 있으나, 문맥상 '교(橋)'로 번역하였다.

누선에서 정 사간의 시[18]에 차운하다

樓船次鄭司諫韻

此夜南湖月色多　　이 밤 남호에는 달빛도 휘황한데
深盃相屬動淸歌　　큰 술잔 주고받자니 청가[19] 발동하네.
沙鷗睡熟芳洲靜　　모래밭 갈매기 졸고 방초 물가는 고요한데
時聽游魚吹碧波　　수시로 푸른 물결에서 물고기 소리 들린다.

배 안에서 적선의 시[20]에 차운하다 4수

舟中此謫仙韻 四首

長堤楊柳綠生烟　　긴 둑 수양버들엔 푸른 이내 끼였고
正是春江欲暮天　　때마침 봄 강에는 날이 저물어 가네.
一任斜風吹袂急　　저녁 바람 부는 대로 옷소매 팔랑이며
歸帆客與落霞邊　　돌아가는 나그네는 지는 노을 속에 있네.

淡淡深深柳帶烟　　차분하고 깊숙한 버들은 연무를 띠었고
溶溶漾漾水涵天　　질펀히 흐르는 강물은 하늘을 머금었네.
扁舟晩泊白沙畔　　조각배 날 저물어 하얀 모래밭에 닿자니
孤鶴閒眠紅蓼邊　　외론 학 한가롭게 붉은 여뀌 옆에서 조네.

十里長江一抹烟　　십 리 긴 강엔 한 줄기 안개 끼었는데

---

18) 정 사간(鄭司諫)의 시 : 고려 때 시인 정지상(鄭知常)의 〈송인(送人)〉 시를 말한다. 그 시에 "비 갠 긴 언덕엔 풀빛이 다복한데, 님 보내는 남포에는 슬픈 노래 울먹이네. 대동강 물이야 어느 때 마를거나, 해마다 이별 눈물이 강물에 더하는 것을.[雨歇長堤草色多 送君南浦動悲歌 大同江水何時盡 別淚年年添綠波]"라고 하였다.

19) 청가(淸歌) : 일반적으로 기생의 간드러지는 노래를 일컫는다. 조식(曺植)의 〈낙신부(洛神賦)〉에 "풍이가 북을 치고, 여와가 청가를 부른다.[馮夷鳴鼓 女媧淸歌]"라는 구절이 있다.

20) 적선(謫仙)의 시 : '적선'은 당나라 시인 하지장(賀知章)이 이백(李白)을 일러 '하늘에서 지상으로 유배당해 내려온 신선'이라고 찬탄한 데에서 온 말로, 이후 이백의 별호(別號)가 되었다. 이 차운시의 원운(原韻)은 〈배족숙엽급가사인지유동정(陪族叔曄及賈舍人至遊洞庭)〉 5수 중 둘째 수인 "南湖秋水夜無煙 耐可乘流直上天 且就洞庭賒月色 將船買酒白雲邊"이다.

輕撓凌亂鏡中天　　살포시 저어가니 물속 하늘 움직이네.
醉眠篷底無人喚　　취해 배에서 졸자 깨우는 사람 없고
帶月歸來綠柳邊　　달빛 띠고 수양버들 물가로 돌아오네.

野氣迢迢作暮烟　　가뭇한 들판에는 저녁연기 일어나고
江波艶艶漾春天　　아롱아롱 강 물결은 봄 하늘에 출렁이네.
漁舟夜傍城巖泊　　밤에 고깃배 성 밑 바위 곁에 정박하자
水鳥相呼月岸邊　　물새들이 달빛 언덕 가에서 서로 부르네.

낙화를 탄식하다 2수
落花歎 二首

簾外狂風捲落花　　주렴 밖에 광풍이 떨어진 꽃잎 걷어다가
亂紅無數委泥沙　　어지러이 붉은빛 무수히 진창에 버려 놓네.
非關節去芳菲歇　　계절이 가고 향 내음 시들어서가 아니요
自是幽人惜歲華　　그윽한 이 흘러가는 세월 못내 아쉽다오.

東風妬殺滿枝花　　봄바람이 만발한 꽃가지를 시기하여
吹落深紅點白沙　　불어대 붉은 꽃잎 흰 모래밭에 흩어지네.
從此千林成綠葉　　이제부터 온 숲은 초록빛 이루려니
可憐無處覓韶華　　애석타 봄날 풍광을 찾아볼 곳 없고야.

달빛 아래 우연히 읊다
月下偶吟

中庭明月瑩如氷　　안마당의 밝은 달은 얼음인 양 말갛고
凉影參差露欲凝　　서늘한 그림자 들쭉날쭉 이슬 맺히려 하네.
獨撫瑤琴從夜久　　홀로 거문고 어루만지다 밤은 이슥해지는데
浩然淸意自難勝　　호연한 맑은 뜻[21] 스스로 이기기 어렵구나.

잠에서 깨어

睡回

畫閣陰陰楊柳垂　채색 누각 어둑어둑 버들가지 드리운데
一聲黃鳥午眠遲　꾀꼬리 울음소리 속에 낮잠이 더디구나.
醒來消覺無餘事　깨어 보니 할 일 없음을 저냥 알겠거니
時與尖頭刪舊詩　이따금 붓 들어 예전의 시구를 다듬네.

〈정관재우음〉 시에 차운하다

次靜觀齋偶吟

欲學矢乎欲學函　화살을 배울 건가 갑옷을 배울 건가[22]
大羹吾欲試酸鹹　대갱을 시험 삼아 조리해 보고 싶네.[23]
小道終能妨致遠　작은 기예라도 큰 공부에 구애되나니[24]
聖人元不異於凡　성인도 원래 범인들과 다르지 않다네.

---

21) 맑은 뜻 : 원문의 '청의(淸意)'는 청랑한 경지라는 뜻으로, 소옹(邵雍)의 〈청야음(淸夜吟)〉 시에 "달은 하늘 한복판에 이르고, 바람은 물 위에 불어오누나. 이와 같은 청랑한 경지를, 아는 사람 아마도 많지 않으리라.[月到天心處 風來水面時 一般淸意味 料得少人知]"라고 하였다.

22) 화살을 …… 배울 건가 : 《맹자(孟子)》 〈공손추 상(公孫丑上)〉에 "화살 만드는 사람이 어찌 갑옷 만드는 사람보다 인(仁)하지 못하겠는가마는 화살 만드는 사람은 행여 사람을 상하지 못할까 두려워하고 갑옷 만드는 사람은 행여 사람을 상할까 두려워하나니, 무당과 관 만드는 목수도 또한 그러하다. 그러므로 기술을 선택함에 삼가지 않으면 안 되는 것이다.[矢人豈不仁於函人哉 矢人惟恐不傷人 函人惟恐傷人 巫匠亦然 故術不可不愼也]"라고 한 데에서 온 말로, 타인의 어짊과 어질지 못함을 따지지 말고, 자신의 어짊을 어떻게 추구할지 신중히 생각하라는 의미이다. 보통 〈시인함인장(矢人函人章)〉이라고 칭한다.

23) 대갱(大羹)을 …… 싶네 : 대갱은 조미하지 않고 희생의 고기를 통채로 푹 삶은 국물이다. 원문의 '시산함(試酸鹹)'은 시고 짠 맛을 시험한다는 뜻으로 음식의 간을 맞추는 것을 의미하는데, 전하여 실력을 갖춘 뛰어난 신하들이 임금을 도와 성대한 정치를 폄을 이른다. 《서경》 〈상서(商書)·열명 하(說命下)〉에 무정(武丁)이 재상인 부열(傅說)에게 "여러 가지 양념을 넣고 국을 끓일 때면, 그대가 간을 맞출 소금과 매실이 되어 주오.[若作和羹 爾惟鹽梅]"라는 내용이 실려 있다.

24) 작은 기예라도 …… 구애되나니 : 《논어(論語)》 〈자장(子張)〉에 "비록 작은 기예라도 반드시 볼만한 것이 있으나 원대한 뜻을 이루는 데에 장애가 될까 두렵다. 이 때문에 군자가 하지 않는 것이다.[雖小道必有可觀者焉 致遠恐泥 是以君子不爲也]"라는 자하(子夏)의 말이 보인다.

노수눌[25] 경민의 시에 차운하다

次盧守訥景敏韻

中秋天氣水如凉	중추가절이라 날씨는 강물처럼 서늘한데
晴月還同萬里光	개인 달은 도리어 만 리 훤히 빛나누나.
高樓勝集饒詩□	높은 누대 좋은 모임 시재도 넉넉하니
授簡何人是子長	그 누가 간찰의 문장이고 자장이뇨.[26]

태공대[27]는 가 보지 못하고 이제묘[28]에 이르니 감회가 있어

太公臺未及往觀 到夷齊廟有感

北海端居好作隣	북해에서 조용히 살며 좋이 이웃하였더니[29]
乃心皆欲敍彝倫	그 속마음 모두 이륜[30]을 펴고자 함이었네.

---

25) **노수눌(盧守訥, 1564~?)** : 본관은 광주(光州), 자는 경민(景敏)이다. 현감 노개(盧塏)의 아들로 찰방을 지냈다. 참고로, 노개의 장녀가 졸재공에게 출가하여 신덕자(申德滋)를 낳았다.

26) **그 누가 …… 자장(子張)이뇨** : 간찰은 종이를 가리키며, 간찰의 문장이란 '간찰 주는 문장[授簡文章]'이란 말로 사마상여(司馬相如)와 같은 큰 문장을 가리킨다. 또한 자장(子張)은 웅혼한 글을 지어냈던 사마천(司馬遷)의 자(字)이니, 곧 이 자리에 모인 사람들 모두가 사마장여나 사마천과 같은 뛰어난 문재(文才)들이라는 뜻으로 보인다. 참고로, 서한(西漢)의 양효왕(梁孝王) 유무(劉武)가 양원(梁園)이란 호사스러운 자신의 원림(園林)에서 세모(歲暮)에 사마상여·매승(枚乘)·추양(鄒陽) 등을 초대하였는데, 이때 사마상여가 늦게 와서 상객의 자리[客右]에 앉았다. 이에 유무가 이들과 함께 주연(酒筵)을 베풀고 놀다가, 눈이 오자 흥에 겨워 먼저 《시경》의 시를 읊고는 종이를 주면서 사마상여에게 시를 짓게 하였다는 고사가 있다. 진(晉)나라 사혜련(謝惠連)의 〈설부(雪賦)〉에 자세한 내용이 보인다. 《文選 卷30 雪賦》

27) **태공대(太公臺)** : 태공묘(太公廟)를 가리킨 듯하다. 태공묘는 주(周)나라 때의 태공망(太公望)을 모신 사당으로, 영평부(永平府) 성안 동쪽 거리에 있다.

28) **이제묘(夷齊廟)** : 백이(伯夷)·숙제(叔齊)의 사당으로, 지금의 하북성(河北省) 노룡현(盧龍縣)에 위치한 고죽성(孤竹城)의 옛터에 있다. 청(淸)나라 설복성(薛福成)의 《용암필기(庸盦筆記)》 〈일문(軼聞) 고죽고송(孤竹古松)〉에 "옛 고죽성은 영평부 대난하 서쪽 언덕에 있는데, 산 위에는 이제묘가 있고 사당 앞에는 청풍대가 있으며, 아래로 난수를 내려다보면 거울처럼 맑게 빛난다.[古孤竹城 在永平府大灤河西岸山上有夷齊廟 廟前有清風臺 下望灤水 晶瑩如鏡]"라고 하였다.

29) **북해(北海)에서 …… 이웃하였더니** : 《맹자》 〈이루장구 상(離婁章句 上)〉에 "맹자께서 말씀하시기를, '백이가 주왕을 피하여 북해 가에 살았는데, 문왕이 일어났다는 말을 듣고 흥기하여 말씀하기를 '내 어찌 그에게 돌아가지 않겠는가. 내 들으니 서백(문왕)은 늙은 자를 잘 봉양한다 했다.' 하였으며, 태공이 주왕을 피하여 동햇가에 살았는데, 문왕이 일어났다는 말을 듣고 흥기하여 말씀하기를 '내 어찌 그에게 돌아가지 않겠는가. 내 들으니 서백은 늙은 자를 잘 봉양한다 했다.'[孟子曰 伯夷避紂 居北海之濱 聞文王作 興曰 盍歸乎來 吾聞西伯 善養老者 太公辟紂 居東海之濱 聞文王作 興曰 盍歸乎來 吾聞西伯 善養老者]" 하였다.

釣璜事業今陳跡	조황[31]의 사업은 이제 묵은 자취 되었고
薇蕨淸風起後人	고사리 캔 맑은 기풍[32] 후인을 흥기시키네.

30) **이륜(彝倫)** : 사람으로서 떳떳이 지켜야 할 도리. 《서경》 〈홍범(洪範)〉에 " …… 하늘이 우 임금에게 〈홍범구주〉를 내려 주시니, 이륜이 펴지게 되었다.[……天乃錫禹洪範九疇 彝倫攸叙]"라고 하였다.

31) **조황(釣璜)** : 주(周)나라 태공망 여상(呂尙)이 낚시질하면서 얻은 옥이다. 그 옥에 "주나라가 천명을 받는다.[周受命]"는 글이 적혀 있었다고 한다. 여상이 위수(渭水) 가에서 낚시하며 은둔하다가 문왕에게 등용되었고 뒤에 무왕(武王)을 도와서 천하를 차지하도록 하였다. 《尙書大全 卷2》

32) **고사리 캔 맑은 기풍** : 은(殷)나라의 백이(伯夷)·숙제(叔齊) 형제가 주(周)나라 무왕(武王)이 주(紂)를 정벌하는 것을 반대해 간하다가 듣지 않자, 수양산(首陽山)에 들어가 고사리를 캐 먹으며 지내다 굶어 죽었다는 고사를 이른다.

칠언사운 七言四韻

김 장군응하[33]을 애도하는 만사

挽金將軍應河

數萬王師一抹烟　　임금의 수만 군사가 한 줄기 연기가 되니
孤軍何處可圖全　　외로운 군대는 어디서 온전하길 도모하랴.
沙場飮血風雷吼　　싸움터서 피를 마시매 폭풍 일듯 천둥 치듯
霄漢揚名日月懸　　하늘 높이 이름 드날려 해와 달처럼 빛났도다.
故國方成新廟宇　　고국에선 바야흐로 새 사당이 지어질 것이고
歸魂倘記舊山川　　돌아오는 혼령은 옛 산천을 기억할 것이로다.
昌洲江上波濤怒　　저 창주진[34]의 강물 파도는 분노하여
忠憤千秋鬱未宣　　충분[35]의 응어리 천추토록 가시지 않으리.

---

33) **김응하(金應河, 1580~1619)** : 본관은 안동, 자는 경의(景義), 시호는 충무(忠武)이다. 1604년(선조 37) 무과에 발탁, 그의 장재(將才)를 아끼던 박승종(朴承宗)이 병조판서가 되자 비로소 선전관에 제수되고, 영의정 이항복에 의해 경원판관(慶源判官)으로 발탁된 뒤 삼수군수(三守郡守)·북우후(北虞侯)를 역임하였다. 1618년(광해군 10) 명나라가 후금을 칠 때 조선에 원병을 청해오자, 부원수 김경서(金景瑞)의 휘하에 좌영장(左營將)으로 있다가 이듬해 2월 도원수 강홍립(姜弘立)을 따라 압록강을 건너 후금정벌에 나섰다. 그러나 명나라 군사가 대패하자, 3천 명의 휘하군사로 수만 명의 후금군을 맞아 고군분투하다가 중과부적으로 패배하고 그도 전사하였다. 이듬해 명나라 신종(神宗)은 그가 용전분투하다가 장렬한 죽음을 당한 데 대한 보답으로 특별히 조서를 내려 요동백(遼東伯)에 봉하였으며, 처자에게는 백금을 하사하였다. 조정에서도 그의 전사를 가상히 여겨 영의정을 추증하였다.

34) **창주진(昌洲鎭)** : 평안도 창성군(昌城郡)에 속한 지명으로 압록강 변에 연해 있는 군사적 요충지이다. 《연려실기술(燃藜室記述)》 별집 권17 〈변어전고(邊圉典故) 진보(鎭堡)〉에는 '창주진(昌洲鎭)은 창성의 북쪽 45리에 있는 석성(石城)이다'라고 하였다.

35) **충분(忠憤)** : 충의로 인하여 일어나는 분한 마음이다.

류서애성룡[36]를 애도하는 만사

挽柳西崖成龍

金精玉潤挺英姿	정미한 금과 빛나는 옥처럼 자질이 뛰어나사
鳳翥鸞翔瑞一時	봉황과 난새가 나래 치듯 한 때의 상서이셨네.
間氣定知生不偶	간기가 모여 탄생함[37]은 우연이 아님을 알겠고
淸朝還恨數多奇	맑은 조정이 기구한 운수 겪음을 한스러워하셨네.
官居鼎鼐身寒士	벼슬은 정승[38]에 있으면서 몸은 청빈한 선비셨고
道合經綸德老師	도는 경륜에 합하고 덕망은 노숙한 스승이셨네.
箕尾收神何太遽	기미가 정신 거두길[39] 어찌 그리도 다급했는가
爲斯文痛又吾私	사문을 위해 애통하고 개인적으로도 애통하노라.[40]

36) **류성룡(柳成龍, 1542~1607)** : 본관은 풍산(豊山), 자는 이현(而見), 호는 서애(西厓)이다. 퇴계 이황의 문인으로, 1566년(명종 21) 문과에 급제한 후 대사간·도승지·대사헌·양관 대제학·병조판서·우의정·이조판서·좌의정 등 요직을 두루 역임하였다. 1592년(선조 25) 임진왜란이 일어나자 병조판서 겸 도체찰사로 군무를 총괄하고 영의정이 되어 왕을 호종(扈從)하였다. 1598년 북인의 탄핵으로 관작을 삭탈당하였다가 1600년에 복관되었으나 다시 벼슬을 하지 않고 은거하였다. 1604년 호성공신(扈聖功臣) 2등에 책록되고 풍원부원군에 봉해졌다. 저서로 《서애집》·《징비록(懲毖錄)》 외 다수가 있으며, 시호는 문충(文忠)이다.

37) **간기(間氣)가 …… 탄생함** : 간기는 위대한 사람을 탄생시키는 기운으로, 세상에 드문 영걸이 태어남을 말한다. 맹자가 "오백 년 만에 반드시 왕자(王者)가 태어나는데 그 사이에 반드시 세상에 이름난 인물이 있다.[五百年必有王者興 其間有名世者]" 하였다. 《孟子 公孫丑上》

38) **정승** : 원문의 '정내(鼎鼐)'는 재상을 의미한다. 양념을 잘 섞어서 음식 맛을 좋게 하듯이 재상의 지위에서 나라를 이상적으로 잘 다스리는 것을 비유한 말이다. 은 고종(殷高宗)이 재상 부열(傅說)에게 "내가 술이나 단술을 빚으려고 할 때에는 그대가 누룩이 되어 주고, 내가 양념을 섞어서 국을 끓이려 할 때에는 그대가 소금과 매실이 되어 주오.[若作酒醴 爾惟麴蘖 若作和羹 爾惟鹽梅]"라고 한 말이 《서경》 〈열명 하(說命下)〉에 나온다.

39) **기미(箕尾)가 …… 거두길** : 서애 류성룡이 세상을 떠난 것을 말한다. 은(殷)나라 고종(高宗)의 재상 부열(傅說)이 죽은 뒤 그 정신이 기성(箕星)과 미성(尾星) 사이에 응결되었다는 고사에서 유래한 것이다. 《莊子 大宗師》

40) **애통하노라** : 원문의 '통(痛)'은 《서애집(西厓集)》 부록, 만사(挽詞) 편에는 '통(慟)'으로 나온다.

두공부의 시에 차운하다 2수

次杜工部韻 二首

陋巷年來無客至　　누항[41]에 근래 이르는 길손 없어
蓬門淸晝尙慵開　　사립은 대낮에도 열어 놓지 않네.
殘紅片片風吹去　　시든 꽃잎 조각조각 바람에 날려가고
嫩綠年年雨打來　　연한 풀잎은 매년 비를 맞고 돋아오네.
已向隣翁呼白酒　　하마 이웃 노인을 향해 막걸리 부르고
更敎穉子摘靑梅　　다시 아이들 시켜 푸른 매실 따게 하네.
芳春勝賞無多日　　꽃다운 봄날 좋은 완상의 날 많지 않아
花逕應須趁早廻　　꽃길을 모름지기 일찌감치 돌고 와야지.

無堪世事日相催　　날마다 쫓기는 세상일 감당치 못해
獨閉柴扉晝不開　　홀로 사립문 닫고서 낮에도 열지 않네.
野鳥將雛穿樹去　　들새는 새끼 거느리고 숲을 지나가고
庭花引蝶過墻來　　뜰 꽃은 나비 불러들여 울 넘어 오네.
短琴絃上驚孤鶴　　짧은 거문고 시울 소리에 외론 학이 놀라고
長笛聲中落小梅　　긴 젓대소리 속에 예쁜 매화꽃 떨어지네.
九十韶華今已老　　아흔 날의 봄 경치 어느새 시들어가니
莫嫌酩酊酒家廻　　흠뻑 취하려 술집 다녀온다 탓하지 마오.

---

41) 누항(陋巷) : 누추한 골목이란 뜻인데, 자기가 사는 동네 겸칭으로도 쓰인다. 《논어》 〈옹야(雍也)〉에 "어질다, 안회여. 한 그릇 밥과 한 바가지 물을 마시며 누항에 사는 것을 사람들은 근심하며 견디지 못하는데, 안회는 그 낙을 바꾸지 않으니, 어질도다, 안회여.[賢哉 回也 一簞食 一瓢飮 在陋巷 人不堪其憂 回也 不改其樂 賢哉 回也]"라고 칭찬한 공자의 말씀이 나온다.

작은 서재에서

小齋

小齋幽閴見游絲	작은 서재 그윽하여 아지랑이 보다가
午睡初回鶯語時	꾀꼬리 우짖는 소리에 막 낮잠 깨었네.
柳外澹風和緩緩	버들 밖 맑은 바람은 화창한 가운데 천천히 불고
花邊晴日靜遲遲	화초 가의 갠 햇살 고요 속에 느릿느릿 지나가네.
遣愁强進三盃酒	시름을 보내려 억지로 석 잔 술 들이켜고
對景慵題七字詩	경개를 마주하고 느긋이 일곱 자의 시 쓰네.
過却一春渾不覺	봄 한철 지나도록 혼연히 깨닫지 못했나니
漸看庭樹綠叅差	서서히 뜰 나무에 신록이 짙어감을 보겠네.

문

文

기記

문암서원[42]에 대한 기문
文巖書院記

경술년 겨울 내가 강원도관찰사로 순시하면서 춘천에 이르렀는데, 유생 몇 사람이 나를 찾아와서 배알하고 말하기를 "이 고을은 퇴계(退溪) 선생 외가의 관향입니다.[43] 그러니 소문을 듣고서 흥기하는 자들이 없다고 할 수 없습니다. 이제 서원을 건립하여 사자[44]들로 하여금 여기에서 놀기도 하고 쉬기도 하면서 그 사이에 학문을 익힐 수 있기를 바라는 마음에 감히 고하지 않을 수 없습니다."라고 하였다. 내가 그 뜻을 가상히 여기고 권면하고는 바로 춘천부사인 문원(文原) 유희담(柳希聃)과 상의하여 노비 약간 명을 배속하여 전복[45]으로 삼을 것을 허락하니, 이것이 서원 건립 사업의 시작이다.

---

42) **문암서원(文巖書院)** : 강원도 춘천시 신북읍 용산리에 있었던 서원. 1610년(광해군 2) 지방유림의 공의로 이황(李滉)·김주(金澍)의 학문과 덕행을 추모하기 위해 창건하여 위패를 모셨다. 1648년(인조 26) '文巖(문암)'이라고 사액되었으며, 1677년(숙종 3) 이정형(李廷馨)·조경(趙絅)을 추가 배향하였다. 선현배향과 지방교육의 일익을 담당하여 오던 중 대원군의 서원철폐령으로 1871년에 훼철되어, 위패는 뒷산에 묻고 서적은 향교에 헌납하였으며 복원하지 못하였다.
참고로, 다산(茶山) 정약용(丁若鏞)의 〈문암서원에서 자면서[宿文巖書院]〉 시를 소개하면 다음과 같다. "깊은 산 장수하는 곳, 맑은 강물이 앞을 감돈다.[嶽麓藏修地 滄江繞案回] 재실은 함께 공부할 만한데, 선비들은 술 때문에 자주 찾아오네.[齋堪書共讀 儒以酒頻來] 풀은 우거져 돌층계를 덮었고, 붉은 격자창은 재속에 숨었네.[碧草深堦石 紅櫺隱竈灰] 무슨 연유로 산중 스승이 되었는고, 은둔하여 영재를 기르기 위해서네.[何由作山長 遯跡育英才]"라고 하였다.

43) **이 고을은 …… 관향입니다** : 다산(茶山) 정약용(丁若鏞)의 《다산시문집》 제22권 잡평(雜評) 〈산행일기(汕行日記)〉에 "문암서원은 퇴계(退溪) 이 선생(李先生)을 주벽으로 모셨는데, 선생의 외가가 춘천에 있어 어렸을 때 노닐던 유적이 있어서다. 좌측에는 지퇴당(知退堂) 이공(李公) 정형(廷馨)을 배향하였으니 만년에 춘천에 퇴거(退居)하였기 때문이요, 우측에는 용주(龍洲) 조공(趙公) 경(絅)을 배향하였으니 명환(名宦)으로 문화의 유적이 있기 때문이다.[文巖書院者 退溪李先生主壁 以外家在春川 少時游息有跡也 左配知退堂李公 諱廷馨 以晚年退居春川也 右配龍洲趙絅公 以名宦有文化遺跡也 明日 淵與景祉唯靑禮謁焉]"라고 하였다.

44) **사자(士子)** : 벼슬하지 않은 선비·사인(士人)을 이른다.

45) **전복(典僕)** : 해당 관아에 소속된 노복이다. 이 노복을 관리하는 부서를 '전복처(典僕處)'라고 한다.

임자년 여름 내가 다시 지방으로 나가기를 청하여 춘천부사가 되어 동쪽 춘천으로 나가보니, 서원 건립이 여태껏 이루어지지 못하고 있었다. 이는 주재하는 사람이 없었기 때문으로 그럭저럭 세월만 보냈던 것이었다. 내가 탄식하면서 말하기를 "우리 선생께서 학문을 창도하여 도를 밝히신 공덕은 말하자면 우리나라의 주자(朱子)이시다. 내가 어려서 역시 선생의 문하로 찾아뵈었을 적에 호향의 동자처럼 찾아옴을 허여해 주셨거늘,[46] 선생을 위하여 이 일을 주간함은 나를 놔두고 그 누가 하겠는가." 하고 고을의 문인[47] 안숭양(安崇讓), 이주(李冑) 등과 함께 상의하여 춘천부의 북쪽, 큰 강의 물가 문암(文巖)의 위에 터를 잡고서 공사를 시작하였다. 이어 다시 일러 말하기를 "옛날 공사(公私)간 궁려(宮廬)의 제도에 대해서는 분명한 정식(定式)이 있고, 실(室)·당(堂)·무(廡)·폐(陛)에 대한 법도가 모두 남아 있으며, 그 명칭이나 제도도 경전에 보인다. 그리고 참고할 만한 것으로는 주자께서 이미 글을 지어 설명해 놓으신 것이 있으니, 이제 의당 이에 따라 구성(構成)하여 당(堂)에 오르고 실(室)에 들어가는 이들로 하여금 명의(名義)가 어디에 있는가를 알게 한다면 이 또한 학문을 익히는 데에 일조함이니, 어찌 서로 함께 힘쓰지 않아서야 되겠는가."라고 하자 사람들이 모두 찬성하였다.

마침내 그 업무를 나누고 감독하여 완성하였으니, 모두 남북으로 다섯 개의 가[48]이며, 동서로 5칸의 서원을 이루었다. 규모와 배치는 한결같이 주자의 지침에 맞게 하였다. 시험 삼아 그 대개만을 말하면, 방(房)은 동편에 있고, 실(室)은 서편에 있으며, 좌측에는 호(戶)가 있고 우측에는 창[牖]이 있다. 기둥[楝]과 서까래[楣], 시렁[庋]과 병풍[依], 양영(兩楹)과 양서(兩序), 좌·우협(左右挾)과 동·서상(東西床)은 당상(堂上)의 제도이고, 오[49]·요(窔)·와(窩)

---

46) **호향(互鄕)의 …… 주셨거늘** : '호향'은 풍습이 비루해서 모두 상대하기를 꺼려했다는 궁벽한 마을 이름이다. 호향의 동자(童子)가 공자(孔子)를 찾아뵙자, 거절하지 않고 접견을 허락했다는 이야기가 《논어》〈술이(述而)〉에 다음과 같이 나온다. "호향 사람과는 더불어 말하기가 어려웠는데, 호향의 동자가 공자를 찾아뵈니, 문인들이 의혹하였다. 공자께서 말씀하셨다. '사람이 몸을 깨끗이 하고서 찾아오거든 그 몸을 깨끗이 한 것을 허여할 뿐이요. 지난날의 잘잘못을 보장할 수는 없으며, 그 찾아옴을 허여할 뿐이요 물러간 뒤에 잘못하는 것을 허여하는 것은 아니다. 어찌 심하게 할 것이 있겠는가.'[互鄕 難與言 童子見 門人惑 子曰 人 潔己以進 與其潔也 不保其往也 與其進也 不與其退也 唯何甚]"라고 하였다.

47) **문인(聞人)** : 이름이 널리 알려진 사람을 이른다.

48) **다섯 개의 가(架)** : 4칸으로 되어 있다는 말이다. 이 가를 기준으로 하여 방(房)·실(室)·당(堂)이 구분된다.

49) **오(奧)** : 실(室)의 서남쪽 모퉁이로, 방 안에서 가장 깊숙한 곳을 말한다. 이 밖에 실의 서북쪽 모퉁이는 옥루(屋漏)라고 하고, 동남쪽 모퉁이는 요(窔)라고 하고, 동북쪽 모퉁이는 이(宧)라고 한다.

와 옥루(屋漏)·중류[50]는 실(室) 중앙의 명칭이다. 당(堂) 이하로 점(坫)과 영(榮)과 □가 있고, 북쪽에는 북계(北階)가 있으며, 방(房)에는 측계(側階)가 있고, 전면에는 빈(賓)이 오르는 두 계단이 있고, 계단 아래는 바로 뜰이다. 뜰 북쪽에는 비(碑)가 있고, 당도[51]를 진(陳)이라고 하여 문까지 이르고, 문설주[闑]와 문지방[閾], 비(扉)와 정(棖)이 있고, 문 안쪽으로 동·서숙(東西塾)이 있고, 당(堂) 후면에는 연침[52]이 있으니, 이것이 한 서원의 전체이다.

옛 사람들은 거실(居室)과 침묘(寢廟)와 학교(學校)에 대해서는 그 제도가 모두 동일하였다. 그러므로 여기에 거처하면서 관혼상제와 길흉대례(吉凶大禮)를 이곳에서 거행하지 않은 경우가 없었다. 그 접대하며 나아가고 물러나는 절도와 영위(靈位)를 마련하고 제기(祭器)를 진설하는 장소에 대해 적확하게 그 처소가 있어서 귀와 눈에 익어져서 예의와 격식에 전혀 어긋남이 없으니, 어찌 궁실에 일정한 제도가 있어서 그렇게 된 것이라 아니할 수 있겠는가. 이제 건립의 제도에 대해서는 하나하나 다 옛날의 것과 일치할 수는 없지만, 요컨대 그 대체는 그 범위 안에서 벗어나지 않았다. 후침(後寢)과 전당(前堂)에는 등위[53]에 질서가 있고,[54] 상동(上棟)과 하우(下宇)는 옛 법도의 형상을 취해 틀지지 않을 것이다. 크고도 아름답고 웅장하고 화려하여[55] 옛날의 이른바 "훤칠한 정면에다 깊숙하고 아늑한 방[56]"이니 단정하게 군자가 거처할 집[57]이 되어서 삼대[58]의 제도에 근사하게 된 것이다.

---

50) **중류(中霤)** : 실(室)의 가운데를 가리킨다. 옛날에 흙으로 지은 혈거(穴居)는 모두 그 위를 뚫어서 빛이 들어오게 하였는데, 그곳을 통해서 낙숫물이 떨어지기도 하였다. 그러므로 방의 중앙을 중류라고 이름하게 되었다.

51) **당도(堂塗)** : 당(堂) 아래에서 문에 이르는 지름길을 말한다.

52) **연침(燕寢)** : 한가롭게 편히 쉬는 방을 말한다.

53) **등위(等威)** : 등위(等位)에 따르는 위의(威儀).

54) **질서가 있고** : 원문의 '유절(有截)'은 《시경》 〈상송(商頌)·장발장(長發章)〉에 "온 누리가 질서 있게 돌아온다.[海內有截]" 하였고, 주석에, '절(截)은 가지런하다는 뜻이다.' 하였다.

55) **웅장하고 화려하여** : 원문의 '조혁휘비(鳥革翬飛)'는 공중에 우뚝 선 건물의 모양은 마치 새가 깜짝 놀라서 날개를 펴는 듯하고, 화려하게 장식된 추녀는 마치 꿩이 날아오르는 것 같다는 뜻으로, 웅장하고 화려한 건축물을 비유하는 말인데, 《시경》 〈소아(小雅)·사간(斯干)〉에 이 표현이 나온다.

56) **훤칠한 …… 방** : 《시경》 〈소아·사간〉에 "뜰은 판판하고 반듯하며 기둥은 높고도 곧으며, 낮이면 밝아서 상쾌하고 밤이면 그윽하니 군자의 안식처로다.[殖殖其庭 有覺其楹 噲噲其正 噦噦其冥 君子攸寧]"라고 한 말을 지칭한다.

57) **군자가 거처할 집** : 《시경》 〈사간〉에서 새집을 지은 기쁨을 노래한 시에 나오는 말인데, "풍우도 이제는 막게 되고, 새와 쥐들도 모두 떠났나니, 이곳은 군자가 사는 곳이라오.[風雨攸除 鳥鼠攸去 君子攸芋]"라고 하였다.

58) **삼대(三代)** : 하(夏)·은(殷)·주(周)의 시대.

내가 춘천부에 재직할 때에는 겨우 큰 건물만 세울 수 있었고 공사를 완성하지 못하여 아직 그 궁장(宮墻)의 아름다움을 보지는 못하였더니, 파평(坡平) 윤후 의립[59]이 나를 이어 후임으로 와서야 그 사업을 마칠 수 있었다. 배우는 자들로 하여금 석채[60]를 행하면서 영령을 모시고[61] 여럿이 거처하면서 강습(講習)하게 하니, 이는 실상 관동(關東)의 여러 군(郡)에서는 미처 거행하지 못했던 일이다. 이곳 사람들이 이제부터 한결같은 마음으로 이곳에 머물며 학업에 매진하여[62] 학문의 공부에 게을리 하지 않아서 우리 선생께서 학문을 창도하여 도를 밝히신 뜻을 저버리지 않는다면, 어찌 사문[63]의 다행이 아니겠는가.

혹자 중에 따져 묻는 자가 말하기를 "오늘날 학궁[64]은 가운데 명륜당(明倫堂)을 세우고 동서로 재실(齋室)을 설치하여 학생들을 거처하게 한 것은 나라의 제도가 그러한 것이다. 그대가 굳이 오늘날의 제도를 버리고 옛 것을 따른 것은 '군자는 예식을 행할 때에 풍속을 변경하려고 하지 않으려 한다'[65]는 뜻에 맞지 않을 듯하다."라고 하였다. 이에 내가 말하기를

---

59) **윤후(尹侯) 의립(義立)** : 윤의립(尹義立, 1568~1643). 본관은 파평(坡平), 자는 지중(止中), 호는 월담(月潭)이다. 의립(毅立)으로 개명하였다. 공조판서를 지낸 윤국형(尹國馨)의 아들로, 병과로 급제하여 검열에 등용되었고, 설서를 거쳐 정자로 재직 중 조카가 이괄(李适)의 난에 연루되어 처형됨에 따라 벼슬을 그만 두었다. 다시 관직에 복귀되어 경주부윤이 되었으며, 그 뒤 경상도·함경도·충청도·경기도의 관찰사와 형조판서, 예조판서 등을 역임하고 의정부의 좌참찬에 이르렀다. 1615년에 춘천부사로 부임하였다.

60) **석채(釋菜)** : 서원(書院) 또는 서당(書堂)에서 선성(先聖)·선사(先師)에게 올리는 제례(祭禮)로, 석전(釋奠)보다는 약간 낮은 제사이다. 석(釋)은 '올린다' 또는 '바친다'는 의미이고, 석전(釋奠)은 양(羊) 따위를 제물(祭物)로 하고 석채에는 오직 빈(蘋)·조(藻)만 제물로 바친다. 《禮記 王制》

61) **영령을 모시고** : 원문의 '타령(妥靈)'은 신주(神主)를 섬겨 모시는 것을 말한다.

62) **한결같은 …… 매진하여** : 원문의 '장언수언(藏焉修焉)'은 《예기(禮記)》 〈학기(學記)〉에 "군자는 배움에 있어 장하고, 수하고, 식하고, 유한다.[君子之於學也 藏焉修焉 息焉遊焉]"라고 하였는데, 공영달(孔穎達)은 소(疏)에서 "장은 마음속에 항상 학업을 품는 것이고, 수는 닦고 익히기를 그만두지 않는 것이다.[藏謂心常懷抱學業也 修謂修習不能廢也]"라고 풀이하였다.

63) **사문(斯文)** : 사도(儒道), 유학(儒學). 또는 유사(儒士)나 학인(學人)을 가리키는 호칭이다. 공자가 광(匡) 땅에서 위협을 받을 때 도통을 자임하여 "하늘이 장차 사문을 없애려 하신다면 뒤에 죽는 내가 사문에 참여할 수 없겠지만 하늘이 사문을 없애지 않으시니 광 땅 사람이 나를 어찌하리오.[天之將喪斯文也 後死者不得與於斯文也 天之未喪斯文也 匡人其如予何]"라고 하였다. 《論語 子罕》

64) **학궁(學宮)** : 성균관(成均館)의 별칭인데, 여기서는 학교(學校)를 말한다.

65) **군자는 …… 않으려 한다** : 《예기》 〈곡례 하(曲禮下)〉에 "군자는 예를 행할 때에 고국의 풍속을 변경하려고 하지 않는다. 그렇기 때문에 제사 지낼 때의 예절이나 거상할 때의 복제나 곡읍할 때의 위치 같은 것을 모두 고국의 옛 풍속대로 하면서 삼가 그 예법을 닦아 자세히 살펴 행하는 것이다.[君子行禮 不求變俗 祭祀之禮 居喪之服 哭泣之位 皆如其國之故 謹修其法 而審行之]"라는 말이 나온다. 이 부분을 정경세는 "고국의 풍속을 변경시키려고 하지 않는다."가 "그 나라의 풍속을 변경시키려고 하지 않는다."로, "자기 나라의 풍습과 같이 하되"가 "그 나라의 옛 풍습과 같이 하되"로 해석하였는데, 그러면 《예기》의

“그대의 말이 옳다. 그러나 ‘예는 명(名)이 아니면 드러나지 않고, 기(器)가 아니면 나타나지 않는다.’[66]고 하니, 지금 세운 건물에서 옛날의 도를 행하게 되면 장막[帟]으로 방(房)을 만드는 경우가 있는가 하면, 백토[堊畫]로 금을 그어 계단을 형상하는 경우가 있게 될 것이니, 너무 소홀하고 간략하지 않는가. 선현의 정론(定論)에 따르고 선왕의 법궁[67]을 창건하여 배우는 이들이 여기에서 예를 강론하고 고을 사람들이 이곳에서 향음주례와 향사례[68]를 행하게 된다면, 옛날 선대(先代)의 성인(聖人)의 남긴 제도를 거의 다시 볼 수 있을 것이니, 예를 좋아하고 뜻을 숭상하는 군자가 반드시 이에서 취할 것이 없다고는 할 수 없을 것이다.”라고 말하자, 듣는 사람들 누구도 감히 이의를 제기하지 못하였다. 이때에 춘천 사람들이 일의 전말을 기록해 주기를 청하기에 이렇게 글을 써서 보내준다.

만력 기원 44년(광해군 8) 병진년(1616) 2월 16일 후학(後學) 자헌대부(資憲大夫) 동지중추부사(同知中樞府事) 고령(高靈) 신식(申湜)은 기문을 쓰다.

庚戌冬 余按關東節 巡至于春 有儒生數人 上謁而言此府乃退溪先生外貫也 聞風而興起者 不爲無人 今欲爲建書院 俾士子得以遊焉息焉 而講學於其間 不敢不以告 余嘉其意而奬勸之 乃與府伯柳文原希聃 議許以臧獲若干名口 屬之爲典僕 此書院作事之權輿也 壬子夏 余又乞麾于春而東出 則書院迄未成 盖緣主張無人 因循度日也 余喟曰我先生倡學明道之功 卽吾東之朱子也 余於少時 亦嘗及門而忝互鄕之與進 爲先生 幹斯事 捨我其誰歟 乃與府之聞人安崇讓李冑等 謀卜地於府北 大江之滸 文巖之

뜻과 반대가 된다.

66) **예(禮)는 …… 않는다** : 《자치통감강목(資治通鑑綱目)》 제1권 상 무인년(B.C.403)에, “사마온공이 다음과 같이 평하였다. 천자의 직책이 예보다 큰 것이 없고, 예는 분(分)보다 큰 것이 없고, 분은 명(名)보다 큰 것이 없으니 …… 그러나 예는 명이 아니면 드러나지 않고 기(器)가 아니면 나타나지 않는다. 명으로 명명하고 기로 구별한 연후에 상하가 찬연하게 차례가 있게 되니 명과 기가 이미 없어지면 예가 어떻게 홀로 남아 있을 수가 있겠는가.[司馬公曰 天子之職 莫大於禮 禮莫大於分 分莫大於名 …… 然禮非名不著 非器不形 名以命之 器以別之然後 上下粲然有倫 名器旣亡則禮安得獨在哉]”라고 하였다.

67) **법궁(法宮)** : 임금의 궁궐. 여기에서는 선왕이 제정한 법에 맞추어 지은 서원을 말한다.

68) **향음주례(鄕飮酒禮)와 향사례(鄕射禮)** : 조선 세종 때에 이루어진 《오례의(五禮儀)》에 따르면 향음주의(鄕飮酒儀)는 한성부 (漢城府)와 외방 각 고을에서 매 10월에 날을 가려서 나이가 많고 덕이 있는 자와 재행(才行)이 있는 사대부(士大夫)·서인(庶人)을 모아 술을 마시고 충효(忠孝)·교회(敎誨) 등을 서약하는 의례(儀禮)이고, 향사례는 개성부(開城府)와 외방 각 고을에서 매 3월 3일과 9월 9일에 효제 충신(孝悌忠信)하며 예(禮)를 좋아하고 난잡하지 않은 사람을 골라 활쏘기와 잔치를 베풀어 유학 도덕의 풍기를 배양하던 의례다.

上而經始之 仍復謂之曰 古者 公私宮廬之制 明有定式 室堂廡陛 法度俱存 其名制之見於經 而可考者 朱子已定著而爲之說 今宜倣此構成 使升其堂入其室者 知其名義之所在 此亦講學之一助也 盍相與勉之 衆皆唯唯 遂分其務而董成焉 凡爲屋南北五架 東西五間 規模布置 一如朱子之指 試言其槪 則東房而西室也 左戶而右牖也 曰棟曰楣 曰庪曰依 兩楹兩序 左右挾東西床者 堂上之制也 曰奧曰窔曰窩 曰屋漏曰中霤者 室中之名也 由堂以下 有坫有榮有□ 北有北階 房有側階 前有賓阼兩階 階下卽庭 庭北有碑 堂塗爲陳 以至于門 有闑有閾 有扉有棖 門內有東西塾 堂後有燕寢 此則擧一宮之全體也 古之人 居室也 寢廟也 學校也 其制皆同 故居於斯 處於斯 冠婚喪祭 吉凶大禮 莫不於斯焉行之 其周旋進退之節 與夫設位陳器之所 的有其處 耳目習熟 式禮莫愆 何莫非宮室有定制而然也 今所營立之制 雖未能一一盡合於古 而要其大體 不出範圍之內 後寢前堂 等威有截 上棟下宇 取象不忒 輪焉奐焉 鳥革翬飛 古所謂噲噲其正 噦噦其冥者 端爲君子之攸芋而髣髴於三代之制矣 余在府之日 僅能建立廈屋 而工未告完 不及見其宮墻之美 坡平尹侯義立 繼余而至 克卒其事 使學者釋菜而妥靈 群居而講習 斯實關東諸郡所未遑者也 此邦之人 繼自今藏焉修焉 不怠於學問之功 以無負我先生倡明之意 則豈非斯文之幸乎 或有問之者曰 今之學宮 中建明倫堂 東西置齋 以處學徒 國制然也 子必欲舍今而從古 恐非君子行禮 不求變俗之義也 余曰子言是矣 然禮非名不著 非器不形 以今之制 行古之道 或有以帟爲房者 或有以堊畫堦者 不亦苟簡之甚乎 据先賢之成說 創先王之法宮 學者得以講禮於此 鄕人得以飮射於此 則古先聖人之遺制 庶可復見於今日 好禮尙志之君子 未必無取於斯矣 聞者莫敢難 至是春人請記其顚末 故書以歸之

時萬曆紀元之四十四年丙辰二月旣望 後學 資憲大夫同知中樞府事 高靈 申湜 記

제문祭文

팔계군 정종영[69] 공에 대한 제문 졸재공이 강원도관찰사가 되었을 때이다.

祭八溪君鄭公宗榮文 公爲東伯時

二疏去後	두 소씨[70]가 떠나간 뒤로는
千載惟公	천 년 동안 오직 공뿐이시다.
知止勇退	그칠 줄을 알아 용퇴하시니
德合道同	덕이 부합하고 도가 같도다.
四朝勳業	네 조정 섬긴 공훈과 업적은
百世高風	백대토록 드높은 풍도로다.
余以姻屬	내가 인척인 관계로
早被發蒙	일찍부터 가르침을 받았도다.
尹玆東土	이 관동 땅을 다스리셨으니
忍過西門	차마 서문을 지나가리오.[71]
瞻省塋封	봉분을 우러러 살피면서

69) 정종영(鄭宗榮, 1513~1589) : 본관은 초계(草溪), 자는 인길(仁吉), 호는 항재(恒齋)이다. 김안국(金安國)의 문인이다. 중종 대에 식년문과에 병과로 급제하여 검열이 되고, 명종 대에 호조정랑·헌납·부수찬·교리 등을 지냈으며, 청백리에 녹선되었고, 공조참판이 되었다. 그 뒤로 팔계군(八溪君)에 습봉되었고, 강원도관찰사·평안도관찰사·경상도관찰사로 나갔으며, 한성부 판윤으로 진향사(進香使)가 되어 명나라에 다녀와 육조의 판서를 역임하고 우찬성으로 사직하였다. 원주의 칠봉서원(七峰書院)에 봉향되었다. 시호는 정헌(靖憲)이다. 유엄(柳渰)의 사위로 졸재공의 이숙(姨叔)이다.

70) 두 소씨 : 양소(兩疏)를 말한다. 양소는 한 선제(漢宣帝) 때의 문신 소광(疏廣)과 그의 조카인 소수(疏受)를 합칭한 말이다. 소수·소광의 숙질이 태자(太子)의 스승으로 있다가 하루는 서로 말하기를, "〈노자(老子)의 말에〉 족한 줄 알면 욕을 당하지 않고, 그칠 줄 알면 위태롭지 않다 하였다." 하고는 함께 사직을 청하자, 황제가 허락하면서 황금 20근을 하사하고 태자가 50근을 주었는데, 이것을 가지고 고향인 동해(東海)로 돌아가서는 날마다 친척과 친구들을 불러다가 잔치를 베풀며 노년을 즐겼다는 고사가 전한다. 《漢書 卷71 疏廣傳》

71) 차마 …… 지나가리오 : 진(晉)나라 양담(羊曇)이 서주(西州)의 성문을 지나면서 생전에 자신을 아껴 주었던 사안(謝安)을 생각하며 비통한 눈물을 흘렸다. 《晉書 卷79 謝安列傳》

敬薦溪蘩	삼가 소박한 제물을 올립니다.
無斁於斯	이를 싫어하지 않으시리니
不昧者存	어둡지 않은 영령께서 오시리라.

전傳

이찰방시경을 위해 지은 전(傳)

爲李察訪著慶立傳

병진년 봄가을로 내가 묵정정사(墨井精舍)에 있을 적에 영우[72]에서 내방한 손님이 있었다. 이야기가 진주성이 함락될 당시의 옛일에 이르렀는데, 김시민[73]이 엿새 동안 밤낮으로 항거하여 싸우다가 죽었으니, 이것은 병화(兵禍)가 일어난 초기에 있었던 일이었다.

황진[74]과 장윤[75]은 농성[76]을 하면서 혈전을 벌였고, 김천일[77]과 고종후[78]의 부자(父子)는

72) **영우(嶺右)** : 경상우도(慶尙右道). 조선시대 경상도의 서부 지역을 이르는 말이다. 태종 7년(1407)에 군사 행정상의 편의를 위하여 경상도를 낙동강을 기준으로 서부와 동부로 나누어 서쪽을 경상우도라고 하였다. 성주(星州)·선산(善山)·합천(陜川)·함양(咸陽)·의령(宜寧)·남해(南海)·거창(居昌)·사천(泗川)·하동(河東)·고성(固城)·창원(昌原) 등 28개의 군현이 여기에 속하였음.

73) **김시민(金時敏, 1554~1592)** : 본관은 안동, 자는 면오(勉吾), 시호는 충무(忠武)이다. 1578년(선조11) 무과에 급제하여 훈련원 판관(訓鍊院判官), 진주 판관(晉州判官), 경상우도 병마절도사(慶尙右道兵馬節度使) 등을 역임하였다. 임진왜란 때인 1592년 8월에 진주목사가 되어 진주성을 지키다가 순절하였다. 선무 공신(宣武功臣) 2등에 추록되었다.

74) **황진(黃進, 1550~1593)** : 본관은 장수(長水), 자는 명보(明甫), 시호는 무민(武愍)이다. 임진왜란 때 왜적의 대군이 진주를 공략하자 창의사 김천일(金千鎰), 병마절도사 최경회(崔慶會)와 함께 진주성으로 들어가 9일간이나 용전하다가 장렬하게 전사하였다. 뒤에 좌찬성에 추증되었다. 시호는 무민(武愍)이다.

75) **장윤(張潤, 1552~1593)** : 본관은 목천(木川), 자는 명보(明父)이다. 임진왜란 때 진주성을 지키는 목사 이하의 장수들이 적에 눌려 도망하려 하자 비분강개하여 군졸 200명을 휘동하여 김천일(金千鎰), 황진(黃進), 최경회(崔慶會) 등과 함께 진주성에서 용전분투하다가 대장 황진이 적탄에 전사하자 뒤를 이어 대장이 되어 8주야를 적과 싸우다가 적의 유탄에 맞아 전사하였다. 병조참판에 증직되었다. 시호는 충의(忠毅)이다.

76) **농성(籠城)** : 적에게 둘러싸여 성문을 굳게 닫고 성을 지킴.

77) **김천일(金千鎰, 1537~1593)** : 임진왜란 때의 의병장. 자는 사중(士重), 호는 건재(健齋)·극념당(克念堂), 본관은 언양(彦陽)이다. 왜적이 침입하자 호남에서 가장 이른 시기에 나주에서 의병을 일으켰다. 1593년 6월 진주성에서 도절제(都節制)가 되었는데, 10만에 가까운 왜군이 진주성 대공세를 감행하자 아군은 중과부적임에도 분전했으나 끝내 함락되고 말았다. 이에 아들 김상건(金象乾)과 함께 촉석루에서 남강(南江)에 몸을 던져 순사하였다. 영의정에 추증되었다. 시호는 문열(文烈)이다. 진주의 창열사(彰烈祠)에 제향 되었다.

78) **고종후(高從厚, 1554~1593)** : 자는 도충(道冲), 호는 준봉(隼峯), 본관은 장흥(長興)이다. 임진왜란

강물에 투신하였으며, 최경회[79]는 관인(官印)을 가슴에 품었었고, 이종인[80]은 왜적을 껴안고 강에 몸을 던졌다. 그밖에 여러 의사들은 강개하여 목숨을 바쳤으니, 변하여 원학[81]이 된 사람들을 또 이루다 기록할 수 없다.

계사년 병화(兵禍)는 어쩌면 이리도 참혹했던가. 그 당당했던 대절(大節)은 눈서리처럼 늠름하여, 듣는 이들이 어느새 머리털이 곤두서고 눈을 부릅뜨며 이어 눈물을 흘리게 되었으니, 우리나라에서 절의를 배양한 효력이 과연 이와 같았도다. 더욱 비통스러운 경우가 이시경(李蓍慶)이다. 그는 약관의 나이에 문장과 행실로 세상에 드러났으니, 모두들 '노저 상공[82]에게 어진 아들이 있다'고 하였다. 정유년 난리에 한 사람의 마관[83]으로서 수만의 왜구에 대항하다가 말이 탄환에 맞아 쓰러지자 칼을 빼들고 왜적을 치면서 노복에게 자식을 부탁하고는 적의 시퍼런 칼날을 무릅쓰고 싸우다 전사하였으니, 얼마나 장한 일인가.

때 아버지 고경명(高敬命)을 따라 의병을 일으키고 금산(錦山) 싸움에서 아버지와 동생 고인후(高因厚)가 전사하자 복수의병장(復讐義兵將)이라 칭하며 진주에 들어가 싸웠다. 진주성이 적에게 포위되어 격전이 계속된 지 9일째에 목사 서예원(徐禮元)이 적의 대공세 앞에 겁을 먹고 도망치자 진중은 혼란을 일으켜 무너지게 되었다. 왜적이 성안으로 물밀듯이 몰려와 전세가 불리함을 느낀 그는 북향해 재배한 뒤 김천일·최경회와 함께 남강에 투신, 순절했는데, 이들 세 사람을 '삼장사(三壯士)'라고 불렀다. 이조판서에 추증되었으며, 광주(光州) 포충사(褒忠祠) 등에 제향되었다. 시호는 효열(孝烈)이다.

79) **최경회(崔慶會, 1532~1593)** : 본관은 해주(海州), 자는 선우(善遇), 호는 삼계(三溪)이다. 1593년(선조 26) 6월에 김천일(金千鎰)·황진(黃進) 등과 함께 진주성을 사수하였으나 9일 만에 성이 함락되자, 남강에 투신하였다. 좌찬성에 추증되었으며, 시호는 충의(忠毅)이다. 진주의 창렬사(彰烈祠)에 제향되었다.

80) **이종인(李宗仁, ?~1593)** : 본관은 전주이고, 자는 인언(仁彦)이다. 무과에 급제한 다음 1583년 이제신(李濟臣)의 반란을 평정했고, 후에 북방 수비에 수차 공을 세웠다. 1593년 김해부사(金海府使)로 진주성(晉州城)이 왜적에게 포위되자 황진(黃進) 등과 함께 성을 방어하며 용전하다가 성이 함락되자 적병을 양팔에 한 명씩 끼고 남강(南江)에 뛰어들어 순국했다. 진주 충민사(忠愍祠)에 제향되었다.

81) **원학(猿鶴)** : 원학사충(猿鶴沙蟲)의 줄임말로, 전사한 일반 장사(將士)들을 말한다. 주 목왕(周穆王)의 남정(南征) 때 군대가 전멸하였는데, 군자는 원숭이와 학이 되고 소인은 벌레와 모래가 되었다는 원학사충(猿鶴沙蟲)의 설화가 전한다. 《예문류취(藝文類聚) 권90》 참조.

82) **노저(鷺渚) 상공(相公)** : 이양원(李陽元, 1526~1592)이다. 본관은 전주(全州), 자는 백춘(伯春), 호는 노저(鷺渚)이다. 정종의 아들인 선성군(宣城君)의 현손이며, 아버지는 이원부령(利原副令) 이학정(李鶴汀)이다. 이황(李滉)의 문인이다. 검열·저작을 거쳐 호조참의를 지냈고, 종계변무사(宗系辨誣使)의 서장관으로 명나라에 다녀와 광국공신 3등에 책록되고 한산부원군에 봉해졌으며, 우의정에 올랐다. 임진왜란이 일어나자 유도대장(留都大將)으로 수도의 수비를 맡았으나 한강 방어의 실패로 양주(楊州)로 철수, 분군(分軍)의 부원수 신각(申恪)과 함경도병마절도사 이혼(李渾)의 군사와 합세해 해유령(蟹踰嶺)에 주둔, 일본군과 싸워 승리한 뒤 영의정에 올랐다. 이때 의주에 피난해 있던 선조가 요동으로 건너가 내부(內附)한다는 소식을 전해 듣고, 탄식하며 8일간 단식하다가 피를 토하고 죽었다 한다. 시호는 문헌(文憲)이다.

83) **마관(馬官)** : 찰방(察訪)을 말한다.

진양[84]의 병란에 부자(父子)가 순절하여 드러난 이들로 김상건(金象乾)과 고종후(高從厚) 두 집안이다. 그리고 의열(義烈)을 가업으로 전하고 충효로 선대를 잘 이은 사례로는 또 이 상국(李相國)의 가문에 보인다. 이 상국은 불행히도 임진왜란에 유도대장(留都大將)이 되어 군왕께서 내부[85]하려는 의향을 지니고 계심을 듣고 8일 동안 단식을 하시다가 피를 토하고 생을 마치셨고, 그 뒤 5년 이내에 그의 아들마저 전몰하였으니, 부친은 사직을 위해 사망하고 아들은 적과 싸우다 전사한 것이다. 왕실 계통의 오랜 가문으로 우뚝하고 찬연한 충렬(忠烈)은 일월(日月)과 빛을 다툴 만하니, 비록 천만년 뒤에라도 충신 의사(忠臣義士)들은 여전히 주먹을 불끈 쥐면서 크게 탄식할 것이로다. 그러니 이러한 충의가 만약 매몰되어 전해지지 않게 된다면, 어찌 비통한 일이 아니겠는가.

歲丙辰春秋 余在墨井精舍 有客自嶺右來訪 語及晉州城陷時故事 金時敏之六晝夜拒戰而死 此則禍初也 黃進張潤之嬰城血戰 而金千鎰高從厚之父子投江 崔慶會之抱印 李宗仁之掖賊投江 其外諸義士之慷慨舍生 變爲猿鶴者 又不可勝記 癸巳之禍何其酷也 其堂堂大節 凜如霜雪 聞之者不覺髮竪而目張 繼之以流涕 我國家節義培養之力 果如是夫 尤可悲者 李蓍慶也 弱冠 以文行著於世 皆曰 鷺渚相公之有賢子也 丁酉之亂 以一馬官 能抗數萬强寇 中丸馬仆 拔劍而擊倭 顧僕而托子 冒白刃以死 何其壯哉 晉陽之亂 父子殉節之著於世者 金象乾高從厚兩家 而義烈傳家 忠孝之趾美者 余又見於李相國之門也 李相國不幸而當壬辰留都 聞朝庭內附之意 不食八日 嘔血而卒 五年之內 其子又戰歿 父則殉社 子則死賊 璿派古家 卓卓炳炳之烈 可與日星而爭光 雖千百載之後 忠臣義士 猶爲之扼腕而太息矣 苟使埋沒而無傳 豈不悲哉

84) **진양(晉陽)** : 경상남도 진주(晉州)의 옛 이름이다.

85) **내부(內附)** : 한 나라가 다른 나라 땅으로 들어가 붙는 것을 말하는데, 선조가 중국 요동(遼東)에 들어가 붙어 있겠다는 뜻이다.《燃藜室記述 卷15 宣祖朝故事本末》

차箚

옥당에서 올린 차자[86] 갑진년(1604, 선조 37) 2월 선생이 홍문관 부제학이었을 때이다.
玉堂箚子 甲辰二月 先生副提學時

엎드려 생각하건대, 변고를 겪은 이래로 국가가 몹시 어수선하여 옛날의 예문을 상고하는 일을 대부분 못하게 되어 유현(儒賢)을 존숭하고 도를 중히 여기는 일을 할 겨를이 없었으니, 이를 실로 식견 있는 자가 내심 탄식하고 많은 선비가 답답하게 여기었습니다.

신들이 삼가 살피건대, 관학 유생들이 국조(國朝)의 유종[87]인 문경공(文敬公) 신(臣) 김굉필(金宏弼)·문헌공(禮獻公) 신 정여창(鄭汝昌)·문정공(文正公) 신 조광조(趙光祖)·문원공(文元公) 신 이언적(李彦迪)·문순공(文純公) 신 이황(李滉) 등을 문묘(文廟)에 종사(從祀)하는 일을 가지고 대궐에 엎드려 상소하였는데, 그들의 의도는 대체로 유학의 도(道)를 위해 존경하여 본보기를 삼는 바가 있게 하여 흥기시키려는 것입니다. 이는 실로 온 나라 대소 신민(大小臣民)들의 공통된 의론으로서 어떤 사람도 그 사이에서 조금도 이견(異見)을 내지 않고 같은 말을 하고 있습니다. 그런데도 주상께서는 즉시 윤허를 내리지 않으셨을 뿐만 아니라 도리어 온당치 못하다는 비답[88]을 내리시면서 '이언적 같은 사람도 그 속에 끼어 있으므로 괴이하게 여겨 온 지 오래다.'라고 하교하셨습니다. 신들은 서로 돌아보며 두렵고 당혹스러워했으니, 성상의 뜻이 어디에 있으신지를 알지 못하겠습니다.

---

86) **차자(箚子)** : 주장(奏章)과 마찬가지로 신하가 임금에게 건의하고 정사를 논하는 소장(疏章)이다. 이 차자(箚子)는 《선조실록》 172권, 선조 37년 3월 23일 계유(癸酉) 6번째 기사에 "홍문관의 신식·강첨·이덕형·이정험·강홍립·민경기 등의 상소문[行弘文館副提學申湜·典翰姜籤·副應教李德泂·校理李廷馦·修撰姜弘立·副修撰閔慶基等]이란 제목으로 실려 있다. 이하 '차자(箚子)'와 '답교(答教)'의 번역은 국사편찬위원회 조선왕조실록(https://sillok.history.go.kr) 국역을 참조하였고, 아울러 저본의 원문도 이를 근거하여 교감하였다.

87) **유종(儒宗)** : 유학의 종사(宗師). 유학의 선비들이 우러러보는 큰 학자를 이른다.

88) **비답(批答)** : 신하가 올린 계청(啓請)·소차(疏箚) 등에 대하여 임금이 가부 또는 의견을 붙여서 답하는 것.

옛날 송(宋)나라 신하 정이(程頤)는 그의 형 명도[89]의 묘비에 쓰기를 '배우는 이들이 도(道)에 있어서 그 지향할 바를 안 뒤에야 이분의 공이 있음을 알 것이고, 이분의 학문이 어디에까지 도달하였는가를 안 뒤에야 이 명칭이 실정에 걸맞음을 알게 될 것이다.'라고 하였습니다. 신들처럼 학문이 어둡고 지식이 부족한 자들이 이언적이 학문을 한 공정(功程)과 조예(造詣)의 깊고 얕음을 어찌 알 수 있겠습니까? 그러나 선정(先正)의 정론(定論)이면서 귀로 얻어들은 것을 말씀드리면, 이언적은 타고난 자품이 도에 이미 가까웠고 어려서부터 지절(志節)이 있어 세속의 학문 이외에 이른바 위기의 학문[90]이 있다는 것을 알고는 이를 강구하고 밝히고 체득하여 실천했으며, 치지와 성의[91]의 영역에 힘을 쏟고 조존과 성찰[92]하는 데에 공을 쌓았습니다. 그가 남긴 말과 글은 모두 옛 성현들이 몸소 실행하고 마음으로 체득한 절실하고도 요긴한 내용으로, 실제로 종사한 바가 있는 것이요 빈말이 아니었습니다.

중종(中宗)께서 다스리실 때를 만나 아는 바를 모두 임금님께 아뢰고 도모한 것이 지극히 충성스럽고 정직하였으므로, 중종께서 매우 칭찬하고 탄복하시며 심지어는 '옛날 진덕수[93]도 이보다 나을 수 없다.'라고 하교하셨습니다. 군주와 신하 사이에 융숭하게 인정하고 장려했던 사실은 지금까지도 사람들의 이목에 뚜렷이 드러나고 있으니 속일 수 없는 일입니다.

---

89) **명도(明道)** : 북송의 대학자인 정호(程顥, 1032~1085)로 명도는 호이고 자는 백순(伯淳), 시호는 순(純)이다. 아우인 이천(伊川) 정이(程頤)와 함께 이정(二程)으로 일컬어지며 존숭을 받았다. 26세 때인 인종(仁宗) 가우(嘉祐) 연간에 진사시에 급제하고 벼슬이 저작좌랑(著作佐郎)에 이르렀다. 이기일원론(理氣一元論), 성즉리설(性則理說) 등을 주창한바, 그의 사상은 주자에게 전해져 성리학의 정초(定礎)가 되었다.

90) **위기(爲己)의 학문** : 원문의 '위기지학(爲己之學)'은 남이 알아주기를 바라면서 공부하는 위인지학(爲人之學)에 상대되는 말로, 오직 자신의 덕성을 닦기 위해 공부하는 것을 말한다. 《논어》 〈헌문(憲問)〉에 "옛날의 학자들은 자신을 위한 공부를 하였는데, 지금의 학자들은 남을 위한 공부만 한다.[古之學者爲己 今之學者爲人]"라는 말씀이 있다.

91) **치지(致知)와 성의(誠意)** : 격물치지(格物致知)와 성의정심(誠意正心)을 이른 말로, 사물의 이치를 끝까지 연구하여 나의 지식을 극대화하고, 뜻을 성실하게 가져 마음을 바르게 하는 것이다. 마음이 발하는 것이 의(意)인데, 성의는 자신을 속이지 않는 것으로 악(惡)을 악취처럼 싫어하고 선(善)을 미색처럼 좋아하는 것이다. 악을 싫어하되 악취처럼 싫어하지 않고, 선을 좋아하되 미색처럼 좋아하지 않는다면 이는 자신을 속이는 것이다. 정심은 마음을 공정하게 가져 한쪽으로 치우치지 않는 것이다. 《大學章句 傳6章, 傳7章》

92) **조존(操存)과 성찰(省察)** : 마음을 보존하고 사욕의 기미를 살피는 공부를 말한다. 공자는 "잡으면 보존되고 놓으면 없어져 일정한 시간과 방향 없이 움직일 수 있는 것이 마음이다.[操則存 舍則亡 出入無時 莫知其鄕 惟心之謂與]"라고 하며 마음을 보존하는 공부를 강조했다. 《맹자》 〈고자 상(告子上)〉

93) **진덕수(眞德秀)** : 송나라 사람이다. 영종(寧宗) 때 벼슬하며 10여 년간 수십만 글자에 달하는 상소를 올렸는데, 내용이 모두 사리에 맞고 시무(時務)에 절실하였다고 평가된다.

우리 성명(聖明)께서는 즉위하시자 맨 먼저 예전에 없는 극진한 은전을 베푸셔서 표창하고 추증(追贈)하는 일을 행하셨으며, 또 유신에게 명하여 언행을 수집하고 편집하여 기록하게 하여 염락관민[94]의 글과 함께 후세에 전해지게 하셨으니,[95] 선유(先儒)를 높이 드러내고 도통(道統)의 맥을 붙들어 세우신 뜻이 정말 거룩하시다 하겠습니다. 이 일이 있은 뒤로 지방 학교[96]에서 선비들의 부류가 그 풍모를 흠모하고 그 사람을 사모하며 취하거나 버리는 것을 알아 학문의 방향이 분명해지게 되었고, 몽매한 인심이 문란해지거나 어지러워지지 않게 되었으니, 이 모두가 우리 전하께서 표양(表揚)하시고 인도하여 계도하신 공이 아닐 수 없습니다.

그리하여 온 나라 사람들이 진작 문묘에 배향되지 못한 것을 유감스럽게 여기므로 업무로 바쁜 중에도 맨 먼저 그 일을 강구하여 진작시키는 계기로 삼으려고 하였는데, 뜻밖에도 이번에 도리어 이처럼 온당치 않다는 하교가 있으시니, 신들은 괴이하고 한편 민망하게 여겨지기도 하여 진실로 전하께서 무엇 때문에 이런 말씀을 하셨는지 이유를 알지 못하겠습니다. 혹시 무함하고 헐뜯었던 말이 전하의 해와 달 같은 총명을 가려 옛날 증삼(曾參)과 이름이 같은 자가 사람을 죽였는데, 세 사람이 와서 말한 뒤에 증삼의 어머니가 베 짜던 북을 던진 것과 같게 된 것은 아닌지요? 그렇지 않다면 어찌하여 그전에는 존숭하여 칭찬하시다가 이제 와서 폄박(貶薄)하시는 등 이토록 동떨어진 전교를 내리신 것입니까?

---

94) **염락관민(濂洛關閩)** : 송(宋)나라 때 성리학의 주요 학파로, 염계(濂溪)의 주돈이(周敦頤), 낙양(洛陽)의 정호(程顥)·정이(程頤), 관중(關中)의 장재(張載), 민중(閩中)의 주자(朱子)를 이르는 말이다.

95) **유신(儒臣)에게 …… 하셨으니** : 《국조유선록(國朝儒先錄)》 편찬을 말한다. 1570년(선조3) 선조의 명을 받아 당시 홍문관 부제학이었던 유희춘(柳希春)이 편찬한 것으로 김굉필(金宏弼)·정여창(鄭汝昌)·조광조(趙光祖)·이언적(李彦迪)의 행적을 담았으며, 5권 4책으로 이루어져 있다. 서문은 이후백(李後白)이 썼다. 권1은 김굉필, 권2는 정여창, 권3은 조광조, 권4·5는 이언적 편으로 이들의 글과 유사(遺事) 등을 모은 것이다. 김굉필 편은 《경현록(景賢錄)》에서 뽑았으며, 정여창과 조광조는 견문을 수집하고 〈경연일기〉 등에서 뽑았다. 이언적 편은 《회재집(晦齋集)》에서 뽑았다. 선조 즉위년 이후 사림 정권 성립을 계기로 기묘사화에 희생된 사람들을 신원하는 운동이 여러 방면에서 일어났는데, 이 책도 그런 사업의 하나였다. 내용도 군왕의 도리·지치(至治)·도학 정치에 관한 상소나 글들이 많다. 규장각에 소장되어 있다.

96) **지방 학교** : 원문의 '당상(黨庠)'은 중국 고대의 지방 학교 제도이다. 《예기》 〈학기(學記)〉에 "가(家)에는 숙(塾)이 있고, 당에는 상(庠)이 있고, 술(術)에는 서(序)가 있고, 국(國)에는 학(學)이 있다."라고 하였는데, 가는 집안 또는 25가(家)를, 당은 500가를, 술은 1만2500가를, 국은 수도를 말한다. 숙·상·서·학은 각각 그곳에 설치하는 학교의 이름이다.

아, 전하께서 덕을 높이고 도를 즐거워하시며 유술[97]을 숭상하여 무엇을 하시든 간에 사문(斯文)을 숭상하는 교화 아닌 것이 없으셨습니다. 그런데 유독 선현을 종사하는 일에는 오히려 이토록 어렵게 여겨 지체하시니, 이것만도 이미 많은 선비의 기대를 저버렸다 하겠는데, 또 의심해서는 안 될 사람을 의심하시며 여러 차례 준엄하게 꾸짖는 말씀을 내리셨습니다. 신들은 국시가 정해지지 못하고 사문이 땅에 떨어져, 사람들이 올바르게 나가야 할 바가 미혹되고, 선비들은 사기를 잃은 채 갈팡질팡하며 의지해 돌아갈 바를 알지 못하게 될까 두렵습니다. 신들이 모두 변변찮아서 외람하게도 논사[98]하는 자리에 있으면서 항상 애타는 심정으로 성상 앞에서 논변하지 않을 수 없었습니다. 삼가 바라건대, 전하께서 예전의 견해를 씻어버리고 그동안의 의심을 완전히 푸시어, 다시 유현(儒賢)을 좋아하는 도량을 회복하시고 도를 중히 여기시는 정성을 더욱 돈독하게 하시면 유림과 국가가 매우 다행이겠습니다. 재결하여 주소서. 하니,

주상께서 유념하겠다고 답하시었다.

伏以 變故以來 國家搶攘 稽古禮文之事 蓋多闕焉 而崇儒重道之擧 有未遑及 此固有識之竊嘆 而多士之鬱抑者也 臣等伏見 館學儒生 將國朝儒宗文敬公臣金宏弼文獻公臣鄭汝昌文正公臣趙光祖文元公臣李彦迪文純公臣李滉等 從祀文廟事 伏闕陳疏 其意蓋欲爲吾道 有所矜式 而興起焉耳 此實通國大小臣民公共之論 萬口一談 少無異辭於其間者 而自上非惟不卽允兪 反下未安之批 乃以彦迪之爲人 亦仄其間 怪之久矣爲教 臣等相顧惶惑 竊未曉聖意之所在也 昔宋臣程頤 表其兄明道之墓曰 學者於道 知所向 然後見斯人之爲功 知所至 然後知斯名之稱情 如臣等瞢憹學蔑識者 彦迪爲學之功程 造詣之淺深 何足以知之 然以其先正之定論而得於耳聞者言之 則彦迪天資近道 自少有志 乃於俗學之外 知有所謂爲己之學 講而明之 體而履之 用力於致知誠意之地 收功於操存省察之際 其所立言垂訓 皆古聖賢躬行心得切要之旨 實有所事 而非空言也 遭遇中廟 知無不言 啓沃謀謨 而極其忠讜中廟深加奬嘆 至有古之眞德秀 無以過也之教 君臣之間 知奬之隆 至今炳炳照人耳目 非可誣也 逮我聖明當宁 首擧曠典 特施褒贈 又命儒臣 蒐摭言行 編輯爲錄 俾與濂洛關閩之書 幷傳於後 其表

97) 유술(儒術) : 유가(儒家)의 학술. 유도(儒道).

98) 논사(論思) : 임금이 중신(重臣)들과 학문을 강론하고 정치의 도의와 정치 현안을 논의하는 일을 말한다.

章儒先 扶植道脈之意 吁其至矣 自是以後 黨庠之間 縫掖之流 欽其風而慕其人 知所取捨 而明於趨向 使貿貿之人心 不至於泯泯棼棼者 莫非我殿下表揚導率之功耳 擧國之人 咸以不早陞配爲歉 雖在多事之中 猶欲首先講究 以爲振作之機 而不意玆者反有如此未安之教, 臣等且怪且悶, 誠不知殿下此言 何爲而發也 無乃有不近誣詆之言 或干於日月之明 以致慈母之投杼歟 不然 何其昔者崇奬 而今者貶薄 若是逕庭乎 嗚呼 殿下尊德樂道 雅尙儒術 凡所設施 無非右文之化 而獨於從祀一事 尙此遲難 固已缺多士之顒望 而又復致疑於不當疑之人 累下嚴峻之教 臣等竊恐國是靡定 斯文墜地 人迷所趨 士沮其氣 倀倀然不知所依歸也 臣等俱以無狀 忝在論思 有懷耿耿 不得不論辨於冕旒之前 伏願殿下 濯去舊見 洞釋前疑 更恢好賢之量 益篤重道之誠 儒林幸甚 國家幸甚 取進止

答曰留念

옥당에서 올린 차자[99] 정원에 비답의 말씀이 있고 난 뒤에 이 차자를 올렸다.
玉堂箚子 答政院敎後 上此箚

엎드려 생각하건대, 저번 태학생[100]들이 오현[101]을 문묘에 배향하는 일로 연명(連名)으로 소장(疏章)을 올려 주청했던 것은 유생들만의 사론이 아니요, 온 나라의 공론이었사옵니다. 성상께서 학문을 숭상하여 교화를 일으키는 날을 당하여 의당 즉시 추숭해 보답하는 은전으로 인심을 바르게 하고 선비들의 추향할 바의 근본을 밝히게 하실 것이라고 생각했었는데, 엎드려 주상의 비답(批答)을 보니 마치 이언적(李彦迪)의 일에 대해서 불만이 있으신 듯하여 신들은 놀랐고 한편 이상하게 여겼사옵니다. 주상의 뜻이 어디에 있는지 알 수 없기에, 삼가 그의 언행 중 뚜렷하게 사람들의 이목에 남아 있는 것을 수습해서 차자를 올려 성명께서 질정해 주시길 바랐습니다. 그런데 정원에 내리신 전교를 받들게 된 다음에야 비로소 주상께서 생각하시는 바가 전혀 예사롭지 않은 것을 알게 되었습니다. 신하로서 나아가고 물러나는 즈음에 있어서는 대의가 분명하고 어엿하여 범할 수 없는바, 다시 그사이에 입을 놀리기 어렵사오나, 부류를 통해 사람을 살펴볼 수 있다는 것이 옛 성인의 가르침입니다. 다만 그의 사적에만 집착하여 마침내 그의 마음에까지 의심한다면 또한 그 사람의 허물을 보면 인(仁)함을 아는 군자의 도리가 아닐 것입니다.[102] 더구나 우리나라는 해외의 작은 나라이

---

99) 이 차자는 《선조실록》 173권, 선조 37년(1604) 4월 4일 갑신(甲申) 3번째 기사 "홍문관이 이언적의 혐의에 대해 변론하자 《대학장구》 문제를 제기하다."라는 제목으로 실려 있다. 또한 말미에 다음과 같은 사관의 사평(史評)이 있다. "사신은 논한다. 옥당의 차자는 말이 완곡하고 의리가 바르다. 사실에 의거하여 정직하게 변론해 구구절절 매우 분명하니 논사(論思)하는 도리를 얻었다고 할 수 있는데, 임금의 뜻이 오히려 석연찮게 여겨 마침내 사기(士氣)가 저상되고 유림이 실망하게 하였으니, 매우 한탄스러운 일이다.[史臣曰玉堂之箚 辭婉而義正 據事直辨 支節甚明 可謂得論思之道矣 而上意猶未釋然 終使士氣沮抑 儒林失望 可勝嘆哉]"라고 하였다.

100) **태학생(太學生)** : 성균관(成均館)에서 기거하며 공부하는 생원(生員)·진사(進士)를 통틀어 일컬음.

101) **오현(五賢)** : 다섯 명의 유현(儒賢)으로, 여기에서는 조선조의 유학자인 한훤당(寒暄堂) 김굉필(金宏弼), 일두(一蠹) 정여창(鄭汝昌), 정암(靜庵) 조광조(趙光祖), 회재(晦齋) 이언적(李彦迪), 퇴계(退溪) 이황(李滉)을 가리킨다.

102) **부류를 …… 아닐 것입니다** : 《논어》 〈이인(里仁)〉에 공자께서 "사람의 허물은 각각 그 부류대로 하니, 그 사람의 허물을 보면 그가 인한지 인하지 않은지를 알 수 있다.[人之過也 各於其黨 觀過 斯知仁矣]"라고 하셨다. 이 한 대목에 대한 정이(程頤)의 주에 "사람의 과실은 각기 그 부류대로 하는 것이니, 군자는 항상 관후한 데에서 잘못되고 소인은 항상 각박한 데에 잘못되며, 군자는 사랑에 지나치고 소인은 잔인함에 지나친다.[人之過也 各於其類 君子常失於厚 小人常失於薄 君子過於愛 小人過於忍]"라고 하였다.

니, 유현(儒賢)으로 세상에 이름난 사람이 몇이나 되겠습니까? 그나마 끊어져 온 뒤 한세상에 추앙받는 사람이 하루아침에 옳지 못한 사람이라는 죄명이 가해지고 말았습니다. 주상의 엄하신 말씀이 한번 내려오자 사방에 전파되어 사기(士氣)가 꺾이어 잃고 사문(斯文)이 낙막(落寞)하게 되었으니, 나라를 다스리는 도리에 관계됨이 어찌 작은 일이겠습니까. 신들은 몹시 편치 못함을 감내할 수 없습니다. 신들은 모두 후생으로서 60년이 지난 지금 그간의 사적을 자세히 알 수는 없었습니다만, 우선 근거할 만한 문적(文籍)과 노인들이 서로 전하는 항간의 노래를 궁구해 보면, 갑진년(1544)과 을사년(1545)에 두 분 선왕께서 잇따라 승하하시고 명종(明宗)께서 아직 어리셨을 때 간신들이 감정을 품고 귀신이나 물여우처럼 재앙과 난리를 일으켰던 사실은 삼척동자도 다 아는 일입니다. 이언적이 어찌 더 이상 기다리지 않고 기미를 보고서 멀리 떠나고 싶지 않았겠습니까. 다만 두 분 선왕께서 알아주셨고 벼슬이 높은 반열에 올랐었기 때문에 의리상 나라와 더불어 기쁜 일이나 슬픈 일을 같이하지 않을 수 없었던 것입니다. 그 당시의 일을 말하자면 산릉[103]을 아직 완성하지 못하여 국사에 겨를이 없었고, 그때의 형세를 말하면 안팎에서 난을 선동하고 있어 종묘사직이 위태로웠습니다. 이런 때에 자신만을 깨끗이 하는 것이 지혜로운 줄만 알고 두 선왕의 은덕을 생각하지 않고서 관직을 벗어 던지고 훌훌 떠나버렸더라면 군신 간의 의리에 어떠하였을지 모르겠습니다. 그가 떠나버리지 않은 점을 놓고 볼 때, 그의 임금을 사랑하고 나라를 근심하는 마음이 한결같이 간곡한 정성에서 나온 것으로 거짓 자신을 위해 도모한 것이 아니라는 것을 더더욱 알 수 있습니다.

충순당에서 소대(召對)하실 때, 재상들을 따라 들어갔을 적에 적신(賊臣) 이기(李芑) 등이 흉악한 음모를 마구 부려 세 신하를 죄주자고 청했습니다.[104] 그때 문정왕후(文定王后)께서 크게 진노하여 누가 감히 조금도 거스를 수 없었는데, 이언적이 '신하는 의당 섬기는 군주에게 마음을 다해야 하고, 일 처리는 밝게 드러나도록 해야 한다'라는 등의 말을 성의를 다하

103) **산릉(山陵)** : 왕이나 왕비의 무덤을 이르는 말인데, 아직 능의 이름을 정하지 않은 인산(因山) 전의 새 능을 이르기도 한다.

104) **충순당(忠順堂)에서 …… 청했습니다** : '충순당'은 경복궁의 한 부속 건물인데 당시 명종의 모후인 문정왕후(文定王后)가 이곳에 거처하며 권력을 행사하였다. 여기서는 을사사화 때, 명종과 문정왕후가 충순당에 나와 대면한 자리에서 이기 등이 윤임·유관·유인숙 등을 제거할 것을 의논한 일을 가리킨다. 참고로 소대(召對)는 군주가 신하를 불러서 정사(政事)나 경의(經義) 등의 문제를 물어보고 회답하는 것을 이른다.

여 간절하게 반복해서 진달하여 위로는 모후(母后)께서 받아들이시도록 감동시켰고 아래로는 늙은 적신의 간담을 서늘하게 하였습니다. 그 때문에 문정왕후께서 '경의 말이 옳다. 사림(士林)에 화가 생길 것은 의심할 여지가 없다'라고 하시며 격려하셨고, 이기 등도 감히 다시는 독설을 펴지 못하였으며, 세 신하의 죄도 단지 귀양보내고 체직시키는 데 그쳤던 것입니다. 그 뒤에 백인걸(白仁傑)이 헌납으로 있으면서 내전(內殿)의 밀지(密旨)의 부당함을 대청(臺廳)에 나와 아뢰고, 여러 재상집을 뛰어다니기를 마치 전령 군졸(傳令軍卒)처럼 하였다며 민제인(閔齊仁)을 공척(攻斥)하였는데, 이에 따라 조정의 의론이 크게 격동하여 일시에 사헌부·사간원이 나란히 견책받아 파면되고 세 신하에게도 다시 죄를 더 내리게 되었습니다. 이어 권벌(權橃)의 서계(書啓)가 있었는데, 눈서리처럼 늠름하여 크게 비위에 거슬리게 하였고, 이 때문에 노적(老賊)이 스스로 인심이 이같이 복종하지 않는다는 것을 알아차리고서 살육하여 인심을 안정시키려 드디어 사림을 잡아 없애고야 만 것입니다.

이언적의 정밀한 학문과 넓은 식견으로 가만히 앉아서 시국을 익히 헤아려 보았을 것인데, 묵묵히 참으며 감히 말을 다 하지 않았던 것이 어찌 그의 본심이었겠습니까. 신구[105]의 말 한마디라도 내면 바로 화만 한 등급 더 내려질 뿐이었으니, 당시의 일은 아, 또한 참혹하기만 하였습니다. 혹시라도 이때 경솔하게 무익한 말을 했다가 더욱 사림의 화를 재촉하게 되었다면, 신구하려는 것이 도리어 화만 더할 뿐이었으니, 또한 무슨 이익이 되었겠습니까. 자신의 말 때문에 사림의 화를 재촉하게 되는 일은 군자로서 차마 하지 못할 일이므로 차라리 마음을 썩이고 간장을 태우며 간정[106]의 경계를 스스로 지키게 된 것이니, 권벌의 서계 초고(草稿)를 고친 일에서 보면 그 은미한 뜻을 또한 알 수 있습니다.

국문(鞫問)에 참여한 한 가지 일에서도 그럴 수밖에 없었던 이유가 있었습니다. 당시 이언적이 판의금부사를 겸하고 있었으므로, 형세상 참여하지 않을 수 없었던 것입니다. 이때 간흉들이 참소하는 말로 얽어매고 유언비어가 난무하였으므로, 천성이 자애로우신 문정왕후마저도 믿지 않으실 수 없었습니다. 그래서 매양 '우리 모자(母子)가 고립되어 망하기만을 기다릴 뿐이다'라고 하시며 쌓인 의심이 한창 깊어지셨었는데, 김명윤(金明胤)의 고변이 그때

105) **신구(伸救)** : 죄가 없음을 사실대로 밝히고 누명을 벗겨서 남을 구원하는 것을 이른다.

106) **간정(艱貞)** : 군자가 소인에게 해침을 당하는 어려운 때를 만나 정도를 굳게 지킨다는 뜻이다. 《주역》 〈명이괘(明夷卦) 단(彖)〉에 "어려울 때에 정함이 이로움은 그 밝음을 감춘 것이다. 안에 있어 어려우나 그 뜻을 능히 바르게 하였으니, 기자가 이 도를 사용하였다.[利艱貞 晦其明也 內難而能正其志 箕子以之]"라고 하였다.

마침 올라왔고 계림군(桂林君)은 이미 집에 없었습니다. 저들이 바야흐로 기미를 알고서 먼저 도망했다는 것으로 구실을 삼았고 보면, 종묘사직에 관계되는 일로 죄목이 지극히 무거운 것인데, 언적이 어떻게 미리 실정을 헤아리고서 망명한 사람을 신구할 수 있었겠습니까. 이덕응(李德應)이 거짓 자복한 뒤부터 그 옥사가 드디어 이루어져, 없는 죄를 꾸미고 얽어서 제현(諸賢)에게까지 파급되었습니다. 언적이 만약 죽음을 무릅쓰고 호소했다고 한들 과연 하늘을 뒤덮을 듯한 기세를 막을 수 있었겠습니까. 하물며 '스스로 마음이 편치 못하여 형적(形跡)이 있었다'라는 등의 말은 당시 제일의 죄안(罪案)이었습니다. 언적이 인종(仁宗)의 구신(舊臣)으로서 스스로 형적을 보전해 피해 버리고 참여하지 않았다면, 군상(君上)의 의심을 더 받게 되고 간흉들의 노기를 격발시키게 되지 않았겠습니까? 명철[107]을 귀중하게 여기는 것은 헛되이 죽지 않는 것을 귀중하게 여겨서입니다. 한 몸으로 한창 기세를 부리는 간적(奸賊)과 싸우다가 마구 죽이는 형벌 아래 기꺼이 목숨을 던져버린다면, 융통성 없이 소소한 신의를 지키느라 구독에서 스스로 목을 매어 죽는 것과 무엇이 다르겠습니까.[108] 하늘을 뒤덮을 듯한 기세를 막아내지도 못하고 물러가 피신할 계책 또한 감히 이루지 못하고서 철인(哲人)들이 죽어감을 슬퍼하고, 국가가 망해감을 애통해하였으니, 그가 신장[109]을 쓴 것이 컸느니 작았느니 하는 말은 삼년복은 제대로 하지 못하면서 지엽적인 시마복(緦麻服)이나 소공복(小功服)을 따지는 것과 같기는 하지만, 그의 심정은 참담했었을 것입니다.

한편 공신록(功臣錄)에 이름이 들어가게 된 것도 어찌 반드시 적신 이기(李芑)의 영향력에 의해 그렇게 된 것이겠습니까. 그 당시 충순당에 입시했던 재상들을 녹훈(錄勳)하도록 명

---

107) **명철(明哲)** : 명철보신(明哲保身)의 준말로, 난세(亂世)에 함부로 말을 하지 않음으로써 자신의 몸을 보전하는 것을 말한다. 《중용장구(中庸章句)》 제27장의 "군자는 윗자리에 있어도 교만하지 않고 아랫자리에 있어도 배반하지 않는다. 나라에 도가 있을 때 그의 발언은 흥기(興起)시키기에 충분하고, 나라에 도가 없을 때 그의 침묵은 용납받기에 충분하다. 《시경》 〈증민(烝民)〉에 '현명한 데다가 사려가 또 깊어서 자기 몸을 보전한다.'라고 한 것은 바로 이런 경우를 두고 말한 것이라고 하겠다.[居上不驕 爲下不倍 國有道 其言足以興 國無道 其默足以容 詩曰 旣明且哲 以保其身 其此之謂與]"라는 말에서 비롯된 것이다.

108) **구독(溝瀆)에서 …… 다르겠습니까** : 사리의 옳고 그름을 돌아보지 않고 사소한 신의를 위해 죽는 것을 뜻한다. 《논어》 〈헌문(憲問)〉에서 공자는 "어찌 필부(匹夫)필부(匹婦)들이나 인정하는 조그마한 신의(信義)를 위하여 스스로 도랑에서 목매어 죽어서, 남이 알아주지도 않는 사람이 될 수 있겠는가?[豈若匹夫匹婦之爲諒也 自經於溝瀆 而莫之知也]"라고 하였다.

109) **신장(訊杖)** : 고신(拷訊)에 사용하는 형구이다. 영조척(營造尺)으로 길이는 보통 3자 3치인데, 윗부분은 1자 3치로 지름이 7푼이며, 아랫부분은 너비가 8푼, 두께가 2푼이다. 아랫부분으로 무릎 아래를 치는데 정강이에는 이르지 아니하며 한 번에 30도(度)를 넘지 못한다. 길이 3자 5치인 것은 임금의 재가를 받아 행하며 서인과 강도죄를 범한 자에게는 사용하지 않는다.《大典會通 刑典 推斷 原 增》

이 내렸었기 때문에 이언적의 이름도 그 속에 들어가게 되었던 것인데, 소장을 올려 힘껏 사양하면서 '당세에 기롱을 받을 뿐만 아니라 만년토록 웃음거리가 되고 말 것이다.'라고 말하기까지 했었습니다. 그때에는 비록 빠질 수 없었지만, 뒷날 배척받아 삭훈(削勳)되었으니, 당초 준례에 따라 참여하게 된 것이지 이언적의 본심에서 나온 것이 아니었음을 대개 알 수 있습니다. 더구나 위사공신(衛社功臣)의 동맹은 정미년(1547) 윤9월에 가서야 거행했고, 이언적의 공훈 삭탈은 병오년(1546) 가을 9월에 있었으니, 어떻게 어깨를 나란히 하고 함께 동맹을 했겠습니까. 봉성군(鳳城君)을 죄주자고 청했던 일에 대해서 신들이 삼가 《무정보감》[110] 을 살펴보니, 을사년(1545) 10월 6일 정부·육조·삼사가 대궐에 나아가 함께 아뢸 적에 대신은 금방(禁防)하기를 청했고 삼사는 멀리 귀양 보내기를 청했었는데 모두 윤허하지 않으셨고, 7일과 9일에 이틀씩이나 아뢰었지만 모두 윤허를 받지 못하고 말았습니다. 이 사흘 동안 계사(啓辭)를 올릴 적에 언적이 와서 참여했었는지는 알 수 없습니다. 그러나 당시의 형세를 미루어 본다면, 계림군(桂林君)은 벌써 터무니없이 끌려들었고 봉성군(鳳城君)은 이미 위급한 상황에 놓여 있었는데 간흉들은 종묘사직의 대계(大計)라고 핑계하며 팔을 걷어붙이고 맹렬히 논란하고 있었으니, 금방(禁防)하자고 아뢰는 말에 이의를 내세울 수 없었던 것은 이런 까닭이 있어서였을 것입니다. 더구나 그들을 죽이자고 청할 당시에는 언적도 같은 죄명 속에 들어 있었으니, 만일 이를 가지고 언적을 깊이 허물한다면 삼가 잘못된 조처라고 생각합니다. 무릇 사람을 관찰하는 일은 변고를 만났을 때 물러가야 하는데 물러가지 않고, 죽어야 하는데 죽지 않으며, 구제해야 하는데 구제하지 못한 뒤에야 바야흐로 그가 한 일을 지적하고 그의 사람됨을 논할 수 있습니다. 신들은 언적이 물러가야 하는데 물러가지 않았는지, 죽어야 하는데 죽지 않았는지 아니면 구제해야 하는데 구제하지 못했는지는 잘 모르겠습니다. 이미 물러갈 수도 없었고 죽을 수도 없었으며 구제할 만한 힘도 없었으니, 이런 상황에서의 처신은 옛 성현들이라도 오히려 어렵게 여길 것입니다. 그러니 어찌 단지 그의 형적만 가지고 그의 마음에까지 의심할 수 있겠습니까.

아, 옛날 은(殷)나라가 망할 적에 미자(微子)는 떠나버리고 기자(箕子)는 종이 되고 비간(比干)은 간하다가 죽음을 당했습니다. 떠나버린 것을 옳다고 한다면 종이 된 것도 잘못이

110) **무정보감(武定寶鑑)** : 조선시대 국내의 정쟁과 내우외환 등 주요 사건의 전말을 기록한 책으로 선초부터 예종까지의 사건을 기록한 《무정보감》과 성종 때부터 명종 초년까지의 사건을 기록한 《속무정보감(續武定寶鑑)》이 있다. 여기서는 《속무정보감》을 말한다.

고, 간하다가 죽은 것도 잘못일 것입니다. 그러나 세 사람의 행동은 모두 지극한 정성에서 나온 것으로, 죽은 것이나 살아남은 것이나 물러간 것이나 머무른 것이나 각각 합당한 바가 있었습니다. 그러므로 모두 삼인(三仁)이라고 함께 일컬어지게 된 것입니다. 공자의 문하에서도 염유(冉有)는 계씨(季氏)의 참람한 짓을 바로잡지 못하고 도리어 더 부유하게 만들어 주었고, 재아(宰我)는 삼년상을 단축하고자 하면서도 마음을 편안히 여기자, 북을 울려 성토하고 불인(不仁)하다고 배척하기를 지극히 엄중하게 했던 것입니다. 그러나 정사의 기예와 언어의 재주는 칭찬할 만한 점이 있었고, 성학(聖學)에도 참여하여 들은 것이 있었기 때문에 십철(十哲)의 반열에 들어갈 수 있었던 것입니다. 그러니 인현(仁賢)이 행한 일들을 일괄적으로 논의할 수 없지만 큰 것은 이미 거론했다고 한다면 그 나머지는 생략할 수도 있기 때문이 아니겠습니까.

아, 도학(道學)이 세상에 밝혀지지 않아 풍습은 날로 나빠지기만 해서, 선비라고 부르는 자들은 스승을 존경하는 의리를 모르고 장구(章句)만 대강 익힌 자들은 학문에 나아가는 방향에 어두우니, 사문(斯文)이 오늘날까지 어지럽고 분분해져 있는 것입니다. 이언적처럼 사문의 종사가 된 이도 오히려 사람들이 흠을 잡아 논란하여, 허물이 없는 데에서 허물을 지어내 심지어 경연의 자리에서 언급하였습니다. 비록 세상에 대해 높은 식견을 가진 성상이시라도 이점에 의혹을 버리지 못하시니, 신들이 크게 두려워하고 너무나 절박해하는 바입니다. 신들이 논사하는 직책[111]에 대죄(待罪)하고 있으면서 감히 백골이 된 사람을 위해 유세하는 짓을 하려는 것이 아닙니다. 참으로 이 일은 사문과 관계가 있는 것으로 온 나라의 정론이 된 지 오래인데, 갑자기 주상께서 의혹을 가지시어 특별히 열 줄의 글을 내려 시비가 어디로 귀결되는지 들으려 하시었습니다. 신들이 만일 함묵한 채 말하지 않는다면 끝내는 그 사이에 해명할 수 없을까 염려되었기에 이 글을 올리는 것이지 당초에 깊이 품고 있는 생각을 드러내 보이려는 뜻이 있어서는 아닙니다. 그러므로 감히 어리석은 말씀으로 우러러 성상의 총명을 번거롭게 하였사옵니다.

삼가 바라건대 전하께서는 천지와 같은 아량을 넓히시고 일월과 같은 총명을 넓히시어, 유현(儒賢)을 좋아하는 성의를 다시 돈독히 하시고 도를 중히 여기는 교화를 더욱 힘쓰소서. 그 연유를 관찰해보고 안착(安着)한 바를 살펴보시며, 그의 행적을 추구해 보고 그 마

111) 논사(論思)하는 직책 : 홍문관 관원의 직책을 이른다.

음을 용서하소서. 의심하여 막힌 생각을 시원하게 풀어버리시고 존중하여 장려하던 뜻을 변치 마시어, 선비들이 본받을 바가 있어 흥기되도록 하신다면, 국가와 유림에 매우 다행한 일이 되겠습니다.

주상의 비답에, "차자를 살펴보고 논한 말에 참으로 그러한 점이 있다는 것을 두루 알았노라. 지난번에 유생들이 상소하여 종사(從祀)를 청했을 적에, 그가 현명하기는 했지만 종사하는 것은 너무 지나친 것이라고 의심해 경솔하게 망령된 말을 했던 것인데, 여러 사람이 마음속에 의심을 가득히 품었고 온갖 논란이 분분히 일어나게 되었다. 그래서 내 소견을 써서 내려보내지 않을 수 없었는데 60년 전의 일이라 이목(耳目)에 미치지 못하고 사적도 알지 못하는 데다 고찰할 만한 서책도 없었기에 그만 연월의 선후에 어두워 전도된 말이 많았었다. 대개 언적이 정자(程子)가 되든 주자(朱子)가 되든 내게 해로울 것이 없는데 망령되이 시비를 논하여 분분하여 만들었으니, 나는 아무 병도 없으면서 스스로 뜸을 뜨는 사람이라 하겠다. 언적의 현명함을 내가 어찌 알지 못하겠는가. 다시 더 유의하겠다. 종사하는 일에 대해서는 뒷날 조정에서 반드시 의논하여 처리하게 될 것이다. 그렇기는 하지만 한마디 할 말이 더 있다. 주자가 확정해 놓은 《대학장구(大學章句)》는 온 천하가 다 같이 주종(主宗)으로 삼는 것으로 문황제(文皇帝)가 우리나라에 오경과 사서를 내려주었는데, 언적이 그 장구를 바꾸어 놓았으니, 그에 대한 설명을 들려 주기 바란다. 언적이 이미 주자를 논의했는데, 어찌 언적을 논의하는 사람이 없겠는가. 이는 진실로 흠이 없는 사람에게서 흠을 찾아내고자 하는 것이 아니라 종사하려고 하는 사람에 대해서 시비를 밝히지 않아서는 안 되기 때문이다."라고 하셨다.

伏以 頃日太學生等 將五賢從祀事 連狀上請 此非章甫之私論 乃是一國之公議 當聖上右文興化之日 謂宜卽崇報之典 以爲淑人心 明士趨之本 而伏覩聖批 若有不滿於李彦迪之事 臣等且驚且怪 莫窺聖意之所在 謹以言行之表表在人耳目者 掇拾箚陳 仰質之聖明矣 及奉下政院之敎 然後始知睿思所及 出尋常萬萬 其於人臣進退之際 大義截然凜不可犯 更難容喙於其間然矣 觀人於黨 古聖所訓 若徒執其迹 而遂疑其心則 亦非君子觀過知仁之道 況吾東邦 海外小邦 以儒名世者 有幾人耶 僅有於絶無之餘 爲一世所宗者 一朝遽加不韙之名 王言一下 傳播四方 士氣由是而沮喪 斯文因玆而落莫 其關係治道 豈細故也哉 臣等不勝未安之至 臣等俱以後生 去當時六十年 其間事迹 有

難得詳 姑就文籍之可據者及故老相傳之巷謠 竊究之 辰巳之歲 二聖繼陟 明廟幼沖 群奸挾憾 如鬼如蜮 禍亂之作 尺童所知 彦迪豈不欲色斯高擧 不俟終日乎 特以受知兩朝 位躋崇班 義當與國同休戚 是以言其時 則山陵未完 國事遑遑也 以言其勢 則內外煽亂 宗社岌岌也 於斯時也 而但知潔身之爲智 不念二聖之恩眷 掛冠東門 浩然而歸 則未知於君臣之義何如耶 其所以不去 益見其愛君憂國之心 一出於惻怛之誠 而非假爲身謀者也 及忠順堂 召對 隨諸宰而入 賊臣李芑等 逞其兇謀 請罪三臣 時天威震爀 人莫敢少忤 彦迪以專心所事 事當顯明等語 積其誠意 諄復開陳 上可以動母后之聽 下可以破老賊之膽 故文定王后 以卿言固然 生禍士林 非所疑也 奬之 芑等亦不敢復肆毒舌 三臣之罪 只於竄遞而止 其後白仁傑 以獻納 來啓密旨之非 且斥閔齊仁 以傳令軍卒 因此而益激 一時兩司 竝被譴罷 三臣亦復加罪 繼而有權橃之書啓 凜如霜雪 大爲激觸 故老賊自知其人心不服如此 欲以殺戮定之 遂至於屠滅士林而後已 以彦迪之精學博識 坐算時勢 固已熟矣 其含忍不敢盡言者 豈其本心哉 一言伸救 而其禍輒加於一等 當時之事 吁亦慘矣 倘於是時 輕發無益之論 轉促士林之禍 則其所以救之 適所以禍之也 亦奚益哉 以吾言而促士林之禍 君子之所不忍爲者 故寧腐心焦腸 自守艱貞之戒 觀於刪改權橃啓草之事 其微意亦可見矣 至於參鞫一事 亦有其說 彦迪方兼金吾之長 其勢自不得不參 伊時群兇構讒 飛語百出 文定王后 雖以慈愛之天 不能不投其杼 每以爲予母子 孤立待亡 蓄疑方深 而金明胤之變告纔上 桂林君已不在家矣 彼方以知幾先逃 爲之辭 則事關宗祊 罪目極重 彦迪何以逆料其情 而開伸亡命之人乎 自李德應誣服之後 其獄遂成 鍛鍊羅織 蔓及於諸賢 彦迪若能碎首彤墀 百口請命 則果可以遏滔天之勢耶 況不自安 有形迹等語 爲當時第一罪案 則彦迪以仁廟舊臣 自存形迹 避而不參 其能不益君上之疑 激群兇之怒耶 所貴乎明哲者 貴不徒死耳 以一身而戰方張之奸賊 甘心投命於淫刑之下 則與硜硜小信 自經溝瀆者 何異哉 滔天之勢既不可遏 退避之計 亦不敢遂 而哀哲人之云亡 痛邦國之殄瘁 則訊杖大小之說 雖近於緦小功之察 而其情則戚矣 且參名勳籍 豈必爲賊芑所囿而然哉 于時命錄 忠順堂入侍宰臣 故彦迪之名 亦在其中 而上章力辭 至以取譏當時貽笑萬年爲之辭 雖不得脫蛻於其時 而終被擠削於後日 則當初例參 非出於彦迪之本心 蓋可知矣 況衛社之盟 始行於丁未閏九月 而彦迪之削 乃在丙午秋九月 則何有於比肩同盟乎 若其請罪鳳城君之事 臣等謹按武定寶鑑 乙巳十月乙未 政府六曹三司 詣闕合啓 而大臣請爲禁防 三司

請爲遠竄 竝不准 丙午戊戌兩日亦啓之 俱未蒙允而止 其三日啓辭時 彦迪來參與否 亦未可知 而以時勢推之 則桂林旣自誣引 鳳城已在危厲之地 而諸兇托以宗社大計 奮臂倡論 則其不得立異於禁防之啓者 有由然矣 況於請殺之時 則彦迪亦在同罪之中 若以此深咎於彦迪 則竊以爲過矣 大抵凡觀人於處變之際者 可去而不去 可死而不死 可救而不能救 然後方可指其事 而議其人矣 臣等未知彦迪 可去而不去耶 可死而不死耶 抑可救而不能救歟 旣不可去 又不可死 而力不能救 則其所以處此者 雖使古聖賢當之 猶以爲難矣 烏可徒執其迹 而遂疑其心乎 嗚呼 昔殷之亡 微子去之 箕子爲之奴 比干諫而死 以去之爲是 則爲之奴者非也 諫而死者亦非也 然而三人之行 同出至誠 而死生去留 各有攸當 故竝列於三仁之稱 孔門之中 冉有不能救季氏之僭 而反附益之 宰我欲短三年之喪 而安心焉 則鳴鼓之攻不仁之斥 至嚴至重 然而政事之藝 言語之才 有足可稱 而與聞聖學 故得參於十哲之班 豈不以仁賢行事 不可槪論 而大者旣擧 則餘或可略之耶 噫 道學不明於世 俗尙日就於下 名爲士子者 不知尊師之義 粗習章句者 昧於趨向之方 泯泯棼棼 以迄于今 如彦迪爲斯文所宗者 猶不免人之疵議 求有過於無過之中 至發之筵席之間 雖以聖上高世之見 不能無惑志於此 此臣等之所大懼 所大悶者也 臣等待罪論思之地 非敢爲旣骨之人 而有所游說 誠以此事 係于斯文 久爲一國之定論 而忽被聖心之疑惑 特下十行之札 欲聞是非之歸 臣等若含默不言 則恐終無以辨明於其間 而有非當初開示底蘊之意 故敢以瞽說 仰干聖聽 伏願殿下 恢天地之量 廓日月之明 更篤好賢之誠 益懋重道之化 觀所由而察所安 究其迹而恕其心 洞釋疑阻之懷 勿替崇奬之志 俾爲士子 有所矜式 而興起焉 國家幸甚 儒林幸甚

答曰 省箚 具見所論 誠有然者 頃日儒生 疏請從祀 予疑其雖賢 從祀或過 輕發妄言 群疑滿腹 衆論紛然 不得不書下所見 而六十年前事 旣不逮於耳目 又未悉於事蹟 兼無可考書冊 遂昧歲月先後 語多顚倒矣 大槪李彦迪之爲程爲朱 於予無損 而妄論是非 以致紛紛 予可謂無病 而自灸者矣 彦迪之賢 予豈不知 當更加留意 若其從祀事 則後日朝廷 必議處矣 雖然 又有一說 朱子定大學章句 天下之所共宗 文皇帝頒五經四書於本國 彦迪易置其章句 願聞其說 彦迪旣議朱子 則又豈無議彦迪者乎 此誠非求疵於無疵之人 蓋欲從祀之人 則其是非不可不白

답교答敎

정원에 답하여 내린 전교[112]
答政院敎

【정원이 아뢰기를, "엎드려 생각건대 유신(儒臣) 이언적(李彦迪)은 실로 우리 유종(儒宗)의 선각으로서 우리나라의 대현입니다. 평생을 큰 학업에 잠심하여 성인의 학문을 밝혔고 유가의 도를 크게 도왔습니다. 그의 신실한 실천과 깊은 조예, 의연한 언행과 나아가고 물러가는 절도, 그리고 후세에 전하기 위해 저술하고 의논한 것들이 모두 문집 및 《유선록(儒先錄)》에 있는데, 광명정대하여 분명코 의심스러운 점이 없습니다. 따라서 의당 네 명의 유신 반열에 올려 성묘(聖廟)에 배향함으로써 천년토록 제사를 흠향할 수 있게 해야 한다는 점에 대해서는 조야(朝野)에 다른 말이 없고 예나 지금이나 이의가 없습니다. 그런데 삼가 태학(太學) 유생들의 상소에 답하신 것과 전후로 내리신 비망기(備忘記)를 보건대, 성지(聖旨)가 준엄하여 조금도 용서가 없으시니, 신들이 진실로 우매하긴 하지만 그 내용을 다 읽기도 전에 서로 돌아보며 놀라고 눈이 휘둥그레져 뭐라 할 말을 잊었습니다. 종사하자는 논의가 나온 지는 대개 또한 오래되었습니다. 그러다가 성상께서 유신을 존대하고 도를 중히 여기시어 하지 않는 일이 없으신 시대를 만나게 되었기에, 계청(啓請)하기만 하면 반드시 이루지게 될 것이라고 여겼었는데, 지금까지 윤허를 받지 못하였으므로 사람들이 답답하게 여겨 온 것 역시 오래되었습니다. 이번에 답답함이 더욱 답답해지던 판에 놀라와 실망하게 되는 일이 잇달게 되었으니, 도리어 성상께서 하시는 것에 의심이 없을 수 없게 되었습니다. 신들이 오늘날의 풍습을 보건대 비록 성상께서 특별히 성심(誠心)을 천명하고 윤음(綸音)을 내리시어 이름난 유현(儒賢)들을 표장(表章)하고 사문(斯文)을 도와

---

112) 이 답교는 《선조실록》 172권, 선조 37년(1604) 3월 23일 계유(癸酉) 1번째 기사, "정원이 이언적의 일에 대한 비답을 우려하자 불가 이유를 말하다"라는 제목으로 실려 있다.
앞의 괄호를 친 부분은 이언적(李彦迪)을 김굉필(金宏弼)·정여창(鄭汝昌)·조광조(趙光祖)·이황(李滉) 등과 함께 문묘에 배향하자는 논의에 대해 내린 비답의 내용을 우려하여 정원에서 올린 계사(啓辭)이다.

바로잡으시더라도 오히려 변화시키기 어려울까 걱정되는데, 더구나 이처럼 꺾어버리는 것이겠습니까. 신들이 외람하게도 근밀한 자리에 있으면서 유림의 빛이 사라지고 조야가 실망하여 장차 사문이 어두워지게 될 것을 목도하고는 구구한 우려를 진달하지 않을 수 없었습니다. 황공한 마음으로 감히 아룁니다."라고 하였다.】

정원에 답하시기를

"마침 유생들의 상소로 인해 가벼이 망언을 하여 사람들에게 의심을 받았다. 이런 상황에 이르러서는 공성의 무언[113]을 본받고자 하나 형세상 부득이하여 맹자의 호변[114]을 면하기가 어려웠으니, 절로 그칠 수가 없는 처지이다. 요즈음 몸이 편치 못한 관계로 심사(心思)가 아득하다. 그러나 바르게 말하지 않으면 드러나지 않게 되겠기에 이에 감히 대략적인 것만 들어 보겠다. 대저 학문이란 그 도(道)를 강마(講磨)하는 것으로, 삼대[115]의 학문은 모두 인륜(人倫)을 밝히는 것이다. 인륜에는 다섯 가지가 있으니, 군신(君臣)이 그 가운데 하나이다. 그러니 진실로 이에 의거하여 처신하는 도리에 미진한 점이 있게 되면 군자들은 그를 의심하고 후인들도 비난하는 것이다.

살펴보건대, 이언적이 두 선왕[116]의 두터운 은총을 입어 그 지위가 찬성(贊成)에 이르렀고 학문을 강명(講明)하여 당세의 명유(明儒)가 되었으니, 한 시대의 중신(重臣)이라 할 수 있다. 그런데 갑진년(1544)과 을사년(1545)에 두 선왕께서 잇따라 돌아가시고 간신들이 벌떼처럼 일어나 화란을 일으켜, 사림은 해를 당하고 종사(宗社)는 한 가닥 머리카락에 매달려 있는 것처럼 위태로웠다. 이러한 때에 언적으로서는 어떻게 처신했어야 그 도리에 맞았겠는가. 역량으론 횡류의 지주[117]가 되어 하늘을 뒤덮는 세력을 막아낼 수 있어서 위로는 두 선왕의

---

113) **공성(孔聖)의 무언(無言)** : 《논어》 〈양화(陽貨)〉에 공자가 "나는 말이 없기를 바란다." 하자, 자공(子貢)이 "선생님께서 말을 하지 않으시면 저희들이 어떻게 부연할 수 있겠습니까?" 하니, 공자께서 "하늘이 무슨 말을 하는가. 그래도 사시(四時)가 운행하고 백물(百物)이 잘 살아간다. 하늘이 무슨 말을 하는가."라고 하였다.

114) **맹자(孟子)의 호변(好辯)** : 《맹자》 〈등문공(滕文公)〉에 공도자(公都子)가 "외인(外人)들이 다 선생님이 호변이라 하니 무슨 까닭입니까?" 하니, 맹자가 "내가 어찌 변론을 좋아하겠는가. 내가 부득이해서 그러는 것이다."라고 하였다.

115) **삼대(三代)** : 중국 역사에서 이상적인 시대로 숭상하는 하(夏)·상(商)·주(周)의 세 왕조로, 정치와 교육이 가장 융성했던 시대이다.

116) **두 선왕(先王)** : 중종(中宗)과 인종(仁宗)을 가리킨다.

117) **횡류(橫流)의 지주(砥柱)** : 난세(亂世)를 당해 의연한 절개를 지키는 사람에 비유한 것이다.

큰 은혜에 보답하고 아래로는 자신에게 주어진 큰 책임을 다했어야 했다. 그럴진댄 목숨을 걸고 닥쳐온 화란을 피하지 않았어야 했다. 만일 그렇지 못하다면 몸을 받들고 돌아가[118] 운림[119]에서 벼슬을 버리고 조야(朝野)의 고표(高標)가 됨으로써 그 도리를 조금도 굽힘이 없게 하고 그 몸을 더럽히지 않게 했어야 했다. 그리하여 간흉들이 두려워하고 꺼리는 바가 있게 하고 사기(士氣)가 완전히 사라지는 데까지 이르지 않게 하여, 기필코 평소에 강명(講明)한 학문을 저버리지 않았어야 하는데 또한 명철 보신(明哲保身)하는 도리라 하겠다.

그런데 간사한 자들 사이에 발을 들여놓고 풍파(風波) 사이에 부침(浮沈)하였을 뿐 직언(直言)이나 극론(極論)으로 간흉들의 간담을 격파했다는 얘기를 듣지 못하였다. 나아가서는 국가를 바로잡지 못하고 물러나서는 몸을 깨끗이 하여 멀리 벗어나지도 못하였다. 저 자신이 추관(推官)이 되어서는 남문(南門) 밖에서 제현(諸賢)들을 국문했으니, 그날 언적의 이마에 땀이 나지 않았는지 모를 일이다.

그런데 도리어 형장(刑杖)이 크니 작으니 하는 소리만 하고 있으니 아, 이는 그가 형장이 작고 가벼웠다면, 그 사람을 국문하고 그 옥사(獄事)를 이룰 수 있다고 생각해서 그런 것이었던가. 이것이 이른바 삼년복을 제대로 입지도 못하면서 시마(緦麻)나 소공복(小功服)을 따진다는 것이고, 자신은 밥과 국을 어지럽게 흘리고 먹으면서 남이 치결(齒決)하는 것을 책망한다[120]고 하는 것이다.

이렇게 해서 끝내는 간흉들에게 얽히게 되어 종정(鍾鼎)에 훈공(勳功)을 기록하고 이름이 기린각[121]에 높이 걸리어, 적신(賊臣) 이기(李芑) 등과 함께 어깨를 나란히 하여 동맹하였다. -그때 이미 동맹했었는지의 여부는 잘 모르겠다. 이는 내가 짐작으로 한 말이니, 만일 미처 동맹하지 않았다면 이 구절은 삭제하라.- 저가 '내가 과연 정난위사(定難衛社)의 공로가 있다'라고 여겼던

118) **몸을 받들고 돌아가** : 《춘추좌씨전(春秋左氏傳)》 양공(襄公) 26년 조에 "신하의 녹봉은 임금이 실로 소유하는 것이다. 의로운 일에는 나아가 녹을 받고, 그렇지 않을 경우에는 몸을 받들고 물러나야 한다.[臣之祿 君實有之 義則進 否則奉身而退]"라는 말이 나온다.

119) **운림(雲林)** : 구름이 끼어 있는 숲인데, 처사(處士)가 은둔하고 있는 곳을 말한다.

120) **삼년복(三年服)을 …… 책망한다** : 큰 실례(失禮)를 범하고서 작은 실례를 문제 삼는 전도된 일을 비유한 것. 원문의 '방반(放飯)'은 여럿이 음식을 먹을 때 많이 먹기 위해 밥을 크게 뜨는 것이고, '유철(流歠)'은 국을 소리내어 마시는 것으로, 식사할 때의 큰 실례인데 반하여 '치결(齒決)'은 고기를 이로 자르는 것으로 작은 실례이다. 《예기(禮記)》 〈곡례 상(曲禮上)〉·《맹자(孟子)》 〈진심 상(盡心上)〉 참조.

121) **기린각(麒麟閣)** : 전한 무제(前漢武帝) 때 지은 누각으로, 선제(宣帝) 때 이곳에 공신(功臣) 11명의 화상(畫像)을 안치하였다. 여기서는 공신으로 책봉되었음을 뜻한다.

것인가. 어찌하여 힘을 다해 사절하지 못해 기필코 벗어나지 못하고 그대로 구차하게 대열을 따라 진퇴하다가 끝내 화란의 행적으로 서쪽 변방 강계(江界)의 혼이 됨을 면하지 못하였다. 예부터 지금까지 소인과 더불어 주선하여 잘 살펴 준 자로서 그 재앙을 받지 않는 자가 없었다. 심지어 여러 간흉들이 대궐에 나아가 봉성군을 죽이라고 청할 때[122] 언적이 그들을 따랐으니 아, 언적의 천리(天理)가 여기에 이르러 어디로 사라진 것인가?

중종(中宗)께서 언적을 알아주시어 일찍이 진서산[123]과 같다고 인정하셨으니, 지극하도다. 성인(聖人)의 지취(旨趣)여! 깊고도 원대하셨다. 이는 진서산이 제왕 횡[124]의 원통함을 송 이종(宋理宗)에게 극간하면서 '인륜이란 우주(宇宙)의 동량(棟樑)이다.'라고 했었기 때문이다. -본래 전문(全文)이 있는데 잊어버려 기억할 수 없다.- 진서산은 이미 죽은 제왕 횡을 설욕시키려 했었는데, 언적은 죄도 없는 왕자(王子)를 죽이자고 청하였으니, 정말 진유(眞儒)로서 이 같은 행동을 할 수 있단 말인가. 어찌 이리한단 말인가. 언적이 어떻게 지하에서 옛 임금을 뵙겠는가. 그런데도 이황(李滉)이 지나치게 추존하자 세상이 온통 그에 휩쓸리어 진실로 시비하는 자가 없게 되었다. 대저 맹자·한유(韓愈)·정자(程子)·주자(朱子)가 한 말이라도 후세 사람들이 논할 수 있는 법인데, 어찌 이황이 한 말이라고 하여 자신이 부여받은 천성(天性)을 어둡게 할 수 있겠는가. 비록 그렇다 하더라도 이언적은 도학을 강명하여 몸을 닦는 데에 힘을 기울였으니, 한 시대의 위인(偉人)이라 할 만하다. 따라서 범상하고 비루한 무식자들과는 하늘과 땅의 차이가 있다 하겠다. 그런데 이언적의 현명함으로도 범상하고 어두운 임금인 내가 망령되이 논란함을 면하지 못하게 되었고 보면, 신하된 사람으로서 처신하며 임금을 섬기는 도리에 있어 어찌 신중하지 않을 수 있겠는가."라고 하셨다.

---

122) **봉성군(鳳城君)을 …… 청할 때** : '봉성군'은 중종의 여섯째 아들 이완(李岏)이다. 1545년(인종 1) 인종의 병사(病死)로 권세를 잡은 윤원형(尹元衡)·이기(李芑) 등은 을사사화를 일으켜 사림을 제거하고, 아울러 종친 중에서 명망이 있던 봉성군을 제거하고자 하였다.

123) **진서산(眞西山)** : 송나라 학자 진덕수(眞德秀, 1178~1235)이다. 그는 주자학자로서 10년 동안 영종(寧宗)을 모시고 수십만 자의 상소를 올리며 직간했던 충신이었는데, 황자(皇子) 굉(竑)이 권간(權奸) 사미원(史彌遠)의 농간에 의해 폐출당하여 죽은 뒤에, 사미원의 후원으로 즉위한 이종(理宗)의 부름에 응하여 다시 벼슬하였다.

124) **제왕 횡(濟王竑)** : 송 영종(宋寧宗)의 황태자이다. 처음에 영종이 아들이 없어서 종실 중에서 제왕 횡(濟王竑)을 양자로 데려왔는데, 그때의 권신이었던 사미원(史彌遠)이 영종이 죽은 뒤 조서를 고쳐 황자(皇子) 횡(竑)을 폐하고 다른 종실에서 양자를 들여 이종(理宗)을 즉위시켰다. 제왕 횡은 결국 사미원이 보낸 진천석(秦天錫)에게 죽음을 당하였다. 《宋史 紀事本末 卷24 史彌遠廢立》

【政院啓曰 伏以 儒臣李彦迪 實吾宗之先覺 東土之大賢 平生沈潛大業 講明聖學 羽翼斯道 其造履之實 造詣之深 言行之毅 進退之節 以及乎著書立言 以垂乎後者 具在其文集及儒先錄 光明正大 昭無可疑 以爲宜列四臣之班 配享聖廟 血食千祀者 朝野無異辭 今昔無異議 伏見答太學儒生疏 前後備忘記 聖旨嚴峻 不少假借 臣等誠愚昧 仰讀未了 相顧愕貽 不知何說 從祀之論 發亦蓋久 遭遇聖明 崇儒重道 無所不至 謂宜有請必遂 而迄未蒙兪 物情之鬱 亦久矣 玆者鬱者愈鬱 而繼之以駭然觖望 反不能無疑於大聖人之作爲 臣等竊見 今日之習 雖自上特闡誠心 渙發德音 表章名儒 扶植斯文 猶恐其難變也 況摧折之有是耶 臣等忝在密地 目見儒林少輝 朝野失望 斯文將晦 區區憂慮 不容不達 惶恐敢啓】

答政院曰 適因儒生之疏 輕發妄言 以取諸人之疑 至此而欲效孔聖之無言 勢不可得 難免孟軻之好辨 自不容已 近因恙患 心思茫然 然不直則不見 玆敢略擧梗槪 遂爲之言曰 夫學也者 所以講此道也 三代之學 皆所以明人倫 人倫有五 君臣居其一 苟於此而其所以處之之道 或未盡焉 則君子疑之 後人議焉 按李彦迪 厚蒙二聖之眷 位至贊成 講明學問 爲世明儒 可謂一時之重臣也 當甲辰乙巳之歲 二聖繼陟 群奸蝟起 禍亂大作 士林爲魚爲肉 宗社僅如一髮 爲彦迪計者 若何 而處得其道歟 力能砥柱橫流 遏絶滔天之勢 上可以報二聖之鴻恩 下可以盡吾身之丕責 則死生以之 禍亂之來 有不足避也 如其不然 奉身而歸 捨簪笏於雲林 作朝野之高蹈 使此道不少屈 此身不爲汙 姦兇有所畏憚 士氣不至全泯 期不負平昔所講之學 亦明哲保身之道也 躡足群姦之中 浮沈風波之際 未聞直言極論 以破奸兇之膽 進無以匡救國家 退不能潔身遠引 身爲推官 鞠諸賢於南門之外 不識此日 彦迪之顙 有泚否乎 乃反爲訊杖大小之說 嗟乎 此其心以爲 訊杖小且輕焉 則可以鞫此人 而成此獄耶 是所謂不能三年之喪 而緦小功之是察 放飯流歠 而問無齒決者也 竟爲奸兇所圄 紀勳鍾鼎 名高麟閣 乃與賊臣李芑等 比肩同盟-未知其時 已爲同盟否也 此則予斟酌之語 若未及同盟 則此一句 可以削去- 彼以爲吾果有定難衛社之勳也耶 奈何不能竭力以辭 期必脫蛻 仍因苟且 逐隊進退 終未免禍亂之行 西塞之魂 自古及今 與小人周旋調護者 未有不被其禍者也 至於諸兇者詣閤請殺鳳城 彦迪隨之 嗚呼 彦迪之天理 至此而安於熄耶 彦迪受知於中廟 中廟嘗以眞西山許之 至哉聖人之旨 深且遠矣 蓋西山極諫濟王竑之冤於宋理宗 以爲人倫者 宇

宙之棟樑-自有全文 忘不能記- 西山欲雪已死之竑 彦迪請殺無罪之王子 若是乎眞儒之有此行乎 何如是 彦迪何以見舊主於地下乎 李滉 過爲推尊 擧世靡然 罔有眞是非者 夫以孟韓程朱之言 後人猶且議之 豈以李滉之說 自昧於吾所賦之天乎 雖然 李彦迪講明道學 用力於修己 可謂一世之偉人 其與庸鄙無識者 相去天淵矣 以彦迪之賢 而尙不免於庸君暗主之妄議 則人臣處身事君之道 嗚呼可不愼哉

부록

附錄

행적行蹟

가의대부 사헌부대사헌 겸 동지춘추관사 증 자헌대부 이조판서 겸 지경연의금부춘추관성균관사 홍문관대제학 예문관대제학 오위도총부도총관 졸재 신 선생의 행적

嘉義大夫司憲府大司憲兼同知春秋館事贈資憲大夫吏曹判書兼知經筵義禁府春秋館成均館事弘文館大提學藝文館大提學五衛都摠府都摠管 拙齋申先生行蹟

선생은 휘가 식(湜)이고 자는 숙정(叔正)이며 처음의 호는 임곡(臨谷) 또 운계주인(雲谿主人)이다. 만력 정유년에 이르러 명나라 조정에서 급사중(給事中) 서관란[125]에게 명하여 동정군[126]을 감독할 적에 그가 왕세자를 만나 보려하니, 이에 선조께서는 엄밀하게 종관(從官)을 선발하여 고문(顧問)에 대비할 것을 명하자, 조정의 의론은 허성(許筬), 한준겸(韓浚謙) 그리고 선생으로 선발에 응하였다. 주상께서 말씀하기를 "서관란은 중국의 명류이다. 지금 종관이 지둔하거나 고체(固滯)한 사람이라면 갑작스런 일에 대응하기 어렵다. 그런즉 한준겸은 더디고 허성은 고집스럽고 신식은 졸(拙)하니, 다시 다른 사람으로 선발하라."라고 하셨다. 선생은 '신하를 아는 것은 임금님만 한 분이 없다'[127]라는 말로써 마침내 졸재(拙齋)로 호를 바꾸고 동료친구들에게 기문(記文)를 청하고는 임금님의 평가를 자랑스러워하셨다.

---

125) 서관란(徐觀瀾) : 호는 함벽(涵碧)이다. 산서성(山西省) 택주(澤州) 사람이다. 1598년(선조 31)에 주사(主事) 정응태(丁應泰)가 "경리 양호(楊鎬)가 병졸들을 박대하여 원망이 많고, 싸움에 패한 것을 감추고 공으로 삼아 군문(軍門)·감군(監軍)과 함께 위를 속였다."며 경리 양호를 탄핵하였다. 이에 신종이 노하여 서관란(徐觀瀾)을 흠차사감병과좌급사중(欽差查勘兵科左給事中)으로 삼아 조선에 파견하여 사실을 조사하게 하였다.

126) 동정군(東征軍) : 동쪽을 정벌하는 군대라는 의미로, 여기서는 임진왜란 당시 명나라에서 조선에 파견한 군대를 가리킨다.

127) 신하를 …… 없다 : 《사기(史記)》 33권 〈제태공세가(齊太公世家)〉에 이르기를, "관중(管仲)이 병이 나자, 제 환공(齊桓公)이 문병을 가서 묻기를, '여러 신하 중에 누가 재상이 될 만한 인물인가?'라고 하니, 관중이 대답하기를 '신하를 아는 사람은 군주만 한 이가 없습니다.'[管仲病 桓公問曰 群臣 誰可相者 管仲曰 知臣莫如君]"라고 하였다.

선생은 어려서부터 단아하고도 정중하여 보통 아이들과 달랐고, 겨우 성동(成童) 때 이미 위기(爲己)의 학문에 뜻을 두었다. 일찍이 백씨(정관재공)를 따라 사찰에서 글을 읽었는데, 문득 스스로 각심하고 노력해서 입으로 외우고 마음속으로 생각하여 번거롭게 거듭 가르치지 않아도 학문이 날로 더욱 성취되어 경서와 사서에 관통하지 않음이 없었다. 일찍이 퇴도(退陶) 선생께 나아가서-병인년, 선생 나이 16세 때 퇴도 문하에 나아갔다.- 학문하는 방법을 물었는데, 문순공[128]께서 매우 칭찬하셨다. 문순공께서 서거하신 뒤에는 다시 대곡 성운[129] 선생을 따르며 배워 드디어 일체의 외물(外物 부귀공명)을 사모하는 마음을 끊고서 스승의 가르침을 학문의 바탕으로 삼았다. 더욱이 《논어》에서 득력(得力)하여 책상 위에는 항상 《논어》 한 질을 놓아두었으니, 비록 벼슬살이에 일이 많을 때라도 일찍이 하루도 논어 공부를 그만둔 적이 없었다.

만년에는 《주역》 읽기를 좋아하여 깊이 생각하고 묵묵히 외웠는데, 어느 날 새로 터득한 것이 있어 '하늘이 굽어봄이 매우 소상하다'는 뜻의 '천감공소'[130] 네 자를 벽 위에 걸어두고 항상 군주의 은혜를 갚겠다는 뜻을 간직하셨다.

예학에 대해서는 더욱 독실하게 공부를 하였으니, 항상 《의례(儀禮)》·《예기(禮記)》·《가례(家禮)》·《통전(通典)》·《의절(儀節)》 등의 서책을 수정하고 평론하기를 비록 병중이라도 멈추지 않았다. 정한강,[131] 김사계[132] 등 여러 군자들과 더불어 의문을 기록하고[133] 문답하여

128) **문순공(文純公)** : 퇴계(退溪) 이황(李滉, 1501~1570)의 시호이다.

129) **성운(成運, 1497~1579)** : 본관은 창녕(昌寧), 자는 건숙(健叔), 호는 대곡(大谷)이다. 1531년(중종 26) 진사에 합격, 1545년(명종 즉위년) 성운의 형이 을사사화로 화를 입자 보은 속리산에 은거하였다. 그 뒤 참봉·도사 등에 임명되었으나 곧 사퇴하고, 선조 때도 여러 차례 벼슬에 임명되었으나 취임하지 않았다. 시문에 능하였으며 은둔과 불교적 취향을 드러낸 시를 많이 남기고 있다. 서경덕(徐敬德)·조식(曺植)·성제원(成悌元)·이지함(李之菡) 등과 교유하며 학문에 정진하였다. 성운이 죽자 선조가 제문을 내려 애도하였으며, 뒤에 승지에 추증되었다. 저서로는 《대곡집》이 있다.

130) **천감공소(天鑑孔昭)** : '천감'은 하늘이 세상을 굽어보는 것으로, 임금이 세상을 살펴봄을 뜻한다. 《시경》 〈문왕지십·대명(文王之什 大明)〉에 "하늘의 굽어보심이 아래에 계시어 천명이 이미 모였다.[天監在下 有命既集]"라고 하였고, 한(漢)나라의 장형(張衡)이 〈사현부(思玄賦)〉에 "저 하늘의 굽어봄이 크게 밝다.[彼天監之孔明兮]"라고 하였다.

131) **정한강(鄭寒岡)** : 정구(鄭逑, 1543~1620)로 본관은 청주(淸州), 자는 도가(道可), 호는 한강(寒岡)이다. 남명(南冥) 조식(曺植)과 퇴계 이황의 문인이다. 우승지·강원도관찰사·성천부사·충주부사·공조참판 등을 역임하고, 1608년 대사헌이 되었으나, 사임하고 고향으로 돌아갔다. 경학을 비롯해 여러 분야에 통달했으며, 특히 예학에 뛰어났다. 그의 문하에서 많은 제자가 배출되어 영남 남인학파의 한 줄기를 이루었다. 저술로 《한강집(寒岡集)》이 있다.

132) **김사계(金沙溪)** : 김장생(金長生, 1548~1631)으로 본관은 광산(光山), 자는 희원(希元), 호는 사계(沙溪)

서로의 학문을 돕고 면려하였다. 그리고 늘상 전주(箋註)가 뒤섞이고 사설(師說)이 여러 가지여서 학자들로 하여금 어느 것을 따라야 할지 모르게 하는 것을 병통으로 여겼다. 이리하여 길흉(吉凶)·상변(常變)·절문(節文)·도수(度數)의 동이(同異)를 변별하고, 널리 상고하고 두루 수집하여 유(類)를 나누고 편집하여 《의례고증(疑禮考證)》 13권을 지었다. 정우복[134]이 삼가 보고서 감탄하여 말하기를 "이 책은 마땅히 예가(禮家)의 지극한 보배가 되니, 한 구절 한 구절을 살펴보면, 지은이가 마음을 쓰지 않은 곳이 없다."라고 하였지만, 미처 간행하기도 전에 병자호란 때 유실되었다.

또 《가례언해》[135]는 사람들이 일상생활에서 늘 사용하는 책으로, 몽학(蒙學)들이 쉽게 이해하지 못한다고 하여 언문(諺文)으로 풀어써서, 책을 펴면 내용을 환히 알 수 있게 하였다. 그렇게 하고서도 오히려 해석에 잘못된 부분과 미진한 곳이 있을까 염려하여 교정을 기하고자 하였지만 이를 완성하지 못하였다. 김사계가 보고서 말씀하기를 "매우 상세하여 결함이 없다" 하면서 감탄을 마지않았는데도 선생은 항상 불만스럽게 여겼지만 미처 실행할 겨를이 없었던 것이다. 훗날 막내아들인 참판공[得淵]이 강원도관찰사로 있을 적에 간행하여 세상에 내어놓고 또 임금님께 올리니 운각[136]에 보관하라고 명하였다.-이를 홍문관·세자시강원·성균관에 하사하셨다.-

선생은 어버이 섬김에 천성에서 나온 효성을 지녀서 어려서부터 부모의 곁에 있을 때에는 항상 온화하게 공경하고 순종하여 어기는 일이 없었다. 14세에 모부인의 상을 당해서는 상

이다. 구봉(龜峯) 송익필(宋翼弼)과 율곡(栗谷) 이이(李珥)의 문하에서 학문을 배웠다. 성리학과 예학(禮學)에 조예가 깊었고, 우암(尤菴) 송시열(宋時烈)과 동춘당(同春堂) 송준길(宋浚吉) 등의 학자를 배출하여 서인(西人)을 중심으로 한 기호학파(畿湖學派)를 이루었다. 저서로는 《가례집람(家禮輯覽)》·《경서변의(經書辨疑)》·《사계전서(沙溪全書)》 등이 있다.

133) **의문을 기록하고** : 원문의 '차의(箚疑)'는 문집 중에 의심스런 구절이 있으면 다시 세세한 해석을 하는 것을 말한다.

134) **정우복(鄭愚伏)** : 정경세(鄭經世, 1563~1633)로 본관은 진주(晉州), 자는 경임(景任), 호는 우복(愚伏)이다. 1586년(선조 19) 문과에 급제하여 벼슬이 이조판서·대제학에 이르렀다. 서애 류성룡의 문인으로 퇴계 이황의 학통을 계승하였는데, 경전에 밝았고 특히 예학에 조예가 깊었다. 상주의 도남서원(道南書院) 등에 배향되었다. 저서로 《우복집》·《상례참고(喪禮參考)》 등이 있다.

135) **가례언해(家禮諺解)** : 졸재공이 주희(朱熹)의 《가례(家禮)》를 언해하고 그의 아들 신득연(申得淵)이 1632년(인조 10)에 강원도 원주에서 간행한 책이다. 간본은 대개 10권 4책 또는 5책인데 이 책은 권3부터 8까지 2책만 남아 있다. 일반적인 언해본의 체제를 따르고 있으나 연호(年號), 인물(人物), 서명(書名) 등에서 어려운 단어에 대해 한글로 난외두주(欄外頭注)를 달고 있는 점이 특이하다.

136) **운각(芸閣)** : 조선시대 교서관(校書館)의 다른 이름. 운관(芸館)이라고도 한다.

례를 치르면서 슬픔으로 몸을 훼상함이 예제(禮制)보다 더하니 보는 사람들이 모두들 찬양하고 감탄하였다. 선대부께서 장수를 누리셨는데, 선생이 아우 하은공과 함께 영예롭게 해드리고 봉양하기를[137] 모두 지극하게 하였고 안색을 살피고 뜻을 받들어 순종하면서 비록 자잘한 일이라도 부친을 기쁘게 해드릴 수 있는 일이라면 하지 않은 것이 없었으며, 맛있는 음식을 올리는 것과 아침저녁으로 살피고 문안하기를 40년을 한날같이 하였다. 선대부께서 집안을 다스림에 엄정히 법도가 있어 선생이 청현직(淸顯職)에 두루 역임하면서 조심하며 가르침대로 따라서 분수에 넘치는 행위로 재앙이 뒤따르지 않을까 하는 근심을 남기지 않았으며, 효성과 근면함으로 한 시대에 이름이 났다.

선대부께서 세상을 떠나시자, 치상(治喪)과 장례와 제례를 예법대로 하여 어긋남이 없었고 수척한 안색과 애절한 곡소리는 사람들을 감동시키기에 충분하였다. 장례를 치룬 뒤에는 묘소 곁에 여막을 짓고서 삼띠[絰帶]를 벗지 않고 자면서 날마다 두 차례 묘소에 올라가 애모(哀慕)하며 슬피 울기를 바람이 심하게 불거나 비가 온다고 해서 그만둔 적이 없었다. 선생은 상제(喪制)를 시작부터 마칠 때까지 쌀밥과 채소, 나물과 과일을 먹지 않았는데, 서모인 이씨가 선생의 몸이 수척하여 지탱하기 어려운 것을 걱정하여 삼베로 가리고는 좁쌀로 밥을 지어서 미즙(米汁)을 부어 내면서 선생은 모르게 하였다. 선생의 나이가 이미 오십[138]이 넘은 지라 한음(漢陰) 이덕형(李德馨)과 유천(柳川) 한준겸(韓浚謙) 등 여러 분이 편지를 보내 상을 이겨내지 못하여 몸을 손상시키는 것은 불효에 비한다는 경계[139]로 권유하였으나 끝내 변지 않고 삼년상을 마쳤다.

매양 기일이 되면 애모하기를 초상 때와 똑같이 하였으니, 비록 존귀한 손님이 문 앞에 와 있더라도 사양하고 만나지 않았으며 제사가 끝나도 참소복[140]을 벗지 않고 제례를 거행한 곳에 단정히 앉아서 날을 마쳤다. 모든 제수는 정결하게 갖추되 풍성함에 힘쓰지 않았으며 제

---

137) **영예롭게 …… 봉양하기를** : 원문의 '영양(榮養)'은 자식이 출세하여 좋은 의복과 맛난 음식으로 부모를 봉양하는 것을 이른다.

138) **오육십** : 원문의 '애기(艾耆)'는 50세와 60세를 가리킨다. 50세 이상을 애로(艾老)라고 하고, 60세를 기(耆)라고 한다.《鹽鐵論 未通》·《禮記 曲禮上》

139) **상(喪)을 … 경계** : 원문의 '불승상(不勝喪)'은 상중(喪中)이라 하더라도 몸에 병이 있으면 술과 고기를 먹어 몸을 보해야 하는데, 상례(喪禮)만을 고집하여 계속 소식(素食)만을 하다가 목숨을 잃어 거상(居喪)할 수 없게 됨을 말한다.《예기(禮記)》〈곡례(曲禮)〉.

140) **참소복(黲素服)** : 부모상을 당한 뒤 27개월째에 담제(禫祭)를 지낼 때 입는 의복.

기는 반드시 변두[141]를 사용하면서 하나같이 고례(古禮)를 법식으로 삼았다. 고을의 사대부들이 선생의 지극한 행실로 갖추어 거행하는 것에 감동하여, 평소 어버이를 모시는 예절과 거상(居喪)할 때의 사례를 관찰사에게 올려서 조정에 아뢴 것이 한두 번이 아니었는데, 선생은 이를 들으면 곧 걱정하면서 발탁되는 것을 기뻐하지 않았다. 올린 글들이 세상을 마칠 때까지 시행되지 않았더니, 인조 을해년(1635)에 특명으로 정문을 내리고 호세(戶稅)를 면제해 주었다.

선생은 형제간에 우애가 돈독하고 지극하여 늘상 백씨와 함께 한 집에서 살면서 의복을 같이하니 사람들이 다른 말을 하지 못하였다. 참의공[142]이 선생의 뒤를 이어 조정에 오르자 모든 길흉과 영욕을 한 몸처럼 함께하며 '근신(勤愼)' 두 자로 늘 더욱 경계하게 하고 퇴청하면 반드시 침상을 잇대고는 즐겁고 화목하게 지냈었다. 참의공이 늘 말하기를 "내가 화를 모면하고 큰 벼슬에 오른 것은 추호도 다른 이유가 없고 모두 백씨의 은혜이고 또 형이 자기 몸처럼 아껴주고 아우는 아버지처럼 받들었기 때문이다."라고 하였으니-이는 공의 선생에 대한 제문에 자세히 실려 있다.- 형제간에 서로 우애하고 사양함이 이와 같았다.

선생이 어버이의 연로함을 이유로 몸을 굽혀 과거장에 나아가기는 하였으나 신하들이 서로 알력을 다투는 조짐을 당하자, 두문불출하고 나서지 않았고 사국(史局)에 천거되었으나 나아가지 않았는데 규례에 따라 승문원 관직으로 승진하였고, 율곡(栗谷) 이 문성공(李文成公)이 전형(銓衡)을 관장하실 적에 청망[143]에 수망(首望)으로 천거되었다.

선생은 평소 자상하고 화락하여 웃음 띤 얼굴빛으로 친애할 만한 분이었으나 충사(忠邪)를 분변하고 간흉(奸凶)을 지적하여 배척하는데 이르러서는 절연히 용납하지 아니함이 있었다. 이 때문에 당시의 재신(宰臣)들 중에 유감을 품고 해칠 기회만 엿보는 자가 있었다. 기축년에 정여립 옥사[144]가 일어나자 그의 무고(誣告)에 연루되어 거의 불측한 지경에 빠지게 되

---

141) **변두(籩豆)** : 제사(祭祀)에 쓰는 그릇인 변(籩)과 두(豆). 변은 대오리를 걸어서 만든 그릇으로서 과일을 담고, 두는 나무로 만든 그릇으로서 탕이나 고기를 담는다.

142) **참의공(參議公)** : 신징(申澂, 1555~1614)으로 자는 언양(彦洋), 찬성공 신중엄(申仲淹)의 다섯째 아들이다. 공조참의에 추증되었다.

143) **청망(淸望)** : 청환(淸宦)의 의망(擬望)이란 뜻으로, 명예로우면서도 중요한 벼슬자리, 즉 삼사(三司) 등의 청요직(淸要職)에 삼망(三望) 곧 3인의 후보자의 한 사람으로 천거되는 경우를 말한다.

144) **정여립 옥사(鄭汝立獄事)** : 기축옥사(己丑獄事). 선조 22년(1589)에 정여립의 모반을 계기로 일어난 옥사이다. 정여립이 벼슬을 버리고 진안(鎭安) 죽도(竹島)에다가 서실(書室)을 지어 놓고 대동계(大同契)를 조직, 신분에 제한 없이 선비나 불평객들을 모아 매월 보름마다 무술(武術)을 훈련시켰다 하여 모반

었다. 선생의 사실을 진술하는 말이 명백하고 털끝만큼도 잘못된 것이 없었는데도 형(刑)을 받고 정배[145]되는 데에까지 이르렀다.-곤양(昆陽)으로 유배되었다.-

판서 정세규[146] 집에 전해오는 《기축록》[147]에 "정여립 옥사 때에 위관[148] 정철(鄭澈)이 역적 정여립의 가노(家奴)를 국문하기를 '일찍이 왕래한 사람들을 이실직고하라.' 하고 또 국문하기를 '네가 이름은 모를지라도 신 수찬(申修撰)이나 이 교리[149]가 왕래한 적이 없었느냐?'라고 하니, 가노가 위협적인 심문에 겁내어 '과연 그런 일이 있었습니다.'라고 하자 즉시 선생을 나국하였다. 이에 선생이 공초(供招)하기를 '신은 금년에 도당록[150]에 참여되어 역변(逆變 정여립의 모반 사건)이 일어난 뒤에 비로소 수찬 벼슬을 받았는데, 가노가 어떻게 미리 알 수 있답니까? 또한 평생 동안 금강(錦江) 이남을 건너간 적이 없는데, 이른바 전주(全州) 역적의 집에 갔었다는 말은 전혀 이치에 맞지 않습니다. 신이 항상 그 사람됨을 부정하게 여겨 동료들 간에 말을 했었고 금일 입시한 신하들 또한 이 말을 들은 자들이 많습니다.'라고 하였다. 정철이 회계[151]하기를 '역변(逆變)이 드러나기 전에는 사람들이 모두 역적을 칭찬하더니, 드러난 뒤에는 사람들이 모두 역적을 꾸짖으니,

---

죄로 처형되었다.《燃藜室記述 宣祖朝故事本末 己丑 鄭汝立之獄》

145) **정배(定配)** : 어느 지역을 정하여 죄인을 유배(流配)함을 이른다.

146) **정세규(鄭世規, 1583~1661)** : 본관은 동래(東萊), 자는 군칙(君則), 호는 동리(東里)이다. 좌의정 정언신(鄭彦信)의 손자이다. 문음(門蔭)으로 벼슬길에 나가 함경도 관찰사 등을 역임하고 이조판서에까지 올랐다.

147) **기축록(己丑錄)** : 1589년(선조 22) 정여립(鄭汝立)과 그 당여(黨與)의 역옥(逆獄)의 경위를 기록한 것으로 보이는데, 이런 류의 기록이 적지 않다. 기축옥사 때, 동인(東人)의 집권기였던 당시에 서인(西人)은 이 정여립(鄭汝立)의 역옥(逆獄)을 기화로 정치적 주도권을 장악하고자 하였다. 특히 정철(鄭澈)이 우의정에 임명되고 위관(委官)이 되면서 더욱 적극적으로 역옥을 조사하여 이발(李潑), 정언신(鄭彦信), 최영경(崔永慶), 정개청(鄭介淸) 등 많은 동인(東人)이 처벌을 당하였다.

148) **위관(委官)** : 죄인을 추국할 때, 대신들 가운데서 임시로 뽑아서 임명하는 재판관이다.

149) **이 교리(李校理)** : 이길(李洁, 1547~1589)이다. 본관은 광산(光山), 자는 경연(景淵), 호는 남계(南溪)이다. 이중호(李仲虎)의 아들이고, 이발(李潑)의 아우이다. 1577년(선조10) 태묘별시 문과(太廟別試文科)에 급제하고, 사인을 거쳐 벼슬이 응교에 이르렀다. 정여립의 모역사건을 계기로 희천으로 귀양갔다가 뒤에 이발·최영경(崔永慶) 등과 함께 죽음을 당하였다. 1694년(숙종 20)에 신원되고 부제학에 추증되었다.

150) **도당록(都堂錄)** : 의정부(議政府)에서 홍문관 교리(弘文館校理)·수찬(修撰)을 선임하기 위한 제2차 추천 기록. 이조판서(吏曹判書)·참찬(參贊)·참의(參議) 등이 홍문록(弘文錄)에 오른 사람 가운데서 뽑는다.

151) **회계(回啓)** : 임금이 하문(下問)한 일을 자세히 조사하여 상주(上奏)하는 일이다. 복계(覆啓)라고도 한다.

형추[152]하기를 청합니다.' 하니, 비답하시기를 '아뢴 대로 하라.'라고 하였다. 그러자 정철이 문득 크게 놀라는 모습을 지으며 말하기를 '엊그제는 내가 취해서 이런 계사[153]가 있는 줄을 살피지 못했으니, 어찌 차마 무고한 사람을 형추할 수 있겠는가.'라고 하면서 장차 다시 아뢰어 구제해줄 것같이 하였고 또 번거롭게 계청하는 데에 어려운 점이 있다고 핑계를 대면서 거짓으로 불안한 기색을 보이더니 드디어 곤장을 치면서 가장 혹독하게 했다. 입계할 때에 형을 더하기를 청하면서 끝내 구해[154]의 말은 없었으니, 비답하시기를 '형을 더하지 말고 참작하여 정배하라.'라고 하자 바로 곤양으로 정배되었던 것이다.

훗날 선생이 주머니 속에서 뼛조각을 꺼내며 말씀하기를 '이것은 내가 신문을 당할 때에 부서진 뼈이다.'라고 하였다. 또 말씀하기를 '내가 문과에 막 급제했을 당시 길에서 정모(鄭某)를 만나자, 신래[155]인 나를 불러서 그의 집에 가게 되었는데, 자못 친절하게 대하면서 후일 서로 왕래하며 지내자고 말했지만, 나는 신진으로 다른 말을 주고받고 싶지 않았기에 결국 다시는 그 집에 간 일이 없었다. 그 뒤에 술자리에서 우연히 만났는데, 술을 마시며 이야기하는 중에 은근히 손을 잡고서 수염을 쓰다듬기도 하더니, 자리에서 일어날 적에 나의 사모와 바꿔 쓰고 갔으니, 그 의도는 아마도 내가 그를 찾아오게 하고자 했던 것 같다. 이튿날 사모를 돌려보냈지만 역시 찾아가서 인사는 하지 안했는데, 이로 말미암아 크게 유감을 품었고, 이런 일이 있은 뒤로 서로 만나더라도 서로 모르는 듯이 하였으니, 이 때문에 무고(誣告)에 연루되어 거의 헤아릴 수 없는 위태한 지경에 빠지는 데에 이르렀던 것이다."라고 하였다. ○자의[156] 정도응[157]의 《한거잡기(閒居雜記)》에도 그 사건의 전말이 자세하게 보인다.

---

152) **형추(刑推)** : 죄인에게 형장(刑杖)을 가하면서 신문함.

153) **계사(啓辭)** : 공사(公事)나 논죄(論罪)에 관하여 임금에게 아뢴 말이나 글을 말한다.

154) **구해(救解)** : 감죄(減罪)되거나 면죄(免罪)되게 잘 변호(辯護)함.

155) **신래(新來)** : 문과에 급제하여 새로 부임한 사람을 이른다.

156) **자의(諮議)** : 세자시강원에 소속되었던 정7품 관직이다.

157) **정도응(鄭道應, 1618~1667)** : 본관은 진주(晉州), 자는 봉휘(鳳輝), 호는 무첨(無忝)이다. 할아버지는 우복(愚伏) 정경세(鄭經世)이며, 아버지는 정심(鄭杺)이다. 1648년(인조 26) 좌의정 이경석(李景奭)이 연소하나 사행(士行)이 있다고 하여 조정에 천거하였다. 곧 교관(敎官)에 임명되었고, 다음 해에 대군(大君)의 사부(師傅)가 되었다. 효종이 즉위한 뒤 학행(學行)을 포상하여 자의(諮議)에 임명하였으나 사직하고 향리로 돌아갔다. 1657년(효종 8) 다시 자의에 임명되어 1년간 서울에 머무르다 사직하였다. 저서로는 《국조명신록》·《소대명신행적(昭代名臣行蹟)》·《소대수언(昭代粹言)》 등이 있다.

선생은 조금의 기미(幾微)도 말과 얼굴에 드러내지 않았고, 적소에서 3년 동안 사장(詞章)을 통하여 드러낸 것은 임금을 연모하고 어버이를 그리워하는 뜻 아닌 것이 없었다. 막 체포되었을 당시에 혹자가 정도(正道)에는 어긋나지만 인맥을 동원하여 화를 모면할 계책을 부인 노씨에게 말하자, 부인이 말하기를 "남편은 평생 동안 지조가 이러하지 아니했으니 내가 차마 할 수가 없다."라고 하였다.-당시의 재신(宰臣)이 무함하여 죄에 얽어 넣은 전말이 연보에 상세히 보인다.-

선생은 성품이 강직하여 법을 집행함에 흔들림이 없었다. 대사헌에 임명되자 가장 먼저 훈재(勳宰) 중에 불법을 저지른 몇 사람을 탄핵하니, 세상 돌아가는 상황이 엄정해졌다. 당시에 호성공신[158]과 선무공신[159]을 가리어 결정하는 일을 마무리하고 있었는데, 원종공신[160]이 되려고 도모하는 자들이 연줄을 대고 청탁하여 그 분잡함이 이루 말할 수 없었다. 그러다가 공이 백부의 장[161]이 되었다는 소식을 듣고는 모두들 두려워하여 도리어 이름을 삭제하려고 꾀하였으니, 그때의 사람들이 이를 양관의 마부를 줄인 고사[162]에 견주었다. 선생이 여러 고을을 다스리면서 정사를 폄에 청렴하고 부지런하며 자혜로워 백성들이 모두 편안해하였다. 임진왜란 뒤에 광주목사로 나갔는데 당시 읍과 촌락이 텅 비었고 굶주려 죽은 시체가 길에 가득하였다. 선생이 창고를 열고 녹봉을 출연하여 마음을 다해서 구제하니, 온 경내에 굶어 죽는 근심이 없었다. 그 뒤 영릉(英陵)의 제관(祭官)에 차임되었을 적에 가다가 밤에 도적 떼를 만났는데, 도적들이 서로 말하기를, "광주목사의 행차라면 범해서는 안 된다. 이분은 일찍이 우리를 살려 준 은혜가 있다." 하고는 각자 흩어졌다.

선생은 관직을 맡아 임무를 수행할 때는 상황에 맞추어 온 마음을 다하였고 현인을 존모

---

158) **호성공신(扈聖功臣)** : 임진왜란 때 선조가 의주(義州)로 파천하는 데 호종한 사람들에게 내린 훈호(勳號)이다.

159) **선무공신(宣武功臣)** : 임진왜란 때 무공을 세운 공신들에게 준 훈호(勳號)이다.

160) **원종공신(原從功臣)** : 각 등급에 해당되는 정식의 공신 이외에 작은 공이 있는 사람에게도 주는 등외(等外)의 공신을 말하는데, 원종공신(元從功臣)이라고도 한다.

161) **백부(柏府)의 장(長)** : 대사헌(大司憲)을 말한다. 백부는 사헌부(司憲府)를 가리키는데, 한나라 때 이곳에 측백나무를 많이 심었으므로 백부(柏府) 혹은 백대라고 불렀다 한다. 《漢書 卷83 朱博傳》

162) **양관(楊綰)의 …… 고사** : 양관은 당(唐)나라 대종(代宗)의 신하로 성품이 청간(淸簡)하고 검소하여 많은 총애를 받았다. 그가 중서시랑(中書侍郎)에 제수되자, 이 임명 소식을 들은 곽자의(郭子儀)는 손님들과 잔치를 벌이다가 곧바로 좌중의 음악을 5분의 4로 줄였으며, 경조윤 여간(黎幹)은 구종(驅從)이 매우 많았는데 당일로 줄여서 10기(騎)만을 남겨두었으며, 중승인 최관(崔寬)은 집이 크고 화려하였는데 급히 헐어버렸다고 한다. 《資治通鑑 卷225 唐紀41 代宗 中之下 大曆 12年》《唐鑑 卷12 代宗 大曆12年》

하고 옛 도를 좋아함이 더욱 독실하였다. 일찍이 부제학이 되었을 때에 성균관과 사학(四學)의 유생들이 다섯 현신을 문묘(文廟)에 종사하기를 청하였는데,[163] 정인홍(鄭仁弘)이 회재(晦齋) 이언적(李彦迪)을 훼척(毁斥)함에 선조(宣祖)도 뜻이 그에 현혹당하자, 선생이 동료들을 이끌고 수백언의 차자[164]를 올리니, 그 내용이 명백하고 절절하여 임금께서 후한 비답을 내렸다. 이런 뒤로 문묘에 종사하는 일이 이루어졌으니, 실로 이 차자에 힘입은 것이었다.

선생이 춘천을 다스릴 적에 고을 사람들이 문암서원(文岩書院)을 건립하여 퇴도(退陶) 이황(李滉) 선생을 제향할 것을 청원하였다. 선생은 기쁜 마음으로 받아들여 갖은 힘을 다 쏟아 경영하면서 노비까지 돕게 하여 당(堂)·행랑·섬돌·문·담장·재실(齋室)·부엌 모두를 법도에 맞춰 짓게 한 뒤에 그 전말을 직접 써 놓으셨는데, 이것이 벽에 걸려있다.

대사성이 되었을 때에 성묘[165]에서 사용하는 악장(樂章)에 탈오(脫誤)가 많았는데, 악절마다 헤아려 생각하고 고증하여 빠진 것을 보충하고 잘못된 것을 바로잡으니, 전체가 매우 정박(精博)하고 빈틈없이 갖추어졌다.

선생이 일찍이 호서지방의 풍속이 향교를 꺼려하고 서원을 중하게 여겨 교생[166]과 원유[167]를 차별하는 고질적 폐단이 있는 것을 걱정하였는데, 선생이 이 도의 안찰사가 되자[168] 바로 향교에 상재(上齋)·중재(中齋)·하재(下齋)·동몽재(童蒙齋) 4개의 재(齋)를 세우고, 열흘마다 학업한 것을 과시(課試)하여 부지런한지 태만한지를 살피고 공령[169]을 엄히 하여 순력(巡歷)해서 당도한 날에 친히 강획[170]하여 그들로 하여금 성취한 바가 있게 하였다. 관내(管內)

---

163) **성균관과 …… 청하였는데** : 《국역 중종실록》 12년 8월 7일 기사와 《국역 광해군일기》 2년 9월 5일 기사에 의하면, 오현(五賢)인 김굉필(金宏弼)·정여창(鄭汝昌)·조광조(趙光祖)·이언적(李彦廸)·이황(李滉)을 문묘에 종사하자는 주장은 1517년(중종 12)부터 차례로 제기되었는데, 1610년(광해군 2)에 가서야 비로소 받아들여졌다.

164) **차자(箚子)** : 조선시대 신하가 왕에게 올리는 간단한 서식(書式)의 상소문(上疏文)이다.

165) **성묘(聖廟)** : 문묘(文廟)와 같은 말로 공자를 모신 사당이다. 문묘는 중앙에는 성균관, 지방에는 각 향교에 건치(建置)하였는데, 여기서는 성균관을 뜻한다.

166) **교생(校生)** : 향교 생도(鄕校生徒). 지방 향교(鄕校)에 다니는 생도를 말한다. 원래 상민(常民)으로 향교에서 오래 공부하면 유생(儒生)의 대우를 받았으며, 우수한 자는 생원 초시(生員初試)나 생원 복시(生員覆試)에 응시할 자격을 얻었다. 공생(貢生)이라고도 한다.

167) **원유(院儒)** : 서원(書院)에 속한 유생(儒生).

168) **이 도(道)의 …… 되자** : 《광해군일기[중초본]》 6권 광해 즉위년(1608) 7월 12일 조에 "신식을 충청도관찰사로 삼았다."라고 하였다.

169) **공령(功令)** : 학사(學事)에 관한 규정.

170) **강획(講劃)** : 시강(試講)의 성적을 획으로 표시하는 것으로서, 곧 강서 성적(講書成績)의 점수를 말한다.

에 있는 명현(名賢)의 분묘(墳墓)에 반드시 직접 제문을 짓고 속리[171]를 보내 치제[172]하게 하였으니, 교화를 밝혀서 풍속을 바로잡고, 저축을 늘려서 재환(災患)에 대비하였다. 이에 《여씨향약(呂氏鄕約)》, 주자(朱子)의 사창법(社倉法)과 우복(愚伏) 정경세(鄭經世)와 편지로 주고받으며 강명(講明)한 것들 및 또 율곡(栗谷)의 해주(海州) 〈사창약속(社倉約束)〉과 〈서원향약 입의(西原鄕約立議)〉 등의 글을 취하여 참작하고 가감하여 과조[173]를 만들고서 또 서문을 지어 도내에 포고(布告)하여 장차 차례로 시행하려고 하자, 만전 홍공[174]이 말하기를 "이런 일이 이 세상에서 강구되지 못한 지가 오래되었는데, 공이 능히 조목조목 거론하니, 참으로 한 도(道)의 다행이다."라고 하였다. 법령이 이미 갖추어지고 난 뒤에 선생은 벼슬에서 물러났다.

선생이 선조 때에 오랫동안 경악[175]에서 지우[176]를 받음이 가장 깊었다. 임진년 이후로 국가에 일이 많아져 요구에 응할 업무가 매우 많았는데, 선생은 3년을 연이어 은대[177]에서 떠나지 아니하면서 밤낮으로 근로하니, 임금께서 매우 가상히 여겨 특명으로 직질(職秩)을 올려주었다. 또 경학에 조예가 깊고 밝아 교정청(校正廳)에 피선되었다. 가의대부로 품계가 올랐으니, 당시 왜구가 온 나라에 들끓어 국가에 일이 많았는데 은대에서 3년 동안 근로한 것을 임금께서 특별히 배려하여 품질을 올려준 것이다.

당시 정응태(丁應泰)가 우리나라를 무함한 사안으로 재상 이항복(李恒福)이 일찍이 진주사(陳奏事)가 되어 가서 변론하니,[178] 천자가 칙서를 내려 선유(宣諭)하였지만 우리나라 조정

---

171) **속리(屬吏)** : 조선시대에 각 관아의 하급 관리를 말한다.

172) **치제(致祭)** : 임금이 제문(祭文)과 제물(祭物)을 내려 관원을 보내어 대신 제사지내게 하는 일을 말한다.

173) **과조(科條)** : 법률·명령·규칙 등의 개조서(個條書).

174) **만전(晩全) 홍공(洪公)** : 홍가신(洪可臣, 1541~1615)이다. 본관은 남양(南陽), 자는 흥도(興道), 호는 만전당(晩全堂)·간옹(艮翁)이다. 아버지는 온(昷)이며, 하은공(霞隱公) 신용(申涌)의 장인이다. 민순(閔純)의 문하에서 수학하였고, 어릴 때부터 뛰어난 재주로 사문(師門)의 촉망을 받았으며, 체계 있는 학문을 전수받아 문장으로서 조직적인 화실(華實)의 매력을 갖춘 외에 성리학에도 깊은 관심을 기울였다. 지평을 거쳐 안산군수·강화부사·형조참판·강원도관찰사·개성부 유수 등을 지냈고, 영원군(寧原君)에 봉하여졌으며, 광해군 때 형조판서를 역임했다. 저서로는 《만전집》과 《만전당만록(晩全堂漫錄)》이 있다. 시호는 문장(文莊)이다.

175) **경악(經幄)** : 임금 앞에서 경전(經傳)을 강론하는 자리로 경연(經筵)을 말함.

176) **지우(知遇)** : 학문이나 재능을 인정받아서 좋은 대우를 받음을 이른다.

177) **은대(銀臺)** : 승정원(承政院)의 별칭이다.

178) **당시 …… 변론하니** : 1598년(선조31)에 명(明)나라 병부 주사(兵部主事) 정응태(丁應泰)가, 정유재란(丁酉再亂) 때 경리사(經理使)로 우리나라에 파견 온 명나라 장수 양호(楊鎬)를 임금을 속이고 일을 그르

의 의론은 여전히 석연치 않게 여겼다. 그래서 특별히 선생을 임명하여 사은사 겸 진주사로 삼으니, 황제의 조정에 이르러 아뢰기를 심히 자상하게 하며 대응함에 조금도 착오가 없었다. 천자는 선생을 가상히 여겨 은동자(銀童子) 한 쌍을 하사하였는데, 선생은 이를 빛내려 은동자를 녹여서 술잔으로 주조하고는 명(銘)을 새겨 넣어 감축(感祝)의 뜻을 부쳤다.-명문은 "황제께서 나에게 주제은(朱提銀)을 내려주시니, 술잔을 들어 날마다 요 임금처럼 되시기를 축원하노라."이다.-

선조께서 돌아가시니, 선생은 육십이 가까운 나이에 식사 때 술과 고기를 드시지 않고 바깥 침소에 있으면서 졸곡[179]이 지나도록 애통해 마지않았다.

선생은 광해군이 처음 정사할 때 대사헌에 임명되었는데, 당시에 한강(寒岡) 정구(鄭逑)가 병으로 체직되자 교대할 사람을 엄밀하게 잘 고르고자 하였다. 이 때문에 선생이 제수(除授)된 것이다.

한음(漢陰) 이 상공(李相公 이덕형(李德馨))이 편지를 보내 "영공(令公)께서 익사훈(翼社勳)에 참여되지 않고 다만 자급만 올라가는 은혜만 입었으니, 매우 장쾌한 일입니다."라고 하였다. 선생은 또 광해군이 자신을 낳아준 모친을 극진하게 높이려 할 것이라 생각하여, 인대[180]할 때면 방미[181]의 뜻을 지극하게 간(諫)하니, 광해군이 몹시 불평스럽게 여겨 점점 소원하게 대하였다.

임해군(臨海君)의 옥사[182]가 일어나자 선생이 추관[183]이 되었는데, 다시 조사하여 공평하

쳤다는 등의 말로 모함하여, 양호가 파직되어 본국으로 소환되었다. 우리나라에서는 양호가 왜적을 물리치는 데 큰 공을 세웠다고 하면서 비호하자, 정응태가 반감을 품고 우리나라를 무고하기를 "왜를 꾀어서 함께 중국을 침범하고 요하(遼河) 이동(以東)을 탈취하여 고구려의 옛 땅을 회복하려 한다."라고 하였으며, 또 조(祖)니 종(宗)이니 하는 왕의 칭호를 가지고 무고하였다. 이에 우리나라에서 이해 9월에 진주정사(陳奏正使) 이항복(李恒福)과 진주부사(陳奏副使) 이정귀(李廷龜)를 명나라에 보내어 정응태의 무고가 아무런 근거가 없음을 변론해 밝혀 결국 그를 파직시키게 함으로써 일을 잘 무마하였다.

179) **졸곡(卒哭)** : 삼우제를 지낸 뒤에 석 달 만에 지내는 제사를 이름. 옛날 상례(喪禮)에 백일제(百日祭)를 지낸 뒤에 무시로 곡(哭)하는 것을 중지하는 대신, 조석(朝夕)으로 한 번씩 곡을 하였는데, 이를 졸곡이라고 한다. 《의례(儀禮)》 〈기석례(旣夕禮)〉에 "삼우(三虞)에 졸곡(卒哭)한다."라고 하였는데, 정현(鄭玄)의 주에 "졸곡은 삼우 뒤의 제사 이름이다. 처음에는 조석의 사이에 슬픈 감정이 북받치면 곡을 하다가 이 제사에 이르면 그치고, 단지 조석에만 곡을 한다."라고 하였음.

180) **인대(引對)** : 임금이 자문하기 위해 신하를 불러 접견함을 이른다.

181) **방미(防微)** : 일의 꼬투리가 처음 싹틀 때 방비한다는 말로 곧 화란을 미연에 방지한다는 뜻.

182) **임해군(臨海君)의 옥사(獄事)** : 임해군은 선조(宣祖)의 첫째 서자로 이름은 진(珒)이다. 처음 세자 책봉의 물망에 올랐으나 성질이 난폭하다 하여 동생인 광해군(光海君)이 세자가 되었다. 광해군 즉위 초

게 해야 한다는 논의를 힘써 주장하였고 심지어 혼란을 초래하는 터무니없는 말에 대해서는 실증할 수 없다는 의론으로 국청(鞫廳)에서 이의(異議)를 제기하였더니, 공훈을 마감할 때에 이르자 폐주[광해군]가 원종공신(原從功臣)으로 강등하고 자급(資級)만 올려주었다. 계축년(1613) 이후로 시국이 크게 변하여 포학함이 하늘까지 타오르자 선생은 늘 산계[184]만 띠고 있으면서 병을 핑계대고 나가지 않았다. 모후(母后)인 인목대비(仁穆大妃)가 서궁에 유폐되는 재액이 이르자 이로 인해 패륜(悖倫)의 논의가 크게 일어나 흉도(兇徒)들이 조정의 관원들을 협박하여 정청[185]하는 데에 이르렀고, 또 참여하지 않은 사람들에게 죄주기를 청하여 찬극[186]이 서로 이어졌다. 선생은 뜻을 두었던 바를 더욱 굳건히 하여 시종 참여하지 않고 서강(西江)의 우사(寓舍)에 나가 대죄[187]하고 있었다. 당시에 사은사(謝恩使)를 중국에 보낼 일이 있게 되자, 특별히 선생을 기용하여 상사(上使)로 삼으니, 이는 명목상 가려 보낸다고 하였지만 실은 조정에서 멀리 쫓아내려는 의도에서 나온 것이다.

오봉 이공[188]이 시를 지어 전송하기를, "더위와 장마에 행역이 고되다고 말하지 마시게, 영남의 바닷가로 쫓겨난 이 신하의 아픔만 하리오. 성남(城南) 교외의 늙은 나는 특별히 임금의 은혜 입어, 사신 감과 먼 변방의 고을살이 모두 면제받았다오."[189]라고 하였다.

에 명나라에서도 장자인 임해군이 즉위하지 않았음을 힐문하고, 일부 대신들도 임해군의 옹립을 책동하는 사태가 발생하게 되자 이에 불안을 느낀 광해군이 이이첨(李爾瞻) 등의 충동에 의해 반역 음모를 일으키려 했다는 죄명을 씌워 진도(珍島)로 유배시켰다가 교동(喬桐)에 이배(移配), 광해군 1년(1609) 사사(賜死)한 사건을 말한다.

183) **추관(推官)** : 죄인을 심문하는 관원.

184) **산계(散階)** : 일정한 관직이 없고 품계만 가지고 있는 것으로서, 산직(散職)이라고도 한다.

185) **정청(庭請)** : 세자(世子)나 의정(議政)이 중대한 일에 대하여 백관(百官)을 거느리고 궁정(宮庭)에 이르러서 계품(啓稟)하고서 하교를 기다리는 일을 말한다. 아뢴 일에 대해 임금이 윤허하지 않을 경우 처음에는 합사(合辭)를 하고, 그 다음으로 합사(合司)를 하고, 마지막으로 정청을 한다. 여기서는 1618년 1월 1천 명의 신료들이 창덕궁 뜰에 모여 인목대비의 폐위를 청한 사건을 말한다.

186) **찬극(竄殛)** : '찬'은 몰아내서 금고시키는 것, '극'은 구수(拘囚)하여 곤고(困苦)하게 하는 것이다.

187) **대죄(待罪)** : 자기 잘못에 대하여 임금의 처분을 기다린다는 뜻. 때로는 죄를 지었으므로 그 처벌을 기다린다는 뜻, 또는 자격 없이 직임을 맡아 있다는 뜻으로도 쓰인다.

188) **오봉(五峯) 이공(李公)** : 이호민(李好閔, 1553~1634)으로 본관은 연안(延安), 자는 효언(孝彦), 호는 오봉(五峯)·남곽(南郭)·수와(睡窩)이다. 연안군(延安君) 숙기(淑琦)의 증손. 연릉군(延陵君), 대광보국숭록대부(大匡輔國崇祿大夫), 부원군(府院君)에 진봉되고, 사후에 청백리에 올랐다. 문장에 뛰어나 임진왜란 때 왕명으로 각종 글을 많이 작성하였으며, 그가 지은 교서(敎書)의 내용이 간절하여 보는 이의 감동을 자아냈다고 한다. 인조반정 후에는 구신(舊臣)으로 우대를 받았다. 시호는 문희(文僖)이다. 저서에 《오봉집》이 있다.

189) 이 시는 172쪽에도 실려 있는데, "다감(多感)"이 "수악(殊渥)"으로 되어 있다. 《역주 명가보묵(名家寶墨)》

선생이 신유년(1621)에 예의상 벼슬을 내놓는 것이 합당하다고 여겨 상소하여 치사(致仕)를 청하였는데, 광해군이 그 상소를 내려 보내니, 뭇 소인들이 화를 내며 이를 저지하였다. 선생이 이때부터 작은 집을 짓고 몇 명의 제자들에게 예학을 강설하며 종일토록 단정히 앉아 있었고, 중국의 학사 조우(趙佑)가 쓴 '자오와'[190]라는 세 글자를 취해 벽에 걸어놓아 자신의 뜻을 보였다. 유 사문[191]의 〈자오와기(自娛窩記)〉에서 이른 바 "한 장쯤 되는 스승의 강석[192] 안에서 함께 대답하며 배운 것은 모두 삼천 삼백[193]의 예학(禮學)이어서 성대하게 변할 수 없는 즐거움이 있었다."라고 한 것이 이것이다. 선생은 이미 스스로 세상에 뜻이 없었지만 간곡한 한 생각을 국가에 두지 않은 적이 없어서 한번 앉고 한번 누울 때마다 반드시 천장을 쳐다보며 장탄식을 하였다.

인조반정(仁祖反正) 초기에 선생은 바로 돈녕부 지사에 임명되었다가 대사간에 임명되었는데, 당시에 폐세자[194]를 법에 따라 처벌하자는 의론이 한창 벌어졌었다. 선생은 '일찍이 신하로서 섬기었었는데, 지금 죄주기[195]를 청하는 것은 의리상 온당치 않다'고 하고는 사양하고 나아가지 않았다. 훈귀(勳貴)한 자들이 화와 복으로 위협하였으나 끝내 흔들리지 아니했

(2011, 충북대학교출판부)·〈간독첩〉 원본에도 "수악(殊渥)"으로 되어 있어 이를 근거로 바로잡아 번역하였다.

190) **자오와(自娛窩)** : 스스로 즐기는 집이라는 뜻으로, 한유(韓愈)의 〈여위중행서(與衛中行書)〉에서 나오는 말이다. "황량스러운 깊은 골짜기 속에서 살아 초목이 잔뜩 우거졌는데, 외출할 때에는 나귀나 말이 없으며, 다른 사람과 더불어 교제함을 끊은 채 방 안에서 스스로 즐기고만 있습니다.[出無驢馬 因與人絕 一室之內 有以自娛]"라고 하였다.

191) **유 사문(柳斯文)** : 유몽인(柳夢寅, 1559~1623)으로 본관은 고흥(高興), 자는 응문(應文), 호는 어우당(於于堂)·간재(艮齋)·묵호자(默好子)·견암(見庵), 시호는 의정(義貞)이다. 수군절도사 신여량(申汝樑, 1564~1593)의 아들 판관 신식(申栻)의 사위이다. 수찬으로 명나라에 질정관으로 다녀오다가 임진왜란이 일어나 선조를 평양까지 호종하였다. 왜란 중 대명 외교를 맡았으며 그 뒤 병조참의·황해 감사·도승지 등을 지냈고 광해군 때에도 대명외교의 중심에 있었다. 폐모론이 일어났을 때 가담치 않고 은거하며 성 안에 발을 들여놓지 않았다. 저서로는 야담집 《어우야담》과 시문집 《어우집》이 있다.

192) **스승의 강석(講席)** : 원문의 "함장(函丈)"은 선생이나 장자(長者)가 앉는 자리를 뜻하는 말로, 후대에는 스승이나 선생님을 가리키는 말로 쓰이기도 하였다. 함연(函筵)이라고도 한다. 제자는 스승의 자리와 한 발[一丈]의 거리를 두었던 관습에서 유래하였다.

193) **삼천 삼백(三千三百)** : 《중용》에 "예의 3천 위의(威儀) 3백이라." 하였고, 《예기》 〈예기(禮器)〉에 "경례(經禮)가 삼백(三百)이고, 곡례(曲禮)가 삼천(三千)이다." 했는데, 예의(禮儀)의 대절 3백 가지와 소절 3천 가지를 말한다.

194) **폐세자(廢世子)** : 폐세자는 곧 광해군(光海君)의 아들 지(祬)인데, 광해군 2년(1610)에 세자로 책봉되었다가 인조 1년(1623)에 폐위되었다.

195) **죄주기** : 원문의 '치벽(致辟)'은 사형(死刑)을 뜻한다.

으니, 선생 말년 때의 일이다.

선생의 백씨가 일찍 세상을 떠나자 여러 조카들이 성취를 이루지 못하고 있었고 또 생질 중에 어린 나이에 부모를 여위고 와서 의지하였는데, 선생은 이들을 자기 자식처럼 어루만져 길러 때를 놓치지 않고 혼인시켜 가업을 보전하게 하였다. 친족들에 대해서는 화목을 돈독히 하는 데 힘을 써서 소천(疎賤)한 사람조차도 빠트림 없이 곤궁에서 구휼해 주었고, 초상과 장례를 치를 때에는 급히 가서 구원하면서도[196] 마치 미치지 못할까 염려하였다. 비록 향당(鄕黨)의 비속하여 함께 얘기하기 어려운 사람일지라도 오히려 몸을 낮춰 면대하여 의견을 받아들이며 차별하지 않았으니, 이런 까닭에 고향사람들이 감동하고 기뻐하면서 친애하지 않은 이가 없었다. 어떤 이가 죽었다는 소식을 들으면 친소(親疎)를 따지지 않고 술과 고기를 올리지 못하게 하였으니, 일찍이 과거에 급제한 경사로 서울 집에서 잔치를 열려고 성찬을 준비하고 음악도 갖추었는데, 이웃집에 초상이 나자 선생이 평소 그 사람을 알고 지내지 아니하였는데도 곧바로 그만두었다.

선생은 천성이 간솔하며 담박하고 청백하며 검소하여 내직과 외직을 두루 역임하면서 벼슬이 경재[197]에 이르렀어도 몸을 의탁할 곳이 없어 늘 집을 빌려 살았다. 그리고 묘소 아래에 살 때에도 두어 칸의 집도 없었다. 일찍이 한적한 집을 마련하여 만년에 물러나 쉴 곳으로 삼으려 도모하였다가, 어떤 이가 강가의 정자 터를 바치려 하자 선생이 그를 물리치고는 마침내 그 계획조차도 그만 두었다. 오랫동안 현·요직에 있으면서도 뇌물과 청탁이 문에 이른 적이 없었고, '근검(勤儉)' 두 자로 가정을 다스려 집안에서 길쌈하는 일과 부엌에서 거친 음식을 차리는 것은 여느 선비의 소박한 집과 다름없었다. 또 자손을 위해 살림을 일으키지 아니하였고, 오히려 "진실로 어질다면 비록 빈곤하더라도 선조를 욕되게 하는 일이 없을 것이요, 진실로 불초하다면 비록 풍요하더라도 친족을 보살피고 가문을 화목하게 할 수 없을 것이다."라고 말씀하였다.

선생이 아우 하은공(霞隱公)과 아울러 재신[198]의 반열에 올랐고, 선대인[199]도 일찍이 수

196) **급히 …… 구원하면서도** : 원문의 "포복상장(匍匐喪葬)"은 상사(喪事)에 힘을 다하여 달려가 도와주는 의리를 말한다. 《시경》 〈패풍(邶風) 곡풍(谷風)〉에 "모든 사람이 상사가 있을 적에는 포복하여 달려가 구원하였노라.[凡民有喪 匍匐救之]"라고 한 내용이 보인다.

197) **경재(卿宰)** : 정3품 이상의 당상관을 이른다.

198) **재신(宰臣)** : 일반적으로는 의정부의 정2품 이상의 고위 관료를 가리킨다.

199) **선대인(先大人)** : 선고(先考)인 찬성공 신중엄(申仲淹, 1522~1604)이다.

직(壽職)으로 동지중추부사(同知中樞府事)의 품계에 오르시자, 선생이 선대인을 위하여 경수연을 베풀었는데, 신축년(1601)부터 시작하여 연달아 4년 동안 매년 정기적으로 행하였다. 당시의 기로 대부(耆老大夫) 및 여러 공경 대신(公卿大臣) 등 온 조정의 신료들이 모두 이르렀으니, 동고 최립[200]의 〈신동추경수도시서(申同樞慶壽圖詩序)〉에서 "호위하여 벽제(辟除)하는 소리[201]가 거리에 넘치고, 붉은 관복과 자주색 인끈, 금관자와 옥관자가 잔치자리에 뒤섞었네."라고 말한 것이 바로 이것이다. 밤까지 이어서 촛불을 켜고 즐겼는데, 선생 형제가 문득 색동옷을 입고 번갈아 춤을 추면서[202] 기쁘게 해 드리는 일을 극진히 행하였다. 문장 사백(文章詞伯)이 노래하고 읊은 시편이 권축(卷軸)을 이루었고, 또 화공(畵工)에게 이 경사(慶事)를 그림으로 그리게 하였으니, 구경하는 이들이 감탄하면서 성대한 일이라고 칭송하지 않은 이가 없었다. 훗날 상국 허미수[203]의 〈경수연도후서(慶壽宴圖後序)〉에서, "수(壽)가 80세 이상인 자가 6인-의정공(議政公)·이몽원(李夢元)·홍고사(興古寺)·정언례(鄭彦禮)·우필성(禹弼成)·박정립(朴挺立)-이고, 여러 하객 중에 정승 반열에 든 자가 12인-이항복(李恒福)·이덕형(李德馨)·이호민(李好閔)·이정귀(李廷龜)·심희수(沈喜壽)·이산해(李山海)·정창연(鄭昌衍)·윤근수(尹根壽)·한응인(韓應寅)·김명원(金命元)·허욱(許頊)·박승종(朴承宗)-이고, 국구(國舅)의 귀한 지위에 오른 자가 2인-한준겸(韓浚謙)·김제남(金悌男)-이고, 문장으로 세상에 이름난 자가 8, 9인이고, 글씨로는 아계[204]와 석봉[205]이 있었으니, 한 시대의 인재의 융성함이 또한 백대토록 일컬어질 만

---

200) **최립(崔岦, 1539~1612)** : 본관은 통천(通川), 자는 입지(立之), 호는 간이(簡易)·동고(東皐)이다. 1559년(명종 14) 식년문과에 장원으로 급제하여 공주목사·전주부윤·승문원제조를 거쳐 주청부사(奏請副使)가 되어 명나라에 다녀왔고, 동지중추부사·강릉부사를 지내고 형조참판에 이르러 사직했다. 최립은 당대 일류의 문장가로 인정을 받아 그의 문장은 일시를 풍미했다. 문집으로는 《간이집》이 있다.

201) **호위하여 …… 소리** : 원문의 "가옹(呵擁)"은 고관 등의 행차 때 소리쳐 여러 사람의 통행을 금하여 길을 치우는 일이다.

202) **색동옷을 …… 추면서** : 춘추시대 초(楚)나라의 은사(隱士)인 노래자(老萊子)가 70의 나이에도 부모님을 기쁘게 해 드리기 위하여 색동옷을 입고 재롱을 떨었다는 고사에서 유래한 것이다. 《初學記 卷17 引 孝子傳》

203) **허미수(許眉叟)** : 허목(許穆, 1595~1682)으로 본관은 양천(陽川), 자는 문보(文甫)·화보(和甫), 호는 미수(眉叟)이다. 아버지는 현감 허교(許喬)이며, 어머니는 정랑 임제(林悌)의 딸이다. 부인은 영의정 이원익(李元翼)의 손녀이다. 청남(淸南)의 영수로 과거를 보지 않고도 유일(遺逸)로서 삼공(三公)에 올랐다. 그림·글씨·문장에 모두 능했으며, 글씨는 특히 전서에 뛰어나 동방 제1인자라는 찬사를 받았다. 시호는 문정(文正)이다.

204) **아계(鵝溪)** : 이산해(李山海, 1539~1609)의 호이다. 본관은 한산(韓山), 자는 여수(汝受), 호는 아계(鵝溪)·종남수옹(終南睡翁)이다. 1561년 문과에 급제하여 승문원에 등용되어 홍문관정자, 부수찬, 병조좌랑, 사헌부집의를 거쳐 영의정을 지냈다. 특히 문장에 능해 선조조 문장팔가(文章八家)의 한 사람으로

하다."라고 하였다.

선생은 단정하며 방정하고 자수[206]하여 교유함에 신중하여 비록 당시 명망 있는 사람이 교제하기를 원하더라도 그가 바르지 않으면 잠시도 대면하지 아니하였는데, 그런 사람들의 정황이 탄로 나자 사람들이 선생의 선견지명에 감복하였다.

선생이 종유하던 분들은 모두 도학(道學)과 명절(名節)의 선비였는데, 천곡(泉谷) 송 선생[207]과 가장 서로 친하였다. 아마 선생이 천곡과 동갑이면서 동방급제(同榜及第)하였고, 같은 고을에서 태어나 서울에서 이웃하여 살았으며, 그 지조와 취미도 서로 같았기 때문에 어려서부터 친하였다. 천곡이 충절을 지키다가 목숨을 바쳐 나라에서 정려(旌閭)의 표창을 받았고 선생 역시 효행으로 나라에서 정려를 받아서 같은 고을에 두 개의 정려가 세워지니, 지나가는 사람들이 가리키며 존모하는 마음이 일으켰다.

선생은 여러 번 연경(燕京)에 사신으로 갔었는데, 행탁[208]이 쓸쓸하게 비었으나, 책 상자 하나를 따르게 하지 않은 적이 없었다. 일찍이 말씀하기를 "나는 물건에 대해 특별히 기호(嗜好)하는 것이 없지만, 서적만큼은 좋아하는 습관이 있어서 경전(經傳)과 자사(子史)에서부터 제가(諸家)의 여러 책까지 거의 갖추지 않은 것이 없고, 여러 종이에 쓴 무수한 글들이 책상에 쌓여있고 상자 속에 가득하여 공무를 마친 여가에는 그 속에 한가롭게 있으면서 이쪽에 펼쳐놓고 저쪽에서 열람하며 오로지 마음대로 섭렵하면서 피곤한 것을 깨닫지 못하였다."라고 하였다. 또 말씀하기를 "어린 시절에 학문하는 방도를 알지 못하고, 《초사》[209]를 몹

불렸다 한다. 서화도 잘해 대자(大字)와 산수묵도에 뛰어났다. 저서로 《아계집》이 있다. 시호는 문충(文忠)이다.

205) **석봉(石峯)** : 한호(韓濩, 1543~1605)의 호이다. 본관은 삼화(三和), 자는 경홍(景洪), 호는 석봉(石峯)·청사(淸沙)이다. 1583년(선조 16) 와서(瓦署) 별제(別提)에 제수되었다. 글씨로 출세하여 사자관(寫字官)으로 국가의 여러 문서와 명나라에 보내는 외교문서를 도맡아 썼고, 중국에 사절이 갈 때도 서사관(書寫官)으로 파견되었다. 벼슬은 흡곡현령과 가평군수를 지냈다.

206) **자수(自守)** : 행실이나 말을 제 스스로 조심하여 지키는 것이다.

207) **송(宋) 선생** : 송상현(宋象賢, 1551~1592)이다. 본관은 여산(礪山)이고, 자는 덕구(德求)이며, 호는 천곡(泉谷)이다. 1576년(선조 9) 별시 문과에 병과로 급제, 승문원 정자에 보임되어 승정원 주서 겸 춘추관 기사관을 거쳐 사헌부 지평(司憲府持平), 예조·호조·공조의 정랑 등을 역임했다. 그 뒤 배천군수로 나갔다가 동래부사가 되었는데, 1592년 4월 13일 왜군이 동래성으로 몰려오자, 군대를 이끌고 항전하였으나 순국하였다. 이조판서·좌찬성으로 추증되었으며, 부산 충렬사(忠烈祠), 개성 숭절사(崇節祠), 청주 신항서원(莘巷書院), 고부 정충사(旌忠祠), 청원 충렬묘(忠烈廟) 등에 제향되었다. 시호는 충렬(忠烈)이다.

208) **행탁(行橐)** : 여행용 봇짐.

209) **초사(楚辭)** : 중국의 시가집. 초나라 굴원(屈原)·송옥(宋玉) 등의 사부(辭賦)와 한나라 사람들의 모방

시 좋아하여 천 번을 읽는 데까지 이르렀어도 지칠 줄 몰랐으니, 공력(工力)만 낭비하였다."라고 하였다.

선생은 평소에 수졸(守拙)하면서 겸손이 자신의 마음을 내세우지 않았지만, 나라에 큰일이 생겨 특명으로 적임자를 가릴 때면 간여하지 않은 적이 없었고, 일을 맡아서는 의연하게 스스로 확립한 도에 맞추어 처리하니, 오랜 친구가 시를 지어 찬양하는 일까지 있었다. -"나는 신숙정(申叔正)을 사랑하나니 평소에 졸(拙)한 사람 같아서이네. 일에 임해서는 졸하기는커녕, 굳세고 방정함을 견줄 자 없노라."라고 하였다.-

선생은 언책[210]을 맡아서는 직언(直言)하는 절의를 다하였고, 논사[211]의 직분을 가져서는 간절한 정성을 진달하였으며, 천관[212]에 들어가서는 세상에서 공평하고 청백하다고 일컬어졌고, 백부[213]의 자리에 있을 때는 사람들이 강직함을 두려워하였으며, 외직으로 나가 관찰사를 맡았을 때와 산계(散階)로 있을 때에는 그 마음을 다하지 않음이 없었다.

선생은 조정에서 벼슬한 지 50년 동안 명망과 실상이 함께 높아 선조(宣祖)께서 총애하심이 한창 깊더니 갑자기 붕어하셨고,[214] 중간에 좋지 못한 시운(광해군 시절)을 만나서는 몸을 깨끗이 하여 한가하게 지냈다. 만년에 인조반정이 일어나자 세상 사람들은 크게 쓰이기를 앙망하였으나 선생이 세상을 떠나니 모두들 애석하게 여겼다. 선생이 돌아가신 뒤에 추탄 오윤겸[215], 우복 정경세, 벽오 이시발[216] 등 여러 공이 경연(經筵)에 입시하였을 때에 선생의 평일에 행의(行誼)한 것과 정청(廷請)에 참여하지 아니한 등의 일들을 갖추어 진언하니, 주상께서 특별히 이조판서에 추증하고 별도로 치제(致祭)하여 포양하였다.

작을 모아 놓은 시가집으로, 전한(前漢)의 유향(劉向)이 편찬했다.

210) **언책(言責)** : 간관(諫官)의 책임을 말함. 곧 사간원(司諫院)에서 근무함을 말한다.

211) **논사(論思)** : 경악(經幄)에서 임금과 학문을 논하고 계책을 건의하는 것을 말하는데, 여기서는 선생이 홍문관 부제학을 역임한 것을 이른다.

212) **천관(天官)** : 이조(吏曹)의 별칭.

213) **백부(柏府)** : 사헌부를 달리 일컫는 말. 곧 선생이 대사헌을 맡은 것을 말한다.

214) **갑자기 붕어하셨고** : 원문의 '궁검거유(弓劍遽遺)'는 옛날에 황제(黃帝)가 신선이 되어 용을 타고 하늘로 올라갈 때 활과 검을 떨어뜨렸다 한다. 그러므로 후세에 제왕의 죽음을 '궁검거추(弓劍遽墜)'라고 표현한다.

215) **추탄(楸灘) 오윤겸(吳允謙, 1559~1636)** : 본관은 해주(海州), 자는 여익(汝益), 호는 추탄(楸灘) 또는 토당(土塘)이다. 첨지중추부사·대사헌·좌의정 등을 역임하였다.

216) **벽오(碧梧) 이시발(李時發, 1569~1626)** : 본관은 경주(慶州), 자는 양구(養久), 호는 벽오(碧梧) 또는 후영어은(後潁漁隱)이다. 이발(李渤)의 증손으로 아버지는 진사 이대건(李大建)이며, 만퇴헌(晩退軒) 신응구(申應榘)의 사위이다. 서계(西溪) 이덕윤(李德胤)의 문인이다. 병조참판·형조판서·삼남도검찰사 등

선생은 자품(資稟)이 단정하고 순수하였고 기국과 도량이 엄정하였다. 그러나 가까이서 뵙고 말씀을 나누어 보면 온화하기가 봄날과 같고, 엄연하기는 가을과 같은 면모가 있었으니, 훗날 사람들이 화상(畵像)을 배알하게 되면 선생의 의범(儀範)을 상상해 볼 수 있을 것이다.

선생은 또 가첩[217]에 정성을 다하였는데, 비조(鼻祖) 이하로부터 내·외종의 계보, 관직의 이력과 출처,[218] 수명의 장단, 훌륭한 행적과 탁월한 공적 등을 수록하지 않은 것이 없었다. 대개 순은공(醇隱公)부터 이상은 《고려사》 및 《여지승람(輿地勝覽)》·《명관록(名官錄)》에 기재된 것들을 일일이 수집하였고, 호촌(壺村) 이하는 선생이 오랫동안 사국[219]과 은대[220]를 관장하였기 때문에 비사(秘史 왕조실록) 및 《은대일기(銀臺日記)》를 상고하여 참고하였다. 위로는 암랑[221]에서 주창했던 큰 계책과, 아래로는 대쇄[222]에서 논열(論列)했던 것들, 밖으로 주군(州郡)의 치적으로 포상받은 것들 그리고 한 방면을 떠맡을 때[223] 임금이 내린 유교서(諭教書)와 윤음[224] 및 시호(諡號)와 치제(致祭)를 내린 글 등, 국승[225] 및 기주[226]에 기재된 것을 널리 상고하고 사방으로 참고하여 이를 가보(家譜)의 체계에 맞게 수록하였다. 생년월일과 졸년월일, 자녀 모모(某某)를 모관(某官) 휘 모(諱某)의 아래에 나열하여 쓰고 또 비문(碑文)과 묘지(墓誌)를 부기하니, 쌓여서 권질을 이루었고 뒤에 선생의 손자 한존재[227]공이 뒤이어 완성하였다.

을 역임하였다. 저서로 《주변록(籌邊錄)》·《벽오유고》가 있다. 영의정에 추증되었고, 시호는 충익(忠翼)이다.

217) **가첩(家牒)** : 한 집안의 혈통적 계통을 적은 보첩(譜牒)이다. 시조(始祖) 이하의 중조(中祖), 파조(派祖)를 거쳐 본인에 이르기까지 직계존속과 비속(卑屬)에 대한 세계(世系)를 체계적으로 기록하는데 모든 족보의 기본이 된다.

218) **출처(出處)** : 출(出)은 나아가서 벼슬한다는 뜻이고, 처(處)는 한 번도 조정에 나오지 않음을 뜻하므로 곧 벼슬길에 나아가고 물러남을 말한다.

219) **사국(史局)** : 예문관(藝文館)·춘추관(春秋館)의 별칭.

220) **은대(銀臺)** : 승정원(承政院)의 별칭.

221) **암랑(巖廊)** : 높고 큰 낭무(廊廡)로, 정승들이 모여 있는 의정부(議政府)를 가리키는 말로 쓰인다.

222) **대쇄(臺鎖)** : 사헌부와 사간원의 합칭인 대청(臺廳) 또는 대성(臺省)의 오자인 듯하다.

223) **한 방면을 떠맡을 때** : 외방의 관찰사(觀察使)로 나갈 때를 말한다.

224) **윤음(綸音)** : 백성이나 신하에게 내리는 임금의 말이나 글월을 총칭한다.

225) **국승(國乘)** : 국사(國史)

226) **기주(記注)** : 춘추관의 기주관이 임금의 언행을 기록한 글을 말한다.

227) **한존재(閒存齋)** : 신행(申涬, 1618~1686)의 호이다. 자는 혼원(混元)이다. 부친은 괴산군수 득자(得滋)이다. 예학에 뛰어나 동몽교관에 천거되었으나 나가지 않았다. 이조판서에 증직되었다.

선생과 아우 하은공은 모두 효행이 있었고, 또 거상[228]을 잘하여 당시 사람들이 대련과 소련[229]이라고 찬양하였다.

선생은 황화방[230]에서 세 들어 살았는데, 당시에 하은공은 동막(東幕)에서 우거한 지가 가장 오래되었고 서로 간의 거리가 제법 멀었다. 그런데도 날마다 내왕하며 반드시 책상 앞에 나란히 앉아 밤새도록 정답게 말씀을 나누고서 돌아가곤 하셨다.

선생이 임오년 사은정사(謝恩正使)로 갈 적에, 만 리 먼 곳으로 공교롭게 노쇠한 나이를 당하여 혈육의 구호가 없어선 안 되기에 자제를 데리고 갈 것을 청하였다. 막내아들 참판공[231]이 병조의 낭관으로 있었는데 광해군이 질정관(質正官)으로 임명하여 모시고 가도록 하니, 흉악한 무리들이 지극한 날조로 여러 달 동안 이를 논핵(論劾)하자, 참판공은 결국 질정관에서 체직되어 자제 신분으로 따라가게 되었다.[232]

선생이 새로 충청도관찰사로 부임할 때에, 지봉 이수광이 홍주목사로서 임소에 도착한 신임 방백에게 올린 계사[233]에, "걸출한 문장[234]이 대궐에서 내려오시니 구천[235]의 교서에 새

228) **거상(居喪)** : 직계 존속의 상중(喪中)에 처신함을 이른다.

229) **대련(大連)과 소련(小連)** : 춘추시대에 효성으로 이름난 형제로 함께 부모의 거상(居喪)을 잘하여 공자(孔子)로부터 칭찬을 받은 효자이다. 《예기》 〈잡기 하(雜記下)〉에 "소련과 대련은 집상(執喪)을 잘하여 부모의 상에 3일간은 애통함이 간절하여 비록 음식을 들지 않았으나 스스로 힘을 다하여 예를 다하였고, 빈소에 있는 3개월간은 게을리 하지 않았으며, 1년 동안 슬퍼하였고 3년 동안 근심하였다."라고 하였다.

230) **황화방(皇華坊)** : 조선시대 초기부터 있던 한성부 서부 9방 중의 하나.

231) **참판공(參判公)** : 신득연(申得淵, 1585~1647)을 가리킨다. 자는 정오(靜吾), 호는 현포(玄圃)이다. 1610년(광해군 2) 식년 문과에 을과로 급제하여 문한관(文翰官)을 거쳐 성균관 전적으로 《선조실록》 편찬의 기사관으로 참여하였고, 검열·정언·사예·형조정랑 등을 역임하였다. 1632년(인조 10)에는 강원도관찰사가 되어 부친이 편찬한 《가례언해(家禮諺解)》를 간행하였고, 이어서 회답사(回答使)로 후금(後金)에 파견되었다. 다음 해 도승지에 임명되었고, 경상좌도양전사를 역임한 뒤 세자시강원빈객으로 청나라에 파견되기도 하였다.

232) **선생이 …… 되었다** : 《광해군일기[중초본]》 9년 9월~10월 기사에 관련 내용들이 실려 있다.

233) **신임 …… 계사** : 이 글은 선생이 관찰사로 처음 임소에 왔을 때 지봉 이수광이 올린 글로, 지봉은 당시 홍주목사로 있었다. 선생은 1608년(광해군 즉위년) 7월에 충청도관찰사에 제수되었다. 《光海君日記 卽位年 7月 12日》 또한 이 글은 《지봉집(芝峯集)》 21권 잡저(雜著)편에 〈상신방백도임계(上新方伯到任啓)〉의 제목으로 실려 있는데, 하단에 "신임 감사 신식(申湜)공은 고령(高靈)의 세가(世家)로, 형제가 모두 현달하고 거상(居喪)을 잘하였으며, 또 일찍이 강릉부사와 광주목사를 역임하였기 때문에 이렇게 운운한 것이다.[新監司申公湜 高靈世家 而兄弟竝顯 善於居喪 且曾任江陵廣州故云]"라고 쓴 소주(小註)가 있다.

234) **걸출한 문장[奎章]** : 《지봉집》에는 "금장(金章)"으로 되어 있는데, 이는 높은 벼슬아치가 차는 금으로 만든 인장(印章)을 뜻하는데, 모두 선생을 지칭한 것이다.

은혜가 찬란하고, 검은 일산[236]이 남녘 구름을 비춰주니 홍련의 막부[237]에 아름다운 기운이 성대합니다. 이에 곤수의 부월[238]에서 광채가 발하고 남쪽 지방에는 기쁨이 넘칩니다. 삼가 생각건대, 공께서는 화려한 문벌 영천[239]의 후예요 대대로 고관을 배출한 명문가의 출신입니다. 형제들이 나란히 빼어난 것은 원방과 계방(季方)처럼 난형난제(難兄難弟)라 할 만하고,[240] 친상(親喪)을 만나 거상(居喪)한 것은 대련(大連)과 소련(小連)처럼 잘하였습니다. 강릉의 불이 저절로 꺼졌으니 유곤(劉昆)의 덕정(德政)에 비견되고,[241] 광주의 탐천 샘물을 마셔도 탐욕스런 마음이 생기지 않았으니 오은지(吳隱之) 같은 맑은 풍모를 지니셨습니다.[242] 또 오래도록 조정에서 높은 벼슬을 하고 거듭 홍문관에서 직임을 수행하였으며, 대사헌의 자리에서[243] 떠나자마자 문득 감사의 부절을 차게 되셨습니다. 드높이 울리는 행차의 고각소

---

235) **구천(九天)** : 구중궁궐(九重宮闕) 또는 구중천(九重天)의 약칭으로 조정을 가리킨다. 왕유(王維)의 〈조조(早朝)〉에 "구천의 천자 대궐 문 열리네.[九天閶闔開宮殿]"라는 말이 있다.

236) **검은 일산(日傘)** : 원문의 "조개(皁蓋)"는 검정 비단으로 만든, 수레 위에 치는 일산을 말하는데, 지방 관원이 행차할 때의 의장이다.

237) **홍련(紅蓮)의 막부(幕府)** : 남조(南朝) 제(齊)나라의 재신(宰臣) 왕검(王儉)의 막부를 당시 사람들이 홍련막(紅蓮幕) 또는 연화지(蓮花池)라 일컬었던 데서 온 말로, 전하여 재상 대신의 막부 또는 장수의 막부를 가리키는데, 여기서는 선생이 부임하는 충청감영을 가리킨다. 《南史 卷49 庾杲之列傳》

238) **곤수(閫帥)의 부월(斧鉞)** : 곤수는 대장을 임명할 때에 임금이 당부하기를 "서울 성문 문지방[閫] 안은 내가 맡고 그 문지방 바깥은 장군이 맡으라."라고 하여 대궐 밖의 모든 것을 맡긴다는 뜻에서 대장 또는 지방의 병마절도사(兵馬節度使)를 말한다. 부월은 도끼같이 만든 것으로 생살권(生殺權)을 상징한다. 《신증동국여지승람》 충청도 관원 조에 "병마절도사 두 사람인데, 하나는 관찰사가 겸한다."라고 하였으니, 선생이 병마절도사를 겸했기에 이른 말이다.

239) **영천(靈川)** : 선생의 본관인 고령(高靈)의 고호이다.

240) **원방(元方)과 …… 만하고** : '원방'과 '계방(季方)'은 후한(後漢) 진식(陳寔)의 아들인 진기(陳紀)와 진심(陳諶)의 자(字)로, 학문과 덕행으로 명성이 높아 사람들이 난형난제(難兄難弟)라고 칭한 고사가 전해진다. 《後漢書 卷92 陳寔列傳 陳紀》

241) **강릉(江陵)의 …… 비견되고** : '유곤(劉昆)'은 후한(後漢)의 유명한 양리(良吏)로, 유곤이 일찍이 강릉(江陵) 수령으로 있을 때, 고을에 화재가 나자 유곤이 불을 향해 머리를 조아리니 불이 잠시 뒤에 꺼졌다는 고사가 있다. 여기서는 선생이 일찍이 강릉부사가 되어 선정을 베풀었기 때문에 이렇게 말한 것이다. 《後漢書 卷79 儒林列傳 劉昆》

242) **광주(廣州)의 …… 지니셨습니다** : '오은지(吳隱之)'는 진(晉)나라의 유명한 양리(良吏)로, 그가 일찍이 광주 자사(廣州刺史)로 부임했을 때, 그 근방에 탐천(貪泉)이란 샘이 있어 이 물을 마신 자는 끝없는 욕심을 품게 된다는 전설이 있었으므로, 그가 일부러 탐천을 찾아가 그 물을 떠 마시면서 "백이(伯夷)와 숙제(叔齊)에게 마시게 한다면 그들은 끝내 마음을 바꾸지 않으리라."라는 시를 지어 청렴할 것을 다짐하고 청렴한 조행(操行)을 더욱 닦았으므로 돌아올 때에는 남은 재물이 없었다고 한다. 여기서는 선생이 일찍이 광주목사(廣州牧使)를 역임하면서 청렴한 풍도를 지켰으므로 이렇게 말한 것이다. 《晉書 卷90 吳隱之列傳》

리는 가을 금강 물결에 다다르고 우로(雨露)의 넉넉한 깃발은 한낮에 감당의 그늘[244]을 옮겨 옵니다. 그 기개는 수백 리의 땅을 맑게 하고[245] 그 위엄은 열두 고을[246]을 진동시킵니다. 감사와 순찰(巡察)의 권한을 겸하니 옛날의 연수[247]에 견주어지고 병마(兵馬)와 수군(水陸軍)의 직임을 통제하니 오늘날의 총융[248]이 됩니다. 우리 도내에 은연하게 이러한 분이 계시게 되었으니, 우리 고을은 가만히 앉아 있어도 아무 탈 없이 편안할 것입니다. 삼가 생각건대, 저는 평소에 아첨하지 못하고 출사해서는 뛰어난 재능이 부족하였습니다. 5년 동안 강호(江湖)에서 지내다가 두 번이나 고을 수령이 되었는데, 어느 날 조정에서 갑자기 공께서 감사로 오신다는 소식에 멀리서 기뻐하였습니다. 이는 하늘이 공과의 만남을 주선해준 것이 아니겠습니까. 참으로 저는 소원한 바를 이루게 되었습니다. 수레 먼지 맞이하여 홀(笏)을 잡은 채 공손히 공의 가르침을 들어야 하겠습니다. 종이를 마름질하고 붓을 들어 정성을 다해 감히 짧은 글에 공경하는 마음을 폅니다." 하였다. -무신년 팔월 초닷새이다.-

《홍양지(洪陽誌 홍성읍지)》에, 무신년 8월 충청도관찰사 최기[249] 공이 벼슬자리를 내놓고 물러나자 신모(申某) 공이 대신하였으니, 공은 고령(高靈)의 세가(世家)로 형제가 모두 조정에서 현달하였고 거상(居喪)을 잘하였다. 이런 이유로 내가[이수광] 하계(賀啓)를 지어 이르길 "화려한 문벌의 후예라고 하였고, 형제들이 나란히 빼어난 것과 친상(親喪)을 만나 거상한 것들을 말하였다. 또 공이 일찍이 강릉과 광주를 맡은 일이 있었기 때문에 그렇게 말한

---

243) **대사헌의 자리에서** : 원문 "아홀지반(峩笏之班)"은 '홀을 높이 잡은 반열'의 뜻이다. 《지봉집》에는 "아치지반(峩豸之班)"으로 되어 있는데, '치관(豸冠)을 쓴 반열'의 뜻으로 곧 사헌부의 벼슬을 말한다.

244) **감당(甘棠)의 그늘** : 지방관의 선정을 비유한 말이다. 주(周)나라 때 소공(召公)이 남국(南國)을 순행(巡行)하면서 선정을 베풀었는데, 소공이 떠난 뒤 남국의 백성들이 소공의 덕을 그리워하여 소공이 머물고 쉬었던 감당(甘棠)나무를 소중히 여겼던 고사에서 온 말이다. 《詩經 召南 甘棠》

245) **그 기개는 …… 맑게 하고** : 처음 부임하면서 난정(亂政)을 쇄신하여 세상을 맑게 하려는 뜻을 품는 것을 말하는데, 곧 훌륭한 치적을 남기리라는 의미. 후한(後漢) 때 범방(范滂)이 기주자사(冀州刺史)로 나갈 적에, "수레에 올라 고삐를 잡고서는 천하를 정화할 뜻을 개연히 품었다.[登車攬轡 慨然有澄淸天下之志]"는 고사에서 나왔다. 또한 "수백 리의 땅"은 충청도 전역을 지칭한 것이다.

246) **열두 고을** : 충청도의 모든 고을을 통칭한 것이다.

247) **연수(連帥)** : 《예기》 〈왕제(王制)〉에 의하면, 주(周)나라 때 서울에서 천 리 밖에 방백을 두었는데 5국(國)을 속(屬)이라 하여 속에는 장(長)을 두고 10국을 연(連)이라 하여 수(帥)를 두어 우두머리로 삼았다고 한다. 우리나라에서는 절도사의 직책에 해당한다.

248) **총융(摠戎)** : 군권(軍權)을 총괄하는 총융사(摠戎使).

249) **최기(崔沂, 1553~1616)** : 본관은 해주(海州), 자는 청원(淸源). 호는 서촌(西村)·쌍백당(雙栢堂)이다. 경주부윤·충청도관찰사·해주목사 등을 역임하였다.

것이다. 또 도내 군현 가운데 '산(山)' 자로써 이름 지은 곳이 모두 12 고을이기 때문에 그렇게 말한 것이다."라고 하였다.

선생은 일찍이 어버이를 위하여 동고(東皐) 강신(姜紳), 모당(慕堂) 홍이상(洪履祥), 만사(晩沙) 심우승(沈友勝), 낙서(洛西) 장만(張晩), 만취(晩翠) 오억령(吳億齡), 오창(梧窓) 박동량(朴東亮), 남촌(南村) 이거(李蘧), 유천(柳川) 한준겸(韓浚謙), 약봉(藥峯) 서성(徐渻), 후곡(後谷) 나급(羅級), 죽당(竹堂) 윤돈(尹暾), 직곡(直谷) 남이신(南以信), 도곡(陶谷) 한술(韓述), 정곡(鼎谷) 조존성(趙存性), 장령(掌令) 권형(權詗), 우상(右相) 조정(趙挺), 추봉(秋峯) 최유원(崔有源), 여흥군(驪興君) 민중남(閔中男), 대사헌 윤수민(尹壽民) 및 계(稧)의 실무를 담당한 서리(書吏)들인 최인홍(崔仁弘), 안응수(安應壽), 박영만(朴英萬), 선희(宣熙), 김대충(金大忠) 등과 함께 계사(禊事)를 닦았으니, 이름을 '수친양노계(壽親養老稧)'라고 하였다.

정한강(鄭寒岡 정구(鄭逑))은 말씀하기를 "공은 타고난 자품이 도(道)에 가깝고, 이미 오랫동안 힘을 써서 학문의 깊은 뜻을 궁구하여 스스로 터득한 경지[250]에 나아갔으니, 내가 헤아릴 수 있는 바가 아니다." 또 "전전긍긍하며 삼가고 공경하여[251] 항상 임금과 스승을 대하는 듯이 하였다."라고 하였다.

김사계(金沙溪 김장생(金長生))는 말씀하기를 "공은 예서(禮書)에 대해 실제로 견득(見得)함이 광대하였다."[252]라고 하였다.

정우복(鄭愚伏 정경세(鄭經世))은 말씀하기를 "겸손하고 공손하며 정성스럽고 진실하였으며, 해박하고 단정하며 옛 도를 좋아하고 예를 극진히 하여 자신을 다스렸다."라고 하였다.

홍만전(洪晩全 홍가신(洪可臣))은 말씀하기를 "품성이 청백하고 정직하여 상소(上疏)와 차자(箚子)에서 그 사람됨을 알 수 있다."라고 하였다.

250) 학문의 …… 경지 : 맹자가 말씀하기를 "군자가 깊이 나아가기를 도로써 함은 자득하고자 해서이니[君子深造之以道 欲其自得之也], 자득하면 처하는 것이 편안하고 처하는 것이 편안하면 자뢰함이 깊고 자뢰함이 깊으면 좌우에서 취하여 씀에 그 근원을 만나게 된다. 그러므로 군자는 자득하고자 하는 것이다."라고 하였다. 《孟子 離婁下》

251) 삼가고 공경하여 : 원문의 '척려(惕厲)'는 조심조심하는 모습이다. 《주역》 건괘(乾卦)의 구삼(九三)에 "군자가 종일토록 굳세고 굳세어서 저녁까지도 두려운 듯이 행동하면 비록 위태로우나 허물은 없을 것이다.[君子終日乾乾 夕惕若 厲无咎]"라고 하였다.

252) 실제로 …… 광대하였다 : 《논어》 〈위령공〉 주(註)에, "정자가 말씀하였다. "진실한 이치를 마음에 얻으면 스스로 각별해지니, 진실한 이치란 옳음을 실제로 보고 그름을 실제로 보는 것이다. [程子曰 實理 得之於心 自別 實理者 實見得是 實見得非也]"라고 하였다.

이지봉[253]은 말씀하기를 "몸은 옷을 이기지 못하는 듯하고 말은 입 밖에 내지 못하는 듯이 하되[254] 권세와 이끗을 물러나 피하기를 겁 많은 사람처럼 하였다." 하였고 또 "어버이의 상을 당해 거상(居喪)한 것은 대련 소련과 다름이 없었다."라고 하였다.

이오봉(李五峯 이호민(李好閔))은 말씀하기를 "천성이 간정(簡靜)하고 작위[255]를 좋아하지 않았다."라고 하였다.

심일송[256]은 말씀하기를 "어버이를 섬김에는 어버이의 뜻을 받듦에 뜻을 두었고, 입과 몸의 봉양만이 아니었으니,[257] 생시에 봉양하고 사후에 섬기는 일에 정성과 예법이 모두 곡진하였다."라고 하였다.

한유천[258]은 말씀하기를 "한 평생을 경계하고 삼가며[259] 남에게 사양하고 뒤로 물러섰다."라고 하였다.

노희신(盧希愼)은 말씀하기를 "힘써 강상[260]을 지켰고, 도통[261]의 우익[262]이 되었다."라고 하

---

253) **이지봉(李芝峯)** : 이수광(李睟光, 1563~1628)으로 본관은 전주(全州), 자는 윤경(潤卿), 호는 지봉(芝峯), 시호는 문간(文簡)이다. 시문에 능하고 벼슬은 지평·교리 등을 거쳐 공조판서·대사헌에 이르고 영의정에 추증되었다. 저서에 《지봉유설(芝峰類說)》·《지봉집》이 있다.

254) **몸은 …… 하되** : 매우 공손하고 겸양하였다는 말이다. 《예기》 〈단궁 하(檀弓下)〉에 "문자는 그 마음이 겸손하여 마치 옷을 이기지 못할 듯하고 그 말이 어눌하여 마치 입에서 나오지 못할 듯하다.[文子其中退然 如不勝衣 其言吶吶然 如不出諸其口]"라고 하였다.

255) **작위(作爲)** : 어떠한 일을 만들어 냄.

256) **심일송(沈一松)** : 심희수(沈喜壽, 1548~1622)로 본관은 청송(靑松), 자는 백구(伯懼), 호는 일송(一松)·말선자(韈線子)로, 노수신(盧守愼)의 문인이다. 임진왜란에 의주로 선조를 호종하여 도승지로 승진하고, 대사헌이 되었다. 좌찬성·우찬성 등을 거쳐 우의정에 올랐으며, 청백리(淸白吏)에 뽑혔다. 1613년(광해군 5) 이이첨 등이 영창대군(永昌大君)을 옥사의 주모자로 몰아 해치려 하자 이항복(李恒福)·이덕형(李德馨) 등과 강력하게 그 부당성을 논하였으나 뜻을 이루지 못하였다. 폐모론이 다시 일자 은거하여 《주역》을 읽고 시를 읊으며 자신의 지조를 지켰다. 저서로는 《일송집》이 있다.

257) **어버이를 …… 아니었으니** : 어버이의 뜻을 받들어 봉양하는 양지(養志)의 효도를 위주로 하였고, 의식(衣食)을 풍족하게 하는 봉양만 하지 않았다는 말이다. 《맹자》 〈이루 상(離婁上)〉에 이에 대한 내용이 보인다.

258) **한유천(韓柳川)** : 한준겸(韓浚謙, 1557~1627)으로 자는 익지(益之), 호는 유천(柳川), 본관은 청주(淸州), 시호는 문익(文翼)이다. 1580년 문과에 급제하여 예문관검열이 되어 홍문록에 올리고 문장으로 이름을 날렸다. 인조의 장인이다. 1623년 인조반정으로 그의 딸이 인열왕후로 책봉되자 영돈령부사로 서평부원군에 봉해졌다. 저서는 《유천유고》가 전한다.

259) **경계하고 삼가며** : 원문의 '계신(戒愼)'은 '계신공구(戒愼恐懼)'의 줄인 말로, 이 내용은 《중용장구》 제1장의 "군자는 보지 않을 때에도 경계하고 근신하며, 들리지 않을 때에도 걱정하고 두려워하는 것이다.[君子戒愼乎其所不睹 恐懼乎其所不聞]"라는 구절을 원용한 것이다.

260) **강상(綱常)** : 유교 도덕에서 사람이 지켜야 할 도리인 삼강(三綱)과 오상(五常)으로, 삼강은 군신(君

였다. 또 "전인(前人)에게는 없었던 맑은 덕을 지녔다."라고 하였다.

계해년(1623, 인조 1) 9월 2일 조강[263] 때에 참찬관[264] 정경세가 아뢰기를 "신모(申某)는 일생동안 수졸[265]하면서 그릇된 일을 한 적이 없었고, 모후(母后)를 폐할 때에 끝내 참여하지 아니하였습니다. 여름 사이 서계[266] 중에 '사람들이 은혜로운 명을 많이 입었다'고 하였습니다. 이 사람은 이미 세상을 떠났지만 마땅히 포전[267]이 있어야 합니다. 전에는 정2품이었는데 지난번에 강자[268]되었으니, 의당 예전의 자계(資階)를 회복시키고 따로 사제(賜祭)해야 합니다."라고 하였다. 주상께서 말씀하시길 "강자(降資)된 것은 무슨 일 때문인가?"라고 하자, 이시발(李時發)이 아뢰기를 "임해군(臨海君) 옥사 때에 대사헌으로서 추관이 되었으니 의당 공신에 참여됐어야 하는데 난언[269]은 신뢰할 수 없다고 이의(異議)를 제기했다는 이유로 폐주가 특히 강등하여 원정공신에 책록하고 자급만 올려주었습니다."라고 하니, 주상께서 "굳이 가자(加資)할 것은 없고 추증(追贈)하고 사제(賜祭)하는 것이 좋겠다."라고 하셨다.

先生諱湜 字叔正 初號臨谷 又雲谿主人 至萬曆丁酉 皇朝命給事中徐觀瀾 監東征軍 欲與王世子相見 宣朝命極擇從官 以備顧問 廷議以許筬韓浚謙及先生應選 上曰徐是中朝名流 今從官 如其遲鈍而固滯者 難以應卒 而韓則遲 許則固 且申則拙 更選他人 先生以知臣莫如君 遂改號以拙齋 請記于儕友 以侈賜焉 先生自幼 端重異凡兒 甫

臣)·부자(父子)·부부(夫婦)이고 오상은 인(仁)·의(義)·예(禮)·지(智)·신(信)이다.

261) **도통(道統)** : 성현의 도를 전한 계통으로, 도학의 통서(統緖)이며 요·순·우·탕·문·무·주공·공자·맹자에 이르고, 시대를 뛰어서 송대의 주자에 이르러서 크게 밝혀졌다는 도학 전수(傳授)의 계통을 말한다. 도학이 창도된 송대(宋代) 이후는 이 통서에 따라서 사문(斯文)의 정신을 밝히는 것을 사학(斯學)의 임무로 하였다.

262) **우익(羽翼)** : 보좌하는 인물을 이른다.

263) **조강(朝講)** : 이른 아침에 강관(講官)이 임금에게 진강(進講)하는 일을 말한다.

264) **참찬관(參贊官)** : 경연(經筵)의 정3품 벼슬. 승정원 승지와 홍문관 부제학의 겸직(兼職)이다. 《경국대전(經國大典)》

265) **수졸(守拙)** : 자신의 소박한 본성을 지키면서 거짓을 배우지 않고 명리(名利)를 다투지 않는 것을 말한다. 도잠(陶潛)의 시에 "남쪽 들녘 황량한 밭을 개간하고, 전원에 돌아와 졸렬한 본성 지키노라.[開荒南野際 守拙歸田園]"라고 하였다. 《陶淵明集 卷2 歸田園居》

266) **서계(書啓)** : 임금의 명령을 받은 관원이 써 바치는 복명서(復命書).

267) **포전(褒典)** : 포상(褒賞)하는 은전(恩典)이다.

268) **강자(降資)** : 자급(資級)을 강등시키는 것이다.

269) **난언(亂言)** : 근거 없는 말을 함부로 함을 이른다.

成童 已有志爲己之學 嘗從伯氏 讀書蕭寺 便自刻勵 口誦心惟 不煩提誨 學日益就 若經若史 無不淹貫 嘗就退陶李先生-丙寅 先生年十六 就溪門- 問爲學之方 文純極加奬許 及文純沒後 又從大谷成先生運遊 遂絶意外慕 學由師承 尤得力於論語 案上恒留一帙 雖仕宦多事之際 未嘗一日廢也 晩喜讀易 潛思默誦 日有新得 揭天鑑孔昭四字于壁上 常存對越之意 於禮學 用工尤篤 常以儀禮禮記家禮通典儀節等書 點竄論說 雖病中猶不輟 與鄭寒岡金沙溪諸君子 稍疑問答 相互資益 而常病箋註分挐 師說多門 使學者莫適所從 於是 就其吉凶常變節文度數同異之辨 博考旁搜 分類編摩 爲疑禮考證十三卷 鄭愚伏見而歎曰 此書當爲禮家至寶 觀其一句一節 無非作者用意也 未及刊行 見佚於丙子兵燹 又以家禮 是人家日用常行之書 而蒙學未易曉解 譯以方言使之 開卷瞭然 而尙慮解釋有訛誤未盡處 欲加釐正而未及就 金沙溪見之 以爲詳盡無欠而歎賞不已 先生常不滿意而未遑者也 後季子參判公 按關東時 刊行于世 又進御命藏之芸閣-分頒玉堂春坊泮宮-先生事親 有出天之孝 自在童丱 在父母之側 常怡愉敬順 未嘗有違 年十四 丁母夫人憂 持喪 哀毁踰制 見者莫不稱嘆 先大夫克享遐壽 先生與弟霞隱公 榮養備至 承顔順志 雖細行疏節 苟可以悅親 靡所不至 甘旨之供 定省之勤 四十年如一日 先大夫居家 嚴整有法度 先生歷揚淸顯 而小心遵敎 不貽盛滿之憂 以孝勤 名於一代 及先大夫歿 凡治喪葬祭 率禮罔愆 顔色之慼 哭泣之哀 有足感動人者 旣葬 築廬于墓側 不脫絰帶而寢 日再上墓 痛慕悲號 不以甚風雨或廢 自初終至于盡制 未嘗食稻茹菜及果 先生庶母李氏憫其羸毁難支 或以布隔 炊大米於粟米使米汁流下以進 而不使先生知也 先生年已踰艾者 李漢陰韓柳川諸公貽書 諭以不勝喪之戒而終不變 以至卒喪 每當忌日 哀慕如始喪 雖尊客在門 辭不見 祭畢不脫黲素危坐行祭之所 以終日 凡祭需致潔 不務豐腆 器必用籩豆 一以古禮爲式 鄕中士大夫感先生至行備擧 平日事親之節 居喪之事 呈于道臣 啓聞于朝者非一 而先生聞輒蹙然 不樂圖拔 其文字終世不行 仁廟乙亥 特命旌閭復其戶 先生於兄弟 友愛篤至 常與伯氏 居一室共衣服而人無間言 及參議公接武登朝也 凡吉凶榮辱 視之一體 以謹愼二字 常加勉戒 朝退 必聯床湛翕怡怡也 參議公常曰 吾之免禍而登膴仕 秋毫非他 皆伯氏之賜 又兄視一體 弟視猶父-公之祭先生文備載- 兄弟間 相愛相讓 類如是 先生以親老俯就科第而當縉紳相軋之漸 杜門却掃 被薦史局 不就 例陞槐院職 及栗谷李文成公 掌銓衡 首開淸望 先生平居 慈諒愷悌 色笑可親而至辨忠邪 指斥奸兇 則截然有

不可容 以故時宰 有蓄憾伺釁者 及己丑鄭汝立獄起 爲其所搆 幾陷不測而先生供辭明白 無毫毛錯而至於受刑定配-配于昆陽-鄭判書世規家 己丑錄曰 汝立獄時 委官鄭澈 問逆家奴曰 直告嘗往來人 又問爾雖昧其名 申修撰李校理洁無往來時耶 奴愵於威訊曰 果有之 卽拿鞫 公供曰 矣臣 今年參都堂錄 逆變發後 始拜修撰 奴何以豫知乎 且平生不渡錦江以南 所謂往全州逆家云者 萬萬無此理 臣常不正其爲人 言于儕友間 今日入侍諸臣 亦多聞之者 鄭回啓曰 逆賊未發之前 人皆曰譽賊 旣發之後 人皆曰罵賊 請刑推 答曰依啓 鄭便作大驚狀曰 昨者 吾醉不省有此啓 豈忍刑推無辜之人乎 若將更啓伸救 又托難於煩啓而佯爲不安色 遂杖又最酷 入啓時 只請加刑 終無救解語 答曰勿爲加刑 參酌定配 卽配昆陽

後公出囊中片骨曰 此吾受訊時碎骨也 又言吾新恩時 與鄭遇於途 鄭呼新來 到其家頗致款曲曰 後當相訪 吾以新進 不欲交他 遂不復往 其後 邂逅於酒席 含盃酒話 慇懃把臂捋鬚 臨起 換着紗帽而去 其意蓋欲使來見也 翌日 還送紗帽 亦不往謝 以此大蓄憾 是後雖或相値 若未相知 至是 爲其所搆 幾陷不測○鄭咨議道應 閒居雜記又詳見顚末

略無幾微見言面 在謫三年 發於詞章者 無非戀闕思親之意 方其被逮也 人有以曲逕紓禍之策 言夫人盧氏 夫人曰 夫子平生志操 不如是 吾不忍爲也 -時宰羅織顚末 詳見年譜-

先生性剛直 執法不撓 及拜大憲 首劾勳宰不法者數人 物情肅然 時方磨勘扈聖宣武勳 圖錄原從者 因緣請囑 不勝奔競 聞先生長栢府 人皆畏之 乃反圖削其名 時人比之楊綰减騶事 先生屢典州府 爲政清勤慈惠 民皆安之 壬辰亂後 出牧廣州 時邑里蕭條 餓莩盈路 先生發倉捐廩殫心賑濟 闔境賴而無損瘠之患 其後 嘗差英陵祭官 夜遇群盜 盜相謂曰 若是廣牧之行 則不可犯 是嘗有活我之恩 各自散去

先生居官任職 隨事盡心 其尊賢好古 尤篤也 嘗爲副提學時 館學儒生 請以五賢臣從祀文廟 鄭仁弘毁斥李晦齋 宣祖亦嘗有惑志 先生率同僚 上箚數百言 明白剴切 上優批答之 其後 從祀事成 實賴此答之力

先生宰春川 邑人請建文岩書院 以享退陶李先生 先生樂而從之 極力經紀 助以臧獲堂廡階戺 門墻齋庖 皆中榘度 旣又自序顚末 揭于壁上

爲大司成時 以聖廟所用樂章 多脫誤 逐節商證 補缺正訛 皆極精博周盡 先生嘗病湖

西風俗 厭避鄕校 歸重書院 有校生院儒之別 成一痼弊 及先生按是道 乃於鄕校 立上中下童蒙四齋 每旬課試所業 攷其勤慢 嚴其功令 巡到之日 親爲講劃 俾有所成就名賢墳墓之在管內者 必自製文 遣屬吏致祭 嘗欲明敎化以正風俗 廣儲蓄以備災患乃取呂氏鄕約 朱子社倉法 與鄭愚伏往復講明 又與栗谷海州社倉約束 及西原鄕約立議等文 參酌增損 劃爲科條 旣又自製序文 布告道內 將次第施行 晩全洪公曰 玆事不講於世久矣 令公能條擧 實一路之幸 法旣具 而先生去官

先生於宣廟 久侍經幄 受知最深 壬辰以後 國家多事 酬應浩繁 先生連三載不離銀臺夙夜勤勞 上深嘉之 特命進秩 又以經學明邃 被選於校正廳 陞嘉義階 時倭寇充斥 國家多事 而銀臺三年勤勞 上特念進秩

時以丁應泰矯誣本國事 李相恒福 曾爲陳奏事往辨 天子雖降勅宣諭 朝議猶未釋然特差先生爲謝恩使兼陳奏使 及至帝廷 敷奏甚悉 應對無差 天子嘉之 手賜銀童子一雙 先生侈其賜 鑄以爲盃酌而刻銘 帝賚予朱提鐐 勺爲壽日祝堯 以寓感祝之意

宣廟上仙 先生年近六旬 朝夕不御酒肉 居外寢 以過卒哭 哀痛不自勝 先生於光海初政 拜大司憲 時鄭寒岡以疾遞 極擇其代 故有是除 漢陰李相公 貽書曰 令公不參翼社勳 只蒙加資之恩 快哉快哉 先生又以爲光海必將致隆所生 嘗因引對 極諫防微之意光海深不平 待之漸疎 臨海獄起 先生爲推官 力主平反之論 至以亂言不足取實之議立異於鞫廳 及勘勳時 廢主特降錄原從而只加資 癸丑後 時事大變 虐焰焰天 先生常帶散階 引疾不出 及母后罹西宮之厄 仍以敗倫之論大起 兇徒驅脅朝紳 至庭請 且請不參者罪 竄殛相繼 先生所志彌確 終始不參 待罪西江寓舍 時有謝恩朝天事 特起先生爲上使 盖名以擇送 而實出於遠逐之意 五峯李公 贈詩曰 休說炎漬行役苦 何如嶺海逐臣傷 南郊老物偏多感 拚貸驅馳與徼荒

先生 於辛酉 以禮合休致 上疏乞骸 光海下其疏 羣小慍而沮之 先生 於是 築小窩 與二三門弟子 講說禮 終日危坐 取中朝趙學士佑所書 自娛窩三字 揭壁上 以見其意 柳斯文窩記所謂 一窩函丈之內 所與唯唯諾諾者三千三百 藹然有不改之樂者此也 先生旣有以自若無意於世者然 而惓惓一念 未嘗不在於國家 一坐一臥 必仰屋而長吁

仁祖改玉初 先生卽拜爲知敦寧府事 旋拜大司諫 是時 廢世子按律之議方張 先生以爲旣嘗臣事 今請致辟 於義未安 辭不就 有勳貴怵以禍福 而終不撓 乃先生末年事也

先生伯氏早世 諸孤皆未成就 且有諸甥之早孤來依者 先生撫育如己出 嫁娶不失時

俾保其家業 於親黨 務敦睦 不遺疎賤 賙恤困窮 匍匐喪葬 如恐不及 雖鄕黨鄙俗難與言者 猶且降己接納 不置畦畛 以故鄕人無不感悅而親愛之 聞人之死 無論親疎 終日不御酒肉 嘗以科慶 設宴於京第 旣爲之盛供 具飾音樂 而隣家有喪 先生素不知其人 而卽撤不擧

先生性本簡淡淸素 歷揚中外 官至卿宰而庇身無所 常僦屋而居墓下 亦無數椽屋 嘗謀置幽庄 以爲晩年休退之所 有人請獻江亭基 先生却之 遂停其計 久居顯要而苞苴關節 未嘗到門 以勤儉二字御家 門內紡績之務 厨下蔬糲之供 與儒素家無異 又不爲子孫立產業 尙曰苟賢矣 雖貧可以無忝先人 苟不肖 產業雖饒 無以保族宜家

先生與霞隱公 幷登宰列 而先大人嘗以壽陞同樞 先生爲設慶壽宴 自辛丑始 連四載歲以爲常 一時耆英及諸公 傾朝而至 崔東皐岦序所謂 呵擁傳呼 溢於巷陌 朱紫金玉交於宴席者此也 繼以秉燭 而先生昆季 輒衣彩迭舞 以盡其歡 文章詞伯 歌詠成卷 又命工圖畵其事 觀者莫不嘆息稱盛事 後許相國眉叟序曰 壽考八十以上六人-議政公李夢元興古寺鄭彥禮禹弼成朴挺立- 諸客入相者十二人-李恒福李德馨李好閔李廷龜沈喜壽李山海鄭昌衍尹根壽韓應寅金命元許頊朴承宗- 國舅貴者二人-韓浚謙金悌男- 又以文章名世者八九人 筆法有鵝溪石峰 一時人才之盛 亦可稱於百代

先生端方自守 愼於交遊 雖有負時望者願交 而苟其不正 則輒不少暇以顏 及其人情迹破露 則人伏其先見之驗

先生從遊者 無非道學名節之士 而與泉谷宋先生最相善 蓋先生與泉谷同庚而同榜 生于同鄕 居于京而同隣 其志操臭味 又與之同故 自少而歡焉 及泉谷死節旋閭 先生亦以孝旌閭 綽楔雙立於一鄕 過者指點焉

先生累次赴京 行橐蕭然 而未嘗不以書笥自隨 嘗曰吾於物 無嗜好而猶有書籍之癖 自經傳子史 以至百家諸書 殆無不具 連編累牘 積案盈箱 公退之暇 燕處其間 左披右閱 惟意涉獵 不覺其疲 又嘗曰 兒時 不知爲學之方 酷好楚辭 讀至千遍而莫知倦 浪費工力

先生平生用拙 謙遜不有 而有國大事 特命擇人之際 未嘗不與 及其承事也 毅然自立處之 有知舊作詩以貽 -吾愛申叔正 平居似拙人 臨事無與拙 剛方無與倫-

先生臨言責 則致蹇蹇之節 職論思 則陳懇懇之誠 入天官 則世稱公淸 坐栢府 則人畏勁直 分符按節及處散階 無不盡其心

先生立朝五十年 望實俱隆 而宣廟眷注方深 弓劍遽遺 中間 遭時不祥 潔身就閒 晩際更化 世方仰其大用 而先生棄世 世皆嗟惜焉

先生歿後 吳湫灘允謙鄭愚伏經世李碧梧時發諸公 嘗入侍經筵 備陳先生平日行誼及廷請不參等事 上特贈吏曹判書 別賜祭以褒

先生資禀端粹 器局方嚴 令人承顔接辭 自有溫然如春 儼然如秋者存焉 後人若拜畫像 則可以想見其儀範也

先生又致意於家牒 自鼻祖以下 內外宗譜 仕歷出處 年壽脩短 偉行殊績 靡不修錄 盖自醇隱公以上 載于麗史及輿地勝覽名宦錄者 一一蒐輯 壺村以下 則先生久掌史局銀臺 故得以攷秘史及銀臺日記 上以巖廊之所謨猷 下而臺鎖之所論列 外而州郡政績之所褒賞 與夫方面之所賜諭教綸音 及賜謚賜祭文 載于國乘及記注者 博考旁參 系以家譜 生年月日 卒年月日 子女某某 列書于某官某諱之下 而且附以碑文隧志 積成卷秩 而其後 先生之孫閑存齋公 踵而成之

先生與季氏霞隱公 俱有孝行 且以善居喪 時人稱之以大小連云

先生僦居皇華坊 時霞隱寓居東幕最久 相距頗遠 而逐日相來往 必聯床亹亹 竟夕而歸

先生於壬午謝恩正使之行 以萬里行役 正當衰謝之年 不可無骨肉之救護 請率子弟以行 季子參判公爲兵曹郎 光海命差質正官 兇徒極構捏 累月論劾 參判公終遞質正官以子弟隨往

先生新按湖節 李芝峰以洪州牧使 上新方伯到任啓曰 奎章下北闕 渙紫誥九天之新恩 皁蓋映南雲 藹紅蓮一幕之佳氣 輝光闖鉞 喜動坤維 伏惟華胄靈川 名家喬木 弟兄比美 若元方季方之難 草土居憂 同大連小連之善 江陵之火自滅 齊德政於劉昆 廣州之泉不貪 挹淸風於吳隱 久鳴履於北斗躔上 重彩纓於白雲署中 纔離戟笏之班 遂借刻麟之節 星河皷角 秋臨錦水之波 雨露旌旗 晝轉甘棠之影 氣槩澄淸數百里 威稜震疊十二山 兼監司巡察之權 視古連帥 統兵馬水陸之任 爲今總戎 惟方面隱然有人 乃吾州坐而無事 伏念粹光生無媚骨 出乏長才 五年江湖 再辱銅章之選 一夕霄漢 遙欣袞衣之來 非天侈其逢乎 是余得所望者 趍塵斂板 行竊聽於下風 削楮濡毫 敢申敬於尺牘 -戊申八月初五日-

洪陽誌 戊申八月 觀察使崔公沂辭遞 申公某代之 公高靈世家 兄弟幷顯於朝 且善居喪 故余作賀啓曰 華胄名家云云 弟兄比美 草土居憂云云 又公曾任江陵廣州故云云

又道內郡縣 以山爲號者凡十二故云云

先生嘗爲親 與姜東皐-紳- 洪慕堂-履祥- 沈晩沙-友勝- 張洛西-晩- 吳晩翠-億齡- 朴梧窓-東亮- 李南村-蘧- 韓柳川-浚謙- 徐藥峯-渻- 羅後谷-級- 尹竹堂-暾- 南直谷-以信- 韓陶谷-逑- 趙鼎谷-存性- 權掌令-詗- 趙右相-挺- 崔秋峯-有源- 閔驪興君-中男- 尹大憲-壽民- 及下稧 書吏 崔仁弘 安應壽 朴英萬 宣熙 金大忠 修稧事 名曰壽親養老稧

鄭寒岡曰 公天資近道 用力已久 深造自得之功 非余之所可測也 又曰 戰兢惕厲 常若對越君師

金沙溪曰 公於禮書 有實見得

鄭愚伏曰 謙恭慤實 博雅好古 致禮以治躳

洪晩全曰 稟性白直 疏笱之間 可知其爲人

李芝峯曰 體若不勝衣 言若不出口 而其退避勢利如㤼夫 又曰 草土居憂 無異大連小連

李五峯曰 性簡靜 不喜作爲

沈一松曰 其事親也 志在養志 不但口軆 事存事亡 誠禮俱盡

韓柳川曰 一生戒愼 讓人退步

盧希愼曰 力扶綱常 羽翼道統 又曰 淸德無前

癸亥九月初二日 朝講 參贊官鄭經世啓 申某一生守拙 未嘗爲非 廢母后時 終是不參夏間書啓中 人多蒙恩命矣 此人則已沒 宜有褒典 前則正二品 而頃者降資 宜復舊資別爲賜祭 上曰 降資緣何事 李時發曰 臨海之獄 以大憲爲推官 當參功臣而以亂言不足取信立異 故廢主特降錄原從 只加資 上曰 不須復資 追贈賜祭可也

잡록雜錄

계문제자록[270) 창설재 권두경[271)이 찬술한 것이다.

溪門諸子錄 權蒼雪齋斗經所撰

신식(申湜)은 자가 숙정(叔正), 호가 졸재(拙齋)이고, 본관은 고령(高靈)이며 거주지는 청주(淸州)이다. 가정(嘉靖) 신해년(1551, 명종 6)에 태어났다. 어릴 때부터 단정하고 진중하여 여느 아이들과는 달랐다. 겨우 15살 무렵에 위기지학[272)에 뜻을 두고 일찍이 선생을 시종(侍從)하며 학문하는 방도를 여쭈니, 선생께서 매우 가상히 여기고 장려하였고 마침내 외물에 대한 흠모[273)를 완전히 끊었다. 비록 늙은 어버이를 모시기 위해 과거에 나가 급제하였지만 문을 닫아걸고 세상일을 잊고는[274) 머리를 숙이고 물러나 사국(史局)의 천거에 나아가지 아니하였다. 조정에 벼슬한 50년 동안 명망과 실제가 모두 높았다.

평상시 자애롭고 온화하여 웃는 얼굴로 친근하게 대하였으되, 충(忠)과 사(邪)를 변별하고 간흉을 지적하여 배척하는 데에 이르면 단호하여 범할 수 없는 기상이 있었다. 비록 이 때문에 얽어놓은 법망에 걸려 거의 헤아릴 수 없는 지경에 빠지게 되었어도 후회하지 아니하였다. 경적(經籍)을 연구하여 분석이 정미하였고, 예학(禮學)에 더욱 뜻을 다하였는데, 길

---

270) **계문제자록(溪門諸子錄)** : 퇴계(退溪) 이황(李滉)의 제자 100여 명의 약력과 이황과 관련된 중요 기록을 발췌하여 권두경(權斗經)이 편찬하였다. 《계문제자록》은 여러 이유로 간행되지 못하고 필사본으로 전해지다가, 이황의 후손인 이수연(李守淵)·이수항(李守恒)과 이야순(李野淳)이 추가로 자료를 수집하여 260여 명의 기록을 수록, 《도산급문제현록(陶山及門諸賢錄)》이란 이름으로 간행하였다.

271) **권두경(權斗經, 1654~1725)** : 본관은 안동(安東), 자는 천장(天章), 호는 창설재(蒼雪齋)이다. 충정공(忠定公) 권벌(權橃)의 5세손이며, 이현일(李玄逸)의 문인으로 이재(李栽) 등과 교유하였다. 1710년(숙종 36) 문과에 급제하였다. 1717년 영남유생 만인소의 상소문을 기초하였다. 문집으로 《창설집》이 있고, 편서로는 《퇴계선생언행록(退溪先生言行錄)》과 《도산급문제현록(陶山及門諸賢錄)》이 있다.

272) **위기지학(爲己之學)** : 각주 90)번 참조.

273) **외물에 대한 흠모** : 부귀공명 따위를 사모하는 마음이다.

274) **문을 …… 잊고는** : 원문의 "두문각소(杜門却掃)"는 곧 대문을 닫고서 정원의 길도 쓸지 않는다는 뜻으로, 세상과 인연을 끊고서 오직 자신의 일에만 몰두하는 것을 의미한다. 북위(北魏)의 이밀(李謐, 582~618)이 "대문을 닫고서 정원의 길도 쓸지 않았으며, 생업은 돌보지 않은 채 독서만 일삼았다.[杜門却掃 棄産營書]"라고 한 말에서 유래한 것이다. 《魏書 卷90 逸士列傳 李謐》

흉(吉凶)과 상변(常變), 절문(節文)과 도수(度數)의 다르고 같은 논변에 이르러서는 널리 상고하고 두루 수집하여 유(類)를 나누고 편집하여 13권으로 만드니, 문숙공(文肅公) 우복(愚伏) 정경세(鄭經世)가 크게 칭찬하였는데 병자호란 때에 없어졌다. 만년에는 주역(周易) 읽기를 좋아하여 잠심해서 생각하고 묵묵히 외면서 "천감공소"[275]라는 4자를 벽에 걸어 놓고 항상 하늘이 임해 계신 듯이 여기는 뜻을 보존하였다.

선조(宣祖)께서 "신식은 졸(拙)하다"는 말씀이 있었는데, 공이 말하기를 '신하를 알아보는 데에는 임금만 한 이가 없다'고 하고는 '졸' 자를 써서 자신의 호(號)를 삼았다.

일찍이 춘천을 다스릴 적에 문암서원(文巖書院)을 건립하여 퇴계 선생을 제향하였다. 저술로는 《의례고증(疑禮考證)》과 《가례언해(家禮諺解)》이 있다. 관직은 대사헌이었으며 뒤에 이조판서에 추증되었다. 효행으로 나라에서 정려(旌閭)의 표창(表彰)을 받았으며 쌍천사(雙泉祠)에 제향되었다.[276]

申湜 字叔正 號拙齋 高靈人 居淸州 生於嘉靖辛亥 幼端重異凡兒 甫成童 有志爲己之學 嘗從先生 問爲學之方 先生深嘉奬 遂絶意外慕 雖以親老決科 而杜門却掃 低頭退步 不就史局薦 立朝五十年 望實俱隆 平居子諒愷悌 色笑可親 而至辨別忠邪 指斥奸兇 則截然有不可犯者 雖以此扞文網 幾陷不測而不悔 硏窮經籍 剖析精微 尤致意於禮學 就其吉凶常變節文度數異同之辨 博攷旁搜 分類編摩爲十三卷 愚伏鄭文肅公經世 大加稱賞 佚於丙子兵燹 晩喜讀易 潛思默誦 揭天鑑孔昭四字于壁上 常寓對越之意 宣廟常有言申湜拙 公以爲知臣莫如君 因以拙自號 嘗莅春川 建文巖書院祀先生 所著有疑禮考證家禮諺解 官大司憲 後贈吏判 以孝旌閭 享雙泉祠

275) 천감공소(天鑑孔昭) : 각주 130)번 참조.

276) 일찍이 …… 제향되었다 : 이 부분은 저본에 누락된 내용으로, 《도산급문제현록(陶山及門諸賢錄)》에서 보충하였다.

청주유림의 상소
淸州儒林上疏

숙종(肅宗) 경오년(1690) 10월 27일에 청주의 유학(幼學) 권서(權瑞) 등 수백 인이 아래와 같이 상소하였다.

"삼가 아룁니다. 신들이 삼가 듣자오니, '옛날에 이른바 그 고장 선생이 죽으면 사(社)에서 제(祭)를 지내드려야 한다는 것'[277]은 도학이나 효행 또는 명망과 절조를 지녔던 분에게 제(祭)를 지내드리는 것인데, 이 세 가지 중 하나만 있어도 가능하거늘 더구나 이 모두를 한 몸에 구비한 사람에 있어서이겠습니까.

신들이 엎드려 살펴보건대, 선조(宣祖) 때 대사헌으로서 이조판서에 추증된 신식(申湜)은 태어나면서부터 훌륭한 자질이 있어 단정하며 진중하고 온화하고 순수하여 성동(成童) 무렵에는 이미 위기지학(爲己之學)에 뜻을 두어 드디어 선정신[278] 문순공(文純公) 이황(李滉)을 찾아가서 학문하는 방도를 여쭈면서 자주 장려와 칭찬을 받았습니다. 그런 지 얼마 지나지 않아 이황이 죽자 다시 선정신 성운(成運)을 따라 의심나는 것을 질문하고 학업을 물어서 더욱 덕을 쌓고 학업을 닦아 스승에게 배움이[279] 이미 바르고 학문에 종사하기를[280] 또한 일찍부터 하였습니다. 그러면서도 겸손하게 감추고 드러내지 아니하였고 꽉 찼는데도 빈 것

277) 옛날에 …… 것 : 당(唐)나라 한유(韓愈)의 〈송양거원소윤서(送楊巨源少尹序)〉에 "양후(楊侯)는 처음 관례를 했을 때에 그 지방에서 천거되어 〈녹명장(鹿鳴章)〉을 노래하며 왔고 지금 돌아가서는 그 나무를 가리키면서 '아무 나무는 우리 선친께서 심은 것이요, 아무 물과 아무 언덕은 내가 동자로 있을 때에 낚시질하며 논 곳이다.'라고 한다. 이에 시골 사람들은 경례를 더하지 않는 이가 없어 자손들에게 '양후가 자기 고향을 떠나지 않은 것을 법으로 삼으라'고 경계하니, 옛날에 이른바 '향선생으로서 죽으면 향사(鄕社)에 제사할 만하다'는 것[古之所謂鄕先生沒而可祭於社者]이 이분에게 있을 것이다."라는 말에서 온 것이다.

278) 선정신(先正臣) : 유현(儒賢)으로서 학덕(學德)이 높았으나 현재는 작고한 신하를 말함. 선현(先賢) 또 선철(先哲).

279) 스승에게 배움이 : 원문의 '사자(師資)'는 스승의 가르침을 뜻한다. 《노자(老子)》에 "선한 사람은 불선한 사람의 스승이고 불선한 사람은 선한 사람에게 반성의 자료가 된다.[善人者 不善人之師也 不善人者 善人之資也]"라고 하였다.

280) 종사(從事)하기를 : 증자(曾子)가 안연(顔淵)을 칭송하기를, "잘하면서 잘못하는 사람에게도 묻고, 박학(博學)하면서 과문(寡聞)한 사람에게도 묻고, 도를 지녔으면서도 없는 듯, 덕이 가득 찼는데도 텅 빈 듯 겸손하였나니, …… 옛날에 우리의 벗이 일찍이 이런 일에 종사했었다.[昔者吾友嘗從事於斯矣]"라고 칭찬한 말이 《논어》 〈태백(泰伯)〉에 보인다.

처럼 여겼으므로 당시 사람들 중 잘 아는 이가 드물었습니다.

그는 평생 동안 예서(禮書)에 가장 공력을 들였는데, 이에 대한 논설을 저술하여 십여 권을 지었습니다. 절문과 의칙[281]에서의 경중과 융쇄[282]의 구별과 흉사(凶事)와 길사(吉事)에 대한 상례(常禮)와 변례(變禮), 그리고 이것을 해석한 전소[283]의 분분한 부분에 해박하게 고증하고 널리 참고하여 실제로 보고 참으로 알지 않음이 없었으니, 선정신 정경세(鄭經世)가 이를 보고 말하기를 "이 책은 의당 예가(禮家)의 지극한 보배가 되어야 한다."라고 하였습니다. 신식(申湜)은 또 '가례(家禮)'는 가정에서 일용상행(日用常行)하는 책으로서 의절[284]이 다 주소(註疏)에 실려 있으되, 몽학(蒙學)과 후생(後生)이 밝게 깨닫지 못한 것이 많으므로 그 집주(集註)를 아우르고 풀어서 언해로 만들어 책을 펴보면 환히 알게 하였다고 하니, 그가 예학에 끼친 공이 이와 같았습니다. 심지어 효성이 독실한 행실은 진실로 천성에서 나왔으니, 어린 시절부터 부모를 시봉할 적에 범절을 어긴 일이 없었고, 14세에 그 어머니를 잃었을 때에는 몸이 훼손되도록 상제(喪制)에 맞게 하는 것이 어른보다 더했으므로 보는 자들이 감탄하며 기이하게 여겼습니다.

부친을 섬김에 반드시 아침에 일찍 일어나 의관을 정제하고 침소에 나아가 안부를 여쭈었고 저녁에도 이와 같이 하기를 40년을 하루처럼 하였고, 온화한 안색으로 섬기고 뜻을 잘 봉양함[285] 외에 맛난 음식으로 봉양하는 등 세세한 일과 소소한 범절에 이르기까지 진실로 기쁘게 해드릴 수 있는 일이라면 극진하게 하지 않음이 없었습니다. 거상(居喪)할 때는 한결같이 예제(禮制)를 준행하면서 반드시 정성스럽게 하고 반드시 신실하게 하여 털끝만큼도 유감이 없었고, 선영 아래 의려[286]에서 거적으로 자리를 삼고 흙덩이로 베개를 삼아 거처하면서 한 시각도 상복을 벗지 아니하고 하루에 두 번 성묘하여 부르짖어 통곡하기를 초상 때처럼 하며 비바람이 심하게 불어도 그만두지 않았고, 삼년상을 마치도록 쌀밥과 채과(菜果)를 먹지 아니하니, 조문하는 이들이 자기도 모르는 사이에 침이 마르도록 탄복하게 되었습

281) **절문(節文)과 의칙(儀則)** : 예절규범과 예의준칙과 유사하다.

282) **융쇄(隆殺)** : 후박(厚薄) 또는 존비(尊卑)의 차이 등이다.

283) **전소(箋疏)** : 전(箋)은 유가 경전에 대한 주석서이고, 소(疏)는 주석에 대한 해석서를 말한다.

284) **의절(儀節)** : 예의에 관한 모든 절차나 질서.

285) **온화한 …… 봉양함** : 원문의 '색양(色養)'은 얼굴빛을 온화하게 하여 부모를 봉양함이고, '양지(養志)'는 부모를 봉양함에 그 뜻에 순종하고 기쁘게 해드리는 효를 행한다는 말이다.

286) **의려(倚廬)** : 부모의 상중에 상주가 집상(執喪)하는 여막.

니다. 이는 그의 실제 행실 가운데 만에 하나일 뿐입니다. 향중(鄕中)의 사부(士夫)들이 그의 지행(志行)에 감동하여 평소 정성을 다해 어버이를 섬겼던 일과 거상(居喪) 때 예제(禮制)를 다했던 일을 모두 들어 관찰사에게 올리고 조정에 아뢴 것이 여러 번이었는데, 신식은 이를 들으면 곧 걱정하며 그 상소문을 빼버리려 하였습니다. 그러다가 그의 사후 인조(仁祖) 을해년(1635)에 이르러서야 비로소 정려[287] 세울 것을 명하고 호세(戶稅)를 면제해 주었으니, 풍속의 교화에 끼친 공이 또한 이와 같습니다.

신식은 선조(宣祖)의 지우(知遇)를 받아서 현달한 벼슬을 두루 거쳤고 경연(經筵)에 출입하며 유익하게 한 바가 많았습니다. 광해군(光海君) 병진(1616)·정사(1617) 연간(年間)을 당하여 흉악한 자들이 모든 관료들을 협박하여 모후(母后)인 인목대비(仁穆大妃)를 폐하고자 대궐 뜰에서 청하는 일을 벌였고, 참여하지 않는 이들을 가혹하게 다스리며 죄를 씌우고 극지로 유배 보내는 일이 잇달았는데, 신식은 이것을 예법을 벗어난 일이라고 여겨서 문을 닫고 자취를 숨기고 처음부터 끝까지 참여하지 않았습니다.

인조반정 초기에 제일 먼저 대사간에 제수되니, 세상 사람들은 그가 크게 쓰이기를 바랐으나 불행히도 병세가 위독해져 결국 큰 뜻을 펴보지 못하게 되자, 아는 사람이나 모르는 사람이나를 막론하고 탄식하며 애도하지 않은 이가 없었습니다. 사후에 연신[288] 오윤겸(吳允謙)과 정경세(鄭經世)가 평생의 점잖고 바른 품행과 폐모론 때에 불참하며 자정[289]했던 일들을 갖추어 진달하니, 특별히 이조판서를 추증하고 별도로 사제(賜祭)를 명하여 그를 표창하였습니다.

아, 신식은 자품이 이미 아름다웠고 평소 충실하게 수양함이 있어서 그의 학문을 말하자면, 일찍부터 각고면려(刻苦勉勵)하면서 유현(儒賢)을 스승으로 받들어 그 도를 계승하였고, 경적(經籍)을 연구하였는데 특별히 예학에 조예가 깊었습니다. 또 집안에서의 지극한 행실은 을해년의 정려에서 다시 밝게 드러났고, 조정에 있을 때의 큰 절개는 계해년에 표창하여 추증함에 이르렀으니, 이 세 가지만으로도 이 사람의 갖춘 바를 볼 수 있어서 후학들의 사범(師範)이 될 만합니다.

---

287) **정려(旌閭)** : 정문을 세워 표창하던 일.

288) **연신(筵臣)** : 경연(經筵)이나 서연(書筵) 등에서 경전(經傳) 등을 강론하는 신하를 이른다.

289) **자정(自靖)** : 스스로 편안히 지조를 지킴을 이르는바, 《서경》 〈미자(微子)〉에 "스스로 편안히 지조를 지켜 사람마다 스스로 선왕(先王)에게 뜻을 바치리라.[自靖 人自獻于先王]"라고 한 기자(箕子)의 말씀을 원용한 것이다.

그리고 그 당시 덕망 높은 선배들의 추허(推許)한 말을 살펴 보면, 선정신 정구(鄭逑)는 "타고난 자품이 도(道)에 가깝고 이미 오랫동안 힘을 써서 스스로 터득한 경지에 깊이 나아갔으니, 내가 헤아릴 수 있는 바가 아니다."라고 하였고, 또 "전전긍긍하며 삼가고 공경하여 항상 임금과 스승을 대하는 듯 하였다."라고 하였습니다. 정경세(鄭經世)는 "겸손하고 공손하며 정성스럽고 진실하였으며, 시례(詩禮)로써 몸을 다스렸고 해박하고 단정하며 옛 도를 좋아했다."라고 하였으니, 이들은 모두 같은 시대를 살면서 도의(道義)로 이택[290]하면서 깊이 알아 잘 표현한 이들이니, 신들의 한두 마디 말을 기다린 뒤에야 믿겠습니까.

이어 삼가 생각건대, 신들이 거주하는 고을의 신항서원[291]은 실로 향선생[292]을 제향하는 곳인데, 신식의 학문과 절행(節行)으로 볼 때, 본시 향기로운 제사를 병향[293]하는 것이 마땅한데도 여태껏 경황이 없어서 이를 행하지 못한데 대하여 오랫동안 사림의 깊은 한이 되어 왔습니다. 이는 사액(賜額) 사우(祠宇)임으로 사사로이 부향(附享)할 수 없었기 때문이니, 이에 신들이 발을 싸매가며 멀리서 달려와 대궐에 소장을 올려 호소하는 것입니다.

삼가 바라건대, 전하께서는 덕이 있는 이를 높이는 방도를 넓히시고 어진 이를 닮게 하는 규정을 밝히시어 특별히 신식을 신항서원에서 향사하는 것을 허락하시어 성조(聖朝)에서 정려를 내리고 추증하신 은혜를 끝까지 베푸시어 신들의 존중하고 숭상하는 정성을 위로하시면, 세교[294]로서도 매우 다행이겠으며 사림으로서도 매우 다행이겠습니다."라고 하니,

답하시기를 "상소를 살펴보고 잘 알았다. 상소의 내용은 해당 부서에서 의논하여 처리하도

---

290) **이택(麗澤)** : 서로 붙어 있는 두 개의 연못이라는 뜻으로, 붕우 간에 서로 도움을 주며 학문을 토론하고 덕을 닦아 나아가는 것을 말한다. 《周易 兌卦 象》

291) **신항서원(莘巷書院)** : 1570년(선조 3)에 지방 유림의 공의로 경연(慶延)·박훈(朴薰)·김정(金淨)·송인수(宋麟壽)의 학문과 덕행을 추모하기 위해 창건하여 위패를 모셨으며, 그 뒤에 한충(韓忠)·송상현(宋象賢)·이색(李穡)·이이(李珥)·이득윤(李得胤)을 추가 배향하였다. 임진왜란 때 병화로 훼손된 것을 곧이어 복원하였으며, 1660년(현종 1)에 '신항'이라고 사액(賜額)되었다. 선현 배향과 지방교육의 일익을 담당하여 오던 중 흥선대원군의 서원철폐령으로 1871년(고종 8)에 훼철되었다. 광복 후 지방 유림의 발기로 충북도와 청원군이 출자하여 복원하였으나 시설이 미약하고 퇴락하여, 1985년에 유림의 협력으로 다시 중건하였다.

292) **향선생(鄉先生)** : 《의례(儀禮)》 〈사관례(士冠禮)〉에 보면, 향선생(鄉先生)의 정의가 있는데, 그 지방 출신 대부(大夫)로서 벼슬에서 물러나서 시골에 내려와 서당을 세우고 학생을 가르치는 선생을 말한다. 후에 그런 사람이 죽으면 그 서당에 위패(位牌)를 모시고 제사를 지낼 수 있게 되었다. 한유(韓愈)의 〈송양거원소윤서(送楊巨源少尹序)〉에 "옛날에 이른 바 '향선생으로 죽으면 서당에 제사한다.'라고 하였다.

293) **병향(並享)** : 위패(位牌)를 나란히하여 제사함.

294) **세교(世敎)** : 사회의 풍교(風敎).

록 하라."라고 예조에 내려 보내셨다. 이에 갑술년(1694)에 쌍천서원을 창건하고 -상량문은 고(故) 정언(正言) 신필청(申必淸)이 지었다.- 을해년(1695) 9월에 봉안하였다.

肅廟庚午十月二十七日 淸州幼學權瑞等累百人上疏 伏以臣等窃聞 古之所謂鄕先生歿而可祭於社者 或以道學 或以孝行 或以名節 在斯三者 一之猶可 況兼焉者乎 臣等伏見宣廟朝故大司憲贈吏曹判書臣申湜 生有令質 端重和粹 甫成童 已有志乎爲己之學 遂就先正臣文純公李滉 問爲學之方 亟被奬許 未幾 李滉歿 又從先正臣成運 質疑問業 益自進修 師資旣正 從事亦早 而謙晦不露 實而若虛 當時之人 鮮有知者 其平生用力 最在禮書 著爲論說十有餘卷 節文儀則 輕重隆殺之別 吉凶常變 箋疏紛挐之處 無不博考旁參 實見眞知 先正臣鄭經世見之曰 此書當爲禮家至寶 湜又以家禮 是人家日用常行之書 儀節實備於註疏 而蒙學後生多未通曉 幷其集註而釋爲諺解 使之開卷瞭然 其有功於禮學如是 至於篤孝之行 實出天性 自在髫丱 侍父母無違節 十四喪其母而致毁持制 過於成人 見者嗟異 其事父也 必夙興整冠 詣寢門問安否 昏亦如之 四十年如一日 色養養志之外 下至甘旨供奉 細事末節 苟可以悅親者 靡不用極 及其居憂 一遵禮制 必誠必信 毫髮無遺憾 倚廬塋下 苫塊以居 一刻不脫衰 日再省墓號慟如初喪 不以甚風雨或廢 終三年 未嘗食稻及菜果 吊者不覺嘖嘖歎服 此其實行之萬一也 鄕中士夫 感其志行 備擧平日事親之誠 居喪盡禮之事 呈于道臣而啓聞于朝者數矣 而湜聞輒蹙然 圖所以拔去 逮其身後至仁廟乙亥 始命旌閭 復其戶 其有功於風敎也亦如是矣 湜受知宣廟 歷揚華顯 出入經幄 多所裨益 當光海丙辰丁巳之間 群兇劫百僚 庭請廢母 酷治不參者 罪竄極相繼 而湜視以爲分上事 杜門屛跡 終始不豫仁祖反正之初 首拜諫長 世方仰其進用 而不幸病歿 竟未大展 無論知與不知 莫不嗟悼 其沒 筵臣吳允謙鄭經世 備盡平生行檢及廢論時不參自靖事 命特贈吏曹判書 別賜祭以褒之 噫 湜之資稟旣美 充養有素 言其學問 則早自刻勵而師承於儒先 硏窮經籍而尤邃於禮書 若其居家至行 則乙亥之旌 復昭矣 立朝大節 癸亥之褒贈 至矣 只此三者 足見其人之所存 可爲後學之師範 而且取當時先輩長德推許之語 觀之 先正臣鄭逑則曰 天資近道 用力已久 深造自得之功 非余所可測 又曰戰兢惕厲 常若對越君師 鄭經世則謙恭悃實 詩禮以治躬 博雅好古 此皆生同一時 道義麗澤 深知而善言者也 可待臣等一二談而信哉 仍窃伏念 臣等所居州莘巷書院 實是鄕先生俎豆之地

也 以湜之學問節行 固宜並享芬苾之祀 而尙今未遑 久爲士林之歉歎者 蓋以賜額之祠 不可私自附享之故也 此臣等之所以裹足遠赴 封疏叫閽者也 伏願殿下 恢崇德之方 明象賢之典 特許申湜莘巷書院之享 以終聖朝旌贈之恩 以慰臣等尊尙之忱 世教幸甚 士林幸甚云云 答曰 省疏俱悉 疏辭令該曹議處 下禮曹 甲戌刱建雙泉書院-上樑文故正言申必淸- 乙亥九月 奉安

제문祭文

봉안제문[295)]

奉安祭文

유세차 을해년(1695, 숙종 21) 9월 경신삭(庚申朔) 21일 경진(庚辰)에 통훈대부 전(前) 행 영산현감 박징만[296)]은 삼가 진사 이경(李鏡)과 유학 나성보(羅星輔) 등 백여 인과 함께 감히 졸재 신 선생에게 밝게 고하나이다.

엎드려 생각하건대, 우리나라의 호서지방은 여러 현인들이 배출되어 향기로운 자취가 성대하였습니다. 돌아보건대 우리 선생께서는 많은 사람 중에서 우뚝 빼어나셨습니다. 어린 시절 그때부터 학문은 위기지학(爲己之學)을 아셨습니다. 책을 짊어지고 도산[297)]을 찾아뵈었고 대곡[298)]을 스승으로 모셨습니다. 친히 가르침을 받으시어 실천함이 독실하셨습니다. 학문의 연원이 유래가 있어 문로(門路)가 지극히 바르셨습니다. 우리의 도를 천명(闡明)하시어 민이[299)]를 잡아 지키셨고, 만년에는 심오한 공부를 더욱 천질[300)]에 두셨습니다. 세밀하게 분석하시되 경전을 근본하고 세세한 곳까지 참고하셨습니다. 남기신 저술이 빛나고 빛나 어두운 방에 촛불을 밝힌 듯하였습니다. 효행이 온갖 행실의 근원이 되셨으니, 지극한 효성을 타고 나셨습니다. 살아 계실 때 섬김과 장례와 제사는 예의와 공경을 극진히 다하셨습니다. 성군(聖君)의 지우(知遇)를 받아 청현직(淸顯職)을 역임하셨습니다. 국사를 논하고 군주를 보좌

295) **봉안제문(奉安祭文)** : 이 글은 《고령신씨세보유사(高靈申氏世譜遺事)》에 '쌍천서원 입향문(雙泉書院入享文)'으로 되어 있다.

296) **박징만(朴徵晩, 1644~?)** : 본관은 밀양(密陽), 자는 숙길(夙吉). 숙종 5년(1679) 식년시 병과에 급제하여 현감을 역임하였다.

297) **도산(陶山)** : 퇴계(退溪) 이황(李滉, 1501~1570)이다. 퇴계가 만년에 강학하던 곳이 도산이었으므로, 일반적으로 이황을 지칭하는 말로 쓰인다.

298) **대곡(大谷)** : 성운(成運, 1497~1579)으로 본관은 창녕(昌寧), 자는 건숙(健叔), 호는 대곡(大谷)이다. 각주 129)번 참조.

299) **민이(民彝)** : 백성들이 지켜야 할 도리. 인륜(人倫).

300) **천질(天秩)** : 하늘이 규정한 품질(品秩)과 등급을 말하는데, 예법과 제도 등을 이른다. 여기서는 예학(禮學)을 지칭함.

하면서,[301] 한결같은 마음으로 나라를 위해 죽음을 각오하셨습니다. 혼란(昏亂)한 세상에서는 그 지킴을 더욱 확고히 하셨습니다. 음산한 기운이 걷힌 뒤에는 언책의 수장[302]이 되셨습니다. 사람들이 그 재덕(才德)을 펼치시길 갈망하였는데, 어이 그리 갑자기 돌아가셨습니까. 행하신 일은 정려(旌閭)에 빛나고 성은(聖恩)이 지극하사 관작을 추증(追贈)하였습니다. 그 수립한 바를 헤아려 보건대 위와 같이 우뚝합니다. 제례를 모실만한 분이 여기에 계시고 제향을 드림이 합당합니다. 그런데도 시일만 끌고 뜻을 이루지 못해 위패를 봉안할 곳이 없었습니다. 사문[303]에 부족함이 있었고, 사림(士林)들 공히 애석하게 여겼습니다. 공론이 오랫동안 막혔던 것은 오늘이 있기를 기다렸던 듯합니다. 이곳 쌍천서원을 돌아보니 경내가 마치 악록서원[304]과 같습니다. 뽕나무와 가래나무에 공경심 일어나니[305] 선생의 발자취가 미친 곳입니다. 이에 서원을 경영하여 날아오를 듯한 건물이 솟았습니다. 벽돌을 쌓아서 사당 길을 만들고[306] 이에 그 자리를 잡아 편안하시게 되었습니다. 동우[307]가 기상 엄숙하니 선생의 언성이 들리는 듯합니다.

이에 좋은 날을 가려잡아 향기로운 제물을 올리오니, 지금부터 시작하여 사당 제사 받듦에 허물이 없을 것입니다. 삼가 조촐한 희생과 돼지와 자성(粢盛)과 술을 갖추어 경건하게

---

301) **국사를 … 보좌하면서** : 원문의 '논사(論思)'는 임금과 함께 국사를 의논하고 생각하는 것으로, 홍문관·사헌부·사간원의 관원을 일컫는 한다. 또 '헌체(獻替)'는 시행해야 할 것을 건의하고 시행해선 안 될 것을 폐지시킨다는 '헌가체부(獻可替否)'의 준말로, 중대한 국사를 조정에서 의논하는 것을 말한다.

302) **언책(言責)의 수장(首長)** : 간관(諫官)의 책임을 맡은 사간원(司諫院)의 장(長)인 대사간(大司諫)을 말한다.

303) **사문(斯文)** : 유도(儒道)를 가리키는 말이다. 《논어》 〈자한(子罕)〉에 공자가 "문왕(文王)이 이미 별세하였으니, 문(文)이 이 몸에 있지 않겠는가. 하늘이 장차 '이 문[斯文]'을 없애려 하였다면 내가 이 문에 참여할 수 없었을 것이다.[文王旣沒 文不在玆乎 天之將喪斯文也 後死者不得與於斯文也]" 하였는데, 주자(朱子)의 집주(集註)에 "문은 도(道)가 표면에 드러난 것이다." 하였다. 이후로 유도를 대칭하는 말로 쓰였으며, 유학자를 직접 지칭하기도 한다.

304) **악록서원(嶽麓書院)** : 장식(張栻), 주자(朱子) 등이 이곳에서 강학하였으며, 호상(湖湘)학파의 발상지이기도 하다.

305) **뽕나무와 …… 일어나니** : 조상 대대로 살아온 고향을 가리키는 말이다. 원문의 '상재(桑梓)'는 뽕나무와 가래나무를 뜻하는데, 《시경》 〈소반(小弁)〉에 "어버이가 심어 놓으신 뽕나무와 가래나무도 반드시 공경하거든[維桑與梓 必恭敬止]"이라는 말에서 나왔다. 여기에서는 선현들이 자취가 남아 있는 곳으로 쓰였다.

306) **벽돌을 …… 만들고** : 원문의 '중당(中唐)'은 대문에서 당까지 이르는 길로, '당(唐)'은 당도(堂塗)를 이른다. 《《시경》 〈형문장(衡門章)·방유작소(防有鵲巢)〉에 "사당 길에는 벽돌이 있고, 언덕엔 맛있는 칠면조풀이 있도다.[中唐有甓 邛有旨鷊]"라는 구절이 있다.

307) **동우(棟宇)** : 서원의 마룻대와 추녀.

서원이 이루어진 것을 고유합니다. 부디 흠향하소서.

維歲次乙亥九月庚申朔二十一日庚辰 通訓大夫 前行靈山縣監朴徵晩 謹與進士李鏡幼學羅星輔等百餘人 敢昭告拙齋申先生 伏以 惟海之東 惟湖之西 羣賢輩出 芬馥藹如 顧我先生 拔乎其萃 自在髫角 學知爲己 負笈陶山 摳衣大谷 親承獎掖 踐履篤實 淵源有自 門路克正 吾道載闡 民彝是秉 晩歲邃工 尤在天秩 分毫析縷 本經忝曲 遺編炳炳 暗室明燭 源乎百行 天賦至性 生事葬祭 克盡禮敬 際遇聖祖 歷淸騫密 論思獻替 一心殉國 逮至昏亂 厥守彌確 陰噎旣廓 首長言責 想望展布 胡遽易簀 事光表宅 恩優贈秩 揆厥樹立 若彼卓卓 可祭在斯 允合俎豆 因循未遑 揭處無所 斯文有歉 士林共惜 公議久鬱 有待今日 睠玆雙泉 境如嶽麓 桑梓起敬 杖屨攸及 於焉經始 有翼斯跂 中唐有甓 乃安厥位 棟宇肅肅 若聆謦咳 玆差穀朝 式薦苾芬 自今伊始 謹以潔牲 剛鬣粢盛醴齊 祗告成事 尙饗

시장諡狀

가선대부 사헌부대사헌 겸 동지춘추관사 증 자헌대부 이조판서 겸 지경연의금부춘추관성균관사 홍문관대제학 예문관대제학 오위도총부도총관 졸재 선생 신공의 시장
嘉善大夫司憲府大司憲兼同知春秋館事 贈資憲大夫吏曹判書兼知經筵義禁府春秋館成均館事 弘文館大提學 藝文館大提學 五衛都摠府都摠管 拙齋先生申公諡狀

공은 휘가 식(湜)이고, 자는 숙정(叔正)이며, 호는 졸재이고, 본관은 고령(高靈)이다. 시조 성용(成用)이 고려조 때 문과(文科)에 뽑혀 검교 군기감(檢校軍器監)을 지냈고, 본조에 들어와서 고령부원군(高靈府院君) 휘 숙주(叔舟)가 광묘조(光廟朝)에 재상이 되었으니, 이분이 공의 5대조이다. 증조는 휘가 광윤(光潤)인데 한성부 참군(漢城府參軍)을 지냈고 좌승지(左承旨)에 추증되었다. 조고는 휘가 서(澈)인데 이조참판에 추증되었고, 선고는 휘가 중엄(仲淹)인데 동지중추부사를 지냈고 우의정에 추증되었다. 승지공 때부터 청주(淸州)에 살기 시작하여 자손들이 그곳에 터를 잡았다. 의정공이 문화유씨(文化柳氏)에게 장가들어 가정 신해년(1551, 명종 6)에 공을 낳았다.

공은 어려서부터 단정하고 후중하여 보통 아이와 달랐고, 겨우 성동(成童)이 되자 이미 위기(爲己)의 학문에 뜻을 두었다. 일찍이 백씨(伯氏)를 따라 절에 가서 독서하였는데, 스스로 각고의 노력을 하여 입으로 외고 마음으로 생각하며 밤낮으로 지칠 줄을 몰랐고, 경(經)과 사(史)를 통달하지 못한 것이 없었다. 일찍이 퇴도(退陶) 이 문순공(李文純公)에게 나아가 학문을 하는 방도에 대해 물으니, 문순공이 매우 칭찬하였다. 문순공이 세상을 떠난 뒤에 또 대곡(大谷) 성운(成運)공에게 배우고서 마침내 부귀영화에 대한 생각을 끊어 버렸다. 그 뒤에 어버이가 늙었기 때문에 부득이 과거를 보아서 선묘(宣廟) 병자년(1576, 선조 9)에 비로소 급제하여 승문원 정자(承文院正字)에 보임되었다. 이때 신료들이 서로 다툴 조짐이 있자 공이 두문불출하고 나서지 않았고, 사국(史局)에 천거되었으나 나아가지 않았는데 규례에 따라 승문원 박사(承文院博士)로 승진하였다.

임오년(1582)에 질정관(質正官)으로서 연경(燕京)에 갔다가 돌아와 성균관 전적(成均館典籍)으로 승진하고, 예조좌랑(禮曹佐郎)으로 바뀌었다. 계미년(1583)에 호조·병조·형조의 좌랑을 거쳐서 사헌부 지평(司憲府持平)으로 전보(轉補)되었다. 을유년(1585) 여름에 성절사(聖節使)의 서장관(書狀官)으로서 연경에 갔다. 병술년(1586)에 전적(典籍)을 거쳐 사간원 정언(司諫院正言)에 제수되었다. 정해년(1587)에 사예(司藝)를 거쳐 헌납(獻納)으로 옮겨졌다. 기축년(1589)에 사헌부 장령(司憲府掌令)으로 승진했다가 체차(遞差)되어 의빈부 경력(儀賓府經歷)에 부직(付職)되었다. 가을에 홍문관 수찬(弘文館修撰)에 제수되었다가 얼마 뒤에 체차되어 승문원 검교(承文院檢校)가 되었다. 겨울에 정여립(鄭汝立)의 옥사(獄事)가 일어났는데, 당시 재상 중에 공에게 유감을 품어 모함한 자가 있어서, 공이 체포되어 형(刑)을 받기까지 하였고, 곤양군(昆陽郡)으로 유배되었다가 임진왜란이 일어나자 사면되어 돌아왔다.

공이 처음 벼슬을 시작할 때 상공(相公) 정철(鄭澈)을 길에서 만났는데, 그는 자기 집으로 이끌고 가며 뜻이 매우 은근하였다. 그 뒤에 또 술자리에서 만났는데 더욱 다정하게 대하면서 팔을 잡고 말하다가 헤어질 때 사모(紗帽)를 바꾸어 쓰고 갔으니, 공에게 자기를 찾아오게 하려는 의도였다. 공이 그 인품을 싫어하여 끝내 가지 않으니 정철이 심히 유감을 품고 있었다. 이때에 와서 정철이 위관(委官)이 되어, 죄를 얽어 사형시키려 하였으나 공의 공사(供辭)가 명백하여 털끝만큼도 잘못된 것이 없었기 때문에 사형을 감하는 것으로 논감(論勘)될 수 있었다. 옥사가 처음 일어났을 때 일이 날로 급해지자 어떤 사람이 청탁해서 화를 면하라는 뜻으로 부인 노씨(盧氏)에게 말하자, 부인이 달가워하지 않으면서 말하기를, "부자(夫子)의 평소 뜻이 이와 같지 않으니, 내가 차마 할 수 없다." 하였다. 공은 귀양 가 있는 3년 동안 조금의 기미도 말이나 표정에 드러내지 않았고, 사장(詞章)으로 드러낸 것은 모두가 임금을 연모하고 어버이를 그리워하는 뜻이었다. 공이 죄적(罪籍)에서 벗어나자 왜적의 압박이 날로 심해져서 대가(大駕)가 이미 서쪽으로 파천(播遷)한 뒤였다. 공이 미처 호가(扈駕)하지 못하고 도원수(都元帥) 권율(權慄)의 막하(幕下)에 가서 의탁하였다.

계사년(1593) 봄에 비로소 서용(敍用)되어 한성부 서윤(漢城府庶尹)에 제수되었는데, 먼저 서울에 들어가 명(明)나라 장수를 접대하라고 명하였다. 가을에 외직으로 나가 광주목사(廣州牧使)가 되었고, 이해 겨울에 대가(大駕)가 환궁하였다. 이때는 도적이 가득하여 공사 간에 아무것도 남아 있지 않고 마을이 황량하여 굶주린 자가 길에 가득하였다. 공이 창고를 열고 녹봉을 출연하여 마음을 다해서 구제하니, 온 경내에 굶어 죽는 근심이 없었다. 일찍이 영릉(英陵)의 제관(祭官)에 차임되어 가다가 밤에 도적 떼를 만났는데, 도적들이 서로 말하기를, "광주목사의 행차라면 범해서는 안 된다. 이분은 일찍이 우리를 살려 준 은혜가 있다."라고 하고는 각자 흩어져 갔다. 갑오년(1594)에 사간(司諫)으로 부름을 받았고, 교리(校理)로 고쳐졌다가 집의 겸 지제교(執義兼知製敎)로 옮기고, 이어 장악원 정(掌樂院正)으로 옮겨 제수되었다. 겨울에 사간을 거쳐 동부승지(同副承旨)로 승진되었다. 병신년(1596)에 좌승지(左承旨)로 전보되었다가 얼마 뒤에 체차되어 부호군(副護軍)에 부직되고, 곧이어 이조참의(吏曹參議)에 제수되었다.

정유년(1597)에 대사간(大司諫)으로 옮겼다가 부제학(副提學)으로 고쳐졌고, 또 은대(銀臺)와 옥서(玉署)를 거쳐 성균관 대사성(成均館大司成)을 겸하였는데, 성묘(聖廟)에 연주하는 악장(樂章)에 탈오(脫誤)가 많아 악절마다 정정하여 빠진 것을 보충하고 잘못된 것을 바로잡는데 지극히 정밀하고 해박하였다. 이 해에 명나라에서 급사중(給事中) 서관란(徐觀瀾)에게 우리나라에 파견된 장사(將士)를 감독하게 하였는데, 서관란이 왕세자를 만나려고 하였다. 주상께서 시종관(侍從官) 중에서 재주 있고 민첩한 자를 가려서 고문(顧問)에 대비하라고 명하자 정신(廷臣)이 공을 추천하였다. 주상께서 이르시기를, "신모(申某)는 졸(拙)하니 다시 고르라." 하니, 공이 신하를 아는 것은 임금님만 한 분이 없다고 하여 '졸' 자로 자호(自號)를 삼았다. 무술년(1598) 봄에 왕명을 받고 호남에 선유(宣諭)하였고, 조정에 들어가서 도승지(都承旨)가 되었다. 이때 일본이 재차 난을 일으켜서 명나라 군대가 다시 출병하니, 나라에 일이 많아져 수응(酬應)할 업무가 매우 많았다. 공이 3년을 연이어 은대에서 떠나지 않자 상이 밤낮으로 수고한 것을 생각하여 품계를 올려서 동지중추부사를 제수하였다.

기해년(1599) 봄에 공조참판(工曹參判)에 제수되고, 여름에 사은사(謝恩使)에 차정(差定)되었는데 얼마 뒤에 해서관찰사(海西觀察使)에 제수되자 공이 사행을 떠날 날이 가깝다고 하여 사직하고 나아가지 않았다. 이보다 앞서 상공(相公) 이항복(李恒福)이 진주사(陳奏使)가 되어 정응태(丁應泰)가 본국(本國)을 무고한 일을 변론하자 천자가 칙서(勅書)를 내려 선유(宣諭)하기는 했지만 조정의 의론이 아직 시원하게 풀리지 않았다. 이에 공이 사은사로서 진주사를 겸하여 황제의 뜰에 가서 자세하고 분명하게 진달하니, 천자께서 가상히 여기고 은동자(銀童子) 한 쌍을 하사하였다. 공이 그 하사받은 것을 자랑스럽게 여겨 녹여서 술잔을 만들고 명(銘)을 새겨서 감축(感祝)하는 뜻을 담기를, "황제께서 나에게 주제은(朱提

銀)을 주시니, 술잔을 들어 날마다 요 임금처럼 되시기를 축원하노라.[帝賚予朱提鐐 勻焉壽日祝堯]" 하였다. 겨울에 복명(復命)하고 나서 외직으로 나가 강릉부사(江陵府使)가 되었는데, 정사를 깨끗하고 삼가며 자애롭고 은혜롭게 하여 백성들이 크게 편안하였다. 이때 동지중추부사공(同知中樞府事公 신중엄(申仲淹))이 호서(湖西)에서 우거(寓居)하고 있었는데, 공이 상소하여 정리(情理)를 진달해서 맞아 와서 봉양하기 편하게 하였고, 피란하여 찾아온 족인(族人)과 옛 벗들에게 모두 녹봉을 쪼개서 구휼해 줌으로써 동지중추부사공의 뜻을 맞추어 드렸다. 임인년(1602)에 호조참판(戶曹參判)에 제수되어 교정청 당상을 겸하였는데,[308] 교정하는 일을 마치자 가의대부(嘉義大夫)로 품계가 올라서 예조참판(禮曹參判)으로 옮겨졌다. 가을에 사헌부 대사헌(司憲府大司憲)에 제수되어 불법을 저지른 훈신(勳臣)과 무장(武將) 몇 사람을 탄핵하니, 여론이 통쾌해하였다. 이때 호성(扈聖)과 선무훈(宣武勳)을 마감하고 있었는데 원종(原從)이 되려고 도모하는 자들이 연줄을 대고 청탁하여 그 분잡함이 이루 말할 수 없었다. 그러다가 공이 백부(柏府)의 장(長)이 되었다는 소문을 듣고는 모두들 두려워하여 도리어 이름을 삭제하려고 도모하였다.

갑진년(1604) 봄에 부제학(副提學)에 제수되었는데, 이때 관학 유생(館學儒生)들이 오현신[309]을 문묘(文廟)에 종사(從祀)하기를 청하였다. 정인홍(鄭仁弘)이 차자(箚子)를 올려 문원공(文元公) 이언적(李彦迪)을 비난하고, 선묘(宣廟)도 일찍이 의혹을 가졌었는데, 공이 동료들을 이끌고 차자를 올린 말이 매우 강개하니 상이 우악(優渥)한 비답을 내렸다. 뒷날 종사하는 의론이 이루어진 것에 대해 모두들 실로 공의 이 차자에 힘입었다고 하였다. 여름에 도승지가 되었다가 체차되어 첨지중추부사(僉知中樞府事)에 부직되었고, 이어 병조참판(兵曹參判)에 제수되었는데, 겨울에 동지중추부사공의 상을 당하였다. 정미년(1607)에 상을 마치자 형조참판에 제수되었다. 무신년(1608) 2월에 선묘가 승하하자 공이 본직(本職)으로 빈전도감 제조(殯殿都監提調)를 겸하였다. 이때 공은 이미 60세에 가까웠는데 아침저녁으로 술과 고기를 먹지 않고 외침(外寢)에 기거하며 졸곡(卒哭)을 지냈다. 여름에 대사헌에 제수되었는

308) **교정청 당상(校正廳堂上)을 겸하였는데** : 선조 34(1601)~선조 35(1602)년간에 교정청(校正廳)을 설치하고 《주역언해(周易諺解)》를 교열 및 교감하였다. 이 사업에 관여한 인물은 윤근수(尹根壽)를 수당상(首堂上)으로 하여, 홍섬(洪暹), 허성(許筬), 이호민(李好閔), 박홍로(朴弘老), 신식(申湜), 강복성(康復誠), 이덕윤(李德胤), 김광렵(金光燁), 윤광계(尹光啓), 한백겸(韓百謙) 등이다.

309) **오현신(五賢臣)** : 한훤당(寒暄堂) 김굉필(金宏弼), 일두(一蠹) 정여창(鄭汝昌), 정암(靜庵) 조광조(趙光祖), 회재(晦齋) 이언적(李彦迪), 퇴계(退溪) 이황(李滉)을 이른다.

데, 광해군이 처음 정사하던 시기로 임해군(臨海君)의 옥사가 일어나자 억울함이 없게 해야 한다는 의론을 힘써 주장하였다. 또 광해군이 반드시 자기를 낳은 생모에게 융숭하게 할 것이라고 생각하여 일찍이 인대(引對)할 때 미연에 방지해야 한다는 뜻을 극력 진달하자 광해군의 심기가 매우 편치 않았다. 산릉(山陵)의 일을 마치면 품계를 올리는 의례적인 은전을 행하지 않았다.

가을에 외직으로 나가 호서관찰사(湖西觀察使)가 되어서는 교화를 밝혀서 풍속을 바로잡고, 저축을 늘려서 재해를 대비하려고 하였다. 또 《여씨향약(呂氏鄕約)》과 주자의 사창법[310]을 강명(講明)해서 참작하고 가감하여 과조(科條)를 만들고 또 서문을 지어 도내에 포고(布告)하여 장차 차례로 시행하려고 하였다. 법이 이미 갖추어졌으나 신중히 하느라 감히 드러내지 못하였는데, 이때 공이 벼슬을 그만두어 작파되자 식자들이 한스럽게 여겼다. 공이 호서의 풍속에 향교를 싫어하고 서원을 중하게 여겨 교생(校生)과 원유(院儒)를 구별하는 폐단이 있는 것을 병통으로 여겨, 향교에 어른과 동자(童子)를 수용하는 4개의 재(齋)를 세우고, 10일마다 공부한 것에 대한 시험을 보게 하여 부지런한지 태만한지를 살피고 학문의 공과에 대한 규정을 엄히 제정하고 순력(巡歷)에서 돌아온 날에는 친히 강학(講學)하여 성취한 바가 있게 하였다. 관내(管內)에 있는 명현(名賢)의 분묘(墳墓)에 반드시 직접 제문을 지어 속리(屬吏)를 보내 치제(致祭)하게 하였다.

기유년(1609, 광해군 1) 8월에 동지중추부사가 되고 사국 당상(史局堂上)을 겸하여 선왕의 실록을 수찬하는 데에 참여하였다. 가을에 외직으로 나가 관동(關東)을 안찰하였는데,[311] 교화를 우선으로 하여 다스리니 사민(士民)들이 다투어 권면하였다.

신해년(1611) 봄에 체차되어 동지중추부사에 부직되었고, 여름에 외직으로 나가 춘천부사(春川府使)가 되었고, 일찍이 익사공신에 참여된 것으로 자헌대부(資憲大夫)로 승자(陞資)되었다. 춘천에 있는 3년 동안 백성들의 폐단을 일소(一掃)하고 사풍(士風)을 진작시키니, 온 경내가 크게 다스려졌다. 고을 사람들이 문암서원(文巖書院)을 세워 문순공(文純公) 이황(李滉)을 제향하자고 청하였는데, 이는 춘천이 문순공 외가의 관향(貫鄕)이기 때문이다.

---

310) **주자(朱子)의 사창법(社倉法)** : 송(宋)나라 주자(朱子)가 장손평(長孫平)의 의창법(義倉法)과 왕안석(王安石)의 청묘법(靑苗法)을 참작하여 만든 제도로서, 기근을 구조하는 법. 대략 여름에 곡식을 백성에게 대여하고 겨울에 받아들이는데, 매석(每石)에 모미(耗米) 3승(升)을 받았다.

311) **외직으로 …… 안찰(按察)하였는데** : 1599년에 졸재공이 강원부사로 나간 것을 이른다.

공이 문순공에게 일찍이 직접 배워서 경앙(景仰)하고 존모(尊慕)하여 죽을 때까지 잊지 못할 분이었기에 기쁜 마음으로 받아들이고는 마음과 힘을 다하여 계획을 세워 건축하니, 당(堂)·행랑·섬돌·문·담장·재실(齋室)·부엌이 모두 법도에 맞았다. 그러고 나서 스스로 전말을 써서 벽에 걸었으니, 현인을 존모하고 옛 도를 좋아하는 독실함이 대개 이와 같았다.

광해군 계축년(1613) 이후에 상황이 크게 변하여 포학함이 하늘에까지 넘치자 공이 항상 산계(散階)를 띠고 있으면서 병을 핑계 대고 나가지 않았다. 병진년(1616)에 모후(母后)인 인목대비(仁穆大妃)가 서궁에 유폐(幽閉)되는 화를 당하였고, 정사년(1617)에 패륜(悖倫)의 논의가 일어나 흉도(兇徒)들이 조신(朝紳)을 협박하여 방자하게 정청(庭請)을 하였고, 또 참여하지 않은 사람들에게 죄주기를 청하여 찬척(竄斥)이 서로 이어졌는데, 공은 견고히 거부하며 조금도 흔들리지 않고 서강(西江)의 우사(寓舍)에 나가 대죄(待罪)하였다.

이듬해 무오년(1618)에 사은(謝恩)하기 위해 중국에 사신 갈 일이 있자, 특별히 공을 정사(正使)로 삼아 차출하였다. 이호민(李好閔)공이 시를 지어 전송하기를, "더위와 장마를 무릅쓰고 가는 행역의 괴로움을 말하지 마오, 영해로 쫓겨난 신하의 슬픔에 비하면 어떠신가.[休說炎潢行役苦 何如嶺海逐臣傷]" 하였으니, 이는 공이 당시 사람들에게 미움을 받고 있었기 때문이었다. 기미년(1619)에 사행을 마치고 돌아와 규례에 따라 한질(閒秩)에 부직되었다. 신유년(1621)에 예법(禮法)으로 볼 때 치사(致仕)해야 마땅하다고 여겨 상소하여 사직을 청하였으나 허락받지 못하였다. 공이 이때부터 더욱 세상에 뜻이 없어 한 방 안에서 스스로 즐거워하며 종일토록 바르게 앉아 경적(經籍)을 완미(玩味)하였고, 중국의 학사(學士) 조우(趙佑)가 쓴 '자오와(自娛窩)' 3자를 벽에 걸어서 그 뜻을 나타냈다.

천계[312] 계해년(1623)에 인조가 즉위하자, 즉시 지돈녕부사(知敦寧府事)에 제수하였고, 삭훈(削勳)의 일이 일어나자 공이 상소하여 자헌대부의 품계를 반납하였는데, 곧이어 대사간(大司諫)에 제수되었다. 이때 폐위된 세자를 안율(按律)하자는 의론이 한창 일어났는데, 공은 이미 신하의 일을 겪었는데 지금 형(刑)을 가하라고 청하는 것은 의리에 온당치 못하다고 하여 사직하고 나아가지 않았다.

8월 모일에 병으로 한양(漢陽)의 옛집에서 세상을 떠나니, 춘추가 73세였다. 부음이 보고되자 주상께서 조회를 열지 않고 슬퍼하고 탄식하였으며 예관(禮官)을 보내 조문하고 제를

312) **천계(天啓)** : 명나라 15대 황제 희종(熹宗)의 연호로 기간은 1621년~1627년이다.

올리기를 의례대로 하였다. 그 뒤에 오윤겸(吳允謙)공, 정경세(鄭經世)공, 이시발(李時發)공이 경연(經筵)에 입시하여 공이 조정에 서서 일을 행한 본말을 갖추어 진달하니, 주상께서 특별히 이조판서를 추증하고 별도로 사제(賜祭)하여 포장하였다. 그해 겨울에 청주(淸州) 치소(治所)의 동쪽에 있는 상당성(上黨城) 아래 병향(丙向)의 언덕에 안장하였다.

공은 인품이 온화하고 소탈하며 단정하고 순수하였고, 집안에서는 효도와 우애가 매우 돈독하였다. 어릴 때부터 부모의 곁에 있을 때에는 항상 온화하게 공경하고 순종하여 부모의 뜻을 어긴 적이 없었다. 14세에 모부인의 상을 당했는데 상을 치르면서 슬퍼하기를 성인처럼 하니 보는 사람들이 모두들 칭찬하였다. 동지중추부사공이 장수하였는데, 공이 아우 설[313]과 함께 극진히 봉양하며 안색을 살피고 뜻을 받들어 삼가서 순종하였고, 비록 자잘한 일이라도 부친을 기쁘게 해드릴 수 있는 일이라면 하지 않은 것이 없었다. 맛있는 음식을 올리는 것과 아침저녁으로 살피고 문안하는 것을 40년을 한결같이 지성스럽게 하였다. 동지중추부사공이 세상을 떠나자 치상(治喪)과 장례와 제례를 예법대로 하여 어긋남이 없었고, 수척한 안색과 슬픈 곡소리는 사람들을 감동시키기에 충분하였다. 장례를 지낸 뒤에 묘 옆에 여사(廬舍)를 짓고서 상복을 벗지 않고 잠을 잤고, 날마다 두 차례 묘에 올라가 애모(哀慕)하며 슬피 울었는데 심하게 바람이 불거나 비가 온다고 해서 그만둔 적이 없었다. 처음 상을 당했을 때부터 상제(喪制)를 마칠 때까지 쌀밥과 채소를 먹지 않아 지나치게 수척하였다. 한음(漢陰) 이덕형(李德馨)공과 유천(柳川) 한준겸(韓浚謙)공이 편지를 보내 상(喪)을 견디지 못할 정도로 허약해지는 것은 불효라고 경계하였으나 끝내 변하지 않았다. 상을 마치고 나서 매번 기일(忌日)을 당하면 애모하기를 처음 상을 당했을 때처럼 하여 존귀한 객이 찾아와도 사양하고 만나지 않았으며, 제사를 마치고 나서도 제복을 벗지 않고 종일토록 바르게 앉아 있었다.

아우 설 역시 대관(大官)이었는데, 공이 그와 우애가 돈독하여 매일 조정에서 물러나면 반드시 함께 앉아서 화락하게 지냈고, 항상 충효와 명절(名節)로 서로 칙려하였다. 백형(伯兄)이 일찍 세상을 떠나자 조카들을 자기 자식처럼 대했고, 고아가 된 생질들을 보살펴 제때에 혼인시켰다. 친족에게 화목하여 곤궁한 자를 구휼하면서 자기의 힘이 미치지 못할까 염려하였고, 비록 향리의 비속(鄙俗)한 사람들이라도 자신을 낮추어 대하고 차별하지 않았기 때문에 고을 사람들이 감격하고 기뻐하지 않는 자가 없었다.

313) 설(渫) : 하은공이다. 후에 용(涌)으로 개명하였다.

공은 조정에 선 지 50년 동안 명망과 실상이 모두 성대하였는데, 언책(言責)을 맡으면 직언(直言)하는 절의를 다하였고, 논사(論思)를 맡으면 간곡한 정성을 폈다. 외직으로 나가 관찰사를 맡았을 때와 산계(散階)로 있을 때에는 처한 바에 따라 마음을 다하고 남과 부딪치거나 모난 행동을 전혀 하지 않았다. 평소에는 비록 자애롭고 진실하며 화락하여 온화한 모습이 가까이할 수 있었지만 충사(忠邪)를 변별하고 간흉(姦凶)을 지척(指斥)할 때에는 단호하여 범할 수 없는 기상이 있었다. 비록 이 때문에 참소(讒訴)를 당해서 거의 헤아릴 수 없는 지경에 빠질 뻔하였지만 끝내 후회하지 않았다. 공이 선조(宣祖)에게 지우(知遇)를 받아 오랫동안 경악(經幄)에서 모시면서 융숭한 총애를 받았는데 갑자기 승하하자 공이 애통함을 이기지 못하였다. 중간에 좋지 않은 때를 만나 비록 몸을 깨끗이 하여 한가하게 지냈으나 나라를 염려하는 마음은 잊은 적이 없었다. 만년에 인조반정이 일어나 세상 사람들이 그가 나아가 큰일을 하기를 바랐는데 공이 이미 병이 들어 일어나지 못하였다.

공은 일찍부터 사우(師友)들과 함께 경학(經學)을 연구하여 정밀하고 자세하게 분석하였고, 특히 예학(禮學)에 뜻을 기울였다. 일찍이 전주(箋註)가 복잡하고 사설(師說)이 여러 가지여서 학자들로 하여금 그 요체를 궁구하지 못하여 어느 것을 따라야 할지 모르게 하는 것을 병통으로 여겨 길흉(吉凶)·상변(常變)·절문(節文)·도수(度數)의 동이(同異)를 변별하고, 널리 상고하고 두루 수집하여 바로잡고 편집해서 유(類)를 나누어 13권으로 만들었다. 그렇게 하고도 분량이 많아서 절목(節目)이 뒤섞일까 염려하여 다시 정리하려고 했으나 이루지 못하였다. 공의 막내아들 득연(得淵)이 일찍이 정 문숙공(鄭文肅公 정경세(鄭經世))에게 나아가 질정(質正)하니, 문숙공이 크게 칭찬하였다. 그런데 병자년의 난에 그의 평생 저술과 함께 없어져 버렸으니 아, 애석하다. 공이 또 《가례(家禮)》는 인가(人家)에서 날마다 쓰고 늘 행해야 할 책인데 몽학(蒙學)들이 쉽게 이해하지 못한다고 하여 이를 한글로 풀이해 놓아서, 책을 펴면 환히 알 수 있게 하였다. 득연이 관동을 안렴(按廉)할 때 간행하여 세상에 유포시키고 또 상소하여 올리니, 옥당(玉堂)과 운각(芸閣)에 보관하라고 명하였다.

공은 평생 동안 독서를 좋아하여 벼슬살이로 일이 많을 때라도 하루도 책을 보지 않은 적이 없었다. 만년에는 《주역(周易)》 읽기를 좋아하여 잠심하여 생각하고 묵묵히 외면서 날로 새로 깨달은 것이 있었다. "하늘이 살피는 것이 매우 소상하다.[天鑑孔昭]"라는 4자를 벽에 걸어 놓고 항상 하늘을 대하는 뜻을 보존하였으니, 그 몸을 신칙하고 행실을 가다듬기를 늙을수록 더욱 독실히 한 것이 이와 같다. 성품이 또 간소하고 담담하며 맑고 깨끗하여 중외(中外)의 관직을 두루 거치고 지위가 경재(卿宰)에까지 이르렀지만 일찍이 묘 아래에 몇 칸의 집을 지으려고 했으나 이루지 못하였다. 또 자손을 위해서 살림을 일으키지 않고서 말하기를, "만약 어질다면 가난하더라도 선조에게 누를 끼치지 않겠지만, 만약 불초(不肖)하다면 살림이 넉넉하더라도 종족을 보호하고 집안을 올바르게 할 수 없을 것이다." 하였으니, 그 신조가 또 이와 같았다.

부인 노씨(盧氏)는 좌의정 경평공(敬平公) 숭(崇)의 6세손이고, 현감 개(塏)의 따님이다. 공보다 29년 먼저 세상을 떠나 처음에 청주(淸州) 묵정(墨井)에 있는 선산에 안장하였다가 공의 장례 때에 옮겨 합장하였다. 2남 4녀를 두었는데, 장남 득자(得滋)는 군수(郡守)를 지냈고, 막내 득연은 승정원 도승지를 지냈다. 장녀는 현감 김덕민(金德敏)에게 시집갔는데, 정유재란(丁酉再亂) 때 절의를 지키다 죽었다. 다음은 정(正) 우홍업(禹弘業)에게 시집갔고, 그다음은 급제(及第) 강석기(姜碩期)에게 시집갔고, 막내는 정랑(正郎) 이진영(李晉英)에게 시집갔다. 군수가 1남 3녀를 두었는데, 아들은 이름이 행(涬)인데 동몽교관(童蒙教官)을 지냈다. 장녀는 부사(府使) 이광진(李光鎭)에게 시집갔고, 차녀는 감찰(監察) 한세장(韓世章)에게 시집갔고, 막내는 진사 이후창(李後昌)에게 시집갔다. 승지가 딸 둘을 두었는데, 장녀는 응교(應教) 오달제(吳達濟)에게 시집갔고, 막내는 거인(擧人) 김홍범(金洪範)에게 시집갔다. 교관이 아들 다섯을 두었는데, 장남은 이름이 광제(廣濟)이니 선공감 봉사(繕工監奉事)를 지냈고, 다음은 경제(慶濟)이니 일찍이 거창 현감(居昌縣監)을 맡았고, 다음은 응제(應濟), 강제(康濟), 정제(庭濟)인데 모두 유학을 공부하였다. 딸이 셋인데, 현감 오구창(吳九昌), 생원 최경수(崔慶壽), 거인 이무(李楙)가 그 사위들이다. 내외의 손, 증손은 남녀가 모두 약간 명이 있다.

공이 세상을 떠난 지 71년이 지났다. 그러기에 문생(門生)과 자제가 모두 세상을 떠나서 아직까지 옛 행실을 평론하여 전례(典禮)를 거행하지 못하였다. 어느 날 공의 증손인 강제가 그 형 봉사군의 명으로 가첩(家牒)을 가지고 수백 리를 멀다 않고 찾아와 나에게 그 행실을 기록하게 하여 장차 태상시(太常寺)에 시호를 청하고자 하였다. 내가 궁벽한 시골에서 후대에 태어나 고루하고 글재주가 없다고 사양했으나 더욱 간곡히 청하기에 마침내 끝내 사양하지 못하였다. 이에 삼가 생각건대, 내가 후대에 태어나 공의 성대한 덕과 아름다운 범절을 직접 보지는 못했으나 당시 여러 군자들이 서술한 말을 보건대 또한 가첩에 거짓이 없음을 증명할 수 있다. 정한강(鄭寒岡 정구(鄭逑))의 이른 바 "타고난 자품이 도(道)에 가깝고, 조예가 깊어 자득하였다."라고 한 말씀과, 김사계(金沙溪 김장생(金長生))의 이른 바 "공은 예서

(禮書)에 대해 실제로 견득(見得)한 바가 있다."라고 한 말씀과, 이지봉(李芝峯 이수광(李睟光))의 이른 바 "권세와 이끗을 물러나 피하기를 겁 많은 사람처럼 하였다."라고 한 말씀과, 정우복(鄭愚伏 정경세(鄭經世))의 이른 바 "겸손하고 공손하며 정성스럽고 진실하다. 해박하고 단정하며 옛 도를 좋아하고, 예를 극진히 하여 몸을 다스렸다."라고 한 말씀이 참으로 이른바 진실한 말씀이고 확실한 의론이다. 이에 감히 그 가첩을 근거하고 제공(諸公)들의 말을 참고해서 큰 뜻을 뽑아내서 논한다. 공은 효도하고 우애한 행실과 청렴하고 결백한 지조와 해박하고 단정한 학식과 정직하고 진실한 풍도가 모두 한 시대에 추앙받을 만하고, 그 출처(出處)의 대절(大節)과 정사(政事)에 시행한 것들도 모두 써서 후세에 보일 만하기 때문에 그 세계(世系)와 행사(行事)의 실상을 낱낱이 쓰고 그 본말(本末)의 대체(大體)를 이와 같이 갖추어 논하여 태사(太史)가 채납(採納)하고 태상시에서 의시(議諡)하도록 하고자 하는 바입니다.

금상(숙종) 19년(1693) 3월 갑자일에 구위[314] 이현일이 시장을 쓰다.

公諱湜 字叔正 號拙齋 高靈人 其上祖成用 高麗時 擢文科 爲檢校軍器監 入本朝 高靈府院君諱叔舟 爲光廟朝宰相 是於公爲五世祖 曾祖諱光潤 漢城參軍 贈左承旨 祖諱漵 贈吏曹參判 考諱仲淹 同知中樞府事 贈右議政 自承旨公始居清州 子孫因家焉 議政公娶文化柳氏 以嘉靖辛亥生公 幼端重異凡兒 甫成童 已有志爲己之學 嘗從伯氏讀書蕭寺 便自刻勵 口誦心惟 窮日夜不知倦 若經若史 無不淹貫 嘗就退陶李文純公 問爲學之方 文純深加奬歎 及文純沒 又從大谷成公運遊 遂絶意外慕 後以親老 不免俯就科擧 宣廟丙子 始登第 補承文院正字 時有搢紳相軋之漸 公杜門却掃 低頭退步 被薦史局 不就 例陞承文博士 壬午 以質正官如京師還 陞成均典籍 改禮曹佐郎 癸未 由戶兵刑三曹佐郎 轉司憲府持平 乙酉夏 又以聖節使書狀官赴京 丙戌 由典籍拜司諫院正言 丁亥 由司藝遷獻納 己丑 陞司憲府掌令 遞付儀賓經歷 秋 拜弘文館修撰 俄遞爲承文院校檢 冬 鄭汝立獄起 時宰有挾憾搆揑公者 至被逮受刑 責配昆陽郡 壬辰亂作 賜環歸 蓋公始釋褐 鄭相澈遇諸塗 引致其家 意甚殷勤 後又相遇於酒席 益致款曲 把臂與語 臨別 換著紗帽而去 其意蓋欲使之來見已也 公惡其爲人 終不往 澈甚銜之 至是澈爲委官 欲羅織傳死議 公供辭明白 無毫毛錯 得減死論 獄初起 事日急

314) 구위(具位) : 구관(具官)과 같은 말로, 문장을 쓸 때 마땅히 써야할 관작을 생략하고 겸손을 나타내어 쓰는 말이다.

人有以請托弭禍意 言諸夫人盧氏 夫人不肯曰 夫子平生所志不如此 吾不忍爲也 公在謫三年 略無幾微見言面 發於詞章者 無非戀闕思親之意 公才離謫籍 寇日深矣 大駕已西狩 公未及扈駕 往依都平帥權慄幕下 癸巳春 始收敍拜漢城府庶尹 命先入京城 接待天將 秋 出牧廣州 是冬 車駕還京 時寇盜充斥 公私赤立 邑里蕭條 餓莩盈路 公發倉捐廩 極意賑濟 闔境無捐瘠之患 嘗差祭英陵 夜遇群盜 盜相謂曰 若是廣牧之行則不可犯 是嘗有活我之恩 各自散去 甲午 以司諫被召 改校理 遷執義兼知製敎 尋移拜掌樂正 冬 由司諫陞同副承旨 丙申 轉左承旨 俄遞付副護軍 旋拜吏曹參議 丁酉遷大司諫 改副提學 又由銀臺玉署 兼成均館大司成 以聖廟所用樂章多脫誤 逐節商訂 補缺正訛 極其精博 是歲 皇朝命給事中徐觀瀾監東征將士 徐欲與王世子相見 上命擇從官材敏者 以備顧問 廷臣以公對 上曰 申某拙 更擇之 公以爲知臣莫如君 因以拙自號 戊戌春 承命宣諭湖南 入爲都承旨 時日再發難 天兵復出 國家多事 酬應浩繁 公連三載不離銀臺 上念夙夜之勤 特命進秩拜同知中樞府事 己亥春 拜工曹參判 夏差謝恩使 俄拜海西觀察使 公以銜命在近 辭不赴 先是李相恒福爲陳奏使 往辨丁應泰矯誣本國事 天子雖降勅宣諭 朝議猶未釋然 公於是以謝恩使兼陳奏使 旣至帝廷敷奏詳明 天子嘉之 錫以銀童子一雙 公侈其賜 鑄以爲杯勺 刻銘以寓感祝之意曰 帝賚予朱提鐐 勺焉壽日祝堯 冬 復命出爲江陵府使 爲政淸謹慈惠 民以大安 時同樞公客寓湖西 公上疏陳情 迎侍以便養 族人故舊避亂來歸者 公皆爲之割俸賙給 以順適同樞公意 壬寅 拜戶曹參判 兼校正廳堂上 校正畢 進階嘉義 移禮曹參判 秋 拜司憲府大司憲 劾勳臣武將不法者數人 物情稱快 時方磨勘扈聖宣武勳 圖爲原從者 因緣請囑 不勝其奔競 聞公長柏府 皆畏之 乃反圖削其名 甲辰春 拜副提學 時館學儒生請以五賢臣從祀文廟 鄭仁弘上箚毁斥李文元公 宣廟亦嘗有惑志 公率同僚上箚 言甚剴切 上優批答之 後來從祀之成議者咸謂實藉公此箚之力 夏 爲都承旨 遞付僉樞 尋拜兵曹參判 冬 丁同樞公憂 丁未服闋 拜刑曹參判 戊申二月 宣廟上仙 公以本職 兼殯殿都監提調 時公已年近六十 朝夕不御酒肉 居外寢以過卒哭 夏 拜大司憲 時當光海初政 及臨海獄起 力主平反之論 又以爲光海必將致隆所生 嘗因引對 極陳防微之意 光海深不平 山陵畢 不行進階例典 秋 出爲湖西觀察使 欲明敎化以正風俗 廣儲畜以備災患 講明呂氏鄕約朱子社倉法 參酌增損 晝爲科條 旣又自製序文 布告道內 將次第施行 法旣具鄭重而不敢發 會公去官而罷 識者恨之 公病湖西風俗厭避鄕校 歸重

書院 有校生院儒區別之弊 乃於鄕校 立冠童四齋 每旬課試所業 攷其勤慢 嚴其功令 巡到之日 親爲講畫 俾有所成就 名賢墳墓之在管內者 必自製文 遣屬吏致祭 己酉 入爲同樞 兼史局堂上 參修先王實錄 秋 出按關東 治先敎化 士民競勸 辛亥春 遞付同樞 夏 出宰春川 以嘗以立異 故降錄而只加資之意見 無乃仍家狀 闕漏而然也 終不槩耶 參翼社勳 陞資憲階 在春三年 掃除民瘼 振作士風 一境大治 邑人請建文巖書院 祀文純公 蓋春是文純外家貫鄕也 公於文純 蓋嘗及門請業 景仰尊慕 沒世不忘 故樂而從之 悉心區畫 極力經紀 堂廡階戺 門墻齋庖 皆中矩度 旣又自序顚末 揭之壁上 其尊賢好古之篤 蓋如此 光海癸丑後 時事大變 虐焰滔天 公常帶散階 引疾不出 丙辰 母后罹西宮之厄 丁巳 悖倫之論起 兇徒驅脅朝紳 肆然庭請 且請治不參者罪 竄斥相繼 公堅拒不少撓 出待罪西江寓舍 明年戊午 有謝恩朝天之擧 特差公充上价 李公好閔以詩送之曰 休說炎漢行役苦 何如嶺海逐臣傷 蓋以公見忤時議也 己未 竣事還 例付閒秩 辛酉 以禮合休致 上疏乞骸 不報 公於是益無意於世 一室之內 有以自樂 終日危坐 玩意經籍 取中朝 趙學士佑自娛窩三字 揭之壁上 以見其意 天啓癸亥 仁祖改玉 卽拜知敦寧府事 及削勳事起 公疏褫資憲 旋拜大司諫 時廢世子按律之議方張 公以爲旣嘗臣事 今請致辟 於義未安 辭不就 八月某日 疾終于漢陽舊第 春秋七十三 訃聞 上輟朝悼歎 遣禮官弔祭如儀 後吳公允謙鄭公經世李公時發嘗入侍經筵 備陳公立朝行事本末 上特贈吏曹判書 別賜祭以褒嘉之 是年冬 葬淸州治東上黨城下丙向之原 公爲人和易端粹 其居家 孝友尤篤也 自爲童丱 在父母之側 常怡愉敬順 未嘗有違 年十四 丁母夫人憂 持喪哀毁如成人 見者莫不稱歎 同樞公克享遐齡 公與弟渫榮養備至 承顔順旨 唯諾惟謹 雖細行疏節 苟可以悅親 靡所不至 甘旨之供 定省之勤 四十年如一日 同樞公旣沒 凡治喪葬祭 率禮罔愆 顔色之慼 哭泣之哀 有足感動人者 旣葬 築廬舍墓側 不脫絰帶而寢 日再上墓 痛慕悲號 不以甚風劇雨而或廢 自初終至盡制 未嘗食稻茹菜 羸悴已甚 漢陰李公柳川韓公貽書喩以不勝喪之戒 終不變 旣卒喪 每當忌日 哀慕如始喪 雖尊客在門 辭不見 祭畢 不脫黲素 危坐以終日 弟渫亦大官 公與之友愛篤至 每朝退 必連床共席 湛翕怡愉 常以忠孝名節相勑勵 伯兄早世 視孤姪猶己出 撫孤甥 嫁娶不失時 睦親族恤困窮 如恐不及 雖鄕閭鄙俗之人 猶且降己接納 不置畦畛 以故鄕人無不感悅 立朝五十年 望實俱隆 任言責則致謇謇之節 職論思則陳懇懇之誠 以至分符按節及處散階 隨所處而盡其心 絶不爲矯激崖異之行 平居 雖子諒愷悌 色

笑可親 而至辨別忠邪 指斥姦凶 則截然有不可犯者 雖以此遭罹讒慝 幾陷不測而終不悔 公受知宣祖 久侍經帷 眷注方隆 而弓劍遽遺 公哀慟不自勝 中間遭時不祥 雖潔身就閒 而惓惓一念 未嘗不在於國 晩際更化 世方仰其進爲 而公已病不起矣 公早從師友 硏窮經學 剖析精微 尤致意於禮學 嘗病箋註紛挐 師說多門 使學者不得究其要歸 昧於所從 於是就其吉凶常變節文度數同異之辨 博攷旁搜 商訂編摩 分類爲十三卷 尙慮編秩浩穰 節目差互 欲更加釐正而不及就 公季子得淵嘗就質於鄭文肅公 文肅大加稱賞 丙子之亂 幷其平生所著述 見軼於兵燹中 吁可惜哉 公又以家禮 是人家日用常行之書 而蒙學未易曉解 譯以方言 使之開卷瞭然 得淵按廉關東時 刊行于世 又上疏進御 命藏于玉堂芸閣云 公平生好讀書 雖仕宦多事之際 未嘗一日廢書不觀 晩喜讀易 潛思默誦 日有新得 揭天鑑孔昭四字于壁上 常存對越在天之意 其飭躬修行老而彌篤如此 性又簡淡淸素 歷敭中外 官至卿宰 而嘗於墓下 欲營數椽屋未果 又不爲子孫立產業曰 苟賢矣 雖貧可以無忝先人 苟不肖 產業雖饒 無以保族宜家 其操執又如此 夫人盧氏 左議政敬平公嵩之六世孫 縣監塏之女 先公二十九年卒 始葬淸州墨井先壟 比公葬 遷柩合窆焉 生二男四女 男長得滋郡守 季得淵承政院都承旨 女長適縣監金德民 以節死丁酉亂 次適正禹弘業 次適及第姜碩期 季適正郎李晉英 郡守有一男三女 男曰滓 童蒙教官 女長適府使李光鎭 次適監察韓世章 次適進士李後昌 承旨有二女 長適應教吳達濟 季適擧人金洪範 教官有五男 長廣濟 繕工奉事 次慶濟曾任居昌縣監 次應濟康濟庭濟 皆業儒 女三人 縣監吳九昌生員崔慶壽 擧人李楙其壻也 內外孫曾男女凡若干人 距公捐館今七十有一年 門生子弟皆已淪謝 迄無以評騭舊行 擧行彝典 一日公之曾孫康濟以其兄奉事君之命 持家牒 不遠數百里而來 俾玄逸狀其行 將請謚於太常 玄逸以晩生遐陬 孤陋不文辭 其請愈勤 遂不得終辭 因竊伏念玄逸之生也後 雖未得親覿公盛德懿範 而竊觀當時諸君子敍述之言 則亦足以徵家牒之不誣也 鄭寒岡所謂天資近道 深造自得 金沙溪所謂其於禮書 有實見得 李芝峯所謂退避勢利 如怯夫然 鄭愚伏所謂謙恭慤實 博雅好古 致禮以治躬者 眞可謂慤辭確論矣 遂敢據其家牒 參以諸公之說 撮其大旨而論之曰 公孝友之行 潔廉之操 博雅之學直諒之風 皆足以高一世 而其出處大節 政事施設 亦皆可書而章示後來 故旣歷書世系行事之實 而復具論其本末大致如此 以備太史之採錄 太常之議謚焉

上之十九年三月甲子 具位 李玄逸 狀

연보年譜 | 辛亥·己亥·癸亥·乙卯

세종(世宗) 가정(嘉靖)[315] 30년 -명종대왕(明宗大王) 6년(1551)-

신해 10월 9일 계해에 선생이 청주 묵정리(墨井里)의 집에서 출생하였다. -선생의 증조인 승지공[316]께서 연산군 때 사화를 피해 처음으로 청주에 터를 잡고 사셨는데, 조부인 참판공[317]은 먼저 세상을 떠났고, 부친인 찬성공[318]이 이때에 처음 벼슬하여 동궁 선수 감역관(東宮繕修監役官)이 되었다. 선생은 태어나서부터 남다른 자질이 있었고 단정하며 진중하고 온화하고 순수하여 덕기(德器)가 일찍 이뤄졌다.-

世宗嘉靖三十年 -明宗大王六年-

辛亥十月初九日癸亥 先生生于淸州墨井里第 -先生曾祖承旨公 避燕山禍 始卜居于淸州 祖參判公先卒 考贊成 時筮仕爲東宮繕修監役官 先生生有異質 端重和粹 德器早成-

31년 임자(1552, 명종 7) 선생 2세

三十一年壬子 先生二歲

32년 계축(1553, 명종 8) 선생 3세

三十二年癸丑 先生三歲

---

315) **가정(嘉靖)** : 중국 명(明)나라의 제11대 황제인 세종(世宗)의 연호로, 1522년부터 1566년까지 45년간 사용되었다.

316) **승지공(承旨公)** : 신광윤(申光潤, 1468~1554)으로 자는 윤지(潤之), 호는 일재(逸齋)이다. 문충공(文忠公) 보한재(保閑齋) 신숙주(申叔舟)의 손자이며, 문간공(文簡公) 기재(企齋) 신광한(申光漢)의 형이다. 한성참군으로 연산군의 갑자사화 때 영의정 윤필상(尹弼商)의 외손서라는 이유로 연좌되어 구금되었다. 중종반정으로 석방된 뒤 벼슬을 버리고 청주로 낙향하였다. 좌승지에 추증되었다.

317) **참판공(參判公)** : 신서(申溆, 1483~1537)로 자는 자심(子深)이다. 음직으로 부사맹을 지냈으며, 연산군의 갑자사화 때 윤필상 사건으로 연좌되었고, 중종 때 기묘사화에 또한 연좌되어 평생 벼슬길에 나가지 않았다. 이조참판에 추증되었다.

318) **찬성공(贊成公)** : 신중엄(申仲淹, 1522~1604)으로 자는 희범(希范)이다. 음직으로 감역을 시작으로 여러 고을의 수령을 지냈다. 임진왜란 때 공이 있어 동지중추부사에 올랐고, 좌찬성에 추증되었다.

33년 갑인(1554, 명종 9) 선생 4세

10월에 증왕고[319] 승지공이 졸하였다.

三十三年甲寅 先生四歲

十月 曾王考承旨公卒

34년 을묘(1555, 명종 10) 선생 5세

三十四年乙卯 先生五歲

35년 병진(1556, 명종 11) 선생 6세

三十五年丙辰 先生六歲

36년 정사(1557, 명종 12) 선생 7세

三十六年丁巳 先生七歲

37년 무오(1558, 명종 13) 선생 8세

어릴 때부터 어버이를 곁에서 모시면서 기쁘고 즐겁게 해 드리고 조심하고 살펴 거동에 범절을 거스름이 없었다.

三十七年戊午 先生八歲

自在髫丱 侍親側 怡愉洞屬 動無違節

38년 기미(1559, 명종 14) 선생 9세

三十八年己未 先生九歲

39년 경신(1560, 명종 15) 선생 10세

이해 하은공[320]이 출생하였다.

---

319) 증왕고(曾王考) : 증조부를 이른다.

320) 하은공(霞隱公) : 신용(申涌, 1560~1631)으로 초명은 설(渫), 자는 계수(季收), 호는 하은(霞隱)이다. 졸재공(拙齋公)의 아우이며, 만전당(晩全堂) 홍가신(洪可臣)의 사위이다. 선조 조에 문과에 급제한 뒤 벼슬은

三十九年庚申 先生十歲

是歲 霞隱公生

40년 신유(1561, 명종 16) 선생 11세

찬성공이 용담(龍潭)의 원이 되었다.

四十年辛酉 先生十一歲

贊成公宰龍潭

41년 신유(1562, 명종 17) 선생 12세

四十一年壬戌 先生十二歲

42년 계해(1563, 명종 18) 선생 13세

四十二年癸亥 先生十三歲

43년 갑자(1564, 명종 19) 선생 14세

8월 모부인 유씨(柳氏)의 상을 당하였다. -너무 슬퍼하여 몸이 훼손되고 상제 노릇을 하는 것이 어른보다 나으니, 보는 자들이 감탄하며 기이하게 여겼다.-

四十三年甲子 先生十四歲

八月 丁母夫人柳氏憂 -致毁持制 過於成人 見者嗟異-

44년 을축(1565, 명종 20) 선생 15세

찬성공이 체임되어 돌아왔다.

四十四年乙丑 先生十五歲

贊成公遞歸

한림·군수를 거쳐 황해도관찰사에 이르렀다. 이조판서·대제학을 증직받았고 청주(淸州)의 봉계서원(鳳溪書院)에 배향되었다.

45년 병인(1566, 명종 21) 선생 16세

심제를 끝마쳤다.[321] 겨울에 부인 노씨(盧氏)와 혼례를 행하였다.

퇴도(退陶) 이 선생(李先生)에게 나아가 학문하는 방도를 물었다.

四十五年丙寅 先生十六歲

闋心制 冬聘夫人盧氏

就退陶李先生 問爲學之方

목종(穆宗) 융경(隆慶) 원년 정묘(1567, 명종 22) 선생 17세

퇴도의 문하에서 유학(遊學)하였다.

穆宗隆慶元年丁卯 先生十七歲

遊陶門

2년 무진 선조대왕 원년(1568, 선조 1) 선생 18세

二年戊辰 宣祖大王元年 先生十八歲

3년 기사(1569, 선조 2) 선생 19세

9월에 아들 득자(得滋)가 출생하였다.

三年己巳 先生十九歲

九月 子得滋生

4년 경오(1570, 선조 3) 선생 20세

겨울에 퇴도 선생이 졸하셨다.

四年庚午 先生二十歲

冬 退陶先生卒

---

321) 심제(心制)를 끝마쳤다 : '심제'는 복은 입지는 않으나 복을 입었을 때와 같은 마음으로 근신하는 심상(心喪)이다. 부재모상(父在母喪)의 경우는 아들이 상주가 아니고 아버지가 상주이기 때문에 기년(朞年) 만에 복을 벗는 것이 예제(禮制)이다. 아들은 예제에 의해 기년 만에 복은 벗지만 어머니를 위해 심상으로 3년상을 마친다.

5년 신미(1571, 선조 4) 선생 21세

가을에 찬성공이 상주통판(尙州通判)이 되었다.

五年辛未 先生二十一歲

秋 贊成公通判尙州

6년 임신(1572, 선조 5) 선생 22세

六年壬申 先生二十二歲

신종(神宗) 만력(萬曆) 원년 계유(1573, 선조 6) 선생 23세

딸 김덕민(金德民)의 처가 출생하였다.

神宗萬曆元年癸酉 先生二十三歲

女金德民妻生

2년 갑술(1574, 선조 7) 선생 24세

二年甲戌 先生二十四歲

3년 을해(1575, 선조 8) 선생 25세

대곡(大谷) 성 선생(成先生)의 문하에서 유학하였다. -퇴계가 돌아가신 후 또 대곡 문하에서 종유하였다.-

三年乙亥 先生二十五歲

遊大谷成先生門 -退溪沒後 又從大谷門-

4년 병자(1576, 선조 9) 선생 26세

9월에 급제하였다. -이 달 29일 중시 별시(重試別試)에서 병과(丙科) 제5위에 합격하였는데, 과제(科題)가 〈당사문박사한유진원화성덕시표(唐四門博士韓愈進元和聖德詩表)〉였다. ○선생은 스스로를 깊이 감추고 드러내지 않았는데, 부친이 연로하고 문호가 쇠해지는 이유로 과거에 급제하여 세속에 나아가 뒤섞이게 된 것인데, 당시 사람들 중에 이것을 아는 자가 드물었다.-

승문원에 선발되어 들어가다. -당시 신료들이 서로 갈등을 빚기 시작할 무렵이라, 문을 닫아걸고 세상일 잊고는 몸을 단속하고 수행하며, 사국(史局)에 천거되었으나 나아가지 않았다.- 규례에 따라 승문원 박사로 승진하다.

四年丙子 先生二十六歲

九月 及第 -是月二十九日 重試別試榜 中丙科第五 唐四門博士韓愈進元和聖德詩表○先生深自韜晦 且以親老門衰決科 以進混於流俗故 時人鮮有知者-

選入槐院 -時當縉紳相軋之始 杜門却掃 律身修行 被薦史局 不肯就試- 例陞本院博士

5년 정축(1577, 선조 10) 선생 27세

五年丁丑 先生二十七歲

6년 무인(1578, 선조 11) 선생 28세

여름에 찬성공이 순천군수(順川郡守)가 되었다.

六年戊寅 先生二十八歲

夏 贊成公守順川

7년 기묘(1579, 선조 12) 선생 29세

8월에 글을 지어 대곡 선생에게 제사를 올렸다.

七年己卯 先生二十九歲

八月 操文 祭大谷先生

8년 경진(1580, 선조 13) 선생 30세

질정관[322]으로 연경에 갔다. 돌아와 전적에 올랐다가 예조좌랑으로 옮겼다.

八年庚辰 先生三十歲

以質正官如京師 還陞典籍 移禮佐郎

322) 질정관(質正官) : 조선시대에 글의 음운(音韻)이나 제도 따위에 대한 의문점을 중국에 질문하여 알아오는 일을 맡아 하던 임시 벼슬이다. 중국에 사신(使臣)이 갈 때 함께 갔다.

9년 신사(1581, 선조 14) 선생 31세

가을에 관서(關西)에서 점마[323]하였고, 겨울에 일본 사신을 영남으로 호송하였다.

九年辛巳 先生三十一歲

秋 點馬關西 冬 護送日本使于嶺南

10년 임오(1582, 선조 15) 선생 32세

十年壬午 先生三十二歲

11년 계미(1583, 선조 16) 선생 33세

호조·병조·형조의 낭관(郎官)을 역임하고 지평에 제수되었다.

찬성공이 임기가 차서 체직되시다. -순천의 백성들이 거사비(去思碑 송덕비)를 세웠다.-

十一年癸未 先生三十三歲

歷戶兵刑三曹郎 拜持平

贊成公瓜遞 -順民立去思碑-

12년 갑신(1584, 선조 17) 선생 34세

겨울에 찬성공이 수안군수가 되었다.

아들 득자가 소씨(蘇氏)에게 장가들다. -증 승지 소순복(蘇純福)의 딸이다.-

十二年甲申 先生三十四歲

冬 贊成公守遂安

子得滋 委禽于蘇氏 -贈承旨純福女-

13년 을유(1585, 선조 18) 선생 35세

여름에 성절사 서장관(聖節使書狀官)으로 연경에 조회갔다.

12월 4일에 차남 득연(得淵)이 태어나다.

十三年乙酉 先生三十五歲

323) 점마(點馬) : 각도의 목장에서 기르는 말을 점고(點考)하는 일이다. 봄·가을에 임시로 사복시(司僕寺)의 관원을 파견하였다.

夏 以聖節使書狀官 朝京

十二月初四日 次子得淵生

14년 병술(1586, 선조 19) 선생 36세

전적[324]을 거쳐 정언[325]으로 이배(移拜)되었다.

十四年丙戌 先生三十六歲

由典籍移拜正言

15년 정해(1587, 선조 20) 선생 37세

5월에 사예로서 한학교수를 겸임하였고, 7월에 헌납을 거쳐 12월에 직강이 되었다.

겨울에 장녀가 김덕민에게 시집갔다.

十五年丁亥 先生三十七歲

五月 以司藝兼漢學校授 七月 歷獻納 十二月 直講

冬 長女適金德民

16년 무자(1588, 선조 21) 선생 38세

정월에 다시 헌납으로 옮겨 제수되었고, 2월에 전적이 되었으며, 5월에 특별히 봉정대부(奉正大夫)에 가자(加資)되었고 전적으로 중학교수(中學敎授)를 겸임하였다. 다시 헌납이 되었다가 체직되어 전적에 제수되어 서학(西學) 한학교수를 겸임하였다. 또 헌납에서 전적으로 체직되었다.

十六年戊子 先生三十八歲

正月復移獻納 二月典籍 五月別加奉正大夫 以典籍兼中學敎授 復爲獻納 遞拜典籍兼西學漢學敎授 又以獻納 遞典籍

---

324) **전적(典籍)** : 조선시대 성균관의 정6품 벼슬. 정원은 13명으로, 도적(圖籍)의 수장(收藏)과 출납·관리의 일을 맡았다. 종학(宗學)의 교관(敎官)과 사학(四學)의 학관(學官)을 겸했으며, 1명은 양현고의 주부를 겸했다.

325) **정언(正言)** : 사간원(司諫院)의 정6품 관직이다.

17년 기축(1589, 선조 22) 선생 39세

정월에 장령으로 승진하였고, 2월에 체직되어 의빈부 경력(儀賓府經歷)이 되었다가 9월에 홍문관 수찬이 되었으며 겸직은 전례와 같았다. 겨울에 체직되어 승문원 교검(承文院 校檢)이 되었다. 이해 겨울에 정여립의 역모와 관련된 옥사가 발생하자 위관이 선생을 무함하여 체포하여 국문하고 형신(刑訊)하고서 곤양(昆陽)으로 유배하였다. -판서 정세규 집안의 《기축록(己丑錄)》에 "정여립 옥사 때에 위관 정철(鄭澈)이 역적 정여립의 가노(家奴)를 국문하기를 '일찍이 왕래한 사람들을 이실직고하라.' 또 국문하기를 '네가 이름은 모를지라도 신 수찬(申修撰)이나 이 교리(李校理)가 왕래한 적이 없었느냐?'라고 하니, 가노가 위협적인 심문에 겁내어 '과연 그런 일이 있었습니다.'라고 하자 즉시 나국하였다. 이에 공이 공초(供招)하기를 '신은 금년에 도당록(都堂錄)에 참여되어 역변(逆變)이 일어난 뒤에 비로소 수찬 벼슬을 받았는데, 가노가 어떻게 미리 알 수 있답니까? 또한 평생 동안 금강(錦江) 이남을 건너간 적이 없는데, 이른바 전주(全州) 역적의 집에 갔었다는 말은 절대로 이런 이치는 없습니다. 신이 항상 그 사람됨을 부정하게 여겨 동료들 간에 말을 했었고 금일 입시한 신하들 또한 이 말을 들은 자들이 많습니다.'라고 하였다. 정철이 회계하기를 '역변(逆變)이 드러나기 전에는 사람들이 모두 역적을 칭찬하더니, 드러난 뒤에는 사람들이 모두 역적을 꾸짖으니, 형추(刑推)하기를 청합니다.'하니, 비답하시기를 '아뢴 대로 하라.'라고 하였다. 그러자 정철이 문득 크게 놀라는 모습을 지으며 말하기를 '엊그제는 내가 취해서 이런 계사(啓辭)가 있는 줄을 살피지 못했으니, 어찌 차마 무고한 사람을 형추할 수 있겠는가.'라고 하면서 장차 다시 아뢰어 구제해줄 것처럼 하였고, 또 번거롭게 계청하는 데에 어려운 점이 있다고 핑계를 대면서 거짓으로 불안한 기색을 보이더니 드디어 곤장을 치면서 가장 혹독하게 했다. 입계할 때에 형을 더하기를 청하면서 끝내 구해(救解)의 말은 없었으니, 비답하시기를 '형을 더하지 말고 참작하여 정배하라.'라고 하자 바로 곤양으로 정배하였다.

훗날 공이 주머니 속에서 뼛조각을 꺼내며 말씀하기를 '이것은 내가 신문을 당할 때에 부서진 뼈이다.'라고 하였다. 또 '내가 문과에 막 급제했을 당시 길에서 정모(鄭某)를 만났는데 신참인 나를 불러 그의 집에까지 가게 되었다. 자못 친절하게 대하면서 후일 서로 방문하자고 말했지만, 나는 신진으로 다른 말을 주고받고 싶지 않았고 결국 다시 그 집에 가지 아니하였다. 그 뒤에 술자리에서 만났는데, 술을 마시며 이야기하는 중에 은근히 손잡고서 수염을 쓰다듬기도 하더니 자리에서 일어날 적에 사모를 바꿔 쓰고 갔으니 그 의도는 아마 찾아오게 한 것이었다. 이튿날 사모를 돌려보냈지만 역시 가서 인사를 하지 않으니, 이 때문에 크게 유감을 품었고, 이런 일이 있은 뒤로 서로 만나더라도 서로 모르는 듯이 하였더니, 무고(誣告)에 연루되어 거의 불측한 지경에 빠지는 데에 이르렀다."라고 하였다. ○자의(諮議) 정도응

(鄭道應)의 《한거잡기(閒居雜記)》에도 자세하게 전말이 보인다.

十七年己丑 先生三十九歲

正月陞掌令 二月遞爲儀賓經歷 九月拜弘文館修撰 兼如例 冬遞爲承文院校檢 是年冬鄭汝立逆獄起 委官誣先生 逮問刑訊 配昆陽 鄭判書世規家己丑錄曰 -汝立獄時 委官鄭澈 問逆家奴曰 直告嘗往來人 又問爾雖昧其名 申修撰李校理浩無往來時耶 奴㥘於威訊曰果有之 卽拿鞫 公供曰 矣臣 今年參都堂錄 逆變發後 始拜修撰 奴何以預知乎 且平生不渡錦江以南 所謂往全州逆家云者 萬萬無此理 臣常不正其爲人 言于儕友間 今日入侍諸臣 亦聞之者 鄭回啓曰 逆賊未發之前 人皆曰譽賊 既發之後 人皆曰罵賊請刑推 答曰依啓 鄭作大驚狀 昨者 吾醉不省有此啓 豈忍刑推無辜之人乎 若將更啓伸救 又托難於煩啓而佯爲不安色 遂杖又最酷 入啓時 只請加刑 終無救解語 答曰勿爲加刑 參酌定配 卽配昆陽 後公出囊中片骨曰 此吾受訊時碎骨也 又言吾新恩時 與鄭遇於途 鄭呼新來 到其家 頗致款曲曰 後當相訪 吾以新進 不欲交他 遂不復往 其後 邂逅於酒席 含盃酒話 殷勤把臂將鬚 臨起 換着紗帽而去 其意盖欲使來見也 翌日還送紗帽 亦不往謝 以此 大蓄憾 是後 雖或相値 若未相知 至是爲其搆 幾陷不測○鄭咨議應道閒居雜記 又詳見顚末-

18년 경인(1590, 선조 23) 선생 40세

곤양의 배소에 있었다.

十八年庚寅 先生四十歲

在昆陽配所

19년 신묘(1591, 선조 24) 선생 41세

곤양의 배소에 있었다. 8월에 계조모(季祖母) 이씨(李氏)가 별세하였다.

十九年辛卯 先生四十一歲

在昆陽配所 八月季祖母李氏卒

20년 임진(1592, 선조 25) 선생 42세

여름에 사면을 받았다. 당시에 왜구가 온 나라에 창궐하였으나 선생은 미처 대가를 호종(扈從)하지 못하였는데, 경기도순찰사 권징(權徵)이 계문[326]하고서 선생을 불러 종사관(從事官)

으로 임명하였다. -선생은 사면의 소식을 듣자마자 북상하는 남군(南軍)으로 갔지만 근왕군(勤王軍)이 궤멸되어 겨우 몸만 빠져나왔고 낮에는 숨고 밤에는 길을 가며 온갖 어려움과 위험을 두루 겪으면서 행재소[327]에 도착하려 하였다. 권공(權公)이 당시에 임진(臨津)이 무너지자 다시 흩어져 도망간 장사들을 불러 모았는데 선생이 왔다는 말을 듣고는 바로 장계[328]를 갖추어 종사관으로 삼았다. 이로 인해 막하(幕下)에서 8, 9일을 머물렀다.-

12월에 계증조모(季曾祖母) 김씨(金氏)가 돌아가셨다.

二十年壬辰 先生四十二歲

夏蒙宥 時倭寇充斥 先生未及扈駕 京畿道巡察使權徵啓聞 辟爲從事 -先生聞恩赦 卽詣南軍北上 勤王師潰 僅以身免 晝伏夜行 備嘗艱危 將達行在 權公時臨津潰 還收召散亡將士 聞先生至 卽具狀啓 爲從事官 因留幕下八九日-

十二月 季曾祖母金氏卒

21년 계사(1593, 선조 26) 선생 43세

2월에 한성 서윤(漢城庶尹)에 제수되었다. -이때 왜적이 막 퇴각하여 경성(京城)이 텅 비게 되자 임금께서 특별히 이 직책을 제수하여 먼저 도성에 들어가 사민(士民)들을 소집하여 서울 안을 진무(鎭撫)하고 이어서 명나라 장수를 접응하기 위해 명한 것이다.-

7월에 광주목사(廣州牧使)에 제수되었다. -당시 병화(兵火)를 겪으면서 읍리(邑里)는 폐허가 되었고 굶어 죽는 이가 길에 가득했다. 선생은 창고를 열어 구휼하여 온 경내 백성들을 온전히 살렸다. 이 때문에 영릉(英陵) 길에서 만난 도적들이 스스로 흩어지는 이변이 있었다.-

겨울에 어가(御駕)가 도성으로 돌아왔다.

二十一年癸巳 先生四十三歲

二月敍拜漢城庶尹 -時倭新退 京城蕩然 上特除是職 命先入城 招集士民 鎭撫都下 因爲接待天將-

七月拜廣州牧使 -時兵燹之餘 邑里丘墟 餓莩盈路 先生發倉賙賑 一境全活 是以 有英陵路盜

326) 계문(啓聞) : 관찰사·절도사 등이 어떤 일을 글로 써서 임금에게 아뢰는 것을 말한다.
327) 행재소(行在所) : 임금이 피난길에 머물러 계신 곳을 이른다.
328) 장계(狀啓) : 임금의 명을 받들고 외방에 나간 사신이 현지에서 서장(書狀)으로 임금에게 아뢰는 것을 말한다.

自散之異-

冬大駕還都

22년 갑오(1594, 선조 27) 선생 44세

통훈[329]의 품계로 승진되었다.

12월에 사간에 제수되었다. 사직하겠다는 상소를 올렸으나 윤허받지 못하였고, 교리 지제교(校理知製敎)로 이직되었다.

二十二年甲午 先生四十四歲

陞通訓階

十二月拜司諫 陳疏辭 不允 移校理知製敎

23년 을미(1595, 선조 28) 선생 45세

2월에 다시 사간에 제수되었다가 교리 겸 시강원문학(侍講院文學)으로 이직되었다.

찬성공이 복(服)을 마친 뒤에 곡산(谷山)의 수령이 되었다.

6월에 집의(執義)에 제수되었고 왕명을 받들고 외방에 안찰사로 나갔다.

7월에 장악원 정(掌樂院正)과 지제교(知製敎)에 제수되었다가 9월에 다시 사간에 제수되었다. 12월에 통정대부(通政大夫)의 품계로 승진되었고 동부승지(同副承旨)에 제수되었다.

8월에 부인 노씨(盧氏)가 별세하였다.

二十三年乙未 先生四十五歲

二月復拜司諫 移校理兼侍講院文學

贊成公服除宰谷山

六月拜執義奉命使于外

七月拜掌樂正知製敎 九月復拜司諫 十二月陞通政階 拜同副承旨

八月夫人盧氏卒

329) 통훈(通訓) : 조선조 문관의 정3품 당하관(堂下官)의 품계.

24년 병신(1596, 선조 29) 선생 46세

그 뒤 여러 차례 좌승지(左承旨)에 전임되었다. 9월에 체직되어 부호군(副護軍)에 임명되었다가 곧 이조참의에 제수되었다. -6월 9일에 우부승지(右副承旨)로서 아뢰기를 "권려가[330]의 서문 중에 '웅건한 군사 10만 명을 훈련하여 기회를 보아 나아가 구원하게 되었다.'는 등의 말이 있으니, 널리 퍼트려서 적중(賊中)에 유입되게 해서는 부당하다."고 하니, 아뢴 대로 하라고 하였다. 18일에 아뢰기를 "삼(蔘)을 채취해서 곡식과 무역하여 군량을 보조하게 해서 오랑캐들이 잠입하여 삼을 훔쳐가는 폐단을 막아야 한다."라고 하였다. 21일에 좌부승지로서 아뢰기를 "본원의 좌석 차서(次序)는 반드시 제수의 선후에 맞추어 위아래를 정하는 것이 전례(典例)입니다. 신(臣)이 우부승지로 된 것이 홍세공(洪世恭)의 뒤에 있으니, 홍세공을 마땅히 올려야 합니다."라고 하였다.-

二十四年丙申 先生四十六歲

屢轉左承旨 九月遞付副護軍 旋拜吏曹參議 -六月初九日 以右副承旨 啓以勸勵歌序中 有雄師十萬 相機進援等語 不當廣布流入賊中云云 依啓 十八日 啓以採蔘貿粟 以裨軍餉 以防胡人潛入竊蔘之弊云云 二十一日 以左副承旨 啓以本院座次 必以除授先後 爲之陞降例也 臣之爲右副承旨 在洪世恭之後 洪世恭當陞云云-

25년 정유(1597, 선조 30) 선생 47세

여름에 지제교로 있다가 대사간(大司諫)으로 옮겨졌고 체직되어 호군(護軍)에 임명되었다. 곧이어 부제학(副提學)에 제수되었다가 좌승지로 옮겨졌고 다시 부제학에 제수되었다. 가을에 어명을 받들어 학가[331]를 호남에서 맞이하였다. -혹은 '해서(海西)'라고 하기도 하고, 또 '관서(關西)'라고 하기도 하는데, 마땅히 훗날 상고하여야 한다. 돌아와서 대사성을 겸임하였고, 악장(樂章)을 정리하여 바로잡아 고쳤다. 이보다 앞서 성균관(成均館)에서 석채[332]를 올릴 때 연주되는 악장에 악사의 잘못된 연주가 태반이었는데도 그대로 하였고, 또 임의대로 남겨두거나 산삭함을 꺼려서 모두 그대로 거행했지만

330) **권려가(勸勵歌)** : 명나라 제독 마귀(麻貴)가 대군을 거느리고 요동으로부터 압록강을 건어 서울로 향하면서 먼저 절강(浙江) 유격장군 섭상(葉鱨)으로 하여금 조선에 이르러 군량을 독려하고 군사를 모집하게 하였는데, 섭상이 서울에 도착하여 권려가(勸勵歌)를 지어 우리나라 선비와 백성에게 돌려 보였다. 《연려실기술 제17권, 선조조 고사본말(宣朝朝故事本末)》

331) **학가(鶴駕)** : 왕세자의 행차를 이른다.

332) **석채(釋菜)** : 음력 2월과 8월의 상정일(上丁日)에 서울은 성균관, 지방은 향교에서 선성(先聖)과 선사(先師)에게 지내는 제사를 말한다. 석전제(釋奠祭).

제사에 참여한 자들이 능히 고찰하지 못하였었다. 이로 인해 이것이 규례로 정해진 지가 오래되었다. 선생이 성균관 대사성 관직을 맡게 되면서 미리 상고하여 열람하고 악절마다 헤아려 고증하여 제삿날에 이르러 의식대로 모두 연주하자 식자들이 선생의 해박함에 감탄하였다.- 겨울에 임금께서 품제[333]하신 말로 인해 '졸(拙)' 자를 재호(齋號)로 지어 편액을 걸었다. -명나라 서관란(徐觀瀾)이 올 적에, 임금님께서 '신모(申某)는 졸하다'는 말씀이 있었으므로 이를 재호로 삼아 편액을 걸은 것이다.-

二十五年丁酉 先生四十七歲

夏以知製教 移大司諫 遞付護軍 旋拜副提學 移左承旨 復拜副提學 秋奉承命 迎鶴駕于湖南 -或云海西 或云關西 當後攷- 還兼大司成 釐正樂章 -前此 國學釋菜時 所奏樂章 只憑樂師之訛謬太半 又憚畢擧任意遺刪而參祀者不能考察 因以成規者久矣 先生及爲舘職 預令考閱 逐節商證 至祀日 依式畢奏 識者嘆其該博- 冬因上品題語 以拙扁齋號 -皇朝徐觀瀾之來上有申拙之教 故揭號-

26년 무술(1598, 선조 31) 선생 48세

정월에 지제교로서 호남선유사(湖南宣諭使) 되었는데, 보은(報恩) 쪽으로 길을 잡아서 따님인 용궁(龍宮)의 원 김덕민[334]의 처를 곡하였다. -김용궁 부인(金龍宮夫人)으로 정유왜란 때 절개를 지키다 죽었다. 충청감사 김신원(金信元)이 이를 장문[335]하니, 특명으로 정려(旌閭)를 내리고 조세(租稅)와 부역을 면제하였다.[336] 선생이 기유년 호서(湖西)를 안찰할 때에 행록(行錄)을 지었다.- 돌아와 도승

---

333) **품제(品題)** : 인물의 가치나 우열(優劣)을 평정하는 일.

334) **김덕민(金德民, 1570~1651)** : 본관은 경주(慶州), 자는 방량(邦良)이다. 김가기(金可幾)의 아들로, 1603년 충청도관찰사 유근(柳根)의 도움을 받아 성운의 문집을 3권 1책으로 간행하였다. 예빈시 주부·용궁현감(龍宮縣監) 등을 지냈다.

335) **장문(狀聞)** : 지방관이 글로 임금에게 아뢰는 것.

336) 이 일은 《선조실록》 98권, 선조 31년(1598) 3월 1일 7번째 기사 "도승지 신식의 딸 신씨의 절개를 기려 정문, 복호케 하다."의 제목으로 다음과 같이 기록되어 있다. "충청도 보은현(報恩縣) 성족리(聲足里)에 사는 유학(幼學) 김덕민(金德民)의 처 신씨(申氏)는 정유왜란(丁酉倭亂) 때에 남편과 시부모를 따라 산속으로 피난하였다가 뜻하지 않게 왜적을 만나게 되어 시부모가 모두 살해당하였다. 신씨는 남편의 첩과 함께 사로잡히게 되었는데 왜적이 그의 나이가 어린 것을 보고 함께 끈으로 묶어 끌고 가려고 하였다. 신씨는 빠져나가지 못할 것을 알고 눈물을 흘리며 첩에게 말하기를 '나의 뜻은 본디 정해졌다. 죽는 것 외에는 다른 도리가 없다. 너는 꼭 죽을 필요가 없으니 우선은 그대로 따라갔다가 다시 돌아오기를 도모하라.' 하고, 이에 칼을 빼어 들고 소리를 높여 왜적을 꾸짖기를 '내가 어찌 감히 너를 따라가 살겠는가. 속히 나를 죽여라.' 하며 오른손으로는 칼을 잡고 왼손으로는 나무를 휘어잡고는 소리를 더욱 매섭게 질렀다. 그러자 왜적이 노하여 그의 오른쪽 어깨를 치자 땅에 쓰러져 절명하였다. 그의 비(婢) 연지(燕之)

지에 제수되었다. 3월에 체직되어 호군에 소속되었다가 다시 도승지에 제수되었다. -당시에 왜구들이 재차 쳐들어오자 명나라 군사가 다시 출동하여 처리할 공문서의 양이 많아졌고 이쪽저쪽으로 대처할 일이 빗발쳤다. 선생이 병신년부터 무술년까지 3년간 외직으로 나갔다 곧바로 들어와서는 늘 은대(銀臺)에 있으면서 밤낮으로 몹시 애쓰며 왕명을 잘 받드니, 임금께서 이를 가상히 여겨 특별히 한 자급을 올려주었다. 겨울에 품계가 올라 가선(嘉善)이 되었고 동지중추부사(同知中樞府事)에 제수되었다. 12월에 증조가 안동부사에 증직되었고, 증조비 지씨(池氏)와 김씨(金氏)는 숙인[337]으로, 부인 노씨(盧氏)는 정부인(貞夫人)으로 증직되었다.-

二十六年戊戌 先生四十八歲

正月以知製教 爲湖南宣諭使 取路報恩 哭女金龍宮德民妻 -金龍宮夫人 死節于丁酉倭亂 忠清監司金信元狀聞 特命旌閭復戶 先生 己酉按湖西時 撰行錄 還拜都承旨 三月遞付護軍 復拜都承旨 時倭寇再搶 天兵復出 文書浩繁 接應旁午 先生 自丙至戊三載之間 乍出旋入 長在銀臺 夙夜勤勞 出納惟允 上嘉之 特加一資- 冬進階嘉善 拜同知中樞府事 -十二月 贈曾祖安東府□□曾祖妣池氏淑人 金氏淑人 盧氏貞夫人-

27년 기해(1599, 선조 32) 선생 49세

3월에 공조참판에 제수되었고, 4월에는 사은사(謝恩使)로 차출되었다. 얼마 지나지 않아 해서백[338]에 제수되었는데, 사명[339]을 이보다 먼저 받았다는 사유로 사양하고 부임하지 않았다. 다시 공조참판에 제수되었다. -이보다 앞서 진주사(陳奏使) 이항복(李恒福)이 명나라에 가서 정응태(丁應泰)가 우리나라를 무고한 사건을 분변하자, 천자가 칙서(勅書)를 내려 선유(宣諭)했지만 명나라 조정의 의론이 아직도 시원하게 풀리지 않았다. 이에 이르자 마땅히 사은사 겸 진주사를 보내려 하였으나 적임자를 찾기가 어려웠는데, 선생이 추천되어 상사(上使)가 되었다. 선생이 길을 떠날 적에 아뢰

가 주인 아기를 업고서 곁에 숨어 있다가 주인이 해를 당하는 것을 보고 나와 끌어안자 적이 아울러 살해하였다. 그 첩이 끝내 적중으로부터 도망하여 돌아와 그 전말을 이야기하였는데 그 절개에 탄복하여 흐느낌을 멈추지 못하였다. 이 절의(節義)의 상황을 조정에 전문(轉聞)하자 정문(旌門)하고 복호(復戶)하였다. -신씨는 바로 도승지 신식(申湜)의 딸이다.-"라고 하였다. 최립(崔岦)은 〈부제학 신숙정의 죽은 딸에 대한 만가(申副提學叔正亡女挽歌)〉를 지어 애도한 글이 《간이집》 〈난후록(亂後錄)〉에 전한다.

337) **숙인(淑人)** : 조선조 때 정3품의 당하관(堂下官) 및 종3품의 종친(宗親)과 문무관(文武官)의 아내에게 내리던 품계이다.

338) **해서백(海西伯)** : 황해도관찰사(黃海道觀察使)

339) **사명(使命)** : 사신(使臣)으로 외국에 나가라는 임금의 명령.

기를 "신이 지금 표문(表文)을 받들고 명나라 수도에 조회를 가는데, 마침 명나라 군사가 동정[340]하고 철수하여 돌아간 뒤를 당하여, 중로(中路)와 서로(西路)의 겨우 완전하게 된 일을 만약 사신으로 온 배신(陪臣)에게 발문한다면 장차 어떻게 답변해야 할지 모르겠습니다. …… 청컨대 비변사에서 상의해 결정하도록 하고 지침을 내려 주십시오."라고 하였다.- 북경에 이르러, 황제께서 선생의 응대함이 자세하고 분명함을 가상히 여겨 후하게 예우함이 사뭇 남달랐고, 연회를 베풀어 주고 은상(恩賞)을 내려주는 것 외에 별도로 은동자(銀童子) 한 쌍을 하사하니, 주조하여 술잔을 만들고 명문(銘文)을 새겼다. -선생이 특별한 은사(恩賜)에 감격하여 일행들에게 나누어 주니, 혹자는 갓의 장식으로 만들고 혹자는 대구[341]로 만들어서 감격스러움을 지니고자 하는 뜻을 보였고, 선생은 주조하여 술잔을 만들어 사무친 은혜에 감축하는 정성을 붙이었다.- 겨울에 복명(復命)하였고, 호군(護軍)에 붙여졌다. 얼마 안 되어 외직으로 강릉부사(江陵府使)에 보임되자 찬성공을 임소로 맞이하였다. -당시에 찬성공이 곡산 수령에서 체직되어 바야흐로 해서[342]에 우거하고 있었는데, 선생이 상소로 진정(陳情)하여 임소로 모시고 와서는 편안히 봉양하기를 지극히 하였다. 동추공(同樞公)을 따라 피난왔던 온 집안사람들도 함께 오니, 선생이 녹봉을 쪼개서 구휼하면서 하나같이 찬성공의 뜻을 따랐다. 백성을 다스림에 청렴하고 신중하게 하여 온 경내가 편안하였다.- 찬성공이 통정대부에 가자(加資)되고 절충부호군(折衝副護軍)이 되었다. -이보다 앞서 명나라 수륙병(水陸兵)이 많이 모이게 되어 군량이 다 떨어지자 찬성공이 가산(家産)을 내어 도왔다. 이런 연유로 품질(品秩)이 더해진 것이다.-

二十七年己亥 先生四十九歲

三月拜工曹參判 四月差謝恩使 俄拜海西伯 以使命在前 辭不赴 復拜工曹參判 -先是陳奏使李恒福 往辨丁應泰誣本國事 天子賜勅諭 而中朝論議 尙未釋然 至是 當遣謝恩使兼陳奏使而難其人 推先生爲上价 先生臨行啓曰 臣今奉表朝京 適當東征撤還之後 中西二路 苟完之事 倘或發問於差來陪臣 則其將何以爲對云云 請令備邊司 商議指授- 至京 帝嘉其應對詳悉 眷遇殊異 宴賞之外 別賜銀童子一雙 鑄爲盃銘之 -先生感激殊賜 分與一行諸公 或爲笠飾 或爲帶鉤 以示戴佩之意 而先生鑄爲盃 以寓含恩感祝之誠- 冬復命 付護軍 未幾 外補江陵府使 迎贊成公于任所 -時贊成公 遞谷山 方寓海西 先生上疏陳情 奉來任所 以盡便養 一

340) 동정(東征) : 임진왜란 때 명나라가 우리나라를 구하기 위해 원정 나온 일을 말한다.

341) 대구(帶鉤) : 허리띠를 맬 때에 걸도록 만든 부속품.

342) 해서(海西) : 황해도(黃海道)를 가리킨다. 〈시장(諡狀)〉에는 동추공(同樞公)이 당시에 호서(湖西)에 우거했다고 되어 있는데, 곡산(谷山)이 황해도의 속군(屬郡)이므로 후고(後考)할 바이다.

家人隨同樞公避亂者咸來作 先生分奉賙濟 一順贊成公意 臨民淸謹 一境晏如- 贊成加通政階 爲折衝副護軍 -先是 天朝水陸兵騈集 賙餉匱竭 贊成公出家資佐之 由是增秩-

28년 경자(1600, 선조 33) 선생 50세

강릉부사로 재임 시에 찬성공이 첨지중추부사(僉知中樞府事)에 제수되었다.

二十八年庚子 先生五十歲

在江陵 贊成公拜僉樞

29년 신축(1601, 선조 34) 선생 51세

찬성공이 가선대부[343]에 올랐고 동지중추부사에 제수되었다. 서울에 가서 부친이 연로하다는 사유로 상소를 올리니, 체직되어 호군 겸 부총관(護軍兼副摠管)에 붙여졌다. 겨울에 찬성공을 위하여 경수연(慶壽筵)을 열었다. -선생은 찬성공이 연세가 높은 것으로 품계가 올라가자 큰 성은(聖恩)에 감격하여 경수연을 열었고, 신축·임인·계묘·갑진년 동안 해마다 이를 상례로 삼았으며, 임금님께서는 특명으로 이날만은 야간 통행금지를 거두었다. 최몽은[344]의 시에 이른바 "듣자니 의금부에서 야간 통금을 않는다니, 높은 성곽의 물시계도 더욱 느긋하기만 하네."라고 한 것이 이를 드러낸 것이다. 이때 기로(耆老)에 같이 오른 분들과 조정의 신료들이 모두 이르렀으니, 최동고(崔東皐)의 서문에 이른바 "귀인 행차를 옹위하는 외침이 거리에 넘쳐나고, 고관대작들이 잔치자리에 가득하였네."라고 하였다. 교유하던 여러 공들이 헌수하고 춤추었으니, 이월사[345]의 선생에 대한 만사에서 이르길 "계묘년 봄에 열린 경수연 자리에서, 그대와 함께 북당 앞에서 춤을 추었었지."라고 하였다. 문장과 사백들이 즐겁게 노래하고 읊는 성대한 일을 이뤄 시편이 권축(卷軸)을 이루었으니, 허미수(許眉叟)의 서문에 이른바 "인재의 융성함이 또한 백대토록 일컬어질 만하다."라고 하였다.- 경수연첩(慶壽宴帖)과 은배(銀盃)는 종손가에 전해지고 있다.

二十九年辛丑 先生五十一歲

---

343) **가선대부(嘉善大夫)** : 조선시대 종2품 문무관에게 주던 품계를 말하며, 종2품 하계(下階)로 가정대부(嘉靖大夫)와 가의대부(嘉義大夫) 보다 아랫자리이다.

344) **최몽은(崔夢隱)** : 최철견(崔鐵堅, 1548~1618)으로 본관은 전주(全州), 자는 응구(應久), 호는 몽은(夢隱)이다. 어우(於于) 유몽인(柳夢寅)과 사돈지간이다.

345) **이월사(李月沙)** : 이정귀(李廷龜, 1564~1635)로 본관은 연안(延安), 자는 성징(聖徵), 호는 월사(月沙)이며, 시호는 문충(文忠)이다. 신흠(申欽)·장유(張維)·이식(李植)과 함께 조선 중기 한문사대가(漢文四大家)의 한 사람이다.

贊成公陞嘉善 拜同樞 入京以親老陳疏 遞付護軍兼副摠管 冬爲贊成公設慶壽筵 -先生以贊成公高年進秩 感激殊恩 爲設慶壽筵 辛壬癸甲 歲率爲常 自上特命收夜禁 崔夢隱詩 所謂聞說金吾不禁夜 層城晴漏更遲遲者也 時同陞耆老縉紳 傾朝而至 崔東皐序所謂 呵擁前後溢於巷陌 朱紫金玉交於宴席者也 交遊諸公 獻壽迭舞 李月沙挽先生云 癸卯春中慶壽宴 與君同舞北堂前者也 文匠詞伯 樂爲歌詠盛事 積成卷軸 許眉叟序所謂人才之盛 亦可稱於百代者也- 慶壽宴帖與銀盃 傳在宗孫家

30년 임인(1602, 선조 35) 선생 52세

정월에 호조참판에 제수되었다. 당시 국가에서 경서교정청(經書校正廳)을 설치하고 경학에 밝고 학문이 깊은 사람을 신중하게 뽑아서 당랑[346]을 충원하였는데, 선생이 이 선발에 참여되었다.[347] 4월에 특진관(特進官)으로 경연(經筵)에 참석하였다.

3월에 정우복(鄭愚伏)이 서신으로 출처의 의리[出處義理]를 물었다. -서신에 이르기를 "당초에 임금의 은명(恩命)을 사양하지 않았고, 지금 또 일로써 부르심에 가지 않는다면 군신의 도리가 폐하여지는 것입니다. …… 혹 별다른 의리가 있다면 바라건대 꼭 자세한 내용을 편지로 주셔서 때에 해당하는 의리에 미혹되게 되지 않도록 해주십시오. 선유(先儒)들은 '행하고 그침을 남에게 묻지 않았다' 하는데 …… 확실한 판단이 서지 않으니, 서로 아껴주는 영형(令兄) 같은 사람은 반드시 남의 일이라고 보시지는 않을 것입니다. 이에 감히 속에 있는 마음을 다 펴서 말씀드립니다."라고 하였다.-

여름 4월에 경수연을 열고, 겨울 10월에 다시 열었다.

명나라 사신 고천준(顧天峻), 최정건(崔廷健)과 함께 한강을 유람할 적에[348] 율시 2수를 화운시로 지어 그들에게 주었다.

三十年壬寅 先生五十二歲

正月拜戶曹參判 時國家設經書校正廳 極揀經明學邃之人 以充堂郞 與是選 四月以

346) **당랑(堂郞)** : 당상관(堂上官)과 낭관(郎官)을 말한다.

347) **선생이 …… 참여되었다** : 각주 308)번 참조.

348) **명나라 …… 유람할 적에** : 《선조수정실록》 35권, 선조 34년(1601) 10월 1일 기사에, "중국에서 황제가 한림원 시강(翰林院侍講) 고천준(顧天峻)과 행인사 행인(行人司行人) 최정건(崔廷健)을 보내 황태자 책봉 조서를 보내오니, 조정에서 그것을 듣고 대제학 이정귀를 원접사로 삼고 이호민(李好閔)을 의주 영위사(義州迎慰使)로 삼아 용만(龍灣)에서 마중하도록 하였다."라고 하였고, 또 윤국형(尹國馨, 1543~1611)의 《갑진만록(甲辰漫錄)》에 "한림 고천준(顧天峻)과 행인 최정건(崔挺健)이 태자를 봉한 조서 반포를 위해서 임인년 봄에 왔다."라고 한 기록이 있다.

特進官 參經筵

三月鄭愚伏書問出處義理 -書云云當初旣不赴恩命 今又不赴以役之召 則分義廢矣 如或別有義理 乞須委賜開示 使得不迷時義 先儒行止不可問人云 而自家權度不審 而相愛如令兄 必不視爲他人分上事 玆敢布懇耳-

夏四月 設慶壽宴 冬十月又設

天使顧天峻崔廷健 同游漢江 和贈二律

31년 계묘(1603, 선조 36) 선생 53세

정월에 호조참판으로 교정하는 일을 마치자 가의대부(嘉義大夫)로 품계가 올랐다. 4월에 예조참판으로 옮겨졌고, 8월에 대사헌(大司憲)에 제수되었다. -선생은 도헌(都憲)이 되자마자 가장 먼저 훈재(勳宰)와 무신(武臣) 중에 불법을 저지른 자들을 탄핵하였다. ○호성(扈聖)과 선무훈(宣武勳)의 원종(原從)에 들어가려 도모하던 자들이 선생이 대사헌이 되었다는 소식을 듣고서 도리어 이름을 삭제하려고 하였다.- 10월에 체직되어 동지중추부사에 임명되었다.

또 경수연을 베풀었다.

三十一年癸卯 先生五十三歲

正月以戶曹參判 校正畢 進階嘉義 四月移禮曹參判 八月拜大司憲 -先生爲都憲 首劾勳宰武臣不法者○扈聖宣勳 圖原從者 聞先生持憲 乃反圖削其姓名- 十月遞付同樞

又設慶壽宴

32년 갑진(1604, 선조 37) 선생 54세

2월에 부제학(副提學)에 제수되었는데, 동료들을 이끌고 차자(箚子)를 올려 정인홍(鄭仁弘)이 회재(晦齋) 이언적(李彦迪)을 헐뜯고 무고한 것에 대해 분변하여 아뢰었다. -당시에 관학 유생(館學儒生)들이 오현신(五賢臣)을 문묘(文廟)에 종사(從祀)하기를 청하자, 정인홍(鄭仁弘)이 회재(晦齋)를 무함하고 비난하며 차자를 올려 배척하여 천청[349]을 어지럽게 하니, 이로 인해 누차 온당치 않은 분부가 내려졌다. 선생이 옥당에 있으면서[350] 전후의 차자에서, 회재의 평생 해온 일들과 열성(列聖)으로부터 받았던 지우(知遇)를 갖추어 진달하면서 분명하게 변론하고 매우 절실하게 수백 자의 글을 올리니,

349) **천청(天聽)** : 하늘의 들음. 곧 임금의 들음.

350) **옥당(玉堂)에 있으면서** : 선생이 홍문관(弘文館)의 부제학(副提學)에 재임하고 있을 때이다.

성상의 마음이 열리고 깨달음이 있어 끝내 우악(優渥)한 비답을 내려, "이언적의 어짊을 내가 어찌 모르겠는가. 그 종사하는 일[351]에 대해서는 후일 조정에서 마땅히 의논하여 처리할 것이다."라고 하는 데에 이르렀으니, 그 뒤에 종사가 이루어진 것은 실로 이러한 차자에 말미암았던 것이다.-

5월에 체차되어 호군(護軍)에 붙여졌다가 얼마 뒤 도승지에 제수되었다. 또 행 첨지중추부사(行僉知中樞府事)에서 7월에 예조참판으로 옮겨졌다.

서천부원군(西川府院君) 정곤수(鄭崑壽)에 대한 만사(挽詞)를 지었다.

3월에 경수연을 열었고, 10월에 또 열었다.

12월에 찬성공의 상을 당하였다. -상례(喪禮)는 일체를 주문공(朱文公)의 가례에 따라 행하였고, 당시 선생은 연로하였는데도 거상(居喪)을 함에 있어서 예를 다하였으니, 그 사실이 〈행장(行狀)〉에 자세히 실려 있다.- 주상께서 예관(禮官)을 보내 조문하였다.

三十二年甲辰 先生五十四歲

二月拜副提學 率同僚 陳箚辨白鄭仁弘毁誣晦齋 -時館學儒生 請五賢臣從祀文廟 鄭仁弘誣毁晦齋 上箚詆斥 激惱天聽 因是 累下未安之敎 在玉堂前後箚 備陳晦齋平生歷學 列聖知遇洞卞剴切數百言 聖心開悟 終賜優批 至曰彥迪之賢 予豈不知 若其從祀事 後日朝廷自當議處矣 其後 從祀之成 實由此箚之力-

五月遞付護軍 俄拜都承旨 又以行僉樞 七月移禮曹參判

挽西川府院君鄭崑壽

三月設慶壽宴 十月又設

十二月丁贊成公憂 -喪禮一遵朱文公 時先生年及耆艾 而居憂盡節 詳行狀- 上遣禮官致弔

33년 을사(1605, 선조 38) 선생 55세

정월 정해에 주상께서 예조좌랑 유혁(柳淢)을 보내 찬성공에게 사제(賜祭)하였다. -유제문[352]은 앞에 있다.- 3월 경인에 찬성공을 청주 치소의 동쪽 묵정리(墨井里)에 안장하였다. -건좌손향(乾坐巽向) 언덕에 안장하였으니, 선영을 좇아서 쓴 것이다.- 여묘(廬墓)살이를 하였다. 가을에 찬성공의 묘갈문(墓碣文)이 완성되었다. -간성군수(杆城郡守) 간이(簡易) 최립(崔笠)이 지었다. ○이 조목은 구본(舊本)에는 '병오년' 아래에 수록되었었다.-

---

351) 종사하는 일 : 문묘(文廟)에 배향하는 일을 이른다.

352) 유제문(諭祭文) : 임금이 사신을 보내어 제사 지낼 때, 내린 제문을 이른다.

三十三年乙巳 先生五十五歲

正月丁亥 上遣禮曹佐郎柳湙 賜祭于贊成公 -諭祭文見上- 三月庚寅葬贊成公于淸州治東墨井里 -乾坐巽向之原 從先兆也- 廬墓 贊成公碣文成 -杆城郡守崔簡易笠撰○此條舊本在丙午下-

34년 병오(1606, 선조 39) 선생 56세

三十四年丙午 先生五十六歲

35년 정미(1607, 선조 40) 선생 57세

2월에 담사[353]를 행하였다. -선생은 삼년상을 마치고도 못 다한 슬픔이 가슴 속에 있어서 매양 기일이 되면 비록 존귀한 손님이 문 앞에 와있더라도 사양하고 만나지 않았으며, 제삿날에는 참소복[354]을 벗지 않았고 종일토록 오뚝이 앉아있었다. 제수(祭需)는 풍성한 것에 힘쓰지 않고 그 정결(精潔)함을 다했으며, 제기는 반드시 변두를 사용하였으며 이미 정해진 수량이 있었으니,[355] 하나같이 고례(古禮)를 법식으로 삼았다. 모당 홍이상[356]이 제례를 선생과 의논하여 정하니, 양가의 자손들이 준수해서 실천하였다.-

형조참판에 제수되었다.

서애(西崖) 류성룡(柳成龍)에 대한 만사를 지었다.

지중추부사 허잠[357]에 대한 만사를 지었다.

처음으로 가승(家乘)을 수집(修輯)하였다.

三十五年丁未 先生五十七歲

二月行禫事 -先生服闋 餘哀在心 每臨諱日 雖尊客在門 辭不出見 祭日不脫黲素 危坐終日 祭

353) **담사(禫事)** : 상복을 벗는 제사로, 대상(大祥)을 지내고 한 달을 건너서 지낸다. 담제(禫祭).

354) **참소복(黲素服)** : 부모상을 당한 뒤 27개월째에 담제(禫祭)를 지낼 때 입는 의복.

355) **변두(籩豆)를 …… 있었으니** : 격식에 맞게 제물(祭物)을 진설하는 것을 말한다. 《시경》 〈빈지초연(賓之初筵)〉의 "변두가 나란히 놓이고, 안주와 과일이 진열되었다.[籩豆有楚 殽核維旅]"라는 말이 있는데, 변(籩)은 대나무로 만들어 마른 음식을 담고, 두(豆)는 나무로 만들어 진 음식을 담았음. 신위의 좌편에 변을 놓고 우편에 두를 진설하였다.

356) **홍이상(洪履祥, 1549~1615)** : 본관은 풍산(豊山), 초명은 인상(麟祥). 자는 군서(君瑞)·원례(元禮), 호는 모당(慕堂)이다. 이조참의·대사성·대사헌 등을 역임하였다. 저서로는 《모당유고》가 있다. 시호는 문경(文敬)이다.

357) **허잠(許潛)** : 자가 경량(景亮), 호는 한천(寒泉)이며, 본관은 양천(陽川)이다. 선조(宣祖) 때 행의(行誼)로 천거되었고 지중추부사에 이르렀으며, 청백리로 녹선되었다. 시호는 정민(貞敏)이다.

需不務豐腆 致其精潔 器必用籩豆而有定數 一以古禮爲式 洪慕堂履祥 議定祭禮 兩家子孫遵而行之云耳-

拜刑曹參判

挽柳西崖成龍

挽許知樞潛

始修輯家乘

36년 무신(1608, 선조 41) 선생 58세

정월에 선조대왕께서 승하하자 본직(本職)을 그대로 지닌 채로 빈전도감 제조(殯殿都監提調)를 겸하였다. -선생은 술과 고기를 먹지 않고 외침(外寢)에 기거하며 졸곡(卒哭) 때까지 지냈다.- 여름에 대사헌에 제수되었다. -한강(寒岡) 정구(鄭逑)가 도헌(都憲 대사헌)으로 있다가 신병으로 체차[358]되어 후임을 엄밀하게 선발하였는데 이에 선생이 제수되었다. ○이때에 우복 정경세가 대구부사로 있으면서 조정의 구언(求言)에 응하여 상소문을 올려 '즉위 초기 인물을 등용할 때에 사적으로 치우친 실수'를 논하였는데, 집의 이경전이 피혐[359]하자 따라서 사피(辭避)를 청하는 자들이 많았다. 선생이 계를 올려 논하기를 '피혐은 옛 제도가 아니다'라고 하고 체직을 청하였으나 임금께서 윤허하지 않았다.- 추관(推官)으로 임해군(臨海君)의 옥사(獄事)를 국문(鞫問)할 때 죄를 감해 줘야 한다는 논의를 힘써 주장하였다. -어느 큰 혐의가 있는 이가 죽음에 임하여 난언(亂言)한 것은 믿을 만한 것이 못된다하고 이의를 제기하니, 이 때문에 시의(時議)가 몹시 심각해졌고, 공훈을 마감할 때 광해군이 원종공신으로 강등하고 가자만 올려주었다.- 산릉(山陵)의 역사를 마친 뒤에 마침내 상계[360]의 명을 거두었다. -선생이 일찍이 인대(引對)하였을 때, 광해군이 낳아 준 모친을 반드시 추숭(追崇)하려 했기에 이런 일에 앞서 기미를 막는 아룀이 있었는데 광해군이 매우 못마땅하게 생각하였더니, 드디어 상계의 명을 거둔 것이다.- 정부인 노씨의 묘지(墓誌)가 완성되었다. -서평부원군(西平府院君) 한준겸(韓浚謙)이 지었다.- 가을에 호서를 안찰하러 나갔다.[361] 10월에 제문을 지어 친구인 동래부사 송상현(宋象賢)의 분묘에 제사지냈다. -임진년에 순절하니 묘소가 이조판서의 묘 좌측에 있다.-

---

358) **체차(遞差)** : 관리를 교체하여 바꿈.

359) **피혐(避嫌)** : 벼슬아치가 혐의가 있는 일에 대해 책임을 자기에게 돌리고 사직하는 것.

360) **상계(賞階)** : 상으로 내리는 계자(階資)인데, 여기서는 국상(國喪)을 치룬 노고로 품계를 올려주는 상(賞)을 말한다.

361) **호서를 안찰(按察)하러 나갔다** : 호서의 안찰사로 나갔다는 뜻으로 곧 충청도관찰사가 되었다는 말이다.

향약(鄕約)을 정비하는 사업으로 스스로 글을 지어 장차 도내에 포고하여 시행하려 하다가 사체[362]로 인해 곧장 돌아가게 되어 뜻을 이루지 못하였다. -선생은 풍화[363]에 뜻을 두고 여씨향약(呂氏鄕約)과 주자의 사창법(社倉法)을 취하여 고금을 참작하고 규모를 증감하여 새로운 법을 제정하고 스스로 서문을 짓고는 장차 도내에 포고하여 시행하려 하였다. 만전(晩全) 홍가신(洪可臣)이 말하기를 "향약을 강구하지 않은 지 오래되었다. 이제 공이 뜻을 두고 닦아 거행하니, 실로 한 도(道)의 다행이다."라고 하였다. 얼마 지나지 않아 선생이 관직을 그만두고 돌아가서 결국 중지되어 시행하지 못하게 되자, 식자들이 자못 이를 한탄하였다.- 도내의 향교에 사재(四齋)를 두었다. -선생은 호서의 사풍(士風)에 서원만을 중하게 여겨 원유(院儒)와 교생(校生)의 차별이 있는 것을 걱정해왔었다. 이에 향교에 상재(上齋)·중재(中齋)·하재(下齋)·동몽재(童蒙齋)의 사재(四齋)를 두고 열흘마다 학업한 것으로 시험을 보이고 그들의 근태를 살피며 학술을 권면하였다. 동몽에게는 소학을 외우게 하여 순시를 나가는 날이면 친히 시강(試講)하니, 1년 안에 온 도(道)에 글 읽는 소리가 넘쳐났다.- 《용학혹문(庸學或問)》을 간행하였다. -전주[364]를 갖추어 간행하였다.-

三十六年戊申 先生五十八歲

正月宣祖大王昇遐 以本職兼殯殿都監提調 -先生不御酒肉 居外寢 過卒哭- 夏拜大司憲 -鄭寒岡逑 爲都憲以疾遞 而極擇其代 以先生除是職○時鄭愚伏經世 以大邱府使 因求言上疏論初用人 偏私之失 執義李慶全避嫌 隨而請避者多 先生啓論避嫌非古云云 因乞遞 不允- 以推官 鞫臨海獄 力主平反之論 -以何大嫌 臨死亂言 不足取信 立異 故時議甚峻 勘勳時 光海時筆降錄原從而只加資- 山陵畢 寢賞階之命 -先生嘗引對時 以光海必將追隆所生 有先事防微之啓 光海大不悅 遂寢賞階命- 貞夫人盧氏墓誌成 -韓西平浚謙撰- 秋出按湖西 十月操文祭故宋東萊墓 -壬辰殉節 墓在吏判墓左- 以修鄕約事 自製文 將布告道內行之 以辭遞徑還 未果 -先生留心風化 取呂氏鄕約 朱子社倉 參酌古今 增減規模 定爲成法 自製序文 將布告道內而行之 洪晩全可臣曰 玆事不講久矣 今公有意修擧 實一路之幸 未幾 先生解歸 遂寢不行 識者頗恨之- 建四齋於道內鄕校 -先生病湖西士風 歸重書院 有院儒生之別 乃於鄕校 爲上中下童蒙四齋 每旬 課試所業 考其勤怠 勸其學術 童蒙則使誦小學 巡到之日 親自試講 周年之內 一路誦聲洋溢- 刊行庸學或問 -具傳註刊行-

---

362) 사체(辭遞) : 벼슬을 내놓고 물러가는 것을 말한다.

363) 풍화(風化) : 풍속 교화(風俗敎化).

364) 전주(傳註) : 경서(經書)의 해석을 말한다.

37년 기유(1609, 광해군 1) 선생 59세

8월에 증조인 승지공의 묘갈(墓碣)을 세웠다. -묘는 묵정(墨井)에 있다. 하은공(霞隱公)이 비문을 짓고 글씨도 썼다.- 9월에 조부인 참판공의 묘갈을 지었다. -묘는 묵정에 있다. 하은공이 글씨를 썼다. 이 달에 세웠다.- 선고인 찬성공의 묘갈문이 이루어졌다. -우의정 일송(一松) 심희수(沈喜壽)가 짓고 면천(沔川) 이산뢰[365]가 썼다. 52년 뒤인 을미년에 세웠다.- 9월에 제문(祭文)을 지어 강수 박훈[366]의 분묘에 제사를 지냈다. -성환찰방 정운붕(鄭雲鵬)을 보내 제사를 지냈다. ○선생은 더욱 명절(名節)을 포양하고 소중히 여겨 도내의 명현의 분묘가 있는 곳에 모두 속리(屬吏)를 보내 제사를 지내어 경모(景慕)의 뜻을 극진히 하였다.- 겨울에 체직되어 돌아와 동지중추부사에 제수되었다.

三十七年己酉 先生五十九歲

八月竪曾祖承旨公墓碣 -墓在墨井 霞隱公撰幷書- 九月撰祖參判公墓碣 -墓在墨井 霞隱公書 是月立- 考贊成公碣文成 -右議政沈一松喜壽撰 李沔川山賚書 後五十二年乙未建- 九月爲文祭朴江叟墓 -遣成歡察訪鄭雲鵬祭之○先生尤褒重名節 道內名賢墳墓所在 咸遣屬吏祭之以致景慕意- 冬遞歸 拜同樞

38년 경술(1610, 광해군 2) 선생 60세

봄에 동지중추부사로 사국 당상(史局堂上)을 겸하여 선왕의 실록을 수찬하는 데에 참여하였다. 가을에 외직으로 나가 관동(關東)을 안찰(按察)하였다. -당시의 명현 제공(名賢諸公)들이 다투어 별고[367]을 지어 주니, 쌓여 큰 책 한 권 분량이 되었다. 종손가에 전해진다.- 순시를 나가 춘천(春川)에 이르러 춘천부사 문원(文原) 유희담(柳希聃)과 함께 문암(文巖)에 퇴계(退溪)의 서원(書院)

---

365) 이산뢰(李山賚, ?~?) : 본관은 연안(延安), 자는 중이(重而), 호는 화천(華泉). 오봉(五峰) 이호민(李好閔)의 종손(從孫)이다. 인조(仁祖) 때 조정에 나아가 관직을 맡았다. 그는 특히 글씨를 잘 써서 이름을 남겼다.

366) 박훈(朴薰, 1484~1540) : 본관은 밀양(密陽), 자는 형지(馨之), 호는 강수(江叟)이다. 좌찬성 박중손(朴仲孫)의 증손으로, 할아버지는 대사간 박미(朴楣)이고, 아버지는 홍문관 교리 박증영(朴增榮)이다. 1519년(중종 14)에 현량과에 병과로 급제하고 사헌부장령·사간원사간 등을 거쳐 동부승지에까지 올라 '국기(國器)'라는 명성을 들었다. 그러나 기묘사화 때 조광조(趙光祖) 등과 함께 화를 입어 성주에 유배되었고, `풀려나 향리인 청주에 은거하였다. 어머니가 죽자 상주노릇을 너무 슬프게 하다 병을 얻어 일생을 마쳤다. 성품과 자질이 순수하고 덕행과 기량이 자연히 이루어져 행동에 지조가 굳고 법도가 있었다. 당대 큰 선비들과 두루 사귀었고, 특히 조광조와는 가장 친하였다. 청주의 신항서원(莘巷書院)에 제향되었으며, 시호는 문도(文度)이다.

367) 별고(別稿) : 작별하면서 지은 시문으로 별장(別章)과 같다.

을 건립할 것을 의논하였다. -춘천은 퇴도 선생(退陶先生) 외가의 관향이다. 이런 사유로 춘천의 유생들이 서원 건립을 요청한 것이다. 선생이 퇴도 문하에 나아간 적이 있었기 때문에 기쁘게 듣고 권장하여 역인(役人)과 노비를 전복(典僕)으로 배속할 것을 허락하였다. 그러나 선생이 해임되어 돌아가게 되어 완성을 못 보았다. ○백성을 다스리는 데 교화의 근원을 우선하니, 사민(士民)들이 흥기하고 권면하였다.-

윤3월 24일 둘째 아들 득연(得淵)이 식년 과시[368]에 급제하였다.

참판 이상신[369]의 만사를 지었다.

三十八年庚戌 先生六十歲

春以同樞兼史局堂上 參修先王實錄 秋出按關東 -當時名賢諸公 爭投別稿 積成一大卷 傳在宗孫家- 巡到春川 與府伯柳文原希聃 議建退溪書院于文巖 -春是退陶先生外貫 故春儒請建書院 先生盖嘗及門 故樂聞而勸奬之 許以役人臧獲 屬之典僕 而先生解歸未就○治先化原 士民興勸- 閏三月二十四日 仲子得淵中式科

挽李參判尙信

39년 신해(1611, 광해군 3) 선생 61세

겨울에 체직되어 돌아왔고 동지중추부사에 제수되었다.

정월에 참판 목장흠(睦長欽)이 편지로 《기묘록》[370]에 서발(序跋)을 지어 간행할 것을 청하였다. -편지에 이르기를 "기묘록의 진본이 멀리 호남 박눌재(朴訥齋)의 댁에 있어서 준거를 취하기 쉽지 않다"라고 하면서 "신속히 간행할 것을 바라며 서발을 지어서 인쇄하면 실로 다행이겠습니다."라고 하였다.-

三十九年辛亥 先生六十一歲

冬遞歸 拜同樞

---

368) 식년 과시[式科] : 조선시대 3년마다 정기적으로 시행된 과거(科擧). 소과(小科), 문·무과(文武科), 잡과(雜科)를 함께 실시하였고, 초시(初試)·회시(會試)·전시(殿試) 세 단계를 거치도록 하였다. 자(子)·묘(卯)·오(午)·유(酉)가 드는 해를 회시와 전시가 시행되는 식년(式年)으로 하였음.

369) 이상신(李尙信, 1564~1610) : 본관은 여흥(驪興), 자는 이립(而立), 호는 청은(淸隱)이다. 이공려(李公礪)의 증손으로, 아버지는 사재감정 이우인(李友仁)이다. 증광 문과에 을과로 급제하여 예조좌랑·병조좌랑·사간원 정언·홍문관 응교·승정원 부승지·우승지를 거쳐 성균관 대사성·대사간·상호군을 역임하였다. 한성부 좌윤·예조참판 등에 임명되었으나 모두 사퇴하였다. 허엽(許曄)·윤근수(尹根壽) 등과 교유하였다.

370) 기묘록(己卯錄) : 기묘사화(己卯士禍)의 전말과 그때에 관련된 인물들의 행적을 정리한 책으로 보이는데, 1638년(인조 16)에 김육(金堉)이 간행한 《기묘록(己卯錄)》과는 별개로 보인다.

正月睦參判長欽 書請己卯錄製序跋入梓 -書云云 己卯錄眞本 遠在湖南朴訥齋宅 取准未易云云 惟望入梓在速 令製序跋 以印幸甚-

40년 임자(1612, 광해군 4) 선생 62세

여름에 외직으로 춘천부사(春川府使)에 보임되었다. 9월에 익사종훈[371]으로 자헌대부(資憲大夫)의 품계에 올랐다.

8월에 여씨향약(呂氏鄕約) 뒤에 첨부한 글을 지었다.

四十年壬子 先生六十二歲

夏外補春川府使 九月以翼社從勳 升資憲階

八月書呂氏鄕約後

41년 계축(1613, 광해군 5) 선생 63세

문암서원(文巖書院)을 창건하였다. -이때에 이르러 선생이 탄식하며 말하기를 "퇴계 선생(退溪先生)은 우리 동방의 주자(朱子)이다. 나도 소싯적에 일찍이 문하로 배우러 찾아뵈었는데 외람되게도 호향(互鄕)의 동자[372]의 경우같이 허여해 주셨으니, 선생을 위하여 이 일을 주간함에 나를 놔두고 그 누가 하겠는가." 하고는 고을 사람 안숭양(安崇讓), 이주(李胄) 등과 함께 문암(文巖)에 터를 잡고서 건물 각 부분의 건축과 제도는 한결같이 주자(朱子)의 정식(定式)을 따랐다. 당침(堂寢)과 행랑, 재숙(齋塾)과 섬돌 등 규제에 맞지 않은 것이 없었다.-

四十一年癸丑 先生六十三歲

剏建文巖書院 -至是 先生喟曰 退溪先生我東朱子也 余於少時 亦嘗及門而忝互黨之與進 爲先生幹事 捨我其誰 乃與邑人安崇讓李胄等 卜地於文岩 經紀制度 一遵朱子定式 堂寢廡庋 齋塾階戺 無不中規-

371) 익사종훈(翼社從勳) : 광해군 조정에서 임해군(臨海君)의 옥사에 관한 공으로 내린 공훈(功勳)이다.

372) 호향의 동자[互鄕童子] : 저본의 '互黨(호당)'은 '互鄕(호향)'의 오기인 듯하다. 호향은 풍습이 비루해서 모두 상대하기를 꺼려했다는 마을 이름인데, 호향의 동자가 찾아왔을 때 공자께서 거절하지 않고 접견을 허락하신 내용이 《논어》 〈술이(述而)〉에 보인다. 각주 46)번 참조.

42년 갑인(1614, 광해군 6) 선생 64세

四十二年甲寅 先生六十四歲

43년 을묘(1615, 광해군 7) 선생 65세

체직되어 동지중추부사에 부직(付職)되었다. -계축년 이후로 시국이 크게 변하여 비록 서추(西樞 중추부(中樞府))에서 벼슬살았지만 병을 이유로 나가지 않았다.- 11월에 제문을 지어 모당(慕堂) 홍이상(洪履祥)에게 제사하였고 또 만사를 지었다.

四十三年乙卯 先生六十五歲

遞付同樞 -癸丑以後 時事大變 雖縻西樞 引疾不出- 十一月操文祭洪慕堂 又挽

44년 병진(1616, 광해군 8) 선생 66세

2월에 〈문암서원기(文巖書院記)〉를 지었다. -이때에 춘천에서 사람이 와서 기문을 지어줄 것을 청하였다. 그 전말과 제도는 모두 기문에 실려 있다.- 인목대비(仁穆大妃)가 서궁(西宮)에 유폐되는 곤액을 당하였다.

모당 홍이상의 부인(夫人) 안동김씨(安東金氏)에 대한 만사를 지었다.

四十四年丙辰 先生六十六歲

二月撰文巖書院記 -至是 春川來請作記 其顚末制度 俱載于記- 母后罹西宮之厄

挽洪慕堂夫人安東金氏

45년 정사(1617, 광해군 9) 선생 67세

폐모후론[373]을 정청(庭請)하는 데에 참여하지 아니하고 서강(西江)의 우사(寓舍)에서 대죄(待罪)하였다. -당시에 흉도들이 모든 관료들을 협박하여 대궐 뜰에서 청하게[庭請] 하였고, 또 정청에 참여하지 않은 이들을 처벌할 것을 연이어 청하였다. 그런데도 선생은 자신의 지키는 신념을 더욱 굳건히 지니고 시종여일 참여하지 않고 서강에서 대죄하였다. 처음에 상신(相臣) 기자헌(奇自獻)이 여러 신하

373) **폐모후론(廢母后論)** : 광해군 때에 선조(宣祖)의 계비(繼妃) 인목대비(仁穆大妃)의 폐위(廢位)를 청한 논의(論議)이다. 계축옥사(癸丑獄事)로 선조(宣祖)의 적자(嫡子) 영창대군(永昌大君)을 서인(庶人)으로 강등시켜 죽인 뒤, 이이첨(李爾瞻)·정인홍(鄭仁弘) 등은 기자헌(奇自獻)·이항복(李恒福)의 반대에도 불구하고, 폐모후의 정청(庭請)을 단행하여 인목대비를 서인으로 강등, 서궁(西宮)에 유폐시켰다.

들의 의견을 널리 수렴할 것을 청하여 의정부에서 종실과 문무백관의 여러 의견을 모았다. 그런데 논의가 끝나 올렸는데, 모두들 두려워하여 끝내 한 사람도 감히 불가하다고 말하는 자가 없었다. 선생은 당시 부사직을 맡고 있던 장남 득자(得滋), 당시 형조정랑을 맡고 있던 중남 득연(得淵)과 더불어 또한 각각 헌의[374]를 하였다.-

四十五年丁巳 先生六十七歲

不參庭請廢母后論 待罪西江寓舍 -時兇徒刱百僚 庭請 且請不參者 罪斥相繼而先生益堅所守 終始不參 待罪西江 初相臣奇自獻請廣收群臣議 坐政府 會宗室文武百官雜議 議畢上 皆畏懼無一人敢言不可者 先生與長男得滋 時爲副司直 仲男得淵 時爲刑曹正郎 亦各獻議-

46년 무오(1618, 광해군 10) 선생 68세

정월에 손자 행(涬)이 태어났다.

여름에 사은사(謝恩使)로 차출되었다. -윤4월 11일 예조에서 아뢰기를 "사은사 신모(申某)는 병이 중해 정청(庭請)에도 참여하지 못했다 하니, 그렇다면 만 리나 되는 사행길을 간다는 것은 도저히 불가능할 것입니다. 그리고 서장관 윤지경[375]은 본래 술병이 있는 사람으로서 담증(痰症)을 심하게 앓고 있다 합니다. 해당 관청으로 하여금 두 사람 모두 개차(改差)하게 하소서."라고 하니, 답하기를 "배표[376]할 날짜가 이미 박두했으니 지금 다른 사람으로 교체할 수는 없다."라고 하였다. 이는 가려 보내야 한다는 것으로 명분을 삼았지만, 사실상 정청에 불참한 징벌에서 나온 것이다. 그래서 오봉(五峯) 이호민(李好閔)이 시를 지어 전송하기를, "더위와 장마 무릅쓰고 가는 행역의 괴로움 말하지 마오, 영해로 쫓겨난 신하의 슬픔에 비하면 어떠하겠오.[休說炎潢行役苦 何如嶺海逐臣傷]"라고 하였고, 참판 목장흠(睦長欽)은 시에서 "함께 이 성남에서 죄를 기다리는 신하, 주상의 은혜 입어 두 차례나 중국에 사신으로 가시네.[同是城南待罪臣 主恩前後使西秦]"라고 하였다. 이때에 선생이 상사(上使)가 되었고, 부사(副使)는 박정현,[377]

374) **헌의(獻議)** : 의논한 결과를 임금에게 올림.

375) **윤지경(尹知敬, 1584~1634)** : 본관은 파평(坡平), 자는 유일(幼一), 호는 창주(滄洲)이다. 우부승지·충청도관찰사·예조참의 등을 역임하였다.

376) **배표(拜表)** : 중국 황제에게 표문(表文)을 보낼 때, 임금이 문무백관을 거느리고 배송(拜送)하는 의식을 말한다.

377) **박정현(朴鼎賢, 1561~1637)** : 본관은 밀양(密陽)이고, 자는 중로(重老)이며, 호는 의곡(義谷), 응천(應川)이다. 1601년(선조 34)에 서장관(書狀官)으로 명나라에 다녀왔고 1618년(광해군 10)에는 부사(副使)로 명나라에 다녀왔다. 1625년(인조 3)에 중국에서 소현세자(昭顯世子)를 왕세자로 승인함에 따라 사은사 겸 진위사(謝恩使兼陳慰使)로 부사 정운호(鄭雲湖)와 함께 명나라를 다녀왔다. 이후 형조판서·지중

서장관(書狀官)은 윤지경이었다.- 차남-득연(得淵)-을 차출하여 질정관으로 삼을 것을 명하였으나 논핵을 당하여 체임되었다. -선생이 노쇠함과 질병이 침노하는 와중에 이런 만 리의 행역이 있게 되자, 혈육의 구호가 없어선 안 되기에 자제를 데리고 갈 것을 청하였다. 이런 사유로 질정관으로 차출하는 명이 있었는데, 흉도들이 기회를 타서 모함하여 심지어 조정에서 '신모(申某)를 좌지우지하는 것이 아니라 신모가 조정을 좌지우지한다'라고 말하여 여러 달 논죄하고 탄핵하니, 선생은 석고대죄(席藁待罪)하였고 또 종재[378]들이 들어와 참여하지 않았다 하여 추고[379]하라는 명이 있자, 선생이 함사[380]를 올려 스스로 해명하였다. ○일송(一松) 심희수(沈喜壽)가 편지를 보내어 "자제가 질정관으로 차임(差任)된 것은 깊이 축하할 만한데 갑자기 취모멱자[381]의 비방을 만났으니, 영감께서 한평생 근신(謹愼)으로 공을 쌓는 과정에서 매우 미안해하는 마음이 있지 않겠습니까. 중종 때에도 부자(父子)가 동시에 상개[382]와 질정관이 되어 중국에 사신 간 사람들의 성명이 분명하여 법이 될 만한데도 지금 세상의 나이 젊은 사람들이 어떻게 이와 같은 전고(典故)를 알 수 있겠습니까."라고 하였다.- 5월에 사행(使行)이 출발하였다. -가는 길에 부사와 서장관과 함께 창화(唱和)하였으니, 《서유창수록(西遊唱酬錄)》 한 권이 있다.- 7월에 북경에 도착하였다. -당시에 성절사(聖節使) 외에는 들어와 참석하는 것을 허락하지 않았는데, 선생이 옛 규례를 원용하여 제독(提督)에게 보고하였으나, 관부(館夫)들에게 저지당하여 결국 참석하지 못하였다. 이에 느낀 바가 있어 절구 1수를 지었다.- 겨울에 중국 조정을 떠났다.

四十六年戊午 先生六十八歲

正月孫涬生

夏差謝恩使 -閏四月十一日 禮曹啓曰 謝恩使申某病重 不參庭請云 然則萬里之行 决不可爲也 書狀官尹知敬 本以酒病之人 重患痰厥云 請令該曹 幷爲改差云云 答曰拜表日迫 今不可代以他人云云 蓋以擇送爲名 實出於不參庭請之罰 故李五峯好閔送以詩曰 休說炎漢行役苦 何如嶺海逐臣傷 睦參判長欽詩曰 同是城南待罪臣 主恩前後使西秦 時先生爲上使 副使朴鼎賢 書狀官尹

추부사를 역임하였다.

378) 종재(宗宰) : 종척과 재상.

379) 추고(推考) : 죄인을 심문하고 그 진술 내용을 따지는 것. 벼슬아치의 과실이 있을 때 죄과를 따져서 징계하는 것.

380) 함사(緘辭) : 6품 이상의 관원이 경미한 죄를 범한 경우 서면(書面)으로 그 죄과를 신문하여 서면으로 진술을 받는 것.

381) 취모멱자(吹毛覓疵) : 털을 불어서 감춰진 흠을 찾아냄. 모든 방법을 다하여 남의 잘못을 찾아 드러냄을 비유하는 말.

382) 상개(上价) : 상사(上使)로 곧 정사(正使)이다.

知敬- 命差仲男-得淵- 爲質正官 被劾而遞 -先生以衰病侵尋之中 有此萬里行役 不可無骨肉救護 請率子弟以行 故有此差命 而兇徒乘機搆捏 至以非朝廷使某 某使朝庭爲辭 累月論劾 先生席藁待罪 又以宗宰不入參有推考之命 先生進緘辭自解○沈一松書云 賢允被差質正官 深以爲賀 而遽致吹毛之謗 令監一生 謹愼功程 得無有未安之甚 中廟朝間 亦有父子同爲上价質正朝天之人姓名了了 此可爲法 而今世年少輩 何從以識得如許典故云云- 五月發使行 -道中與副使書狀官唱和 有西遊唱酬錄一卷- 七月到京師 -時聖節使之外 不許入參 先生援古例 稟告提督 而爲館夫輩所阻 終不得參 有感作一絶- 冬辭朝

47년 기미(1619, 광해군 11) 선생 69세

봄에 사행을 마치고 돌아와 복명을 하였고, 동지중추부사에 제수되었다.

김응하(金應河) 장군의 만사를 지었다.

5월에 제문을 지어 대원군(帶原君) 윤효전[383]의 제를 지내주었다.

四十七年己未 先生六十九歲

春復命拜同樞

挽金將軍應河

五月爲文祭帶原君尹孝全

48년 경신(1620, 광해군 12) 선생 70세

부호군(副護軍)으로 있으면서 규례에 따라 기로소[384]에 들어갔다.

10월에 사계(沙溪) 김장생(金長生)이 편지를 보내 의심나는 예(禮)에 대하여 물었다. -편지에서 이르기를 "수년 전에 《예기(禮記)》를 읽으면서 의심나는 내용을 기록해두었고 다른 사람들에게 물어서 옳고 그른 것을 판정하고자 하였는데 아는 사람이 없었습니다. 삼가 생각건대 영공께서 반드시 실

383) **윤효전(尹孝全, 1563~1619)** : 본관은 남원(南原), 자는 영초(詠初), 호는 기천(沂川)이다. 윤관(尹寬)의 증손으로, 윤휴(尹鑴)의 아버지이다. 1605년 증광문과에 병과로 급제, 왕자사부를 거쳐 이듬해 충청도 관찰사로 나갔고, 그 뒤 1613년(광해군 5) 익사공신(翼社功臣) 2등에 책록되었다. 대사헌이 되었을 때는 임해군 옥사를 모사한 이이첨(李爾瞻)·정인홍(鄭仁弘)의 꾐에 빠져 곤혹을 치렀다. 그 뒤 지의금부사에 이르고, 경주부윤을 역임하였다.

384) **기로소(耆老所)** : 조선 때 70세가 넘은 문관의 정2품 이상 되는 노인이 들어가서 대우 받던 곳으로, 태조 3년에 창설되었다.

제로 보고 터득한 것이 있으실 것입니다. 이제 《의문(疑問)》 1권을 보내드리니, 다른 종이에다 하나하나 알려주시기를 바라 마지않습니다. 또 예(禮)에 의심나는 곳의 몇 조목을 별도로 기록하여 드리니, 또한 《의례경전통해속》[385]를 고찰하여 가르쳐 주시는 것이 어떻겠습니까?" 하였다.-

한강(寒岡) 정구(鄭逑)에 대한 만사를 짓고 또 제문을 지어 제사하였다.

한강(寒岡)이 지은 〈졸재기(拙齋記)〉에 사실과 다른 내용을 발문에서 분변하였다. -선생이 '졸(拙)' 자로써 편액을 걸고 동료인 한강(寒岡)에게 기문을 청하였는데, 한강이 오래 끈 뒤에 기편(記篇)을 지었다. 그런데 앞부분의 일을 서열함에 자못 사실과 달랐으므로 선생이 그 뒤에 발문을 지어 분변하였다.-

四十八年庚申 先生七十歲

以副護軍 例入耆老所

至月金沙溪長生 書問疑禮 -書云數年前 讀禮記 錄作疑義 欲問於人 以定其是非 無相知之人 竊想令公 必有實見得 今送疑問一卷 以他紙一一示破 爲望爲望 且別錄禮之疑處數條以上 亦考儀禮及經傳通解 示教何如云云-

挽鄭寒岡逑 又爲文以祭

辨寒岡所製拙齋記爽實跋 -先生號以拙扁齋 請記于儕友寒岡 久而後作記篇 首序事頗爽實 故先生跋其後以辨-

천계(天啓) 원년 신유(1621, 광해군 13) 선생 71세

사직[386]으로 있다가 다시 동지중추부사에 제수되었다. 선생이 상소하여 치사(致仕)를 청하였는데 뭇 소인들이 발끈해하며 저지하였다.

3월에 중강 개시[387]의 일로 헌의(獻議)하였다. -당시에 변방의 신하[388]들이 개시(開市)하는 일로 이자[389]하니, 조정 회의에서 선생이 마음대로 처리하도록 가볍게 허락하기는 어렵다고 헌의하였다.-

385) **의례경전통해속(儀禮經傳通解續)** : 주공(周公)이 지었다고 하는 고경(古經) 《의례(儀禮)》에 송대(宋代) 주자(朱子)가 제설(諸說)을 모아 해석을 덧붙이고 《의례경전통해》라 한 뒤, 상·제례(喪祭禮)에 관한 부분은 문인(門人) 황간(黃榦)을 시켜 속편(續篇)을 이루게 하였다. 이 속편을 곧 《의례통해속》이라고도 한다. 《사고전서(四庫全書)》 경부(經部) 예류(禮類).

386) **사직(司直)** : 오위(五衛)의 군직(軍職)으로, 정5품 관직이다.

387) **중강 개시(中江開市)** : 조선시대에 중국과의 교역을 위하여 의주(義州)의 중강(中江)에 개설했던 무역 시장. 《만기요람(萬機要覽)》 재용편(財用編) 5 중강 개시(中江開市).

388) **변방의 신하** : 원문의 '변신(邊臣)'은 변방의 수비를 맡은 관원을 말한다.

389) **이자(移咨)** : 자문(咨文)을 보냄. 자문은 중국과 왕복하는 공문서(公文書) 또는 대등한 관(官) 사이에

4월에 노추[390]의 서신을 받을지 않을지에 대한 일로 헌의하였다. -당시에 북로[391]가 우리에게 보내온 문서에 '조서'라는 글자를 더하였다. 선생이 헌의하기를 "저들이 우리에게 조서라는 글자를 썼습니다. 이는 우리를 신첩(臣妾)으로 만들고자 함이니, 원통함이 뼛속에 사무쳐서 차라리 듣지 않고 아예 죽어 버리고 싶은 뿐입니다. 일은 의당 처음에 조심해야 하고 미세할 때에 신중히 해야 하오니, 거절하고 받지 않을 뿐만 아니라 엄한 언사로 물리쳐 끊어버리소서."라고 하였다. 그런데 강홍립(姜弘立)과 김경서(金景瑞) 등의 장계(狀啓)에 대해 급히 '올려 보내도 무방하겠다.'라고 하였다.-

가을에 조정에서 같이 벼슬살이하는 여러 공들과 함께 기영회[392] 모임을 가졌다. -선생의 시소서(詩小序)에 이르기를 "이번 기영회에 참여한 사람으로 상공(相公) 한효순(韓孝純)이 79세, 전성군(全城君) 이준(李準)이 77세, 상공(相公) 심희수(沈喜壽)가 74세, 진원부원군(晉原府院君) 유근(柳根)이 73세, 우의정 조정(趙挺)과 내가 각 71세, 좌의정 박홍구(朴弘耉)와 용호(龍湖) 남근(南瑾), 여양군(驪陽君) 민인백(閔仁伯) 각각 70세, 영의정 박승종(朴承宗)이 60세였으니, 도합 715세이다. 그리고 앉은 자리는 영의정, 한 상공, 진원부원군, 전성군이 남쪽에 앉았고, 좌의정이 동쪽에 앉았고, 우의정이 가운데 앉았고, 심 상공, 남용호 및 내가 서쪽에 앉았고, 여양군이 북쪽에 앉았었기에 그 시의 함련(頷聯)에서 언급했다." 하였다.-

11월에 제문을 지어 상공 유음 한효윤[393]의 제(祭)를 지내주고 또 만사를 지었다.

天啓元年辛酉 先生七十一歲

주고받는 공문.

390) **노추(奴酋)** : 흉노의 우두머리라는 말로 훗날 청 태조(清太祖)가 되는 누르하치를 가리킨다. 당시에 여진(女眞)의 각 부족을 통일하고 팔기(八旗)를 조직하여 만주(滿洲)에서 세력을 떨치고 있었으므로 명나라에 큰 위협이 되었다.

391) **북로(北虜)** : 북쪽에 있는 오랑캐로 청(淸)나라의 전신인 후금(後金)을 이른다.

392) **기영회(耆英會)** : 조선 태조(太祖) 때부터 정2품 이상의 관직을 지낸 만 70세 이상의 원로 사대부들을 예우하기 위한 기로소(耆老所)를 설치하였는데, 기로소에서 마련한 연회를 기영회(耆英會) 또는 기로회(耆老會)라고 한다. 임금도 늙으면 기로소에 이름을 올려 임금과 신하가 함께 참여하였으므로, 기로소에 드는 것을 최고의 영예로 여겼다. 기로(耆老)들의 모임은 원래 중국에서 유래하였다. 당나라 때 백거이(白居易)가 조직한 향산구로회(香山九老會)가 있었으며, 송나라 때 문언박(文彦博)과 사마광(司馬光)을 비롯한 13인이 조직한 낙양기영회(洛陽耆英會)가 있었다. 이번 기영회에 13명이 참여한 것으로 보아 송(宋)의 기영회에 영향을 받았음을 짐작할 수 있다. 참고로 심희수의 〈기영회시병서(耆英會詩竝序)〉에서 당시 기영회의 배경과 연회 모습을 가늠할 수 있다.

393) **한효윤(韓孝胤, 1536~1580)** : 본관은 청주(淸州), 자는 근숙(謹叔), 호는 유음(柳陰)이다. 1570년(선조 3) 식년시 병과에 급제하여 공조좌랑·전적·경성판관을 거쳐 종부시주부에 승진되었으나 그만두었다. 영의정에 증직되었다.

以司直 還付同樞 上疏乞骸 羣小慍而沮之

三月以中江開市事 獻議 -時邊臣以開市事移咨 朝廷會議 先生以恐難擅便輕許 獻議-

四月以奴書受不受事 獻議 -時北虜遺書於我 加詔字 先生獻議曰 彼加我以詔字 是欲臣妾我也 只增痛骨 寧欲不聞而死也 事當謹於始 謹於微 不惟拒之不受 嚴辭而斥絶之 至於弘立景瑞等狀啓急令上送無妨云云-

秋與同朝諸公 修耆英會 -先生詩小序曰 預是會者 韓相孝純七十九歲 全城李準七十七歲 沈相喜壽七十四歲 晉原柳根七十三歲 右相趙挺與余 各七十一歲 左相朴弘耉與南龍湖瑾閔驪陽仁伯 各七十歲 領相朴承宗六十歲 合七百十五歲 而居第 領相與韓相晉原全城在南 左相在東 右相在中 沈相與南龍湖曁余在西 驪陽在北 故頷聯及之云爾-

十一月爲文祭柳陰韓相 又挽

2년 임술(1622, 광해군 14) 선생 72세

10월에 제문을 지어 연봉 이기설[394]을 제사하고 또 만사를 지었다.

二年壬戌 先生七十二歲

十月爲文祭李蓮峯基卨 又輓

3년 계해(1623, 인조 1) 선생 73세

인조대왕 원년 3월에 반정(反正)이 일어나니, 즉시 지돈녕부사(知敦寧府事)에 제수되고 익사원종공신(翼社原從功臣)이 혁파되자, 상소를 올려 자헌대부(資憲大夫)를 체직해 줄 것을 청하였는데, 바로 대사간에 제수되었다. -이때 폐위된 세자를 안율[395]하자는 의론이 한창 일어났는데, 선생은 의리에 의거해서 나아가지 않았다.- 《의례고증(疑禮考證)》 13권을 편찬하였고, 《가례언해(家禮諺解)》를 편찬하였다. 5월에 《강목》[396]을 간행할 때에 발문을 지었다. 8월 18일에

394) 이기설(李基卨, 1558~1622) : 본관은 연안(延安), 자는 공조(公造), 호는 연봉(蓮峯)이다. 박지화(朴枝華)의 문인이다. 효행으로 출사하여 한성부 판관·호조정랑·공조정랑·덕천군수·청풍군수, 상원군수 등을 역임하였으며, 청백리에 뽑혔다. 폐모론(廢母論)이 일어나자 벼슬을 사양하고 서울 삼청동(三淸洞) 백련봉(白蓮峯) 아래에 살면서 '연봉'이라 호를 짓고 학문에 전념하였다. 이조참판에 추증되었다. 인조의 특명으로 정려를 내렸는데, 편액을 효자삼세(孝子三世)라 하였다. 저서로는 《연봉집》이 있다.

395) 안률(按律) : 법률에 비추어 해당되는 벌(罰)을 매김.

396) 강목(綱目) : 주자(朱子)가 지은 《통감강목(通鑑綱目)》의 약칭이다.

황화방(皇華坊)에 있는 집의 정침(正寢)에서 고종(考終)하였다. -향년 73세이다. 부음이 알려지자 주상께서는 조회를 정지하고 시장을 닫게 하며 예관(禮官)을 보내어 조문하고 제사하였다.- 특별히 이조판서를 추증하고 별도로 사제[397]하였다. 그해 겨울에 청주의 치소에서 동쪽으로 10리 떨어진 상당산성(上黨山城) 동문(東門) 밖 비봉산(飛鳳山) 임좌병향(壬坐丙向)의 언덕에 안장하였다.

三年癸亥 先生七十三歲

仁祖大王元年三月 反正 卽拜知敦寧及翊社勳罷 陳疏乞遞資憲 旋拜大司諫 -時廢世子按律之議方張 先生據義不就- 撰疑禮考證十三卷 撰家禮諺解 五月跋綱目 八月十八日 考終于皇華坊正寢 -享年七十三 訃聞 上撤朝市 遣禮官弔祭- 特贈吏曹判書 別賜祭 是年冬 葬于淸州東十里上黨山城東門外飛鳳山壬坐丙向之原

의종 숭정 8년 을해(1635, 인조 13)

정려(旌閭)가 내려졌고, 조세(租稅)와 부역을 면제해 주었다.

毅宗崇禎八年乙亥

命旌閭 復其戶

숙종대왕 19년[398] 임신(1692, 숙종 18) 3월 갑자일

시장(諡狀)을 접수하였으나 주상께 주달(奏達)되지는 못하였다.[399]

肅宗大王十九年壬申 三月甲子

受諡狀 未及上達

21년 갑술년(1694, 숙종 20) 강희 33년

쌍천서원(雙泉書院)을 창건하고 이듬해 을해년에 입향(入享)하였다.

二十一年甲戌 康熙三十三年

397) 사제(賜祭) : 임금이 관리를 보내어 죽은 신하에게 제사를 지내주던 일을 말한다.

398) 숙종대왕 19년 : 숙종 18년의 오기로 보인다.

399) 당시에 서인이 정권을 잡고 있었으므로, 남인인 선생의 시장을 상달(上達)하여 시호를 내리는 것을 막은 것으로 보인다.

刱建雙泉書院 翌年乙亥入享

이로부터 이하의 서(序)·시(詩)·찰한(札翰)의 원본 필적은 고령신씨(高靈申氏) 영성군파(靈城君派) 문중에서 보장(寶藏)하고 있다.

自此以下 序詩札翰原本筆蹟 寶藏門中也

연경별장燕京別章[400)]

명나라에 사신 가는 신 각로(申閣老)[401)]에게 지어 드린 서(序)

황명 만력 45년 정사년(1617, 광해군 9) 초겨울 하순

拜呈申閣老朝天序 皇明萬曆四十五年 歲丁巳 孟冬下澣

최유해(崔有海)[402)]

호걸스러운 선비가 변방에서 태어나 이미 주공(周公)과 중니(仲尼)의 도를 좋아한다면, 북쪽으로 중국에 가서 공부하여 마땅히 그 이르지 못했던 것을 더욱 궁구하고 선왕의 도를 호위하여, 마땅히 이단(異端)의 시끄러운 주장을 막아내고, 대중지정(大中至正)의 지극한 경지로 나아가는 것이 바로 사군자(士君子)가 해야 할 일이다. 옛날에 양주(楊朱)·묵적(墨翟)의 학설이 맹자(孟子)에 의해 정도(正道)로 돌아왔고, 노장(老莊)과 불교(佛敎)의 폐단이 정자(程子)와 주자(朱子)에 의해 확청(廓淸)되었다.

당시에 육자정[403)]이 강서(江西)에서 분연히 일어나, 별도로 문호(門戶)를 세우고, 자기의 학설을 내세워 한 시대에 으뜸이 되었고 자기의 주장을 닦아 사람들을 이끌었다. 그의 학설은 문장을 일삼지 않고서도 바로 깨달을 수 있다 하고, 그 도(道)는 인욕(人欲)을 억제하면서 마음을 다스리는 것이요, 그 가르침은 영묘한 기운을 진발(振發)시켜 우뚝 서게 하는 것이

---

400) **연경별장(燕京別章)** : 졸재공의 명(明)나라 사행(使行)은 경진년(1580, 선조 13)에 질정관, 을유년(1585, 선조 18)에 성절사 서장관, 기해년(1599, 선조 32)에 사은사 겸 진주사, 무오년(1618, 광해군 10)에 사은사 등 모두 네 차례였다. 여기에 수록된 별장(別章)은 을유년 19편과 무오년 4편, 기타 1편으로 모두 24편이다. 무오년·을유년 별장 순으로 실려 있다.

401) **각로(閣老)** : 명대(明代) 이후에는 재보(宰輔)를 각로라 불렀으니, 대개 대신급(大臣級)을 이른다.

402) **최유해(崔有海, 1588~1641)** : 본관은 해주(海州), 자는 대용(大容), 호는 묵수당(嘿守堂)이다. 김현성(金玄成), 조수륜(趙守倫), 최립(崔岦), 정구(鄭逑) 등의 문하에서 글을 배웠다. 1617년에는 평안도 평사(平安道評事)가 되었으나 대북파(大北派)에 의하여 삭직되었다. 인조반정 이후 다시 등용되어 정주목사·길주목사를 역임하고 동부승지가 되었다. 의약과 복서(卜筮) 및 천문에도 밝았다. 저서로 《묵수당집》·《서명천견록(西銘淺見錄)》·《길주사적기(吉州史蹟記)》 등이 있다.

403) **육자정(陸子靜)** : 송(宋)의 학자 육구연(陸九淵)을 가리킨다. 자정은 그의 자이고, 호는 상산(象山)이다. 주자의 성리학에 맞서는 양명학의 원조가 되었다.

었다. 스스로 다스리기를 엄하게 함은 덕성(德性)의 바름을 높일 수 있고, 뜻을 고상히 하기를 숭상함은 명리(名利)의 구덩이에서 벗어날 수 있고, 기상과 절도 있는 풍도는 유속(流俗)에 흔들리지 않게 할 수 있었으니, 그들이 학문하는 본의(本意)를 살펴보면, 반드시 모두가 불선(不善)에서 나온 것은 아니었다 할 수 있다.

그러나 그들 학문의 큰 근본은 실로 면벽[404]의 익힘에 근원을 두고 있다. 그러므로 격물치지하는 공부가 없는 것이다.[405] 천도(天道)와 성명(性命)의 정통(正統)에 대해 잘 살피지 못함이 있으며, 선악과 시비의 구분에 대해 잘 분별을 하지 못했고, 학술의 사정(邪正)과 사물의 지극한 이치에 대해서는 제대로 밝히지 못한 것이 있으니, 한갓 맹인(盲人)이 지팡이로 땅을 짚으면서 길을 찾는 꼴인지라, 그 기질(氣質)의 치우침에 그대로 내맡기면서, 스스로 덕을 완성할 수 있다고 본 것이다. 그러므로 그 유행의 폐단이 육경[406]을 원수처럼 여겨 없애버리려 하였고, 윤리강상을 먼지같이 보고 끊어버리려 했으며, 육신을 물거품 같은 헛것으로 여기고, 만물을 떠다니는 티끌로 여겼으며, 예악(禮樂)을 생(生)을 제약하는 형틀로 여기고, 인의(仁義)를 천하에 화(禍)를 끼치는 것으로 여기면서, 다만 허정(虛靜)으로써 마음을 수양하는 방법으로 삼고서, 혹 십 년을 이에 종사하기도 하고, 혹은 평생토록 힘을 다해 마음을 마른 나무와 꺼져버린 재[407]의 법(法)을 추구하고, 창광(猖狂)하고 방광(放曠)한 습속을 발동하여, 망연히 도의(道義)의 진실은 알지 못하고, 문득 스스로 거만하게 득도한 유학자라 하면서, 종신토록 우혹(愚惑) 속에 살다가 마음을 가라앉히지 못하고 죽은 자가 많아서 이루 다 헤아릴 수가 없다. 그러니 육씨(陸氏)의 학술이 사람에게 화(禍)를 끼친 것이, 홍수나 맹수의 피해보다 심하다고 말할 수 있다. 그런데도 육씨(陸氏)의 무리들은 '주자학파의 말학적(末學的) 폐단이 사람의 심성(心性)을 해치는 일'이라고 말하고 있다.

저 운봉과 쌍봉[408]의 무리들은 자구(字句)의 훈고(訓詁)와 고증(考證)에만 잠심(潛心)하여

---

404) **면벽(面壁)** : 좌선(坐禪)하는 일. 공부에 방해가 되는 외부의 사물을 보지 않기 위하여 벽을 향하고 앉아서 하는 수행법을 말한다.

405) **격물치지(格物致知)하는 …… 것이다** : 육상산(陸象山)이 격물(格物) 치지(致知)의 학문은 지리하고 번거로워 참다운 것을 잃었다고 배척하고 오로지 성의(誠意) 정심(正心) 공부에만 열중한 것을 지적한 것이다.

406) **육경(六經)** : 《시경(詩經)》·《서경(書經)》·《역경(易經)》·《춘추(春秋)》·《예기(禮記)》·《악경(樂經)》이다.

407) **마른 나무와 꺼져버린 재[枯木死灰]** : 불교에서 흔히 쓰는 화두(話頭)로서 마음속에 일체의 욕심이 없거나 마음이 지극히 고요한 상태를 이른다.

408) **운봉(雲峯)과 쌍봉(雙峯)** : 운봉은 원(元)나라 때의 학자 호병문(胡炳文)의 호이다. 그는 특히 주희(朱

선유(先儒)들이 왼쪽이라 하면 따라서 왼쪽으로 여기고, 선유들이 오른쪽이라 하면 따라서 오른쪽으로 여기되, 한 마디 말도 성리(性理)를 밝게 드러내는 바탕이 되는 것이 없다. 그저 선유들이 이미 말씀한 뜻만 취하여 겉치레하고 옷을 입혀서 스스로 장구하게 이어갈 큰 업적으로 여겼으니, 이것은 아이들이 걸음마를 배우는 일과 유사한 점이 있어서, 비록 한 번의 웃음거리에 불과하지만, 또한 세상 사람들을 휘몰아서 훈고(訓詁)의 누추함으로 돌아가려 한 자들이 아니겠는가? 굳이 힘써 거부하고 깊이 배척할 필요는 없는지라 짐짓 그대로 두고 논하지 않음이 좋을 것이다.

육씨(陸氏)의 학문이 끼친 폐해에 이르러서는 그의 학설이 간략하면서 따르기 쉽고, 그 법은 실제적이어서 진실에 가까우므로, 그 학문에 현혹되면 벗어나기가 어렵다. 그래서 고명한 사람들한테 편승하여 끝내 혼미한 지경에 들어가게 하였으니, 송(宋)나라 때부터 시작되어 명(明)나라 때에 이르러서는 더욱 성해졌다. 오늘날에 이르러서는 중국 조정(朝廷)의 사군자(士君子)들이 배웠다 하면 반드시 육상산(陸象山)이고, 말을 했다 하면 반드시 육상산이다. 그러니 속으로는 선·불(仙佛)을 익히고 겉으로는 주자를 배격하면서 주자의 학설이 지리하다는 공격하는 자가 온 세상에 가득하다. 삼년상이 훼철되고 제향(祭享)의 예가 철폐되어, 세상 사람들이 무모하고 무지해져서 오랑캐의 풍속에 빠져들면서도 스스로 저 육씨(陸氏)의 폐해를 성찰하지 못함이 명나라에 이르러 이미 극심해졌다.

진실로 대현군자(大賢君子)가 주자의 학문을 이끌어 밝히고, 육씨의 잘못된 학설과의 차이점을 깊이 분변하여, 세상 대중들을 고무시켜 주자의 학문을 따르게 하지 않는다면, 삼강오상(三綱五常)은 장차 좀먹고 없어져서 남을 것이 없게 될 것이니, 어찌 두렵지 않을 수 있겠는가? 천하가 지극히 크고 인재가 매우 많으니, 반드시 정·주자를 계승하여 세상에서 외칠 사람이 있게 될 것이다.

나는 격물치지의 학문을 정도(正道)로 나아가는 바탕으로 삼으면서, 앞으로 육씨의 폐색(弊塞)된 것을 열어주기를 청하는 바이다. 내 일찍이 살펴보니 《창힐편》[409]에 "격(格)은 헤아리는 것이다."라고 하였고, 증자고[410]는 "사(思)는 앎을 지극하게 하는 것이다."라고 하였으니,

---

熹)의 학문에 정진했던 사람으로 자는 중호(仲虎)이고, 세상에서 운봉 선생(雲峯先生)이라 불렀다. 《역본의통석(易本義通釋)》·《서집해(書集解)》·《춘추집해(春秋集解)》·《예서찬술(禮書纂述)》 등 많은 저서가 있다. 쌍봉은 송(宋)나라 여간(餘干) 사람 요로(饒魯)이다. 자는 백여(伯輿), 황간(黃榦)의 제자로 경의(經義)에 밝았다. 《사서통해(四書通解)》를 지었다. 시호는 문원(文元)이고, 쌍봉은 그의 호이다.

409) **창힐편(蒼頡篇)** : 옛날 자서(字書)의 하나로, 진(秦)의 이사(李斯)가 지었다.

무릇 천하의 만물은 '그렇게 되는 원인'[411]이 있지 않은 것이 없고, 천하의 모든 사물에는 또한 '당연한 바의 법칙'[412]이 있지 않은 것이 없으니, 이는 바로 이치가 모든 사물에 붙어 있는 것이다. 물(物)과 사(事)는 비록 근본 원리[體]는 같으나 작용[用]이 다르니, 이치의 본연(本然)은 진실로 딴 이치가 없다. 이 때문에 크게는 천지의 높고 두터움과 귀신의 굴신(屈伸)에서부터, 작게는 한 티끌의 기복(起伏)과 한 기운의 호흡함에 이르기까지 그 근본이 되는 것이 모두 물(物)인 것이요. 드러나서는 군신(君臣)·부자(父子)의 아름다운 법도가 되고, 나타나서는 성정(性情)·덕행(德行)의 떳떳함이 되는 것이 모두 사(事)인 것이다. 진실로 사(事)와 물(物)의 많음에 대해 모두 천리의 바른 것을 찾아내고 헤아려서, 생각하고 거듭 생각하여 알지 못하거든 놓지 말고, 지극한 이치의 극처(極處)를 궁구하여, 투철한 영역에까지 나아간다면, '이치는 똑같지만 저마다의 몫은 다르다[理一分殊]'는 신묘함과, 하늘과 사람의 성리(性理)의 근원이 심목(心目)의 사이에 분명하게 드러나지 않음이 없게 될 것이다.

이렇게 해서 참된 앎이 이미 밝아지고 큰 뜻이 자연스럽게 정해진다면, 인욕의 사사로움은 사나운 호랑이를 피하듯 하게 되고, 천리(天理)의 참됨은 곡식이 자라듯이 확충해 나가게 될 것이다. 이리하여 벼슬에 나아가면 은택이 백성들에게 가해지고, 물러나면 가르침이 후대에까지 전해질 것이다. 그러하다면 격물치지의 공부는 실로 '덕을 진전시키고 학업을 닦는[進德修業]' 제일의 기틀인 것이고, 생각하고 헤아림은 또 격물치지의 추뉴[413]가 된다.

이제 우리 각로(閣老)께서는 조정의 대로(大老)로, 일찍이 주공과 중니의 도에 뜻을 가지고 계셨다. 지금 사신의 임무를 수행[414]할 책무를 띠고 멀리 중국에 가시게 되었으니, 북쪽으로 가서 공부하여 그 지혜를 밝히고, 도를 논하면서 사설(邪說)을 물리쳐서, 평소의 뜻을 이루는 일이 장차 이번 행차에 달려 있다 할 수 있다.

---

410) **증자고(曾子固)** : 자고는 송(宋)나라 문장가 증공(曾鞏)의 자(字)로, 당송 팔대가(唐宋八大家)의 한 사람이다.

411) **그렇게 되는 원인[所以然之故]** : 당위성의 이유로서의 까닭. 곧 인의예지(仁義禮智)의 본성을 가리킨다.

412) **당연한 바의 법칙[所當然之則]** : 윤리적 의미의 당위성. 충효 등 인간이 행하여야 할 윤리 도덕을 가리킨다.

413) **추뉴(樞紐)** : 사물의 관건(關鍵) 혹은 상호 연계의 중심을 비유하는 말이다. 추(樞)는 문을 열고 닫는 지도리이고, 뉴(紐)는 기물을 달아매거나 잡는 인끈·단추이다.

414) **사신의 …… 수행** : 원문의 '전대(專對)'는 사신이 능수능란하게 응대하며 왕명(王命)을 완수하는 것을 말한다. 《논어》〈자로(子路)〉에 공자께서 이르시기를 "시경(詩經) 삼백 편을 외우더라도 정치를 맡겨줌에 제대로 해내지 못하고 사방에 사신감에 혼자서 처결하지 못한다면 비록 많이 외운들 어디에 쓰겠느냐.[子曰 誦詩三百 授之以政 不達 使於四方 不能專對 雖多 亦奚以爲]"고 한 것을 인용한 것이다.

맹자께서 이르시기를 “양주(楊朱)와 묵적(墨翟)을 막을 것을 말할 수 있는 사람은 성인(聖人)의 무리이다.”[415]라고 하였으니, 나 역시, “능히 육학[416]을 분변할 것을 말하는 자는 주자(朱子)의 무리이다.”라고 하겠다. 못난 이 사람이 이 때문에 합하[417]께 깊이 기대함이 있으니, 합하께서는 권면하소서. 이어서 근체시 한 수를 바칩니다.

獨賢專對屬忠良	사신 가는 노고 충량한 신하에 맡기니[418]
一點祥星萬里光	한 점의 상서로운 별빛 만 리에 빛나네.
大孝王心懸北極	효성스런 임금님 마음은 북극성[419]에 향해 있고
至仁皇澤遍東方	지극히 어지신 황제의 은택 동방에 두루 미쳤네.
歡騰臣庶爭稱慶	환희 넘쳐 신하와 백성들 다투어 경하를 올리고
感徹雲霄敬篚黃	감격이 하늘에 통하매 공경하여 예물을 바치네.[420]
文獻足徵知在是	징험할 만한 문헌이 이곳에 있음을 알겠노니
醇儒逢處訊經常	순유[421] 이르는 곳마다 경상[422]을 묻자오리.

豪傑之士 生乎遐裔 旣悅周公仲尼之道 則以之北學于中國 宜益求其所未至 以之閑先王之道 宜益觝異言之㕂 要造乎大中至正之極 是乃士君子之業也 昔楊·墨之說 歸

415) **양주와 …… 무리이다** : 《맹자》 〈등문공 하(滕文公下)〉에, 맹자께서 “양주와 묵적을 막겠다고 말할 수 있는 자는 성인의 무리이다.[能言距楊墨者 聖人之徒也]”라고 말씀하였다.

416) **육학(陸學)** : 남송의 철학자 상산(象山) 육구연(陸九淵, 1139~1192)의 학문으로 주자의 객관적 유심론(唯心論)에 반대하여 주관적 유심론을 주장하였다. 육상산의 학문은 후대의 왕양명(王陽明)에게 계승되어 흔히 양명학(陽明學)이라고도 불리는데, 소재는 당시 조선의 학자들이 추숭한 주자학 대신 양명학에 깊이 심취되었다.

417) **합하(閤下)** : 정일품 이상 관리에 대한 호칭으로, 존귀한 사람에 대한 존칭으로 썼다.

418) **사신 …… 맡기니** : 원문의 ‘독현(獨賢)’은 《맹자》 〈만장 상(萬章上)〉에, 맹자가 《시경》 〈북산(北山)〉 시를 인용하면서 “이것은 국사(國事)가 아님이 없거늘 나만이 홀로 어질다 하여 수고롭다.[此莫非王事 我獨賢勞也]”라고 한 데서 취한 말이다. ‘전대(專對)’는 사신으로 가는 것을 말하며, ‘충량(忠良)’은 충성스럽고 어진 신하를 이른다.

419) **북극성** : 황제가 있는 곳을 말한다. 《논어》 〈위정(爲政)〉에 “북극성이 자리를 잡고 있음에 뭇별들이 그에게로 향한다.[北辰居其所 而衆星共之]” 하였다.

420) **예물을 바치네** : 원문의 ‘비황(篚黃)’은 《서경》 〈무성(武成)〉의 “채색 비단을 광주리에 싸다.[篚厥玄黃]”라는 구절을 인용한 것으로, 예물을 바친다는 뜻이다.

421) **순유(醇儒)** : 결백하고 정직한 선비, 순후한 유학자(儒學者)를 가리킨다.

422) **경상(經常)** : 항상 일정하여 변하지 않음을 이른다. 상도(常道).

正于孟子 老佛之弊 廓淸于程朱 時有若陸子靜氏 奮起江西 自立門戶 名其學而雄於世 侈其說而率諸人 其學則不事文字而頓悟也 其道則强制人欲而治心也 其敎則振發英氣而卓立也 自治之嚴 可以尊德性之正 尙志之高 可以脫名利之窩 氣節之風 可以不撓於流俗 觀其爲學之本意 則未必悉出於不善也 然學之大本 實原於面壁之習 故致知之力 盖蔑如也 天道性命之正 有不能察焉 善惡是非之分 有不能辨焉 學術之邪正事物之至理 有不能明焉 徒欲冥行擿埴 任其氣質之偏而自以爲成德 故其流之弊也讐視六籍而欲滅之 塵視彛倫而欲絶之 以形骸爲泡幻焉 以萬物爲浮塵焉 以禮樂爲桎梏焉 以仁義爲天下之禍焉 只將虛靜 以爲養心之方 而或從事於十年 或竭力於平生 求之於枯木死灰之法 而發之於猖狂放曠之習 茫然不知道義之眞 而便自傲然以爲得道之儒 終身愚惑 不能下心而死者夥不可勝計 陸氏學術之禍人 可謂有甚於洪水猛獸之害矣 而陸氏之徒 以朱門末學之弊 以爲害人心性之事云 夫雲峯·雙峯之輩 潛心於句字魚魯之間 先儒曰左 則從而左之 先儒曰右 則從而右之 無一言發明之資 而只取先儒已言之意 粉飾衣被 自以爲久大之業 此則有似乎兒童學步之事 雖不滿一笑亦非率天下歸諸訓詁之陋者也 有不必力拒深排 姑置而不論可也 至於陸氏之害 則其說簡而易趨 其法實而近眞 其學惑而難解 乘其高明之人 使之終入於迷暗 自宋及明而益熾 到于今日 則朝廷士君子 學則必陸焉 道則必陸焉 有以陰習乎仙佛而陽排朱子 名爲支離而攻之者遍天下 三年之喪毁焉 祭享之禮廢焉 天下貿貿入於夷狄之風而不自省察 彼陸氏之害 至皇明而已極矣 苟非大賢君子 倡明朱子之學 深辨陸氏之差鼓天下之衆而從之 則三綱五常 將必蝕滅而無餘矣 可不懼哉 以天下之大 人才之盛必有繼程朱而鳴世者矣 吾請以格致之說 以爲就正之資而將啓陸氏之弊塞焉 吾嘗見蒼頡篇曰 格者量度也 曾子固曰 思者所以致其知也 凡天下之物 莫不有所以然之故焉 天下之事 亦莫不有所當然之則焉 此乃理之寓於物者也 物與事 雖同體而異用 理之本然則固無異致 故大而天地之所以高厚 鬼神之所以屈伸 微而一塵之起伏 一氣之呼吸皆物也 顯而爲君臣父子之懿 著而爲性情德行之常者 皆事也 苟於事物之繁 皆求天理之正而量度之 思之重思 不得不措 窮至理之極處 以造透徹之域 則理一分殊之妙 天人性理之厚 莫不瞭然於心目之間矣 眞知旣明 大志自定 則人欲之私 若毒虎而避之 天理之眞 若菽粟而擴之 進則澤加於民 退則垂敎於後矣 然則致知之學 實進德修業之第一機也 而思而量度者 又爲格致之樞紐也 今我閣老 以朝廷之大老 早有

志於周公仲尼之道 今以專對之責 遠赴中華 則北學而明其智 論道而闢邪說 以成平日之志者 將在此行矣 孟子曰 能言距楊·墨者 聖人之徒也 吾亦曰 能言辨陸學者 朱子之徒也 不佞 以是 深有望於閤下 閤下其勉之 因獻近體一首曰 獨賢專對屬忠良 一點祥星萬里光 大孝王心懸北極 至仁皇澤遍東方 歡騰臣庶爭稱慶 感徹雲霄敬篚黃 文獻足徵知在是 醇儒逢處訊經常

사은정사 행차에 시를 적어 봉정하다 만력 정사년(1617, 광해군 9) 초겨울
錄奉謝恩正使行史 萬曆丁巳初冬

유근(柳根)[423]

龍灣曾寫蒹葭篇	용만에서 일찍이 겸가편[424]을 썼었는데
回首俄經二十年	머리를 돌려보니 어느덧 20년이 지났네.
自唉衰容今老矣	우스워라 노쇠한 얼굴 이제는 늙었고야
却知分手更茫然	문득 작별하니 다시 망연해짐 알았어라.
日沈平地高坪上	해는 너른 땅의 고평[425] 위로 넘어가고
天接寒波渤海邊	하늘은 찬 파도 이는 발해[426]에 닿았어라.
三入燕都長在夢	세 번이나 연경에 들어가니 늘 꿈속에 있어
有時身惹御罏煙	때로 몸에 어로(御罏)의 향이 스미었다오.[427]

423) **유근(柳根, 1549~1627)** : 본관은 진주(晉州), 자는 회부(晦夫), 호는 서경, 시호는 문정(文靖)이다. 황정욱(黃廷彧)의 문인이다. 1572년(선조 5) 별시 문과에 장원하고, 1587년 이조정랑으로서 문신 정시(文臣庭試)에 다시 장원하였다. 한성부 판윤·예조판서·충청도관찰사·대제학·좌찬성 등을 역임하였다. 1627년 정묘호란 때 강화에 왕을 호종하던 중 통진에서 죽었다. 괴산의 화암서원(花巖書院)에 제향되었다. 문집으로 《서경집》을 남겼다.

424) **겸가편(蒹葭篇)** : 《시경》 〈진풍(秦風)〉의 편명으로, 겸가(蒹葭)에 "긴 갈대 푸른데, 흰 이슬이 서리가 되었네. 저기 바로 저 사람이 물 저편에 있도다. 물길 거슬러 올라가나, 험한 길이 멀기도 하네.[蒹葭蒼蒼 白露爲霜 所謂伊人 在水一方 遡洄從之 道阻且長]"라고 하였는데, 이 시는 만나고 싶은 사람을 만나지 못함을 애석하게 여겨서 읊은 시라고 한다. 여기서는 사행(使行)의 고달픔을 시로 지었음을 말한 것이다.

425) **고평(高坪)** : 요동에서 산해관 사이에 있는 지역이다.

426) **발해(渤海)** : 황해(黃海)의 일부로서 요동 반도와 산동 반도로 싸인 바다이다.

작년에 별장(別章)을 지어 달라 하시는 서찰을 받았지만 그 뒤로 인사(人事)가 분분하여 감히 시편을 지어드리지 못하였습니다. 그러던 중 지금 서울에서 만나 뵈니 진실로 뜻밖입니다. 이에 거친 글을 엮어 조금이나마 저의 심정을 펼쳐 보여드립니다 무오년(1618, 광해군 10) 10월 16일

去年 伏承俯索別章 厥後人事紛紛 不敢以詩篇相贈 今者奉袂關內 誠夢寐外 玆掇荒語 少伸下情 戊午陽月旣望

목장흠(睦長欽)[428]

同是城南待罪臣	똑같이 성남에서 죄를 기다렸던[429] 신하였더니
主恩前後使西秦	주상의 은혜 입어 두 차례나 중국에 사신가시네.
干戈異域甘衝冒	난리통에 이역에서 위험을 무릅씀도 달게 여기고
雨雪長途任苦辛	함박눈 내리는 먼 길에 고생도 그대로 감내하네.
靑眼更論羈思久	청안[430]으로 다시 긴 나그네 시름을 논하고
白頭還怕別愁新	흰 머리로 여전히 새로운 작별을 두려워하네.
何當竣事旋歸早	어찌하면 일찌거니 사신 일 마치고 돌아와
竹杖相尋野水春	죽장 짚고 나란히 들 물가에서 봄을 즐길런가?

427) 때로 몸에 …… 스미었다오 : 당(唐)나라 시인 가지(賈至)의 〈대명궁의 아침 조회에서 두 성씨의 동료에게 바치다[早朝大明宮 呈兩姓僚友]〉에 "검과 패옥 소리 울리며 옥 계단을 걷고, 의관과 몸에는 어전의 향기가 배어 있네.[劍珮聲隨玉墀步 衣冠身惹御爐香]"를 인용한 것이다.

428) 목장흠(睦長欽, 1572~1641) : 본관은 사천(泗川), 자는 우경(禹卿), 호는 고석(孤石)이다. 1599년(선조 32) 정시 문과에 병과로 급제하여 내직을 두루 거친 뒤 이조정랑이 되었으나 판서 기자헌(奇自獻)의 미움을 받아 고성군수(高城郡守)로 나갔다. 1613년에 좌부승지가 되었는데 이이첨(李爾瞻), 정인홍(鄭仁弘) 등이 영창대군(永昌大君)을 폐하려 하자 이를 저지하려다가 이덕형(李德馨)과 함께 연좌되어 청풍군수로 좌천된 뒤 고향으로 돌아갔다. 인조반정 뒤 승지에 임명되어 판결사, 함경도관찰사, 경주 부윤 등을 거쳐 호조참판을 지냈으며, 1641년에 도승지가 되었다.

429) 죄를 기다렸던[待罪] : 1618년 정월에 우의정이 한효순(韓孝純) 등이 백관을 인솔하고 정청(庭請)하여 폐모론을 주장하였다. 이 당시에 지중추부사 졸재공이 시종일관 참여하지 안했기에 대죄하고 있었던 일을 말한다. 《광해군일기》 123권, 10년 1월 4일 5번째 기사 참조.

430) 청안(靑眼) : 반가워하는 눈빛을 말한다. 죽림칠현(竹林七賢)의 한 사람인 완적(阮籍)이 마음에 드는 이에겐 청안(靑眼)을 보이고 그렇지 않은 사람에겐 백안(白眼)으로 대했던 고사가 있다. 《세설신어(世說新語)·간오(簡傲)》

졸재 신 지중추부사께서 대죄하고 있던 중에 기용되어 사은사로 중국에 조회하러 가실 때 시를 지어 전송하고 아울러 미천한 이 몸이 감격한 사사로운 정을 서술하였다 만력 무오년(1618, 광해군 10) 윤달 여름

拙齋申知樞起於待罪之中 謝恩朝京 以詩送之 幷敍微身感激之私云 萬曆戊午閏夏

이호민(李好閔)

自古人情惜衰朽	예로부터 인정은 노쇠함을 슬퍼하니
世間無事可擔當	세간에 담당할 만한 일이 없어서이네.
聞君康健乘槎去	듣건대 그대는 강건하여 뗏목타고 간다하니[431]
剛喜周旋報主長	주선하여 성은에 보답함이 많음을 기뻐하네.
休說炎潢行役苦	더위와 장마에 행역이 고되다고 말하지 마시게
何如嶺海逐臣傷	영남의 바닷가로 쫓겨난 이 신하의 아픔만 하리오.
南郊老物偏殊渥	성남(城南) 교외의 늙은 나는 특별히 임금의 은혜 입어
并貸驅馳與徼荒	사신 감[432]과 먼 변방의 고을살이[433] 모두 면제받았다오.

신 졸재 영공의 7월 연회 때에 남용호(南龍湖)의 원운에 뒤늦게 차운하여 불민함을 사죄하다[434] 천계 원년(1621, 광해군 13) 10월 하순

追和申拙齋令公七月宴會 南龍湖元韻 以謝不敏之罪 天啓元年陽月下澣

심희수(沈喜壽)

耆賢俱是士林英	자리하신 어진 노인 모두가 사림의 뛰어난 분들인데
孝宴同歸國典榮	나라 은전으로 베푸는 효도잔치에 참여하여 영광이네.

---

431) 뗏목타고 간다하니 : 사신 가는 것을 말한다.

432) 사신 감 : 원문의 '구치(驅馳)'는 사자(使者)가 말을 타고 채찍질하여 언덕과 진펄을 달리는 것을 말한다. 《시경(詩經)》 〈황황자화(皇皇者華)〉에 "반짝반짝 빛나는 꽃들이여, 저 언덕이랑 진펄에 피었네. 부지런히 달리는 사나이는, 행여 못 미칠까 염려하도다. …… 내가 탄 말은 인마인데, 여섯 가닥 고삐가 고르도다. 이리저리 채찍질하여 달려서, 두루 찾아서 자문하도다.[皇皇者華 于彼原隰 駪駪征夫 每懷靡及 …… 我馬維駰 六轡旣均 載馳載驅 周爰咨詢]"라고 한 데서 온 말이다.

正軫西疆開釁孼	서쪽 국경에선 시비가 일어나는 재앙을 염려하고
常歡北極際文明	대궐에서는 문명세상 만난 것을 기뻐하였네.
諸公已得黃離位	여러 공들은 이미 황리[435]의 지위를 얻었는데
此老猶牽綠野情	이 늙은이는 오히려 녹야[436]에 정에 끌리네.
盛席先逃應有罰	성대한 자리에서 먼저 빠져나옴에 응당 벌주가 있을 터
深杯何待約條成	가득한 술잔을 굳이 약조로 지어서 낼 필요 있으랴.

신 서장관을 작별하며 드리다[437] 2수. 연래당(燕來堂)에서 쓰다. 만력 을유년(1585, 선조 18) 5월 상완

贈申書狀別 二首 書于燕來堂中 時萬曆乙酉天中上浣

송상현(宋象賢)

誰憐江漢病蹉跎	강한의 병든 불우한 날 뉘 알아주랴만
怕聽陽關第一歌	양관의 제일가[438]를 듣기가 두려워라.
回首離亭杳難極	고대 돌리니 전별의 자리[439] 아득하여 끝을 모르겠고

---

433) **먼 변방의 고을살이** : 원문의 '요황(徼荒)'은 멀고 황량한 변방에 가서 고을살이하는 것을 뜻한다.

434) 이 시는 심희수(沈喜壽)의 《일송선생문집(一松先生文集)》에 〈신정숙기영회차운(申正淑耆英會次韻)〉이란 제목으로 실려 있는바, 이는 기영회(耆英會) 때에 지은 작품으로 별장(別章)에 잘못 들어간 것으로 보인다. 각주 392)번 참조.

435) **황리(黃離)** : 태양 주위의 적황색 기운. 곧 제왕을 모시는 지위를 뜻한다. 《주역》 〈이괘(離卦)·구이효(九二爻)〉

436) **녹야(綠野)** : 녹야당(綠野堂)으로, 당대(唐代)의 명상(名相) 배도(裴度)의 별장 이름이다. 배도가 만년에는 벼슬을 그만두고 낙양(洛陽)에 은퇴하여 살면서 오교(午橋)에 별장을 지어 녹야당이라 이름하고 여생을 보냈다.

437) 이 시는 송상현(宋象賢)의 《천곡집(泉谷集)》에 〈贈別申書狀湜 乙酉〉이란 제목으로 실려 있다.

438) **양관(陽關)의 제일가(第一歌)** : 양관곡(陽關曲)으로 양관은 옛 관명(關名)이다. 고인들이 흔히 이곳에서 손님을 전송했으므로, 왕유(王維)의 〈송원이사안서(送元二使安西)〉 시에 "위성의 아침 비 가벼운 먼지 적셔 주는데, 객사에는 푸르고 푸른 버들 빛 새로워라. 그대에게 다시 한 잔 술 올리기를 권하노니, 서쪽으로 양관을 지나가면 옛 친구 없다오.[渭城朝雨浥輕塵 客舍青青柳色新 勸君更盡一杯酒 西出陽關無故人]"라고 한 데서 온 말이다. 전별연에서 필히 불리는 노래로 〈양관삼첩(陽關三疊)〉이라고도 한다. 여기서는 송별의 시라는 뜻으로 쓰였다.

439) **전별의 자리** : 원문의 '이정(離亭)'은 길가의 역정(驛亭)인데 옛사람들이 모두 여기에서 서로 송별하였으

憶君歸夢過灤河　　돌아가는 꿈꾸며 난하[440] 지나갈 그대를 생각하노라.

東土文章謝椽歸　　사연[441]과 같은 우리나라 문장이 사신 가니
燕山亘北五雲飛　　연산 북방으로 뻗친 오색구름이 나르리라.
遙知曙漏傳呼淺　　멀리서 생각하노니 새벽에 불러 들여서
金殿當頭拜舜衣　　금전에서 맨 먼저 천자께 배알하시겠네.

옛 동료 운계주인(雲谿主人)이 연경으로 가려 할 때 나에게 글 한 편을 청하기에 써서 드리다[442] 만력 을유년 5월 어느 날 임연재(臨淵齋)에서

舊僚雲谿主人 將之燕京 索余一言 書以爲贈 乙酉仲夏有日 臨淵齋

배삼익(裵三益)[443]

迢遆燕山路　　멀고 먼 연경(燕京) 가는 길
君今再作行　　그대 지금 다시 그 길에 오르네.
關河尋禹迹　　관하에서 우 임금의 자취[444]를 찾고

므로, 전하여 길 떠나는 사람을 보내는 자리를 이른다.

440) **난하(灤河)** : 영평성(永平城) 서쪽 5리 지점에 있는 강물 이름으로, 난하에서 10리쯤 떨어진 곳에 백이(伯夷)·숙제(叔齊)를 모신 사당인 이제묘(夷齊廟)가 있다.

441) **사연(謝椽)** : 동진(東晉) 사안(謝安)의 조카 사현(謝玄)을 가리키는데, 젊어서 환온(桓溫)의 서리가 되었기에 사연으로 불렸으며, 환온은 그가 나이 40이 되면 대성할 것이라 칭송했다. 《晉書 卷65 王導列傳》

442) 이 시는 앞의 16구가 탈루(脫漏)되어 있는데, 배삼익(裵三益)의 《임연재선생문집(臨淵齋先生文集)》에 〈雲溪主人將之燕京 索余一言 書以爲贈〉이란 제목으로 실려 있는바, 이에서 제목과 탈루된 구를 보결하였다.

443) **배삼익(裵三益 1534~1588)** : 본관은 흥해(興海), 자는 여우(汝友), 호는 임연재(臨淵齋). 충좌위 부사과(忠佐衛副司果) 천석(天錫)의 아들이다. 안동에서 세거하였으며, 이황(李滉)의 문인으로 류성룡(柳成龍), 김성일(金誠一), 권호문(權好文) 등과 교유하였다. 저서로는 시문집인 《임연재선생문집(臨淵齋先生文集)》 6권이 있다.

444) **우(禹) 임금의 자취** : 우(禹) 임금의 발자취가 미치지 않은 곳이 없다는 뜻. 요(堯) 임금 때에 우(禹) 임금이 구주(九州)의 홍수(洪水)를 다스림과 동시에 방방곡곡의 땅의 등급과 물산(物産)의 종류 등을 낱낱이 밝히고 그것을 기준으로 삼아 조세 공부(租稅貢賦)의 법을 제정했던 것을 이른 말이다. 《서경》 〈우공(禹貢)〉 참조.

禮樂見周京	주나라 서울에서 예악을 보시겠지.[445]
日月無私照	해와 달은 사사로이 비춤이 없는 법[446]
乾坤屬太平	온 세상이 태평시대를 맞았네.
祥雲凝紫殿	상서로운 구름 황궁에 어려 있고
瑞氣滿皇城	서기(瑞氣)는 황제의 도성에 가득하리라.
冠佩參朝列	의관과 패옥 차림으로 조정의 반열에 참여하여
岡陵祝聖明	강릉[447]의 축원을 성명(聖明)하신 황제께 올리리.
鵬搏羨子去	붕새처럼 날개 치며[448] 떠나는 그대 부러운데
匏繫愧吾生	박처럼 한 구석에 얽매인[449] 내 삶이 부끄럽네.
末派初同譜	말파(末派)로서 애초에는 계보가 같았고
淸時共策名	청명한 시대에 책명[450]을 함께 받았지.
追隨深托契	따라다니며 깊이 교분을 맺었더니
送別可堪情	송별하매 서운한 정 어이 견딜까.
燕作留人語	제비는 사람을 머무르라 지저귀고
鸎爲喚友聲	꾀꼬리는 벗을 부르는 소리로 우네.
西郊空獨立	서쪽 들녘에서 부질없이 서 있자니
落日半山橫	지는 해 서산 중턱에 비꼈어라.

445) **주(周)나라 …… 보시겠지** : 춘추시대 오(吳)나라의 어진 공자(公子) 계찰(季札)이 일찍이 사신으로 상국(上國)을 두루 유람하면서 당세(當世)의 어진 사대부들과 사귀었고, 노(魯)나라에 사신으로 가서는 옛 주(周)나라의 음악들을 차례로 관찰하고 돌아왔던 데서 온 말로, 전하여 여기서는 상국에 사신으로 가서 직무 수행을 잘하리라는 뜻으로 한 말이다. 《춘추좌씨전(春秋左氏傳)·양공(襄公) 29년》 참조.

446) **해와 달은 …… 없는 법** : 천자의 은덕은 어디고 다 똑같이 펴진다는 뜻이다.

447) **강릉(岡陵)** : 《시경》 〈소아·천보(天保)〉에 아홉 가지의 예를 들어 만수무강을 기원하는 이른바 '구여지축(九如之祝)'이 나오는데, 그중 "산마루와 같고 구릉과 같으며[如岡如陵]"라는 구절에서 온 말이다.

448) **붕새처럼 날개 치며** : 《장자》 〈소요유(逍遙遊)〉에 "붕새가 남쪽 바다로 옮겨갈 때에는 물결을 치는 것이 삼천 리요, 회오리바람을 타고 구만 리를 올라가 여섯 달을 가서야 쉰다.[鵬之徙於南冥也 水擊三千里 搏扶搖而上者九萬里 去以六月息者也]"라고 한 데서 온 말로, 전하여 영웅호걸이 웅대한 포부를 펴는 것을 비유한 것이다.

449) **박처럼 …… 얽매인** : 한곳에만 매달려 있는 신세를 말한다.

450) **책명(策名)** : 신하된 자를 기록한 간책(簡策)에다 이름을 기입한다는 말이다. 《좌전(左傳)》에 "책명(策名), 위지(委質)하고서 두 마음을 가지면 죄를 받는다." 하였다. 이릉(李陵)이 소무(蘇武)에게 답한 편지에, "勤宣令德 策名淸時"라 하였다. 결국 임금의 신하가 됨을 뜻한다.

다시 연경으로 떠나는 신 서장관을 전별하다 만력 을유년 5월 상완

奉贐申書狀再赴燕山 萬曆乙酉端陽上浣

허성(許筬)[451]

芳郊日晩起行塵	들판에는 해 저물고 행차 먼지 이는데
離思相催髮欲新	이별의 생각에 백발을 서로 재촉하네.
專對薦紳中妙選	전대[452]할 인물 관원에서 잘 골라 뽑았으니
遠遊關路上偏頻	멀리 가는 국경의 길 유달리 자주 오르네.
非周壯節空遺廟	주나라를 꾸짖은 장한 절개는 사당만 남겨 놓았고[453]
從隗高臺問幾春	곽외로부터 시작했던 높은 누대는[454] 몇 해나 되었던가?
燕趙古稱多感慨	연·조 땅에는 예부터 감개한 선비가 많다고 하니[455]
月明柴市遇何人	시시[456]에 달 밝아오면 어떠한 사람을 만나실까?

451) **허성(許筬, 1548~1612)** : 본관은 양천(陽川), 자는 공언(功彦), 호는 악록·산전(山前)이다. 허엽(許曄)의 아들이며, 허봉(許篈)·허균(許筠)의 형이고, 난설헌(蘭雪軒)의 오라비이다. 유희춘(柳希春)의 문인으로, 1583년 별시 문과에 병과로 급제하였다. 전적으로 서장관이 되어 일본을 다녀와 침략 가능성이 있음을 말하였다. 대사성·대사간·부제학·이조판서를 역임하였다. 선조 대에 학문과 덕망으로 사림의 촉망을 받았으며, 성리학에 조예가 깊었고 글씨에도 뛰어났다. 저서에 《악록집》이 있다.

452) **전대(專對)** : 외국에 사신으로 가서 독자적으로 응대함이다. 각주 414)번 참조.

453) **주(周)나라를 …… 남겨 놓았고** : 중국 영평성(永平城)의 난하(灤河) 10리쯤 떨어진 고죽국(孤竹國) 옛터에 백이(伯夷)와 숙제(叔齊)를 모신 이제묘(夷齊廟)가 있어서 한 말이다. 백이와 숙제 형제는 주(周)나라 무왕이 은(殷)나라 주왕(紂王)을 토벌하는 것을 간하다가 듣지 않자, 수양산에 들어가서 아사(餓死)하여 청절(淸節)을 다한 사람이다. 이들은 원래 고죽군(孤竹君)의 두 아들로서 그의 아버지가 숙제에게 계후(繼後)할 것을 명하였는데 숙제는 백이에게 사양하였으나 백이는 아버지의 명령이라 하고 도망쳤으며 숙제도 도망치고 말았다. 《사기》 〈백이열전(伯夷列傳)〉 참조.

454) **곽외(郭隗)로 …… 누대는** : 전국시대에 연(燕)나라 소왕(昭王)이 제(齊)나라의 침공을 겪고 나서 복수할 목적으로 곽외(郭隗)에게 인재 추천을 부탁하니, 그가 말하기를 "옛날 어떤 임금이 천리마를 구하려고 사자(使者)에게 천금(千金)을 주었는데, 죽은 천리마의 뼈를 5백금을 주고 사오니 임금이 노했습니다. 그러자 사자가 말하기를 '죽은 말도 사오는데 더구나 산 말이겠습니까. 천리마가 곧 오게 될 것입니다.' 했는데, 과연 1년이 못 되어 천리마가 세 마리나 이르렀습니다. 지금 왕께서도 어진 인재를 오게 하려면 이 곽외로부터 먼저 시작하십시오. 그러면 저보다 나은 이가 어찌 천 리 길을 멀다 하겠습니까." 하였다. 그 말을 들은 소왕이 곽외를 스승으로 섬겼더니, 과연 어진 인재가 모여들어 부강한 나라를 이루었다는 고사가 있다. 《사기》 권34 〈연세가(燕世家)〉

다시 경사에 조회 가는 신숙정에게 드리다 을유년 5월 상한

奉贈申叔正再朝京師 乙酉仲夏上澣

홍종록(洪宗祿)[457]

下价須名士	하개[458]는 명사(名士)라야 하니
薇垣乍掇班	미원[459]에서 바로 선발하였네.
重觀周禮樂	거듭 주(周)나라의 예악을 볼 것이고
更簉漢衣冠	다시 한(漢)나라 의관 속에 끼이리라.
已沐恩波厚	이미 은파[460]를 듬뿍 입었으니
寧辭道路艱	어찌 험한 길이라 하여 사양하리오.
西郊不相送	서쪽 교외에서 그대 전송 못하기에
離恨正闌珊	이별의 한은 정히 암담할 뿐이라오.

455) **연(燕)·조(趙) …… 많다고 하니** : 고대 연나라와 조나라 지역에는 기개(氣槪)가 꺾이지 않고 강개(慷慨)하며 격앙(激昻)하는 인물들이 많이 배출되었으므로 '연조풍(燕趙風)'이라는 말까지 나오게 되었다. 한유(韓愈)의 〈송동소남서(送董邵南序)〉에 "연조 지방에는 예로부터 감개하여 슬피 노래하는 선비가 많았다고 일컫는다.[燕趙古稱多感慨悲歌之士]"라고 하였다.

456) **시시(柴市)** : 연경에 있는 거리로, 특히 송(宋)나라 시대의 재상인 문천상(文天祥)이 순국(殉國)한 것으로 유명하며 조선 사행이 흔히 그의 충절을 기리기 위하여 들렀다. 이곳은 명(明)나라 초에 들어와 문승상사(文丞相祠)를 건립했기 때문에 더욱 명소(名所)가 되었다.

457) **홍종록(洪宗祿, 1546~1593)** : 본관은 남양(南陽), 자는 연길(延吉), 호는 유촌(柳村)이다. 언광(彦光)의 손자로, 좌참찬 담(曇)의 아들이다. 별시 문과에 을과로 급제한 뒤 예문관 검열이 되었다. 이어 삼사(三司)의 여러 관직을 거쳐, 병조 정랑이 되었다. 정여립(鄭汝立)의 모반사건 때 여립의 조카 집(緝)의 문초에서 그의 이름도 거론되어 국문을 받고 구성으로 귀양 갔다.

458) **하개(下价)** : 서장관(書狀官)의 이칭이다.

459) **미원(薇垣)** : 사간원(司諫院)의 이칭이다.

460) **은파(恩波)** : 임금의 은혜를 물결에 비유한 말이다.

연경에 가는 신숙정을 전송하다 을유년 5월 13일
送申叔正赴燕京 乙酉端陽之十三日

정창연(鄭昌衍)[461]

鯉庭曾誦二南詩	이정에서 이남(二南)의 시 익히셨더니[462]
三載重瞻五色眉	삼 년 만에 다시 황상을 알현하시는구려.[463]
玉帛會時周禮樂	금옥과 폐백 받들고 모인 때 주나라 예악 행해지고
岡陵祝處漢威儀	강릉을 축원하는 곳에 한(漢)나라 위의(威儀)있으리.
驛亭微雨梅初熟	가는 비 내리는 역정에 매실이 처음으로 익어가고
旅館踈鐘月幾虧	성근 종소리 들려오는 객사에 달 몇 번이나 기울까?
衰病故人多少意	쇠하고 병든 친구의 하 많은 전별에
加餐一語更思之	가찬[464] 한 마디 말 거듭 새기시게.

461) 정창연(鄭昌衍, 1552~1636) : 본관은 동래(東萊), 자는 경진(景眞), 경선(景善)은 초자(初字)이다. 호는 봉원(蓬原)·수죽(水竹)이다. 이조좌랑을 거쳐 동부승지 등의 관직을 두루 역임하였다. 우의정이 되고 이어 좌의정이 되어 기사(耆社)에 들고 궤장을 받았다.

462) 이정(鯉庭)에서 …… 익히셨더니 : '이정'은 공자가 그의 아들 이(鯉)가 종종걸음으로 뜰을 지나가자 불러 세우고는 시(詩)와 예(禮)를 배워야 한다고 훈계한 고사에서 온 말이다. 《논어》 〈계씨(季氏)〉에 관련 기록이 보인다. '이남(二南)'은 《시경》의 주남(周南)과 소남(召南)으로, 공자가 그의 아들 백어(伯魚)에게 "너는 〈주남〉과 〈소남〉을 배웠느냐? 사람으로서 〈주남〉과 〈소남〉을 배우지 않으면 담장을 마주하고 서 있는 것과 같다."라고 한 데서 인용한 것이다. 《논어》 〈양화(陽貨)〉 전하여 집안에서 부친으로부터 가르침을 잘 받았다는 뜻이다.

463) 황상(皇上)을 알현하시는구려 : 원문의 '오색미(五色眉)'는 오색찬란한 명나라 황제의 복색을 본다는 말로, 곧 천자를 알현한다는 뜻으로 보인다. 순(舜)이 우(禹)에게 이르기를 "내가 옛사람의 상을 관찰하여 해와 달과 별과 산과 용과 화충(華蟲)을 그림으로 그리며, 종묘의 술그릇[宗彝]과 물풀[藻]과 불과 흰쌀[粉米]과 보(黼)와 불(黻)을 수놓아 다섯 가지 채색으로 오색의 비단에 물들여 옷을 만들려고 하거든, 네가 밝혀라.[予欲觀古人之象 日月星辰山龍華蟲 作會 宗彝藻火粉米黼黻 絺繡 以五采彰施于五色 作服 汝明]" 하였다. 《書經 益稷》

464) 가찬(加餐) : 식사를 많이 하여 몸을 보양(保養)함을 이른다. 즉 타향에서 고생이 많으므로 건강에 유념하라는 말이다. 고시십구수(古詩十九首) 〈행행중행행(行行重行行)〉의 "버려두고 그만 말하지 말고, 애써 밥이나 먹자.[棄捐勿復道 努力加餐飯]"란 구절에서 온 것이다. 《古文眞寶 前集》

(제목 없음) 만력 을유년(1585, 선조 18) 중하

萬曆乙酉仲夏

윤섬(尹暹)[465]

一劍行槎歎獨賢	칼 하나 찬 사행길에 홀로 애씀이[466] 안쓰러워
燕山鴨水路重千	연산과 압록강은 가는 길 몇 천 리가 되리라.
延陵恢識觀周後	연릉[467]처럼 주나라 예악 보고 지식을 넓힐 테고
錦橐應收數百篇	비단주머니에는 응당 수백 편의 시를 걷어 오시리.
鵠迅雲霄愁火日	고니 바삐 나는 구름 하늘에 여름햇살 걱정이고
鴈迴遼塞動霜風	기러기 돌아가는 요동 땅에 서릿바람 세차리라.
千秋報罷明庭賀	천추절 복명 마치고 조정의 하례자리 열리면
玉典要看下紫宮	자금성에서 하사하신 옥전 보기를 바라노라.

465) **윤섬(尹暹, 1561~1592)** : 본관은 남원(南原), 자는 여진(汝進), 호는 과재(果齋), 시호는 문열(文烈)이다. 사은사의 서장관으로 명나라에 가서 이성계(李成桂)의 아버지가 이인임(李仁任)으로 오기된 《대명회전(大明會典)》의 기록을 정정한 공으로 광국공신(光國功臣) 2등에 책록되고 용성부원군(龍城府院君)에 봉하여졌다. 교리로 있던 1592년 임진왜란이 일어나자 순변사 이일(李鎰)의 종사관이 되어 싸우다가 상주성(尙州城)에서 전사하였다. 문집 《삼절유고(三節遺稿)》가 전한다.

466) **홀로 애씀이** : 원문의 '독현(獨賢)'은 《시경》 〈소아(小雅)·북산(北山)〉에 "왕사를 튼튼히 해야 하기에, 우리 부모를 근심하게 하노라. 온 하늘 아래가 왕의 땅 아닌 곳이 없으며, 땅을 빙 두른 바다 안에 사람이 왕의 신하 아님이 없거늘, 대부가 공평하지 못한지라, 홀로 어질다 해서 나만 부리는구나.[王事靡盬 憂我父母 溥天之下 莫非王土 率土之濱 莫非王臣 大夫不均 我從事獨賢]"라고 한 데서 온 말로, 졸재공이 혼자서 나랏일을 위해 고생하며 동분서주한다는 뜻이다.

467) **연릉(延陵)** : 춘추시대 오(吳)나라의 계찰(季札)로, 연릉에 봉해졌으므로 연릉계자(延陵季子)라고도 불림. 계찰은 상국(上國)에 두루 조빙(朝聘)하면서 당시의 어진 사대부들과 사귀었는데, 노나라에 갔을 적에는 각국의 음악 소리를 듣고 열국의 치란 흥망을 알았다고 한다. 《사기》 〈오태백세가(吳太伯世家)〉 참조.

다시 운계주인을 전별하다 사신의 행차 하루 전에 알려왔다.

再贐雲谿主人 報行前一日

한준겸(韓浚謙)[468]

芙蓉堂上日初沈　　부용당[469] 위에 해가 막 저물어 가는데
萬里行人一夜心　　만 리길 떠날 사람 온밤 내내 생각하네.
節屆千秋陪賀列　　천추절에 이르자 축하 반열에 참예하고
道經孤竹起悲吟　　고죽국을 지나니 시를 슬프게 읊조리라.
中原文獻由來誤　　중원의 문헌이 잘못되어진 이래로[470]
藩國誠虔此去深　　우리의 정성 이번 행차 마음 깊다오.
留待觀周錦囊什　　사행 길 다녀온 시주머니 기대하면서[471]
雪窓須許凍醪斟　　눈 내리는 창가에서 언 탁주 마시리라.

-듣자니, 상국에는 주자학을 천시하고 육학을 귀하게 여긴다고 합니다. 모름지기 따져 물어서 질정하는 데 달려 있으므로 아래 연(聯)에서 언급한 것이다.-

-聞上國賤朱而貴陸 須在質問 故下聯及之-

---

468) **한준겸(韓浚謙, 1557~1627)** : 본관은 청주(淸州), 자는 익지(益之), 호는 유천(柳川)이다. 인조의 장인이며, 정구(鄭逑)의 문인이다. 저서로 《유천유고》가 있다. 시호는 문익(文翼)이다.

469) **부용당(芙蓉堂)** : 황해도 해주성(海州城)에 있는 누각으로 1500년(연산군 6) 목사 윤철(尹哲)이 연못가에 누대를 짓고, 1526년(중종 21)에 김공성(金公聖)이 연못에 돌기둥을 세우고 누대를 지은 뒤 두 건물을 다리로 연결하였다. 비 오는 날 부용당에서 보는 풍경이 관서팔경(關西八景)의 하나로 꼽힌다.

470) **중원의 …… 이래로** : 명나라의 《대명회통(大明會統)》에 우리나라 국통(國統)을 잘못 기록한 일을 가리킨 것으로도 볼 수 있다. 곧 태조인 이성계(李成桂)를 이인임(李仁任)의 아들이라고 잘못 기재한 사건이다.

471) **사행 …… 기대하면서** : 원문의 '관주(觀周)'는 공자가 주(周)나라에 가서 문물을 구경한 것을 이른다.원문의 '금낭(錦囊)'은 비단 시주머니로, 당(唐)나라 때 이하(李賀)가 매일 아침이면 다 떨어진 비단 주머니 하나를 어린 종의 등에 지우고 비쩍 마른 나귀를 타고 나가 벗들과 놀다가 좋은 시구(詩句)가 생각나면 그 즉시 적어서 주머니 속에 던져 넣었다가 해가 지면 함께 집으로 돌아왔다 하였다.《新唐書 卷203 李賀列傳》 여기에서는 중국에 사신가거든 아름다운 경물을 접하여 좋은 시를 많이 지어 가지고 오라는 뜻으로 인용하였다.

연경에 조회 가는 신 형부(申刑部) 숙정 보(叔正甫)[472]의 행차를 받들어 전별하다 을유년(1585) 5월

奉贐申刑部叔正甫朝京之行 乙酉之仲夏

한준겸(韓浚謙)

萬國輸琛日　　만국에서 진귀한 하례품 진상코자
千秋會慶辰　　천추절[473] 경사스런 날 조회하네.
偏封同內服　　외딴 봉지를 내복같이 예우하시니[474]
自昔重陪臣　　예로부터 배신[475]을 중히 여기셨네.
司寇風流盛　　그대는 사구[476]로 시문에 성대하여
朝家簡拔新　　조정의 신료 중 새로 가려 뽑히셨지.
蠻音期變鴃　　남만의 격설이 변하기를 기대하고[477]
越橐要除銀　　월탁의 은자를 나눠주기 바랍니다.[478]
禮樂登文閣　　예악 문장이 문각에 오를 만하니
衣冠拜紫宸　　의관 갖추고 자신[479]에 배알하시리.
張騫窮漢早　　장건은 한나라 땅 끝까지 다다랐고
吳札入周頻　　계찰은 주나라에 자주 들어갔다오.[480]

---

472) **신 형부(申刑部) 숙정 보(叔正甫)** : 졸재공이 형조의 낭관(郎官)으로서 성절사 서장관(聖節使書狀官)으로 사신갈 때이다. 보(甫)는 남자의 대한 미칭으로 흔히 자(字) 뒤에 붙여 쓴다.

473) **천추절(千秋節)** : 황태자(皇太子)의 탄일(誕日). 조선조는 천추사(千秋使) 즉 황태자의 생일을 축하하는 임무를 띤 사신을 파견하였다.

474) **외딴 봉지(封地)를 …… 예우하시니** : 원문의 '편방(偏邦)'은 외진 나라라는 뜻으로 우리나라를 이르고, '내복(內服)'은 기복(畿服)과 같은데, 천자 직할의 지역으로서 중국 내지(內地)를 이른다.

475) **배신(陪臣)** : 속국의 신하가 종주국에 대하여 이르는 말로 여기서는 조선을 이른다.

476) **사구(司寇)** : 형조(刑曹) 또는 형부(刑部)를 달리 이르는 말이다.

477) **남만(南蠻)의 …… 기대하고** : '남만의 격설(鴃舌)'은 오랑캐의 말로 곧 우리나라가 문명의 중국으로 변하기를 기대한다는 말이다. 《맹자》 〈등문공 상(滕文公上)〉 참조.

478) **월탁(越橐)의 …… 바랍니다** : '월탁'은 월나라의 전대라는 뜻으로, 사신에게 주는 선물을 뜻한다. 한나라 육가(陸賈)가 남월(南越)에 사신으로 갔을 적에, 월왕 위타(尉他)가 그를 무척 좋아한 나머지 몇 달 동안 함께 술을 마시며 즐거워하다가, 귀환할 무렵에는 '그의 행장에 천금의 가치가 있는 보물을 싸서 선물했던[賜陸生橐中裝直千金]' 고사가 전한다. 《史記 卷97 陸賈列傳》

479) **자신(紫宸)** : 임금이 거처하는 궁궐로, 여기서는 명나라 황제를 이른다.

帝愛曾來客　　황제는 전에 왔던 사신을 아끼실 테고
班多舊識人　　반열에는 구면의 인사도 많을 것이라.
山河分冀域　　산하는 기주[481]와 나누이고
風俗古燕民　　풍속은 옛 연나라 백성이라.
會待朝天誌　　조천하며 적어 두었던 글 기다렸다가
同唫軟脚春　　연각의 술자리[482]에서 함께 읊으시리.
自憐長齷齪　　가련토다 이 내 몸 자유롭지 못하여
匏繫海東濱　　해동 한 구석에 매달린 뒤웅박[483]이라오.

병석에서 신 서장관에게 작별의 시를 적어 올리다 을유년 단오
病中錄奉申書狀作別 乙酉端陽

이정립(李廷立)[484]

不嫌鞍馬帶長征　　말 타고 장도에 오름을 마다하지 않으시니
簡使須知掇國英　　사신 간택에 나라의 영재를 거둬들인 걸 알겠네.
千里鳳麟新漢節　　뛰어난 인재 천릿길 새로 가는 사절이 되셨는데
五年冠佩舊燕京　　다섯 해만에 관패[485] 차림 옛 연경 행차 그대로리.

---

480) 장건(張騫)은 …… 들어갔다오 : '장건'은 한 무제(漢武帝) 때의 문신으로 남방 월지국(月氏國)에 자원하여 사신으로 갔고, 오손(烏孫) 등과 서역(西域)으로 사신 가서 국위(國威)를 떨치고 그 나라들과의 교통을 개척하였다. 계찰(季札)은 춘추 말엽 오(吳)나라 왕 수몽(壽夢)의 넷째 아들로서, 연릉(延陵)에 봉해진 뒤 노(魯)나라에 우호사절로 가서 거기에 보존되어 있는 주(周)나라의 예악을 참관하여 주나라가 천하의 공주(共主)로 되었던 까닭을 알게 되었으며, 상국(上國)을 차례로 빙문(聘問)하며 당시의 현인들과 교유하였다. 여기서는 장건처럼 탐험가적 정신으로 중국에 가는 바닷길을 개척하고, 계찰의 경우처럼 고매한 인품으로 중국의 훌륭한 사대부와 교분을 맺어 외교적 사명을 완수하리라는 뜻이다.

481) 기주(冀州) : 중국 고대 구주(九州)의 하나. 대개 지금의 황하(黃河) 이북 요하(遼河) 이서의 땅이라고 한다. 옛날 요(堯)임금의 도읍지이다.

482) 연각(軟脚)의 술자리 : 연각회(軟脚會). 멀리 여행하고 돌아온 사람에게 위로의 뜻으로 베푸는 연회이다.

483) 매달린 뒤웅박 : 원문의 '포계(匏繫)'는 한 곳에 매달린 뒤웅박이라는 말로, 여기에서는 자유롭게 다니지 못하는 처지를 비유한 것이다. 《논어》〈양화(陽貨)〉에 "내가 어찌 뒤웅박처럼 한 곳에 매달린 채 먹기를 구하지 않을 수가 있겠는가.[吾豈匏瓜也哉 焉能繫而不食]"라고 탄식한 공자의 말씀이 보인다.

路逢關吏非生面　　길에서 만난 관문의 관리들 낯선 얼굴 아닐 테고
歸對遼雲亦有情　　돌아올 때는 요동의 구름 마주하는 정도 있으리.
回首可憐湖外客　　가련할 손 호외의 나그네 머리 돌려 바라볼 뿐
病抛携別獨沾纓　　손잡고 작별 못하고 눈물로 갓끈만 적신다오.

서장관 겸 질정관으로 경사(京師)에 가는 신 원외(申員外)를 전송하다 을유년 단양월 상완

送申員外以書狀兼質正如京師 乙酉端陽月上浣

이산해(李山海)

喬木封丘曾賃館　　그댄 교목세신[486]으로 전에도 사행을 다녀왔고
靈城華閥忝連姻　　나는 번화한 고령신씨 문벌과 인척지간이네.
老兄善積寧無報　　노형께선 적선해온 터이니 어찌 보답이 없겠는가
妙歲名揚信有因　　젊은 나이에 이름 날렸던 데엔 실로 이유가 있지.
藩國誠虔關口舌　　번국[487]에서 정성과 공경으로 승지직을 맡았고
秋曹心事戀君親　　형조에서의 심사는 임금과 어버이만 그렸었지.
首陽烟雨長城月　　수양산 안개비 만리장성 떠오르는 달

---

484) **이정립(李廷立, 1556~1595)** : 본관은 광주(廣州), 자는 자정(子政), 호는 계은(溪隱)이다. 이이(李珥)와 성혼(成渾)의 문인이다. 별시 문과에 급제하여 수찬으로 있을 때 이이의 천거를 받고 이덕형(李德馨)·이항복(李恒福)과 함께 경연에서 《통감강목(通鑑綱目)》을 시강하여 삼학사(三學士)의 한 사람으로 칭송 받았다. 이조 좌랑·형조참의·좌승지 등을 지내다 기축옥사를 다스린 공으로 평난공신(平難功臣) 3등에 책록되었다. 임진왜란 때 왕을 호종한 공으로 병조참판이 되었으며, 이후 한성부 좌윤·황해도 관찰사를 거쳐 광림군(廣林君)에 봉해지고 대사성에 올랐다. 사후 영의정에 추증되었다. 저서에 《계은집》이 있으며, 시호는 문희(文僖)이다.

485) **관패(冠佩)** : 관리들의 모자와 몸에 차는 장신구로 여기서는 사신의 복장을 이른 것이다.

486) **교목세신(喬木世臣)** : 누대 동안 중요한 지위에 있어 국가와 운명을 같이 한 집안을 가리킨 것으로, 맹자(孟子)가 제 선왕(齊宣王)에게 이르기를 "이른바 오래된 나라라는 것은 높은 나무가 있는 것을 말하는 것이 아니라, 그 조정에 누대 동안 벼슬한 신하가 있음을 이른 말입니다.[所謂故國者 非謂有喬木之謂也 有世臣之謂也]"라고 한 데서 온 말씀이다. 《맹자》〈양혜왕 하(梁惠王下)〉 참조.

487) **번국(藩國)** : 천자 나라의 변두리에 있는 제후 나라를 말한다. 제후국은 천자국에 대해 울타리처럼 둘러 있다는 뜻. 여기서는 우리나라를 말한다.

來往哦詩問幾巡	오가며 몇 차례나 시를 읊조리시려나.

다시 경사로 떠나는 신 정랑을 전송하며[488] 을유년 단오 며칠 뒤
奉送申正郎再赴京師 乙酉端陽後有日

최립(崔岦)

我昔五載再朝周	나는 예전에 오년간 중국을 두 번 갔었는데
君今重遊隔幾秋	그대는 몇 년 만에 다시 중원을 밟는 거라죠?
京口烟花偶一値	경구(京口)에서 안개꽃 필 제 우연히 한 번 만났었고
薊門寒暑定同愁	계문(薊門)의 기후야 예나 지금 한결 시름겨우시리.
清風灑灑孤竹廟	고죽묘[489]엔 맑은 바람 개운하기 그지없고
紫氣浮浮丹鳳樓	단봉루에는 자줏빛 구름 이냥 떠 있으리라.[490]
行況想來多是快	오가시는 행차 길에 좋은 일 많으시려니
壯年筋力欲誰留	장년의 근력 좋으신 분을 뉘 만류하리오.

-《설문》[491]을 다행히 찾아서 구해 오시면 한 번 빌려 보고 드리겠습니다.-

-說文幸覓來 得一借覽呈矣-

---

488) 이 시는 최립(崔岦)의 《간이집(簡易集)》에 〈송신정랑숙정재부경사(送申正郎叔正再赴京師)〉란 제목으로 실려 있다.

489) **고죽묘(孤竹廟)** : 은(殷)나라 때 고죽군(孤竹君)의 아들로 청성(清聖)이라 추앙받는 백이(伯夷)와 숙제(叔齊)의 사당으로, 그들은 주 무왕(周武王)이 주(紂)왕을 정벌하는 것을 옳지 않게 여겨 간하다가, 듣지 않자 수양산에 들어가 고사리를 캐먹다가 굶어 죽었다. 《史記》〈周記〉

490) **단봉루(丹鳳樓)에는 …… 있으리라** : '단봉루'는 한나라 때의 누대 이름으로 황제의 도성과 조정을 비유할 때 흔히 쓰는 표현이다. 따라서 황궁(皇宮) 위에 서기(瑞氣)가 감돌고 있을 것이라는 말이다. 자기(紫氣)는 상서로운 조짐을 표현하는 말이다.

491) **설문(說文)** : 동한(東漢) 시대 허신(許愼)이 편저한 문자 공구서 《설문해자(說文解字)》를 가리킨다.

재차 천조(天朝)에 사신 가는 신 서장관을 받들어 전별하다 을유년[492] 단오 뒤 5일

奉別申書狀再赴天朝 旃蒙作噩端午後五日

이항복(李恒福)[493]

從宦東藩未十霜　　동번[494]에서 벼슬살이 십 년이 안 되는데
較量中半在殊方　　헤아려보니 반쯤은 고을살이하셨구려.
華音慣聽非生客　　중국말은 익숙하시니 낯선 객 아닐 테고
郵館重來似故鄕　　역관에 거듭 가니 고향에 오신 듯하시리.
莊嶽已忘齊態度　　장악[495]은 이미 옛 제나라의 모습 잊었고
長安猶愧楚衣裳　　장안엔 외려 초나라 의상[496]이 부끄러우리.
還朝定失生時語　　조정에 돌아올 때면 어렸을 적 말 잃어버렸을 터
只恐談懷舌本强　　회포를 논할 제 혓바닥이 뻣뻣할까 염려되는구려.

---

492) **을유년** : 원문의 '전몽작악(旃蒙作噩)'은 고갑자(古甲子)로 을유(乙酉)를 가리키는데, 만력 을유년은 1585년(선조 18)이다.

493) **이항복(李恒福, 1556~1618)** : 본관은 경주(慶州)이며 자는 자상(子常), 호는 백사(白沙) 등이다. 이이(李珥)의 문인으로, 1580년(선조 13) 문과에 급제하여 언관직을 두루 거쳤으며, 1589년(선조 22) 정여립(鄭汝立)의 옥사를 다스린 공으로 평난공신(平難功臣) 3등에 올랐다. 임진왜란 때 병조판서가 되어 전란을 지휘하였으며, 1598년에 조선이 왜와 함께 명나라를 치려 한다는 오해가 발생하자 진주사(陳奏使)가 되어 명나라에 가서 위기를 극복하였다. 이후 우의정·영의정을 지내고 오성부원군(鰲城府院君)에 진봉되었다. 광해군 즉위 후 폐모론(廢母論)에 적극 반대하다가 삭탈관직되고 북청(北靑)으로 유배되었다가 그곳에서 죽었다. 사후에 복관되고 청백리(淸白吏)에 녹선되었다. 저서로 《백사집》이 있으며, 시호는 문충(文忠)이다.

494) **동번(東藩)** : 동번국(東藩國). 명나라에서 조선을 자기네의 속국이라 하여, 동쪽 울타리[東藩]라는 뜻으로 동번국이라 하였다.

495) **장악(莊嶽)** : 춘추시대 제(齊) 나라 수도(首都)의 이름으로, 전하여 사람이 많이 왕래하는 번화한 곳을 이른다. 《맹자》 〈등문공 하(滕文公下)〉에 "그를 끌어다가 제나라 마을에 몇 년 동안 두면 비록 날마다 종아리를 치면서 초나라 말을 하도록 하더라도 또한 될 수 없을 것이다.[引而置之莊嶽之間數年 雖日撻而求其楚 亦不可得矣]"라고 하였다.

496) **초(楚)나라 의상** : 여기서는 사신이 입고 간 우리나라 복장을 말한다. 진후(晉侯)가 군부(軍府)를 관찰하다가 종의(鍾儀)를 보고서 묻기를 "남관(南冠)을 하고 있는 자가 누구냐?"고 하니, 유사가 말하기를 "초국(楚國)의 포로입니다" 하였다. 《좌전(左傳)》 성공(成公) 9년조에 보인다.

천조에 사신 가시는 숙정 대형(大兄)을 송별하다 을유년 여름
送別叔正大兄价赴天朝 乙酉夏

한응인(韓應寅)[497]

扁舟欲渡鴨江澄	작은 배로 압록강의 맑은 물을 건너려 하니
細唱離歌雜采菱	나직이 이별의 노래 채릉가[498]와 어우러지네.
客路今來渾舊跡	나그네길 이제 오르사 혼연히 예전의 자취요
驛樓何處不重凭	역 망루 어딘들 거듭 묵게 될 곳 아니랴.
漁陽橋下灘聲轉	어양 다리 아래에는 여울 소리 더욱 세차고
孤竹城邊月色昇	고죽 옛 성 주변엔 달빛 환하게 떠오르리라.
遙憶前秋朝玉陛	멀리 지난 가을 옥섬돌서 조회한 일 생각하니
五更風雨九街燈	새벽녘 비바람 치는 도성에 등불만 비치었네.

서장관으로 제도(帝都)[499]에 가는 신숙정을 전별하다 을유년 5월
奉贐申叔正 以書狀官之帝都 乙酉仲夏

정윤희(丁胤禧)[500]

選价仍教輟省郎	사신으로 선발되어 성랑[501]의 직책에서 물러나
停槎霄漢覲天王	뗏목 타고 은하수 건너[502] 천왕을 알현하시네.
聲名文物因虞夏	명성과 문물은 우·하 시대[503]를 계승하였고
城郭提封履漢唐	성곽과 제봉[504]은 한·당나라를 거쳐 왔네.

497) 한응인(韓應寅 1554~1614) : 본관은 청주(淸州)이며 자는 춘경(春卿), 호는 백졸재(百拙齋) 또는 유촌(柳村)이다. 종계변무주청사(宗系辨誣奏請使)의 서장관으로 명나라에 다녀와 광국공신(光國功臣) 2등에, 정여립 사건을 고변한 공로로 평난공신(平難功臣) 1등에 각각 책록되었다. 임진왜란이 일어나자 요동에 가서 명나라 원군의 출병을 요청하였다. 선조로부터 유교칠신(遺敎七臣)의 한 사람으로 영창대군(永昌大君)의 보호를 부탁받았고, 계축옥사(癸丑獄事)에 연루되어 관작을 삭탈당하였다가 후에 신원되었다. 저서로 《백졸재유고》가 남아 있으며, 시호는 충정(忠靖)이다.

498) 채릉가(采菱歌) : 마름 노래로, 연밥을 따는 노래를 말한다.

499) 제도(帝都) : 천자가 있는 곳. 즉 여기서는 명(明)나라의 수도인 연경을 말함.

不有異聞超北學　　남다른 견문은 북학[505]을 초월하지 아니할까.
定恢餘刃破東荒　　뛰어난 능력은 정히 동황[506]을 개명하시리라.
自憐坎井觀殊小　　우물 속에 갇혀 견문 좁음을 안타까워하다가
徒有微情仰太陽　　은미한 정이 있어 태양을 우러러 보시리라.
十年多病鬢滄浪　　십 년간 병치레에 흰 머리만 부쩍 늘었고
齒豁形羸滯一方　　성근 치아 파리한 몰골로 변방에 머물렀네.
倘有良材能滌胃　　혹 내 위장 씻어줄 좋은 약재가 있거들랑
東還分與橐中裝　　돌아온 뒤 행장 속에 든것 나누어 주시길.

-감초·진피·백복령 같은 약물은 담을 치료하는 데에 절실합니다. 기억하셨다가 나에게 베풀어 주시겠는지요?-

-藥物如甘草陳皮白茯 切於治痰 幸可記及耶-

서장관 선생을 받들어 전별하다 을유년 5월 하완
奉別書狀先生 乙酉午月下浣

황윤길(黃允吉)[507]

六年行路不曾迷　　육 년만의 행로인지라 길을 잘 아실 터
萬里重看馬首西　　만 리 길 다시 말머리 서쪽으로 향하네.

---

500) 정윤희(丁胤禧, 1531~1589) : 본관은 나주(羅州), 자는 경석(景錫), 호는 고암(顧庵)·순암(順庵)·해월헌이다. 퇴계 이황의 문인으로, 알성 문과에 장원으로 급제하여 성균관 전적·사간원 정언·이조정랑 등을 역임하였다. 문과 중시에 다시 장원하여 문명을 떨쳤다. 문장이 뛰어났고, 저서로는 《고암집》이 있다.

501) 성랑(省郎) : 임금을 곁에서 모시는 관원인 승지(承旨)의 별칭.

502) 뗏목 타고 은하수 건너 : 중국으로 사신 감을 이른다. 한(漢)나라 장건(張騫)이 서역에 사자(使者)로 가다가 뗏목을 타고 황하(黃河)의 근원으로 거슬러 올라가 은하수에까지 갔다는 전설이 있다.

503) 우(虞)·하(夏) 시대 : 우나라 순(舜) 임금과 하나라 우왕(禹王)이 다스리던 왕도정치 시대를 말한다.

504) 제봉(提封) : 제후(諸侯)의 봉지(封地) 또는 경내(境內)를 이른다.

505) 북학(北學) : 북쪽으로 가서 더 높은 학문을 배운다는 뜻으로, 전국시대 초(楚)나라 사람 진량이 주공(周公)과 공자의 도를 좋아하여 북쪽 중국(中國)에 가서 공부하여 그곳 학자들보다 더 뛰어났는데, 맹자가 호걸스러운 선비라고 칭찬하였다. 진량에 대한 내용은 《맹자》 〈등문공 상(滕文公上)〉에 보인다.

506) 동황(東荒) : 우리나라를 말한다.

城過鎭東尋舊館	진동(鎭東)의 성을 지나면서는 옛 객관을 찾고
柱經華表認前題	화표[508]를 지나노라면 전에 쓴 것을 아시리.
客情幾惱聞鳴鵙	나그네 정은 우는 때까치 소리 듣기가 괴로웁고
鄕夢應勞罷曉鷄	고향의 꿈은 새벽 닭소리가 그칠 적에 수고로우리.
屈指相逢無半歲	손꼽아 보니 서로 만남이 반 년 동안 없으리니
爲留殘菊待君携	국화꽃 남아 있을 때 그대 오기를 기다리노라.

신숙정 선생을 받들어 전별하다 을유년 5월 하완

奉別申叔正先生 乙酉五月下浣

변이중(邊以中)[509]

送子朝京闕	북경에 조회 가는 그댈 보내려
天涯祖席開	하늘가에 송별 자리 펼치었네.
離懷千萬里	천만리 헤어지는 마음이여
旅興兩三杯	나그네 흥취는 두세 잔 술에 있고야.
驅馬山逾峻	말을 몰아 가파른 산 넘으시리니
問程日幾迴	묻노니 어느 날에 돌아오시는가?
相看無一語	서로 바라보면서 말 한마디 못하는데

---

507) **황윤길(黃允吉, 1536~?)** : 본관은 장수(長水), 자는 길재(吉哉), 호는 우송당(友松堂)이다. 정언·지평·황주 목사·병조참판 등을 역임하였다. 1590년(선조 23) 통신정사(通信正使)로 선임되어 부사 김성일(金誠一), 서장관 허성(許筬)과 함께 일본에 다녀왔다. 이듬해 3월에 귀국하여 장차 반드시 일본의 내침이 있을 것이며 풍신수길은 담력과 지략이 있는 사람이라고 보고하였으나 류성룡(柳成龍) 등 동인에 의해 묵살당하였다. 임진왜란이 일어나자 선조가 그의 말을 듣지 않은 것을 후회하였다고 하며, 이후 병조판서를 역임하였다.

508) **화표(華表)** : 요동성(遼東城) 앞에 있는 화표주(華表柱)로, 이정표 구실을 하도록 길가에 세워 둔 나무 기둥이다.

509) **변이중(邊以中, 1546~1611)** : 본관은 황주(黃州), 자는 언시(彦時), 호는 망암(望菴)이다. 식년문과에 병과로 급제하여 사옹원정·함안군수를 지내다가 고향 장성에 돌아가 여생을 보냈다. 이이와 성혼의 학통을 이어받아 성리학과 경학에 밝았으며, 군사전략에도 밝아 임진왜란·정유재란 때 큰 공을 세웠다. 이조참판에 증직되었으며, 장성 봉암서원(鳳巖書院)에 제향되었다. 저서에 《망암집》이 있다.

西塞亂雲堆　　서쪽 변방에 어지러운 구름 쌓였어라.

질정관에 이른 것을 축하드리고 이어서 성절사 서장관 신숙정의 행차에 드리다 을유년 9월 상한

奉寄賀至質正 因呈聖節書狀申叔正行軒 乙酉季秋上浣

홍이상(洪履祥)

靈川才子平生友　　영천(靈川)의 재사(才士)로 평생의 벗인데
一別如今歲月賒　　지금 한 번 이별하매 세월이 오래리라.
遼野逢君應問我　　요동에서 만나는 이들 내 소식 묻거들랑
病吟秋色閉門多　　가을빛 읊으면서 문을 닫고 지낸다 하시오.

지난해에 신숙정 공이 연경으로 조회 갈 때 나는 외지에 있어 시를 드리지 못했는데 지금 다시 청하기에 붓 가는 대로 써서 보내다 병술년(1586, 선조 19) 가을

上年 申公叔正朝京 余處外闕贈 今因追索 謾筆還之 丙戌秋

홍적(洪迪)[510]

浮世悠悠會面遲　　덧없는 세상은 유유하여 만나기 더디더니
野花開落瘴江枝　　장기[511]어린 강가 나뭇가지에 들꽃이 피었다 지네.
隨緣沙界看潮日　　모래톱을 따라 가매 조수에 뜬 해를 볼 것이고
于役燕山滯雨時　　연산으로 길 떠나니 비로 길이 막힐 때 있으리라.
別去謾添中歲戀　　이별하니 부질없이 중년에 그리는 마음만 더하고

510) 홍적(洪迪, 1549~1591) : 본관은 남양(南陽), 자는 태고(太古), 호는 양재(養齋)·하의자(荷衣子)이다. 경학(經學)에 밝고 논사(論思)를 잘하여 홍문관에서 '학사전재(學士全才)'라 불렸으며, 시문에 능하고 글씨도 잘 썼다. 저서로는 《하의집》·《하의시십(荷衣詩什)》이 있다.

511) 장기(瘴氣) : 더운 습지에서 생기는 독기(毒氣)이다.

歸來猶覓老夫詩　　돌아오면 오히려 늙은 나의 시를 찾으실까.
邊譙向夕秋風起　　변방의 초루(譙樓)에 저물녘 가을바람 일고
天末停雲有所思　　하늘가 머무른 구름 그리움 있으리라.

海門斜景欲荒荒　　해문(海門)에 어둑어둑 석양빛 저물 제
坐送流年一望鄉　　앉아서 가는 세월 보내며 고향을 바라보시리.
人在世紛頭已白　　사람들은 어지러운 세상 속에 머리 이미 세었고
瘴沈汀樹葉皆黃　　장기가 물가 나무에 잠겨 나뭇잎 모두 누렇네.
何時細討觀光錄　　어느 때나 자세하게 관광록(觀光錄)을 얘기하나
此日遙拚贈別章　　오늘에야 멀리서 이별의 시를 보내드리네.
遼郡趨庭知不遠　　요동의 고을에서 추정[512]이 멀지 않으니
尺書千里倘無忘　　천 리로 보내는 편지 혹 잊지나 마시길.

조회하러 가는 고령 신 숙정께 드리다 2수. 만력 13년(1585, 선조 18) 윤달 가을 13일에 요양(遼陽)의 회원관(懷遠館) 안에서

贈申高靈叔正甫還朝 二首 萬曆十三年閏秋旬後三日 書于遼陽之懷遠館中

이충(李沖)[513]

愁緒紛挐苦見尋　　근심스러운 마음 어지럽고 찾아보기 괴로워서
更呼燕酒自孤斟　　다시 잔치 술 가져오라 하여 외롭게 마시네.
風埃媿我謀身拙　　속세에서 내 몸을 도모함에 옹졸한 것이 부끄럽고
世事怜君用意深　　세상일은 그대가 마음 씀이 깊은 것을 부러워했네.
劒氣鬱紆雷吼匣　　칼 기운은 갑갑하여 갑 속에서 우레처럼 울부짖고

512) 추정(趨庭) : 종종걸음으로 뜰[庭]을 지나가자 공자가 그에게 시(詩)와 예(禮)를 배웠는지 물었던 데서 유래한다. 《論語 季氏》 여기서는 부친이 계신 곳을 말한 듯하다.

513) 이충(李沖, 1568~1619) : 본관은 전주(全州), 자는 거용(巨容), 호는 칠택(七澤)이다. 효령대군(孝寧大君) 이보(李補)의 7대손으로 별시문과에 병과로 급제하여 선수도감 제조·우참찬·형조판서·호조판서·우찬성 등을 역임하였다. 우의정에 추증되었다.

鬢毛蕭颯雪盈簪	귀밑머리 성글어지고 동곳에는 백발이 가득하네.
莫將交道同雲雨	사귀는 도리 구름 일고 비 오듯 하지 말지니[514]
歲暮襟期證玉琴	세한의 마음 기약 옥거문고가 증명하리.[515]

新寒欲透鸘鷞裘	차가운 기운이 갖옷을 파고드는데
旅舘寥寥草樹稠	적적한 여관은 풀 나무만 빽빽하네.
足迹又窮天北極	발자취는 하늘 북극까지 다다르고
夢魂長繞海東頭	꿈의 넋은 늘 바다 동쪽 끝 맴도네.
忽漫相逢俱是客	홀연히 서로 만나니 모두 나그네라
向徠行路正多憂	앞으로 행로에 정말 걱정도 많을 터.
憑君好寄平安字	그대 편에 평안하단 편지 잘 부쳤으니
說與佳人恨卽休	가인과 얘기하노라면 한스러움 그치리.

514) **사귀는 …… 말지니** : 두보(杜甫)의 〈빈교행(貧交行)〉을 두고 한 말이다. 〈빈교행〉은 빈천했던 자가 부귀해지면 신의를 저버림을 한탄한 내용이다. 《두소릉집(杜少陵集)》 "翻手作雲覆手雨 紛紛輕薄何須數 君不見管鮑貧時交 此道今人棄如土"를 용사(用事)한 것이다.

515) **세한(歲寒)의 …… 증명하리** : 《논어》 〈자한(子罕)〉에 "한 해가 저물어 날씨가 추워진 뒤에야 소나무와 측백나무가 뒤늦게 마름을 안다.[歲寒然後知松柏之後凋也]"와 《열자(列子)》 〈탕문(湯問)〉에 진(晉)나라 때 백아(伯牙)와 종자기(鍾子期)는 서로 뜻을 알아서 아주 절친하였는데, 종자기는 백아가 타는 거문고 소리만을 듣고도 백아의 뜻이 산수(山水)에 있다는 것을 알았다는 지음(知音)의 고사를 인용하여 읊은 것이다. 여기서는 역경이 닥쳐와 모든 사람들이 떠날 때에도 그 고난을 함께 견뎌 주는 지기 간(知己間)임을 말한 것이다.

관동별장關東別章[516)]

강원 방백 신식을 전송하며 지어 준 서(序)[517)] 만력 38년 경술 9월
送江原方伯申湜序 萬曆三十八年庚戌季秋

유몽인(柳夢寅)

대체로 천성에 맞는 것은 마음에 기쁘고, 옛날에 기약했던 것은 지금에 기필하게 된다. 극심하게 굽었던 것은 적당한 데에서 펴지고, 몹시 그리워했던 것은 만나면 마음이 풀리게 된다. 내가 평소 관동지방에 마음을 둔 지 오래 되었는데, 방백(관찰사)으로 부임하신다니 말이 없을 수 없다. 옛날에 내가 관동의 막하에서 일을 도울 적에, 바다와 산의 아름다운 모습에 매료되어 먼 동쪽의 그윽한 경치를 끝까지 마음껏 보고자 함이, 우리나라 사람들 가운데 나보다 더한 사람은 없었다. 그 뒤에 벼슬에 뜻을 두고 속세에서 좇아다니면서도, 속으로는 귀거래의 글을 지으며 해마다 그곳을 생각한 지가 오래되었다. 이번에 내가 때를 만나지 못했음을 다행으로 여기며, 행여나 스스로 몸을 이끌고 깊은 데로 숨어서 숙원을 이루고자 했다.

생각건대, 고성과 간성의 사이는 동해와 나란하고 금강산과 접해, 벼농사가 잘 되고 해산물이 풍부하며, 파당을 이루어 비평하는 일이 없고, 도적질하는 이도 없다. 가까이에는 좋은 볼거리가 있고 유명한 사찰을 이웃하고 있으니, 이런 것들은 모두 은사가 숨어사는 데에 기뻐하고 좋아할 만하다. 이로부터 나는 인간세상에서 경영하는 일은 그만두고, 영영 가서 속세를 돌아보지 않게 된다면, 늙은 아내는 어망을 짜고 못난 첩은 들에서 나물을 뜯을 만하고, 큰자식은 산에서 약초를 캐오고 어린 자식은 밭에서 참새 떼를 몰아낼 만하다. 냇물은 기장을 방아 찧을 만하고, 술은 치성을 드릴 만하며, 집에는 책이 일천수백 권이 있어서 충분히 내 눈을 채우고 늙어 감을 즐길 만하다. 일찍이 보니 부처님이 있는 백천동(百川洞) 위

516) **관동별장** : 경술년(1610, 광해군 2)에 졸재공이 강원도관찰사로 부임할 때 제공들이 전별하면서 축하와 격려를 위해 지어준 시문이다.

517) 이 글은 저본에 제목이 나와 있지 않아 유몽인(柳夢寅)의 《어우집(於于集)》에 실려 있는 제목을 사용하였다.

에는 구룡이 살고, 십왕을 모신 영원사(靈源寺) 곁에는 현학이 살고 있었다. 나는 남여를 타거나 등나무 지팡이를 짚고서 빼어난 산천의 경치에서 살 것이니, 천성에 맞아 기쁘고 옛날에 기약했던 것을 반드시 이루게 될 터이다. 그러면 극심하게 굽었던 것이 적합한 데에서 풀리고 내가 그리워했던 것은 보는 데에서 펴게 될 터이니, 또한 즐겁지 않겠는가.

이제 용졸공(用拙公)이 관동의 관찰사로 나아감에, 마침 내가 동쪽으로 가려는 때를 만나게 되었으니, 장차 내가 사는 땅의 주인이 될 터이다. 이는 내가 공의 토지에 집을 짓고, 공의 밭에서 지은 곡식으로 세금을 내고, 공의 바다에서 고기를 잡고, 공의 산에서 땔감을 마련하며, 조석으로 읊조리고 몸을 조섭하고 희롱하는 것이 모두 공의 것이라. 이에 나는 바라기를 공이 정사를 공평하게 하고 백성들을 화평하게 하여, 이 산천이 더욱 빛이 나고 경치가 변화하길 기대할 따름이다. 공의 행차가 빠르면 나보다 먼저 갈 것이고, 천천히 오면 나보다 뒤에 올 것이며, 천천히 오지도 않고 빨리 오지도 않는데 서로 만나지 못하게 된다면, 아마도 나는 저 산속에 있지만, 구름이 깊어 거처하는 곳을 알지 못하게 되는 것이리라.

夫慊乎性者悅乎心 期乎舊者必乎今 詘乎劇者信乎適 稔乎戀者暢乎覩 余之繫心關東雅矣 不可無言乎方伯之行 昔余佐關東幕 耽海山佳象 自意窮幽境遼東 國人莫余尙矣 厥後役志進取 逐逐埃壒中 腹藁歸來之章 歲稔有奇矣 玆者幸不遇於時 庶自引深藏 以諧我宿想 念高杆之間 竝東溟枕楓嶽 饒粳畦富海錯 無黨評絕剽賊 邇華觀鄰名刹 此皆棲遲者可怡說 從此謝人間營爲 長往而不顧 則老妻足以結漁網 醜妾足以供野餉 長男足以擷山藥 穉子足以嚇田雀 溪足以舂黍 酒足以賽社 家有書一千數百卷 足以遮眼而娛老 曾見世尊百川洞之上 九龍廬焉 十王靈源寺之側 玄鶴居焉 於是乎藍輿藤杖 終己乎蕭瑟泓崢之境 則慊深而說 期久而必 劇解於適 戀抒於覩 不亦樂乎 今用拙公出伯關東 適會余東征之秋 將地主我也 則是我家公之土 稅公之田 漁公之海 蘇公之山 諷詠調戲于昕夕者 皆公之雲煙 迺余所蘄 蘄公之政平民和 使山川增色 雲物生華而已 公行疾則先我 徐則後我 不徐不疾 不相値 則或者我在山中 而雲深不知處乎

昔年良覿在香林　　그 옛날 향림(香林)에서 반갑게 만났더니

髫鬌寧知素雪侵　　다박머리가 하얗게 셀 줄 어찌 알았으랴?

仙珮久隨金闕下　　패옥 차고 오래도록 대궐에서 명을 따랐고
星軺遙送玉峯陰　　부임의 행차 멀리 봉우리 속으로 전송하네.
鯨吹曉日盬池湧　　새벽 햇살에 고래가 물 뿜어대니 붉은 바다 용솟음치고
鶴叫秋雲錦樹深　　가을 구름 속에서 학이 울어대니 비단나무숲 깊숙하리라.
歲暮歸期山不負　　늘그막에 산으로 돌아갈 기약 저버리지 않을 터
將迎聊指六鼇簪　　나를 맞아 애오라지 육오의 비녀[518]를 가리키리.

관동백으로 부임해 가는 신숙정을 전송하며[519]
送申叔正赴關東伯

이정귀(李廷龜)[520]

계묘년(1603, 선조 36) 가을에 내가 공과 함께 예부(禮部)에 있을 때, 마침 관북(關北)으로 봉심(奉審)하러 갈 일이 있어 공이 가야 하는데 내가 금강산을 보고 싶다고 하여 공이 마침내 양보하였다. 이리하여 돌아오는 길에 금강산을 두루 구경할 수 있었으니, 지금에 어언 8년 전 일이다. 늘 스스로 평생의 행운이라 자랑해 왔는데, 이제 공이 관동의 관찰사로 부임하게 되어 전날 이루지 못했던 인연을 이룰 수 있게 되었으니, 공이 금강산에 가보고자 했던 뜻을 이루게 된 것이다. 이에 대하여 전편에 누누이 언급하였다.
癸卯秋 僕與公同爲禮部時 適有關北奉審之行 公實當往 而僕要見金剛 公遂讓焉 乃於歸路 得

518) 육오(六鼇)의 비녀 : 삼신산(三神山)을 가리킨다. 삼신산은 해중(海中)에 있다는 봉래(蓬萊), 영주(瀛洲), 방호(方壺)의 세 신산을 가리키는데, 해중에 있는 여섯 마리의 자라가 이 산들을 머리에 이고 있다는 전설에서 온 말이다. 이백(李白)의 시에 "봉래산의 바위가 바로 큰 자라의 비녀임을 알겠도다.[即知蓬萊石 却是巨鼇簪]"라고 하였다. 《李太白文集 卷14 送紀秀才遊越》 여기서는 관동에 있는 금강산을 삼신산의 하나인 봉래로 보아 이렇게 말한 것이다.

519) 이 시는 이정귀(李廷龜)의 《월사선생집(月沙先生集)》에 〈송신숙정부관동백(送申叔正赴關東伯)〉이라는 제하에 실려 있는바, 제목을 사용하였고, 또한 이를 근거하여 누락된 부분 및 오자를 바로잡아 번역하였다.

520) 이정귀(李廷龜, 1564~1635) : 본관은 연안(延安), 자는 성징(聖徵), 호는 월사(月沙)·보만당(保晚堂)·치암(癡菴)·추애(秋崖)·습정(習靜), 시호는 문충(文忠)이다. 중국어에 능하여 어전통관(御前通官)으로 명나라 사신이나 지원군의 접대에 조정을 대표하여 활약하였으며, 1598년에 명나라 병부 주사(兵部主事) 정응태(丁應泰)가 임진왜란(壬辰倭亂)은 조선에서 왜병(倭兵)을 끌어들여 중국을 침범하려 한 것이라고 신종(神宗)에게 무고하자, 진주부사(陳奏副使)로서 명나라에 가서 무고임을 밝히고 정응태를 파직하게 하였다. 대제학·병조판서·예조판서·우의정·좌의정 등을 역임하였다. 저서로는 《월사집》이 있다.

以歷探仙山 于今八年矣 常竊自詑以爲平生之幸 今公按節關東 可諧前日未遂之緣 因公之歸 致意仙山 全篇縷縷及之

南宮昔日忝僚筵　　옛날 남궁(南宮 예조)에서 동료로 지낼 적에
關嶺乘槎讓我先　　관북으로 사명 받들고 가는 일 내게 양보했지.
忙路投笻猶勝躅　　바쁜 여정에 단장을 끄니 오히려 명승지이고
仙區擁節是前緣　　신선의 구역 관찰사로 가는 건 전생의 인연일세.
八年塵土頭成雪　　팔 년 내내 진토에서 머리털은 허옇게 세어졌고
萬里蓬瀛海接天　　만 리 아득한 봉영에 바다는 하늘에 잇닿았으리.
病負春明陪餞席　　춘명문[521]의 전별 자리 병 때문에 가지 못했으니
別懷歸思共茫然　　이별의 회포와 가고픈 생각[522] 모두 망연하여라.

영동을 안찰하러 가는 신숙정 영형을 전송하다
送申叔正令兄按察嶺東

허성(許筬)

關東按節一年仙　　관동 안찰사로 가시니 일 년 동안 신선이라
人說行塵活畫邊　　사람들은 살아있는 그림 속으로 행차하신다 하네.
拔地簪危山聳玉　　땅에서 치솟은 높은 산은 옥이 솟아나온 듯 하고
連天鏡淨海沈烟　　하늘과 맞닿은 깨끗한 바다는 안개에 잠겨 있으리.
覃仁處處隨車雨　　인(仁)을 베풀러 가는 곳곳에는 수레가 뒤이어지고
幽興時時滿袖篇　　그윽한 정취 일 때면 지은 시편 소매에 가득하리라.
夢想平生頭已皓　　꿈속에서 한 평생 그리워하다 머리 세었거늘
病中還送祖生鞭　　병중이라 도리어 조생의 채찍[523]을 보내누나.

---

521) **춘명문(春明門)** : 당(唐)나라 장안(長安)의 성문 이름으로, 서울 도성의 문을 가리킨다. 당(唐)나라 유우석(劉禹錫)의 〈화영호상공별모란(和令狐相公別牧丹)〉 시에 "양경이라 먼 이별이 아니라 말하지 마오, 춘명문 밖이 바로 천애 먼 곳인 것을[莫道兩京非遠別 春明門外卽天涯]"이라 하였다.

522) **가고픈 생각** : 금강산에 다시 가보고 싶은 마음을 이른다.

523) **조생(祖生)의 채찍** : 남보다 먼저 일에 착수함을 뜻하는데, 여기서는 먼저 유람하게 된 상대방이 부럽

강원도 방백 신 상공의 행차를 송별하다 만력 경술년 9월
送別江原方伯申相公之行 萬曆庚戌季秋

홍진(洪進)[524]

강원도를 안찰하는 자는 세상에서 이르기를 반은 신선이라 하니, 그 반드시 풍악산의 좋은 경치를 탐방할 수 있기 때문이다. 상공의 행차에 표연히 세상을 벗어나게 되었다고 생각하는데, 늙은 나는 티끌세상 속에서 골몰하면서 나도 모르는 사이에 부러워하는 마음이 일어나서 겨우 나의 회포를 말하게 될 뿐이다.
按此道者 世謂之半仙 以其必探楓岳之勝也 相公之行 飄然有物外之想 老生汨沒塵土 不覺欽羨聊道鄙懷

楓岳神仙窟　　풍악산에 신선이 사는 굴 있으니
蓬瀛定此山　　봉래산 영주산이 바로 이 산이네.
玉峯千萬疊　　옥 같은 봉우리는 천만으로 첩첩이고
妍態海雲間　　고운 자태는 바다와 구름 사이에 있더라.
勝事耳聞久　　좋은 경치는 들은 지 오래 되었으나
衰慵足躡難　　쇠하고 게으른 나는 오르기 어렵다네.
喬松公必遇　　왕자교와 적송자[525]를 공은 반드시 만날지니
分我一點丹　　나에게도 한 점의 단약을 나누어 주시게.

다는 뜻. '조생'은 진(晉)나라의 조적(祖逖)을 말한다. 진(晉)나라 때 유곤(劉琨)은 친구인 조적(祖逖)이 조정에 발탁되자 다른 친구에게 편지를 보내어, "나는 창을 베고 자면서 역로(逆虜)의 목을 효시(梟示)할 뜻을 품었는데, 조적이 나보다 먼저 채찍을 잡을까 항상 두렵다."고 하였다. 《진서(晉書) 권66 조적전(祖逖傳)》

524) **홍진(洪進, 1541~1616)** : 본관은 남양(南陽), 자는 희고(希古), 호는 인재(訒齋)·퇴촌(退村)이다. 이조판서·예조판서·지중추부사·좌참찬·형조판서·판의금부사를 역임하였다. 시호는 단민(端敏)이다. 저서로는 《퇴촌유고》가 있다.

525) **왕자교(王子喬)와 적송자(赤松子)** : 원문의 '교송(喬松)'은 왕자교와 적송자를 말하는데, 고대의 신선이다.

관동 안찰사로 나가는 신숙정 영형을 받들어 전별하다 경술년 9월 하순
奉別申叔正令兄出按關東 庚戌菊秋下浣

박홍구(朴弘耉)

西塞多陳迹　　호서에 많은 발자취 남기셨는데
東關復勝遊　　관동으로 다시 멋진 유람하시네.
秋光連大嶺　　가을빛은 큰 고개를 연하였고
旗影引行騶　　깃발은 기마의 행렬을 이끄네.
宣布君恩重　　교화를 널리 펴니 임금의 은혜가 막중하고
澄淸范轡柔　　천하를 맑게 하려는 범방의 고삐[526] 느긋하네.
相思人獨在　　서로 그리워하며 나 홀로 남아서
歲晩憶滄洲　　늘그막에 창주[527]를 그리워하네.

朝眼如今失舊靑　　조정 사람들의 눈에는 반가운 사람을 잃게 되었고
奄遭官謗閉郊扃　　관의 비방을 만나서 교외에서 사립문 닫고 지내네.
故人擁節關東去　　옛 친구는 부절을 안고 관동으로 가니
孤負相携長短亭　　장단의 정자에서 서로 손잡는 일 홀로 저버렸구려.

관동 방백을 전송하다
送關東方伯

김수(金睟)[528]

關東佳麗地　　관동의 경치 좋은 곳으로
吾友此時行　　벗님께서 행차하신다네.
錦葉峯千萬　　비단 단풍은 천만의 봉우리 이루고

526) 범방의 고삐[范轡] : 각주 245)번 참조.
527) 창주(滄洲) : 푸른 물가를 이른 말로, 즉 은자(隱者)가 사는 곳을 뜻한다. 또는 신선이 살고 있다는 섬.

銀溪水弟兄	은빛 냇가에 형과 아우 물고기 잡네.
相逢還作別	서로 만남은 작별을 낳는 법
把酒且論情	술잔 잡고서 다시 정을 논하네.
一夕秋風起	저녁에 가을바람 불 때쯤이면
兩鄉月共明	두 고장에 달 밝게 떠오르리.

(제목 없음) 경술년 늦가을

庚戌暮秋

유하병기(柳下病畸)[529]

鮮姸佩服紫聯緋	곱디고운 붉은 비색의 조복을 입고서
粉署蘭臺耀閥輝	분서와 난대[530]에서 문벌을 빛내셨네.
金節纔從湖徼返	금빛 부절을 쥐고서 겨우 변방에서 돌아오자
玉乘旋向海山歸	옥 수레 타고 바로 바다 산을 향해 떠나시네.
烟收鷗渚棠陰冷	안개 걷힌 갈매기 물가엔 당음[531] 시원하고
秋盡溟源木葉飛	가을 지난 강릉 땅에는 나뭇잎 흩날리리라.
鼇背尋仙吾亦辦	자라 등[532]에서 신선 찾는 일을 나도 하리니
肯嫌黃髮暎瑤扉	어찌 누런 머리가 요비[533]에 비치는 걸 꺼리랴.

---

528) **김수(金睟, 1547~1615)** : 본관은 안동, 자는 자앙(子昻), 호는 몽촌(夢村)이다. 퇴계 이황의 문인이다. 한성부 판윤·경상도관찰사·우참찬·호조판서·경기감사·오위도총 부총관 등을 지냈다. 말년에는 기로소(耆老所)에 들어갔으며 청백리로 뽑히기도 하였다. 저서로 《몽촌집》이 있으며, 시호는 소의(昭懿)이다.

529) **유하병기(柳下病畸)** : 누구인지 미상(未詳)이다.

530) **분서(粉署)와 난대(蘭臺)** : '분서'는 백색(白色)으로 칠한 관서(官署)로 사헌부를 이르고, '난대'는 나라의 사적을 보관하는 관서로 홍문관이나 예문관을 이른다.

531) **당음(棠陰)** : 감당나무 그늘이란 뜻으로, 지방관의 선정을 비유하는 말이다. 각주 244)번 참조.

532) **자라 등** : 원문의 '오배(鼇背)'는 오배삼산(鼇背三山)을 이른다. 동해의 바다 속에 신선이 산다는 삼신산(三神山)이 있는데, 이 산이 물위에 떠 있어 떠내려가지 않게 자라가 떠받치고 있다는 전설을 인용하여 읊은 것이다.

533) **요비(瑤扉)** : 요대(瑤臺)의 문비(門扉). 요대는 옥으로 장식한 누대로 신선이 거처하는 곳이다.

관동 방백 신 영공을 전송하다
送關東方伯申令公

김현성(金玄成)[534]

江漢清秋日	강한의 맑은 가을날에
公胡有遠行	공은 어이하여 먼 길 떠나는가?
都門駐四牡	도성의 문밖에 네 필의 말[535] 세우고
祖席集羣卿	송별자리[536]에 여러 고관들 모였네.
職是膺垣翰	직책은 원한[537]을 담당하였고
身仍繫重輕	그 몸에 국가의 경중이 달려 있네.
搖搖辭象魏	사푼사푼 궁궐에 하직 인사하고 가니
去去近蓬瀛	가고 갈수록 봉래와 영주가 가까워지리라.
繡幰明原隰	수레 휘장은 산야를 밝게 비추고
紅雲擁旆旌	붉은 구름 같은 깃대가 옹위하리라.
棠陰停蔽芾	감당나무 그늘 무성한 숲에 수레 머물고
楓岳躡崝嶸	풍악산 가파른 벼랑을 오를 것이네.
珠樹攀栖鶴	구슬나무에 깃들인 학을 우러러 보고
滄溟瞰戲鯨	넓은 바다에 노니는 고래를 굽어보리라.
仙遊聊按節	신선이 노는 고장으로 부절을 가지고 가지만
嚴召促朝京	지엄하신 부르심 서울로 돌아오라 재촉할 것이네.

534) **김현성(金玄成, 1542~1621)** : 본관은 김해(金海), 자는 여경(餘慶), 호는 남창(南窓)이다. 시·서·화에 두루 능하였는데, 그림보다는 글씨에 뛰어났으며 특히 시에 능하였다고 한다. 글씨는 조선초에 유행하였던 우아하고 균정된 모습을 지닌 송설체(松雪體)를 따랐다. 저술로는 《남창잡고(南窓雜稿)》가 있다.

535) **네 필의 말** : 원문의 '사모(四牡)'는 네 마리의 수말이라는 뜻으로, 《시경》 소아(小雅)의 편명이기도 한데, 왕명을 봉행하기 위해 떠나는 사람을 전송하는 시이다. 여기서는 강원도관찰사의 행차를 가리키는 말로 사용되었다.

536) **송별자리[祖席]** : 조(祖)는 출행할 때에 노신(路神)에게 제 지냄을 이름. 즉 조제(祖祭)하여 보내준다는 뜻이다. 《시경》 〈대아(大雅)·증민(烝民)〉 참조.

537) **원한(垣翰)** : 담장의 기둥[幹]. 나라를 보위하는 중신을 비유하는 말. 《시경》 〈대아(大雅)·판(板)〉에 "대덕의 사람은 나라의 울타리이며, 많은 무리는 나라의 담장이며, 큰 제후국은 나라의 병풍이며, 대종은 나라의 정간이다.[价人維藩 大師維垣 大邦維屏 大宗維翰]"라고 하였다.

前席方虛佇	임금님께서 앞자리를 비워두고 기다리시고
同堂定聚精	동료들 정히 정기와 정신을 모으리라.
唯餘南石畔	오직 남석(南石)이 자취를 남긴 언덕에
丹篆記芳名	붉은 전서(篆書)로 방명을 기록하시리.[538]

(제목 없음)

용담병부(龍潭病夫)[539]

我欲南時君欲東	내가 남쪽으로 갈 적에 그대는 동쪽으로 가려 하니
不堪分手兩悤悤	잡은 손 놓고 작별함이 왜 이리 섭섭한가.
獨留明月殊方共	홀로 머문 다른 곳에서 각자 달을 볼 것이고
相對淸尊幾日同	서로 만나 맑은 술잔 어느 날에 함께 할까?
歷歷世情看白眼	역력히 세속 정이야 냉대뿐이고[540]
蕭蕭霜鬢入靑銅	드문드문 흰머리 청동거울로 들어오네.
雲萍客路何遷次	구름과 부평초 같은 나그네길 어디로 행차 옮기나
悵望行塵意未窮	수레 먼지 창연히 바라보자니 생각이 하염없어라.

538) **오직 …… 기록하리라** : 신라시대에 국선(國仙)으로 불렸던 영랑(永郞)·술랑(述郞)·안상(安祥)·남석행(南石行) 네 사람이 고성(高城)의 삼일포(三日浦)에 와서 3일을 놀았다 하여, 후인이 그것을 기념하는 뜻으로 삼일포의 작은 섬에 사선정이라는 정자를 세웠으며, 또 삼일포의 북쪽 벼랑에 단서(丹書)로 쓴 '영랑도 남석행(永郞徒南石行)'이란 여섯 글자가 있었다는 고사에서 온 말이다. 《신증동국여지승람(新增東國輿地勝覽)》 권45 〈고성(高城)〉 참조.

539) **용담병부(龍潭病夫)** : 박이장(朴而章, 1547~1622)으로 보인다. 본관은 순천(順天), 자는 숙빈(叔彬), 호는 용담(龍潭)·도천(道川)이다. 남명 조식의 문인이다. 1586년에 별시 문과에 급제한 뒤에 대사헌이조참판홍문관 부제학대사간 등을 역임하였다. 1615년(광해군 7)에 폐모론이 일어나자 이를 반대하다가 삭직되어 성주(星州)로 내려가 저술과 후진 양성에 힘썼다. 문장에 능했으며 특히 시에 이름이 있었다. 성주의 청천서원(晴川書院)에 제향되었다.

540) **냉대뿐이고[看白眼]** : 백안(白眼)은 흘겨보는 눈빛을 말한다. 죽림칠현(竹林七賢)의 한 사람인 완적(阮籍)이 마음에 드는 이에겐 청안(靑眼)을 보이고 그렇지 않은 사람에겐 백안(白眼)으로 대하였다고 한다. 《세설신어(世說新語)》 〈간오(簡傲)〉 참조.

漢水西風老　　서풍 부는 한강 가에 이 늙은이
送人兼送秋　　그댈 보내고 또 가을 보낸다.
金剛入我夢　　금강산이 나의 꿈속에 들어오니
鏡浦屬君遊　　경포대는 그대의 유람에 맡겼어라.
灑落淸塵遠　　깨끗하고 맑은 그대[541] 속세에서 멀어지는데
淹留滯客愁　　오래도록 체류하는 나그네 시름에 젖어드네.
無緣共仙賞　　선경의 구경 함께 할 길 없으니
回首嶺東陬　　고개 돌려 영동 땅 바라만 볼 뿐.

삼가 강원 방백 족하에 올리다 경술년 늦가을
謹奉江原方伯足下 庚戌杪秋

이필영(李必榮)[542]

承流宣化未宜輕　　성상의 교화를 널리 펴는 일[543] 신중해야 하니
一路澄淸在此行　　한 도(道)의 징청[544]이 이번 행차에 달려 있네.
汙吏望風應諲去　　탐관오리들 풍도를 보면 달아나 버릴 테고
小兒騎篠亦歡迎　　아이들은 죽마를 타고 와서 환영할 것이라.[545]

---

541) 맑은 그대[淸塵] : 청고(淸高)한 유풍(遺風)이나 고상한 기질을 뜻하는 말로, 상대방에 대한 경칭(敬稱)이다.

542) 이필영(李必榮, 1573~?) : 본관은 광주(廣州), 자는 이빈(而賓), 호는 만회(晩晦)이다. 경기도관찰사·예조참판을 역임하였다.

543) 성상의 …… 일 : 원문의 '승류선화(承流宣化)'는 좋은 풍속과 전통이 이어지게 하고, 왕명을 선포하여 백성을 교화한다는 뜻으로, 지방 장관의 직분을 뜻하는 말로 쓰인다. 《한서(漢書)》 권56 〈동중서전(董仲舒傳)〉에 "오늘날의 군수와 현령은 백성의 모범으로서, 승류선화하게 하는 자들이다. 따라서 모범이 되는 그들이 현능(賢能)하지 못하면 임금의 덕을 펼치지 못하고 은택을 입지 못하는 것이다.[今之郡守縣令 民之師帥 所使承流而宣化也 故師帥不賢 則主德不宣 恩澤不流]"라는 말이 나온다.

544) 징청(澄淸) : 징청은 남비징청(攬轡澄淸)을 이른다. 곧 관찰사로 부임하면 강원도 지방의 분위기를 일신(一新)시켜 백성들을 잘 다스릴 것이라는 말이다. 각주 245)번 참조.

545) 아이들은 …… 것이라 : 후한(後漢) 곽급(郭伋)이 병주목사(并州牧使)로 나가서 선정을 베풀자, 아동 수백 명이 각각 죽마(竹馬)를 타고 와서는 길에서 대대적으로 환영을 했다는 고사가 있다. 《後漢書 卷31 郭伋列傳》 여기서는 졸재공이 지방관으로서 잘 선정할 것임을 두고 한 말이다.

鏡湖明月知仙分	경포대 밝은 달빛 신선 사는 곳임을 아실 테고
楓嶽秋光不世情	풍악산 가을빛은 세속의 풍정이 아니라오.
自笑驅驅何事業	우스워라 구구하게 무슨 일에 골몰하여
半生孤負白鷗盟	반평생 백구와 벗할 맹세[546] 저버렸던가.

용졸 장인을 전송하며 경술년 9월 하순

奉送用拙丈人 庚戌菊秋下澣

목장흠(睦長欽)

杖節連年困馬鞍	부절 잡고 해마다 부지런히 다니시니
白頭惟保寸心丹	하얀 머리에 한 조각 붉은 충심뿐이라.
澄淸自是男兒事	천하를 정화시킴은 남아가 할 일이니
榮辱休論世路難	영욕 뒤섞인 세상의 벼슬길 험난타 마소.
三界月臨銀海闊	삼계[547]에 달이 떠오르면 은빛 바다 드넓고
萬林霜落玉峯寒	온 수풀에 서리 내리면 옥 봉우리 차가우리.
行尋賤子題名處	천한 이 사람 이름 쓴 곳 찾아가 보시게
只在毘盧第一壇	비로봉 제 일단에 남아 있다오.

546) **백구와 벗할 맹세** : 강호(江湖)에 은둔하여 백구(白鷗)와 벗을 삼는 것을 말한다. 황정견(黃庭堅)의 등쾌각(登快閣)의 시에 "만 리 돌아가는 배에 젓대 부니, 이 마음 백구와 맹세하였네.[萬里歸船弄長笛 此心吾與白鷗盟]" 하였다.

547) **삼계(三界)** : 삼도(三島). 전설상의 신선이 산다는 삼신산(三神山). 삼신산이 동해에 있다는 전설이 있기 때문에 한 말로 보인다.

(제목 없음) 경술년 9월

庚戌抄秋

목대흠(睦大欽)[548]

一入蓬壺上翠微	한 번 봉호[549]에 들어가 푸른 산 오르면
舊遊陳跡夢依俙	예전에 놀던 묵은 자취는 꿈결처럼 흐릿하리.
白雲有約君先去	흰 구름과 약속 있어 그대 먼저 가는데
紅葉無言秋又歸	단풍잎은 말이 없이 가을에 또 돌아가네.
千里江山頭易皓	천 리 길 강산에 머리털은 쉬이 세고
十年榮辱計相違	십 년 동안 영욕 겪느라 계획은 서로 어긋났지.
男兒到處輸筋力	남아는 어디 가나 근력을 다 바치나니
不用臨岐道是非	갈림길에서 시비를 말하지 마오.

(제목 없음) 경술년 9월 그믐

庚戌菊月晦日

황신(黃愼)[550]

方面中權責最優	한 방면을 다스리는 관직이라 책임이 막중하여
起公今又付承流	공을 기용하사 오늘 승류[551]를 또 맡기셨어라.

548) **목대흠(睦大欽 1575~1638)** : 본관은 사천(泗川), 자는 탕경(湯卿), 호는 다산(茶山) 또는 죽오(竹塢)이다. 목장흠(睦長欽)의 동생이다. 부응교·집의·광주목사·공조참판·부승지 등을 역임하였다. 이괄(李适)의 난이 일어나자 영의정 이원익(李元翼)의 종사관으로 종군하여 난을 평정하는 데 공을 세웠으며, 1632년 예조참의가 되고 이듬해 강릉부사를 지냈다. 천성이 고결하고 시문에 뛰어났으며, 저서에 《다산집》이 있다.

549) **봉호(蓬壺)** : 봉래산(蓬萊山)과 방호산(方壺山)의 약칭으로 신선이 산다는 곳이다.

550) **황신(黃愼, 1562~1617)** : 본관은 창원(昌原), 자는 사숙(思叔), 호는 추포(秋浦)이다. 선조 때 대사헌을 지냈으며, 계축옥사(癸丑獄事)가 일어났을 때 이이첨(李爾瞻)의 사주를 받은 죄수 정협(鄭浹)의 무고로 쫓겨나 옹진(甕津)에 유배되었다가 배소에서 죽었다. 저서로는 《일본왕환일기(日本往還日記)》, 《막부삼사수창록(幕府三槎酬唱錄)》, 《추포집》 등이 있다.

551) **승류(承流)** : 승류선화(承流宣化)로 임금의 교화(敎化)를 받아서 백성들에게 펴는 것이다.

湖城安節甘棠化　　호서로 부절 잡고 가서 감당의 교화[552] 펼치셨고
關嶺褰帷落木秋　　대관령에서 휘장을 걷으니[553] 낙엽 지는 가을이네.
仙境遠連楓嶽勝　　선경은 멀리 풍악산 절경과 연이어졌고
丹丘遙指鏡潭幽　　단구[554]는 저 경포호의 그윽한 곳 가리키네.
諮詢暇日應無事　　풍속 자순[555]하는 여가엔 일 없으리니
蠟屐何妨辦壯遊　　납극[556] 신고 멋진 유람하신들 어떠리.

강원 사상[557]의 행헌(行軒)에 지어 바치다
錄奉江原使相行軒

오정(吳竫)[558]

關東山水知增價　　관동의 산수가 값이 더해짐을 알겠으니
天遣詩眸縱意收　　임금께서 시 잘하는 신하를 보내어 마음껏 담아오게 하셨네.
休把簿書稱宦客　　문서나 쥐고서 벼슬하는 나그네라 일컫지 마소
自多原隰是仙遊　　저 언덕과 숲에서 신선처럼 유람함이 많으시라.
鏡湖波接牙檣動　　경포호 물결은 상아돛대에 닿아 일렁이고
楓岳雲迎獸錦浮　　풍악산에 걸린 구름은 화려한 비단[559]인 양 떠 있다오.

---

552) 감당(甘棠) 교화(敎化) : 어진 관리의 아름다운 정사를 말함. 각주 244)번 참조.

553) 휘장을 걷으니 : 원문의 '건유(褰帷)'는 은혜로운 정사를 펴는 지방 장관을 뜻한다. 후한(後漢)의 가종(賈琮)이 기주 자사(冀州刺史)로 부임할 적에 백성을 친밀히 대하기 위하여 수레의 휘장을 걷어버리도록[褰帷] 지시한 고사가 있다. 《후한서》 〈가종전(賈琮傳)〉 참조.

554) 단구(丹丘) : 밤도 낮같이 환하다고 하는 신선이 사는 곳을 이른다. 《초사(楚辭)》 〈원유(遠遊)〉

555) 자순(諮詢) : 민정 시찰을 이른다. 《시경》에 사신(使臣)의 행차를 읊은 〈황화〉 편에, "두루 묻고 묻는다.[周爰咨詢]"라는 구절이 있다.

556) 납극(蠟屐) : 밀랍을 발라 반질반질하게 손질한 나막신을 가리킨다. 남조(南朝) 때의 문인으로 풍류가 뛰어났던 사영운(謝靈運)은 깊고 험준한 명산(名山)을 오르기 좋아하여 매양 '밀 칠한 나막신'을 신고 자주 등산을 했던 데서 온 말이다.

557) 강원 사상(江原使相) : 사상은 관찰사의 별칭으로 곧 강원도관찰사를 말한 것이다.

558) 오정(吳竫, 1579~?) : 본관은 동복(同福), 자는 여안(汝安)이다. 오억령(吳億齡)의 아들로 이조전랑·홍문관 응교·사헌부 헌납·병조참의를 지냈다.

559) 화려한 비단 : 원문의 '수금(獸錦)'은 수형(獸形)의 무늬를 넣어 직조(織造)한 비단이라는 뜻으로, 화려

慙愧此身孤宿願　　부끄럽다 이 몸 숙원을 저버렸으니
幾年塵臼鎖乾愁　　몇 해나 세속에서 무단한 시름에 잠겼던가.

관동으로 가는 신 방백 영공을 전별하다 경술년 9월
奉別申方伯令公之關東 庚戌季秋

이충양(李忠養)[560]

多君直操等筠杉　　훌륭하도다 그대의 곧은 지조 송죽과 같아
好惡其如異苦醎　　좋아하고 싫어함 쓴 맛 짠 맛처럼 달리 하셨네.
千里湖山皆自得　　천 리의 산하야 모두 스스로 만족하겠지만
三韓民物不能咸　　삼한의 백성들 그 은덕을 다 입지 못하네.[561]
天衢豈久鵬垂翼　　하늘 거리[562]에서 붕새가 한없이 날개 드리우랴
遊覽應同馬脫銜　　유람을 하매 재갈을 벗은 말과 같으리라.
嗟我紅塵頭盡白　　아 나는 홍진 속에서 머리가 희어졌으니
小窓羞對退思嵒　　창가에서 퇴사암[563] 마주하기 부끄럽네.

한 문채의 옷감을 가리킨다.

560) 이충양(李忠養, 1564~?) : 본관은 완산(完山), 자는 효숙(孝叔), 호는 후계(後溪)이다. 군수 한(瀚)의 아들이다. 정언·경기도사·봉산군수·장령·시강원 문학·함경도사·사간 등을 역임하였다.

561) 그 은덕을 …… 못하네 : 《고문진보》 〈송육흡주참시서(送陸歙州慘詩序)〉에 "육군(陸君)의 도가 조정에 행해지면 천하가 그 은혜를 바라게 되고, 한 고을을 맡으면 오로지하여 다하지 못하기 때문이다.[陸君之道 行乎朝廷 則天下望其賜 刺一州 則專而不能咸]"라고 하였다.

562) 하늘 거리 : 원문의 '천구(天衢)'는 도성 안에 있는 대로(大路)를 가리키는 말로 벼슬길을 이른다.

563) 퇴사암(退思嵒) : 바위 이름으로 보이는데 자세한 것은 알 수 없다. 다만 벼슬길에서 물러나려는 생각을 품고 있음을 의미한 것으로 보인다.

(제목 없음)

이형원(李馨遠)[564]

千里關東北塞連	천 리 길 관동은 북쪽 변방과 접했으니
艱危須仗濟時賢	어려운 땐 구제할 현신(賢臣)에게 기대기 마련.
休論直道逢三黜	올곧은 도가 세 번이나 쫓겨남을 논하지 말지니[565]
勉播仁風荅九天	어진 바람 힘써 펴서 임금에게 보답하시리라.
蓬島烟霞迎使節	봉도의 연기와 노을은 사절(使節)을 맞이하고
扶桑日月照行旆	부상[566]의 해와 달은 행차하는 깃대를 비추리라.
從知鳳閣徵還後	알겠네 대궐의 부름 받고 돌아오신 뒤에는
勿剪歌聲萬口傳	물전의 노랫소리[567] 만인의 입에 전해질 것을.

관동 방백 영장의 행사에 받들어 드리다[568] 만력 경술년 9월
奉贈關東方伯令丈行史 萬曆庚戌季秋

보내주신 편지를 받고 졸렬한 글이지만 감히 사양할 수 없었습니다.

猥蒙授簡 不敢辭拙

김상헌(金尙憲)[569]

關外僊區結勝緣	대관령 밖 신선 땅과 좋은 인연 맺었는데
主恩重踏舊山川	임금의 은혜로 옛 산천 다시 밟게 되셨네.

---

564) **이형원(李馨遠, 1576~1632)** : 본관은 성주(城州), 자는 욱재(郁哉)이다. 1599년(선조 32) 정시 문과에 을과로 급제하여 병조좌랑·경기도사·예조좌랑 등을 거쳐 정언·성균관 전적·병조정랑 겸 지평 등을 역임하였다. 1606년(선조 39) 천추사(千秋使) 홍경신(洪慶臣)을 따라 서장관으로 명나라에 다녀왔다. 선조가 죽자 병조정랑으로 《선조실록》 편수관으로 참여하였고, 인조가 즉위한 뒤 장령·필선·집의 등의 관직을 지냈다.

565) **올곧은 …… 말지니** : 억울한 일을 당해도 원망하지 않고, 늘 정도를 견지하였다는 말이다. 옛날 유하혜(柳下惠)가 세 번 쫓겨났는데도 직도(直道)를 고수했던 고사가 《논어》 〈미자(微子)〉에 실려 있다.

566) **부상(扶桑)** : 동해 가운데 있다는 나무 이름. 《회남자(淮南子)》 천문훈(天文訓)에 "해가 양곡(暘谷)에서 돋아 함지(咸池)에서 목욕하고 부상에서 솟는다." 하였음. 전하여 해 돋는 곳, 동쪽을 이른다.

錦衣玉節臨瀛館　　금의에 옥절로 임영관[570]에 임하시면
陳跡分明一愴然　　옛 자취 분명하여 감회가 깊으시리라.

신 관동안렴사 영헌에 봉정하다[571] 만력 경술년 소춘[572]

奉關東申按廉令軒 萬曆庚戌小春

동대문에서 말을 세우고 작별할 때에 섭섭함을 이기지 못하였습니다. 바로 관편(官便)을 통해 율시 세 편을 봉정하여 연연한 회포를 펼치오니, 두루 헤아려주시기 바랍니다.

東門立馬之別 不勝依黯 卽因官便 奉呈三律 以申戀戀之緖 統希諒敎

이호민(李好閔)

按節連湖嶺　　호서에 연이어 영동으로 부임하니
居然白髮翁　　어느덧 백발의 노인이 되시었네.
從知爲客樂　　이제는 객지의 즐거움을 아실 테고
不及在家窮　　집에서 궁하게 사는 이를 생각이나 하실까?
蠟屐非靈運　　사령운이 아니라도 나막신 신으실 테고[573]

---

567) **물전(勿剪)의 노랫소리** : 지방관의 선정(善政)한 덕을 추모하여 부르는 노래이다. 《시경》 〈소남(召南)·감당(甘棠)〉에 "무성한 감당나무를 자르지도 말고 베지도 말라. 소백(召伯)이 초막으로 삼았던 곳이다.[蔽芾甘棠 勿翦勿伐 召伯所茇]"라고 하였다.

568) 이 시는 김상헌(金尙憲)의 《청음집(淸陰集)》에 〈증관동안사신숙정(贈關東按使申叔正)〉이란 제목으로 실려 있다.

569) **김상헌(金尙憲, 1570~1652)** : 본관은 안동, 자는 숙도(叔度), 호는 청음(淸陰)·석실산인(石室山人)·서간노인(西磵老人), 시호는 문정(文正)이다. 병자호란 때 예조판서로서 척화(斥和)를 주장하여 파직되었으며, 1639년(인조 17)에 청나라가 명나라를 공격하기 위해 출병을 요구하자, 그에 반대하는 상소를 올렸다가 청나라에 6년 동안 잡혀 가 있기도 하였다. 효종의 묘정에 배향되었으며, 저서에 《청음집》이 있다.

570) **임영관(臨瀛館)** : 강릉에 있는 동헌의 이름이며, 임영은 강릉의 옛 명칭이다. 당시 강원도의 감영(監營)이 강릉에 있었다.

571) 이 시는 이호민(李好閔)의 《오봉선생집(五峯先生集)》에 〈기관동신안렴(寄關東申按廉)〉이란 제목으로 실려 있다.

572) **소춘(小春)** : 음력 10월.

573) **사령운이 …… 신으실 테고** : 나막신은 산을 돌아다닐 때 신는 신발. 남송(南宋) 때의 시인 사영운(謝靈運)이 산을 유람하면서 산을 오를 때에는 나막신의 앞굽을 빼고 오르고, 내려올 때에는 뒷굽을 빼고 내려왔다고 한다. 《남사(南史)》 〈사영운전(謝靈運傳)〉. 여기서는 졸재공이 산이 많은 관동으로 가기 때

尋丹異葛洪　　갈홍[574]과는 달리 단약을 찾으시리.
空敎三逕菊　　괜스레 세 오솔길의 국화[575]로 하여금
顚倒亞霜風　　모진 서릿바람에 쓰러지게 하네.

咫尺西門路　　지척의 서문(西門) 길
經過意未闌　　지나자니 아쉬운 정 많아라.
可憐垂老別　　가련하구나 늘그막의 이별이여
還覺入秋難　　새삼 가을이라 더 힘듦을 깨닫겠네.
世道猶行險　　세상길은 외려 험한 데로 행하건만
交情未盖棺　　사귀는 정은 죽기 전까지 이어지리.
臨瀛見龜鶴　　임영에서 거북 학 같은 이[576] 만나거든
珍重說平安　　평안하다고 진중하게 말해주시게.

傳觴東郭處　　동대문 밖 술잔을 돌리며 전별하는 곳에
駐馬聽繁絲　　말을 세워놓고 요란한 풍악소리 듣누나.
白首猶狂散　　백발이 되어도 오히려 광망(狂妄)한데
黃昏是別離　　황혼에 이런 이별 있을 줄이야!
誰知禰衡鼓　　누가 예형의 북치는 마음[577] 알며

문에 한 말이다.

574) **갈홍(葛洪)** : 진(晉)나라 사람으로 호는 포박자(抱朴子)라 한다. 그는 교지(交趾)에 단사(丹砂)가 난다는 말을 듣고 구루 영(句漏令)이 되기를 요청하자, 진제(晉帝)가 허락하지 않았다가, 관직 때문이 아니고 그 고을에 단사가 나기 때문이라는 그의 말을 듣고 허락해 주었다. 이에 갈홍이 자질(子姪)을 데리고 가다가 광주(廣州)에 이르니, 그곳 자사(刺史)가 가지 못하게 만류하는 바람에 하는 수 없이 나부산(羅浮山)으로 들어가서 단약(丹藥)을 만들어 먹고 신선이 되었다 한다.《晉書 卷72 葛洪列傳》

575) **세 오솔길의 국화** : 도잠(陶潛)의 〈귀거래사(歸去來辭)〉에 "세 오솔길은 묵었으나, 소나무와 국화는 아직 남아 있도다.[三徑就荒 松菊猶存]"라고 한데서 온 말이다.

576) **거북 학 같은 이** : 김륵(金玏, 1540~1616)을 지칭한 듯하다.《오봉선생집》〈기관동신안렴(寄關東申按廉)〉에 "당시에 대사헌 김륵이 강릉부사가 되었다.(時 金大憲玏 爲江陵)"라는 원주(原註)가 있다.

577) **예형(禰衡)의 북치는 마음** : 예형은 후한(後漢)의 평원(平原) 사람. 그는 삼국(三國) 시대 명사였는데, 조조(曹操)가 그를 모욕하기 위하여 북을 치는 아전으로 삼자, 그는 여러 사람들이 보는 자리에서 부모가 물려준 결백한 몸을 보여준다면서 속옷만 걸치고 북을 치며 어양곡(漁陽曲)을 노래하였는데 그 음조가 어찌나 절묘하고 처절하던지 조조 이하 여러 사람의 표정이 싹 달라졌다 한다.《후한서》〈예형전(禰衡傳)〉 참조.

要寫阮生悲　　완적의 슬픔을 쓸 것이냐.[578]
雪後時來見　　눈 내린 뒤에 때로 와서 보았더니
人歸空路岐　　사람이 돌아간 갈림길만 덩그렁.

영동관찰사 신 영공께 정회를 서술하여 봉정하다 만력 경술년 10월
奉贈嶺東觀察使申令公叙情 萬曆庚戌孟冬

송영구(宋英耉)[579]

承宣餘事踏山川　　승지직 지낸 뒤에 아름다운 산천을 밟게 되니
知舊深情慰別筵　　친구의 깊은 정 이별의 자리에서 위로하네.
金柱橫斜開霽旭　　금 기둥[580] 가로 비껴 맑은 햇살 열리고
玉峯拱揖禮羣仙　　옥봉우리 공읍(拱揖)하며 여러 신선에게 예를 올리리.
優游境界多心得　　선계에서 한가로이 노니 마음속에 터득함이 많을 테고
洗滌襟期少俗緣　　가슴 속 씻어 내니 세속의 인연 적으시리라.
只在攀躋窮鳥道　　나무 부여잡고 조도[581]를 끝까지 오를 것이니
更須收拾入龍眠　　모두 수습하여 용면거사[582]의 그림에 담으소서.

---

578) **완적의 …… 것이냐** : 곤경에 처했다고 해서 슬퍼하지는 않는다는 뜻. 진(晉) 나라 완적(阮籍)이 수레를 타고 가다 길이 막히면 문득 통곡하고 돌아왔다는 '궁도지곡(窮途之哭)'의 고사가 유명하다. 《진서(晉書)》 〈완적전(阮籍傳)〉

579) **송영구(宋英耉 1556~1620)** : 본관은 진천(鎭川), 자는 인수(仁叟), 호는 표옹(瓢翁)이다. 광해군 때 경상도관찰사를 지내고 병조참판이 되었으나 폐모론(廢母論)에 반대하며 정청(庭請)에 참여하지 않았다가 파직되었다. 인조반정 뒤 예조판서에 추증되었다. 전주의 서산사(西山祠)에 제향되었다. 시호는 충숙(忠肅)이다.

580) **금 기둥** : 구리 기둥으로 선궁(仙宮)을 상징함.

581) **조도(鳥道)** : 매우 험하여 산새들만 간신이 날아서 통할 수 있는 길을 이른다.

582) **용면거사(龍眠居士)** : 송(宋)나라 이공린(李公麟)의 호이다. 시와 그림에 능했다.

관동관찰사로 떠나는 신 참판 영장(令丈)을 받들어 전별하다 경술년 10월
奉別申參判令丈按節關東 庚戌陽月

박승종(朴承宗)[583]

簡寄藩維囑望優	간택되어 지방을 맡게 됨에 촉망이 우월하고
金章重過古溟州	금장[584]을 차고 옛 명주 땅[강릉] 거듭 지나네.
江山倘記黃丞相	강산은 황 승상[585]을 기억할 터이고
父老應延郭細侯	부로들은 곽세후[586]를 맞이하리라.
鯨海曉賓紅日出	경해[587]에선 새벽에 떠오는 붉은 해를 맞고
玉峯朝吸白雲收	옥봉에선 아침에 흰 구름 걷히는 공기를 마시리.
風淳不用勞纖務	풍속이 순후하니 잡다한 업무에 수고로울 일 없고
地勝唯宜賦遠遊	경치가 뛰어나니 원유편[588] 짓기가 마땅하리라.
每憶林泉身計謬	매양 임천[589]의 일신 계획이 어긋남을 생각하고
强隨鵷鷺世緣浮	억지로 완로[590] 뒤따라 세상의 인연에 떠다니네.

583) **박승종(朴承宗 1562~1623)** : 자는 효백(孝伯), 호는 퇴우당(退憂堂), 본관은 밀양이다. 벼슬이 영의정에 이르렀다. 이이첨(李爾瞻)의 사주로 윤인(尹訒)·이인경(李寅卿) 등이 경운궁에 난입하여 인목대비(仁穆大妃)를 죽이려 할 때 죽음을 무릅쓰고 이를 저지하였으며, 폐모론(廢母論)이 제기되자 극력 반대하였다. 인조반정이 일어나자, 아들인 자흥(自興)의 딸이 광해군의 세자빈으로 책봉된 뒤부터 일족이 권세를 누려온 것을 자책하여 아들과 함께 자결하였다. 관작이 추탈되었으나, 뒤에 신원(伸冤)되었다.

584) **금장(金章)** : 동으로 만든 관인(官印), 곧 관찰사의 관인이다.

585) **황 승상(黃丞相)** : 황패(黃霸)를 말한다. 황패는 한(漢)의 순리(循吏)들로서 군현(郡縣)을 맡아 남다른 치적을 남겨 승상에 올랐다. 《한서(漢書)》 권89 참조.

586) **곽세후(郭細侯)** : 세후는 후한(後漢) 곽급(郭伋)의 자(字)이다. 곽급이 왕망(王莽) 때에 병주목(并州牧)으로 있었는데 광무(光武) 때에 재차 병주목으로 부임하자 옛날 은혜를 입었던 고을의 노약자들이 서로들 도로에 나와 영접하였고 또 경내를 순행할 때 아동 수백 명이 죽마(竹馬)에 올라타고서 환영하며 절을 했던 고사를 말한다. 《후한서(後漢書)》 〈곽급전(郭伋傳)〉 참조.

587) **경해(鯨海)** : 고래가 노는 큰 바다를 이른다.

588) **원유편(遠遊篇)** : 《초사(楚辭)》의 편명. 이편은 굴원(屈原)이 자기의 방직(方直)한 행동이 세상에 용납되지 못하여 심정을 호소할 곳이 없으므로, 자신이 선인(仙人)을 짝하여 천지를 두루 돌아다니는 내용으로, "슬프게도 시속이 핍박함이여, 훌훌 털어버리고, 멀리 노닐기를 바라노라.[悲時俗之迫阨兮 願輕擧而遠遊]"고 하여 세속을 멀리 탈피하고자 하는 뜻을 읊은 바 있다.

589) **임천(林泉)** : 산림천석(山林泉石)의 준말로, 수목이 울창하고 샘물이 흐르는 곳이다. 세상을 버리고 은둔하기에 알맞은 곳을 비유한다.

590) **완로(鵷鷺)** : 벼슬아치들이 조회(朝會)할 때에 반열을 지어 봉황의 새끼[鵷]와 해오리처럼 벌여 서는 것

席門傾蓋偏多感　　거적문[591]에서 잠시 만난 사이지만 유달리 감회 많아
默數郵亭盡別愁　　속으로 우정(郵亭)을 세면서 이별의 근심 다하시리라.

강원관찰사 신 영공의 행헌을 받들어 전별하다 경술년 10월
奉贐江原觀察申令公行軒 庚戌孟冬

신흠(申欽)[592]

浮世多離別　　덧없는 세상살이 이별도 많아
頻年送遠行　　해마다 먼 길 떠나는 이를 보내네.
人間三日浦　　인간 세상에는 삼일포(三日浦)가 있고
物外衆香城　　세속 밖에는 중향성(衆香城)이 있네.
隨處金砂竈　　곳곳마다 단약을 굽는 굴이고
應觀玉笈經　　옥급[593]의 경(經)도 보시리라.
眞蹤入寥廓　　선경을 찾아 아득히 넓은 데로 들어가시니
餘事是澄淸　　남은 일은 천하를 깨끗이 맑게 하는 일이지.

을 말한다. 즉 조정의 반열을 가리킨다.

591) 거적문[席門] : 헌 자리로 단 문으로 가난한 집을 뜻함. 《사기》 〈진승상세가(陳丞相世家)〉에 "집이 성 밑 궁벽한 마을에 있고 떨어진 자리로 문을 달았으나, 문밖에는 찾아오는 장자(長者)의 수레가 많이 있었다." 하였다.

592) 신흠(申欽 1566~1628) : 본관은 평산(平山), 자는 경숙(敬叔), 호는 경당(敬堂)·백졸(百拙)·남고(南皐)·현헌(玄軒)·상촌거사(象村居士)·현옹(玄翁)·방옹(放翁)·여암(旅菴), 시호는 문정(文貞)이다. 우승지·대사성·한성부 판윤·병조판서·예조판서·영의정 등을 역임하였다. 이정귀(李廷龜)·장유(張維)·이식(李植)과 함께 조선 중기 한문학의 정종(正宗) 또는 '월상계택(月象谿澤)'으로 칭송되었다. 저서에 《상촌고(象村稿)》, 《야언(野言)》 등이 있다.

593) 옥급(玉笈) : 옥으로 새긴 책상자로 도교(道敎)의 비서(秘書)를 넣어두는 상자이다.

영동을 안찰하러 가는 신 관찰사 영공을 전송하다 만력 경술년 10월 초
送申觀察令公按節嶺東 萬曆庚戌陽月之初

신경진(辛慶晉)[594]

平生睡足嶠東城	평생에 잠 느긋했던 곳은 교동의 성이라[595]
了了仙區尙繫情	분명한 신선 구역이 아직도 마음에 매이네.
千里未歸嗟我病	천 리 길 돌아가지 못해 병든 몸이 안타까우니
十年唯慣送人行	십 년 동안 남을 전송하는 데에 길들어졌어라.
松亭鑑浦知無恙	한송정(寒松亭)과 감포[596]는 별 탈이 없는 걸 알겠고
楓嶽書巖欲寄聲	풍악(楓嶽)과 서암(書巖)에 소식을 전하고 싶어라.
安得又隨雙節去	어찌해야 또다시 쌍절[597]을 따라가서
佛臺同看日輪生	불대(佛臺)에서 둥근 해 떠오름 함께 보나.

594) **신경진(辛慶晉, 1554~1619)** : 본관은 영월(寧越), 자는 용석(用錫), 호는 아호(丫湖)이다. 이이(李珥)의 문인이다. 임진왜란 때 지평으로 왕을 평양에 호종하여 그곳에서 체찰사 류성룡(柳成龍)의 휘하에서 종사관이 되고, 뒤에 경상도안찰사·예조참판·대사헌을 지냈다. 문·무재(文武才)를 겸비하여 명성이 높았고, 청백리에 녹선되었다.

595) **평생에 …… 성이라** : 두목(杜牧)의 〈억제안군(憶齊安郡)〉 시에 "평생에 잠이 넉넉했던 곳은, 운몽택 남쪽 고을이었네.[平生睡足處 雲夢澤南州]" 한 데서 온 말. 여기서 '수족(睡足)'은 마음껏 즐겼다는 의미이고, 교동(嶠東)은 영동(嶺東)을 지칭한다.

596) **감포(鑑浦)** : 경포대호(鏡浦臺湖)를 가리킨다.

597) **쌍절(雙節)** : 지방관이 되어 부임하는 것을 말함. 당(唐)나라 때 절도사나 관찰사에게는 조정을 하직하는 날 쌍정(雙旌)과 쌍절을 하사하였던 고사가 있다. 《신당서(新唐書)》 〈백관지(百官志)〉 참조.

관동으로 가는 신 방백을 봉송하다[598] 만력 경술년 10월 상순

奉送申方伯之關東 萬曆庚戌十月上浣

허균(許筠)[599]

關東二十城	관동의 이십 개 고을
澄按屬時平	나라가 안정되어 평화로운 시절 만났네.
賜履紆宸念	봉지를 내림에[600] 임금께서 염려 깊어
掄材輟亞卿	인재 가려 아경[601]을 등용하셨네.
疏封環渤海	소봉[602]은 발해를 빙 둘렀고
行部指臨瀛	행부[603]는 강릉(江陵)을 가리키누나.
氣比蘇天濶	기상은 소천[604]의 활달함에 견줄 만하고
威先范轡淸	위엄은 범비[605]의 맑힘을 우선으로 하시리.

---

598) 이 시는 허균의 《성소부부고(惺所覆瓿稿)》 〈시부(詩部)〉에 〈봉송신동지출안강원도(奉送申同知出按江原道)〉라는 제목으로 실려 있다.

599) **허균(許筠 1569~1618)** : 본관은 양천(陽川), 자는 단보(端甫), 호는 교산(蛟山)·학산(鶴山)·성소(惺所)·백월거사(白月居士)이다. 아버지는 허엽(許曄)이며, 형제는 허성(許筬), 허봉(許篈)과 허난설헌(許蘭雪軒)이 있다. 원접사 종사관으로 명나라 사신 주지번(朱之蕃)을 영접하였고, 광해군 때 폐모론을 주장하는 등 대북파의 일원으로 활동한 일로 3년 뒤 조카사위인 의창군(義昌君)을 왕으로 추대한다는 역모 혐의를 받았다. 하인준(河仁俊) 등과 반란을 계획하다가 탄로되어 참형되었다. 저서로는 《교산시화(蛟山詩話)》·《성소부부고(惺所覆瓿藁)》 등이 있다.

600) **봉지(封地)를 내림에** : 원문의 '사리(賜履)'는 군주가 하사하는 봉지(封地)로, 여기서는 방백(方伯)에 임명된 것을 말한다.

601) **아경(亞卿)** : 정경(正卿)의 다음 벼슬. 즉 육조의 참판(參判), 한성부 좌·우판윤(左右判尹) 등을 이르는 말.

602) **소봉(疏封)** : 분봉(分封).

603) **행부(行部)** : 관찰사가 자기 관내를 순행하는 것. 한(漢) 나라 때 행하던 제도로서 언제나 팔월이면 자사가 자기 관내를 순행하면서 죄수를 살피고 전최(殿最)를 매겼는데, 그를 일러 행부라고 하였음. 《後漢書 蘇章傳》

604) **소천(蘇天)** : 후한(後漢) 때 소장(蘇章)이 기주자사(冀州刺史)가 되어 청하태수(淸河太守)로 있는 친구를 찾아가, 주효(酒肴)를 가득 차려 놓고 서로 회포를 담론하며 즐기자, 태수가 기뻐하여 말하기를 "남들은 모두 하늘이 하나밖에 없지만 나는 유독 두 하늘이 있다." 한 데서 온 말로, 소장을 하늘처럼 추켜올린 말이다.

605) **범비(范轡)** : 범방(范滂)의 고삐라는 뜻으로, 졸재공이 임지에 가서 정사를 잘 처리할 것이라는 말이다. 각주 245)번 참조.

坐棠新化洽　감당나무 아래에 앉아 덕화 흡족히 펼치시고[606]
騎竹舊童迎　죽마 탄 아이들이 옛날처럼 맞이하리라.[607]
湖月留仙舫　호수의 달은 신선 배에 머물러 있고
峯雲引使旌　산 구름은 관찰사의 깃발 이끌도다.
壯遊蓬島遍　장한 구경 봉래도(蓬萊島) 두루 보게 되면
高躅述郎并　높은 발자취 술랑[608]과 어울리겠지.
報政符輿望　정사(政事)를 보고함에 여망에 부합하고
尋眞愜素情　신선 자취를 찾으매 본뜻에 가장 맞는 일.
中和需作頌　중화[609]로써 다스림에 칭송의 글이 지어지고
烟閣佇標名　능연각[610]에 우뚝 이름이 걸리리라.
會待丘瓜熟　앞으로 임기(任期)가 차게 되면
腰龜倘代更　허리에 찬 관인도 바뀌게 되시리.

---

606) 감당나무 …… 펼치시고 : 지방관이 선정을 베풂을 말한다. 곧 졸재공이 부임지에 가서 어진 정사를 펼칠 것이라는 말이다. 각주 244)번 참조.

607) 죽마 …… 맞이하리라 : 후한(後漢) 때 곽급(郭伋)이 병주목사(并州牧)으로 있을 때 은덕을 베풀었는데 다시 병주목이 되어 이르자 어린아이 수백 명이 각각 대나무 말을 타고 길가에서 맞으며 절을 했다는 고사에서 연유한 말. 《몽구(蒙求)》〈곽급죽마(郭伋竹馬)〉 참조.

608) 높은 발자취 술랑(述郎) : 술랑은 신라 효소왕(孝昭王) 때의 화랑으로, 이른바 사선(四仙)의 하나이다. 남랑(南郎), 영랑(永郎), 안상(安詳)과 함께 총석정(叢石亭)에서 노닐었다는 이야기가 전해지며, 삼일포(三日浦)에는 '술랑도남석행(述郎徒南石行)'이라는 석각(石刻)이 있다고 한다.

609) 중화(中和) : 《중용》의 "중(中)이란 것은 천하의 큰 근본이요, 화(和)란 것은 천하의 공통된 도이다.[中也者 天下之大本也 和也者 天下之達道]"에서 온 말.

610) 능연각(凌煙閣) : 당나라 때 공신들의 화상(畫像)을 보관하던 곳. 태종(太宗)은 천하를 통일한 다음 정관(貞觀) 17년(643) 장손무기(長孫無忌) 등 24명의 공신에 대한 화상을 이곳에 보관하게 하였다. 이후로 공신들의 화상을 보관해 두는 곳의 대명사로 쓰였다.

관동을 안찰하러 가는 신 상공을 봉송하다 경술년 10월 초하루

奉送申相公按關東 庚戌陽月初吉

이충(李沖)

東關別恨劇悠悠	관동으로 떠나시니 이별의 슬픔 끊임이 없는데
未逐仙軺恣意遊	선경 가는 수레 따라가 마음껏 유람하지 못하네.
塵世半生成白髮	티끌세상에서 반평생 살다보니 백발을 이루었고
水雲歸夢在丹丘	유람하며 가고 싶은 꿈은 단구[611]에 있다오.
宣風暇日尋山遍	교화를 펼치는 여가에는 두루 산을 찾을 것이요
駐節棠陰惠澤流	부절이 머문 감당나무 그늘에는 혜택이 흐르리라.[612]
曾牧中原蒙禮數	중원의 수령으로 계실 적에[613] 예수[614]를 입었으니
重恩常欲執鞭酬	중한 은혜 항상 채찍 잡고[615] 보답코자 하네.

관동을 순찰하러 가는 신 참판을 봉송하다 경술년 10월 상한

奉送申參判巡察關東 庚戌陽月上澣

김영남(金穎男)[616]

文彩風流孰比肩	뛰어난 문채와 풍류 그 누가 우열을 견주리오
名區今作一年仙	명승지에서 이제 일 년 동안 신선이 되리라.

611) **단구(丹丘)** : 신선이 산다는 곳을 이른다.

612) **감당나무 …… 흐르리라** : 감당나무 그늘은 정사를 행하는 관소(官所)를 뜻함. 각주 244)번 참조.

613) **중원(中原)의 …… 적에** : 중원은 충청북도 충주(忠州)의 고호(古號)이다. 충청도관찰사로 부임해 갔었을 때를 말한 듯하다.

614) **예수(禮數)** : 신분(身分)에 따른 대우이다.

615) **채찍 잡고** : 원문의 '집편(執鞭)'은 아무리 천한 일이라도 마다하지 않겠다는 뜻이다. "안자(晏子)가 지금 살아 있다면 그의 마부가 되어 말채찍을 잡는 일이라도 흔쾌히 할 것이다.[假令晏子而在 余雖爲之執鞭所忻慕焉]"는 사마천(司馬遷)의 말에서 비롯된 것이다. 《사기》 〈관안렬전론(管晏列傳論)〉 참조.

616) **김영남(金穎男, 1547~?)** : 본관은 광산(光山), 자는 중오(仲悟), 호는 소설(掃雪)이다. 익산군수·여주목사·배천군수·죽산부사·형조참의·황해도관찰사·경주부윤·공조참의 등을 역임하였다.

蓬萊琪樹輝金鉞	봉래산의 기수[617]는 금월[618]에 빛나고
鏡浦鳴沙映錦韉	경포대 명사[619]는 금천[620]에 비추리라.
棨戟威行仁聞遠	계극[621] 세운 위엄있는 행차는 어진 명성이 멀리 전파되고
棠陰塵靜頌聲傳	감당나무 그늘 아래 속된 세상 고요하여 칭송소리 전하리.
衰翁亦有專城計	쇠한 늙은이 또한 고을살이할 생각이 있으니
願拜蘇公戴二天	소공(蘇公)을 뵙고 두 하늘[622] 이기를 기원하네.

관동 방백의 행헌에 받들어 드리다 경술년 10월 상한
奉贈關東方伯行軒 歲庚戌陽月上浣

조희일(趙希逸)[623]

撰局推良史	공께서 어진 사관으로 찬국[624]에서 추앙받으실 제
僚筵忝不才	재주 없는 이 몸 동료의 자리에 욕되게 참여하였네.

---

617) **기수(琪樹)** : 구슬을 드리우고 있다는 선경(仙境)의 옥수(玉樹)이다.

618) **금월(金鉞)** : 의장의 하나. 본래는 대장에게 임금이 금도끼를 하사하는데, 여기서는 관찰사의 의장을 뜻한다.

619) **명사(鳴沙)** : 밟으면 쇳소리가 울린다는 동해안의 고운 모랫길이다.

620) **금천(錦韉)** : 천(韉)은 말 등위에 안장을 올려놓기 전에 먼저 덮는 덮개로, 보통 언치라고 하는데, 이것을 비단으로 만들었으므로 금천이라 한 것이다.

621) **계극(棨戟)** : 일명은 유극(油戟)이라고도 하는데, 검붉은 깁으로 입히거나 기름칠을 한 나무창으로, 관리가 부임하거나 지방에 돌아다닐 때 앞길을 인도하는 의장용으로 쓰인다. 왕발(王勃)의 〈등왕각서(滕王閣序)〉에 "좋은 명망을 지닌 도독 염공은 계극을 앞세우고 멀리서 부임해 왔고, 훌륭한 모습을 갖춘 새로운 태수 우문은 휘장 친 수레를 잠시 멈추었다.[都督閻公之雅望 棨戟遙臨 宇文新州之懿範 襜帷暫駐]"라고 하였다.

622) **두 하늘** : 남의 특별한 은혜를 하늘에 비겨 이르는 말이다. 후한 순제(後漢順帝) 때 소장(蘇章)이 기주자사(冀州刺史)가 되어 관할을 순행하다가 청하(淸河)에 이르렀는데, 마침 청하 태수(淸河太守)는 옛 친구로 부정이 매우 많았다. 소장은 그 부정을 다 조사해 놓고서 곧 태수를 청하여 술을 마시며 친구간의 우의를 담론하니, 태수가 매우 기뻐하며, "남들은 모두 하늘이 하나[一天]뿐이지만 나만은 하늘이 둘[二天]이다."라고 한 고사(故事)에서 나온 말이다. 《후한서(後漢書)》 〈소장전(蘇章傳)〉 참조.

623) **조희일(趙希逸, 1575~1638)** : 본관은 임천(林川), 자는 이숙(怡叔), 호는 죽음(竹陰)·팔봉(八峰)이다. 형조참판·승문원 제조·경상도관찰사 등을 역임하였으며 문장으로 명망이 높았다. 문집에는 《죽음집》이 있다.

624) **찬국(撰局)** : 실록 등을 편찬하는 춘추관(春秋館)을 일컬으니, 곧 실록청이다.

非關贊筆削　　필삭(筆削)의 도움에는 관여하지 못했어도
聊幸慣追陪　　다행히 여러 번 뫼시고 따랐었네.
風雨春仍夏　　비바람 속에 봄은 여름으로 이어졌고
朝晡往又迴　　아침저녁으로 갔다 왔다 하였네.
未遑私第謁　　미처 사제(私第)로 찾아뵐 겨를 없었더니
何遽別詩裁　　별안간 전별의 시를 짓게 되었단 말인가.
洛北靑雲遠　　서울에는 청운길이 멀리 펼쳐 있고
關東紫氣來　　관동에는 자색 기운[625] 날아오네.
觀風任旣重　　민풍을 살피는 책임이 막중하나
選勝願兼該　　좋은 경치 골라서 두루 구경하시길.
大海天窮外　　드넓은 바다는 하늘너머 밖이요
群山地盡隈　　여러 산들은 아득한 땅 끝이로세.
冥搜襟便爽　　깊숙이 유람함에 가슴이 상쾌하실 테고
壯觀眼全開　　웅위한 경치에 두 눈이 번쩍 뜨이시리라.
直省違攀袂　　관청에서 숙직타 송별 자리 놓쳤으니
臨岐限把盃　　갈림길에 다다라 술잔만 기울입니다.[626]
少年遊賞地　　젊은 시절 유람한 땅이라
模寫意悠哉　　정경을 모사했던 일 아득키만 하여라.

---

625) 자색 기운 : 원문의 '자기(紫氣)'는 자줏빛의 서기(瑞氣)를 말함. 춘추시대 노자(老子)가 서쪽으로 함곡관(函谷關)을 나가려고 할 때에, 앞서 함곡관령(函谷關令) 윤희(尹喜)가 천기(天氣)를 관찰한 결과 함곡관 위에 자기가 떠있음을 보고 성인이 이곳을 지나갈 것을 예측했는데, 과연 노자가 그곳에 왔었다는 고사에서 온 말이다. 《사기》 〈노자한비전(老子韓非傳)〉 참조.

626) 양껏 …… 기울인다오 : 두보의 〈절구만흥(絕句漫興)〉 시에 "이월은 벌써 다해 가고 삼월이 돌아오니, 늙어가는 내가 앞으로 봄을 몇 번이나 만날는지. 이 몸 밖의 무궁한 일들은 생각하지를 말고, 우선 생전의 양껏 술이나 다 마셔 보자.[二月已破三月來 漸老逢春能幾回 莫思身外無窮事 且盡生前有限杯]"라고 한 데서 온 말이다.

삼가 관동지방을 안찰하러 가시는 용졸재를 전별하다 만력 경술년 시월 상순

敬餞用拙齋按節關東 萬曆庚戌孟冬上澣

최기남(崔起南)[627]

君恩暫許辭丹陛　　임금께서 잠시 곤외직(閫外職)을 허락하시니
海上名山取次看　　바다 밖의 명산을 차례대로 구경하시리라.
象外眞遊天爲借　　세상 밖 신선 유람 하늘이 기회를 빌려주었고
人間遠別歲將闌　　인간세상의 먼 이별 한 해도 저물어가네.
關東風俗由來厚　　관동의 풍속은 예로부터 순후하고
刺史霜威到處寒　　관찰사의 서릿발 위엄 이르는 곳마다 엄정하리.
憑寄一言平海守　　한 말씀 평해[628] 수령 편에 부치어
世間榮辱未須歎　　세간의 영욕 군이 탄식하지 말라 하시길.

관동으로 가는 신 사상[629]의 행차에 증별하다 경술년 10월 상완

贈別關東申使相之行 庚戌陽月上浣

윤의립(尹毅立)

瀛洲當日忝登仙　　그 당시 영주[630]에 욕되게 등선[631]하여
幾度花甎愧比肩　　몇 번이나 화전[632]에서 영예롭게도 어깨 나란히 했던가.

627) **최기남(崔起南, 1559~1619)** : 본관은 전주(全州), 자는 흥숙(興叔), 호는 만곡(晩谷)·만옹(晩翁)·양암(養庵)이다. 성혼(成渾)의 문인이다. 성균관 전적·병조좌랑·지제교와 형조·예조·병조의 정랑 등을 역임한 후 함경북도평사로 부임했다. 인조 때 아들 명길(鳴吉)의 인조반정(仁祖反正)에 대한 공으로 영의정에 추증되었다.

628) **평해(平海)** : 평해군(平海郡). 1914년 경상북도 울진군(蔚珍郡)에 통합되었다.

629) **사상(使相)** : 감사(監司)의 별칭으로, 여기서는 강원도관찰사를 가리킨다.

630) **영주(瀛洲)** : 당 태종(唐太宗)이 천하의 인재를 끌어들이기 위하여 문학관(文學館)을 설치하고 방현령(房玄齡)·두여회(杜如晦) 등 18인의 문신(文臣)을 학사(學士)로 임명한 일에 유래하여 선비가 선경(仙境)에 들어간 것처럼 특별한 영예를 얻은 것을 비유하는 말로, 예문관(藝文館) 등의 청직(淸職)을 말한다.

631) **등선(登仙)** : 높은 벼슬자리에 오름을 비유하는 말이다.

632) **화전(花甎)** : 꽃무늬 벽돌이라는 뜻으로, 학사원(學士院)을 가리킨다. 당나라 때 학사가 근무하는 내각

世事瀾飜俱老矣　　무상한 세상 일 속에 다 함께 늙어지고
交情水淡尙依然　　사귄 정 물처럼 담담함은 아직도 그대로이네.
丹丘笙鶴君堪詑　　단구(丹丘)의 신선학[633]은 그대가 자랑할 만하고
黑綬銅魚我自憐　　검은 인끈의 관인은 내 절로 부럽기만 하네.
南漢遙連雉嶽下　　남한강이 멀리 치악산 아래에 연했으니
佇看雙鯉尺書傳　　한 쌍의 잉어가 전할 서신[634]만 기다리리.

용졸재에게 한번 웃으시라고 드리다
似用拙齋 博粲

이사홍(李士洪)[635]

故人曾是玉皇史　　내 벗은 일찍이 옥황상제의 관리였던지라
今領蓬山萬二千　　오늘날 봉래산 일만이천봉을 차지하였네.
重踏海棠沙上路　　거듭 해당화 핀 명사십리길 밟게 되셨으니
鏡湖魚鳥亦因緣　　경포호의 물고기 새도 인연이 있는가 보이.

(內閣) 북청(北廳)의 앞 섬돌에 화전이 있었던 데에서 유래하였다.

633) 신선학[笙鶴] : 선인이 타는 선학(仙鶴)을 말한다. 두보의 〈옥대관(玉臺觀)〉 시에 "人傳有笙鶴 時過北山頭"의 구가 있다.

634) 한 쌍의 …… 서신 : 《고악부(古樂府)》 〈음미장성굴행(飮馬長城窟行)〉에 "손님이 먼 곳으로부터 와서, 나에게 잉어 두 마리를 주기에, 아이 불러 두 잉어를 삶게 했더니, 뱃속에서 척소서가 나오네.[客從遠方來 遺我雙鯉魚 呼兒烹鯉魚 中有尺素書]"라고 한 데서 온 말이다. 척서(尺書)는 척소서(尺素書)로, 명주(明紬)에 쓴 편지를 말한다.

635) 이사홍(李士洪 ?~1613) : 본관은 전주(全州), 자는 양원(養源), 호는 창해(滄海)이다. 광평대군(廣平大君)의 6대손이다.

신 감사 영공의 행헌에 받들어 부치다 경술년 11월

奉寄申監司令公行軒 庚戌仲冬

이수광(李睟光)

虛齋病起怯秋聲	빈 방에서 병든 몸 일으키자니 가을소리 겁나는데
千里聞君仗節行	그대 천 리 먼 길로 부절 갖고 떠나신단 말 들었네.
嶺外山川今日別	영 밖의 산천으로 가니 오늘 이별인데
湖中樽酒去年情	호서에서는 예전에 동이술 마셨었지.
鼇頭月湧三山近	오두[636]에 달이 솟으니 삼산[637]이 가깝고
馬首風生左海淸	말머리에 바람이 이니 좌해[638]가 맑아지네.
待得春城分竹往	춘천에서 분죽[639]하여 떠나감을 기다리니
昭陽江上更相迎	소양강 위에서 다시 서로 만나리라.
-右記別-	-위는 이별의 회포를 적은 것이다.-

使君行色問何如	묻자오니 사군[640]의 행색이 어떠하신지요
隔月難逢一字書	한 달이 지나도록 편지 한 통 만나기 어려워라.
地界雄臨徐市國	지계(地界)는 웅장하게 서불 나라[641]에 임했고
襜帷遠拂蔚陵墟	첨유[642]는 멀리 울릉도(蔚陵島)까지 떨치리라.

---

636) **오두(鰲頭)** : 큰 자라의 머리에 얹혀 있다는 바다 속의 산 즉 오산(鰲山)을 가리키는데, 여기에는 신선이 사는 삼신산이 있다.

637) **삼산(三山)** : 봉래(蓬萊), 방장(方丈), 영주(瀛州) 등 삼신산(三神山)으로, 자라 등 위에 얹혀서 바다에 떠 있다는 전설이 전한다.

638) **좌해(左海)** : 동해(東海)를 지칭한다.

639) **분죽(分竹)** : 죽사부(竹使符)를 나눈다는 뜻으로 지방 고을의 수령이 되었다는 뜻이다. 죽사부는 한(漢)나라 때 지방관이 차던 신부(信符)로, 대나무로 만들어서 오른쪽은 궁중(宮中)에 두고 왼쪽은 수령으로 나가는 사람에게 주었다.

640) **사군(使君)** : 왕명을 받들어 지방으로 나가는 관원에 대한 존칭. 여기서는 관찰사를 말한다.

641) **서불(徐市) 나라** : 동해에 있다는 나라. 진(秦)나라 때 시황(始皇)이 서불에게 동해의 삼신산(三神山)에 가서 불로초(不老草)를 캐 오라고 하면서 동남동녀(童男童女) 삼천 명을 데리고 가게 하였는데, 서불이 도착하여 그곳에 머물러 살면서 돌아오지 않았다. 《사기》 〈진시황본기(秦始皇本紀)〉 참조.

642) **첨유(襜帷)** : 수레 주위에 치는 장막인데, 곧 귀인이 타는 수레를 가리킨다.

春波鏡浦雲晴後	경포(鏡浦)에는 구름 개인 뒤에 봄 물결이 일고
曙色蓬山日上初	봉래산에 아침 해 막 떠오르면 새벽빛 밝아오리.
自恨衰遲仙分薄	한스럽거니 노쇠하도록 신선 인연이 적어
半生猶未借銅魚	반평생 동어[643]를 차보지 못하였다오.
-右追奉-	-위는 추후에 드린 것이다.-

관동 방백 헌하[644]에 기록하여 올리다[645] 만력 신해년(1611, 광해군 3) 봄
錄奉關東使相軒下 萬曆辛亥之春

유근(柳根)

湖西旋旆未經年	호서에서 깃발을 돌린 지 한 해가 지나지 않아
又出關東思惘然	또 관동으로 나가신다니 마음이 섭섭하네.
久識人間多聚散	인간사 만나고 헤어짐이 잦은 줄 진작에 알았거니
何妨地上作神仙	땅위에서 신선이 되는 것도 나쁘지 않지.
清遊豈止留三日	깨끗한 놀이에 어찌 사흘만 머무를 손가[646]
汚吏應無賀二天	탐관오리는 응당 두 하늘[647]을 축하하는 일 없으리라.
想得燒香鈴牒靜	생각건대 향을 사르며 공무가 고요할 것이니

643) **동어(銅魚)** : 동어부(銅魚符)의 준말로, 수령이 차는 물고기 모양의 구리 부신(符信)이다.

644) **헌하(軒下)** : 수레 아래란 뜻으로 상대방에 쓰는 경칭이다.

645) 이 시는 유근(柳根)의 《서경시집(西坰詩集)》에 〈녹봉관동방백(錄奉關東方伯)〉이라는 제목으로 실려 있다.

646) **어찌 사흘만 머무를 손가** : 삼일포(三日浦)를 두고 한 말이다. 삼일포는 강원도 고성(高城)에 있는 포구(浦口) 이름인데, 신라 때에 술랑(述郎), 남랑(南郎), 영랑(永郎), 안상(安詳) 등 사선(四仙)이 이 바위에서 노닐며 3일 동안 돌아가지 않았다 하여 이렇게 일컫는다고 한다.

647) **두 하늘** : 후한 순제(後漢順帝) 때 소장(蘇章)이 기주 자사(冀州刺史)가 되어 관할을 순행하다가 청하(淸河)에 이르렀는데, 마침 청하 태수(淸河太守)는 옛 친구로 부정이 매우 많았다. 소장은 그 부정을 다 조사해 놓고서 곧 태수를 청하여 술을 마시며 친구간의 우의를 담론하니, 태수가 매우 기뻐하며, "남들은 모두 하늘이 하나[一天]뿐이지만 나만은 하늘이 둘[二天]이다."고 한 고사(故事)에서 나온 말이다. 《후한서》 〈소장전(蘇章傳)〉

郵筒頻寄盛山篇	우통[648]에 자주 성산편[649]이나 부치시길.

關東形勝即仙區	관동의 좋은 경치는 바로 신선이 사는 구역이라
萬二千峯十六湖	일만이천의 봉우리와 열여섯의 호수가 있지.
玄鶴金臺時隱現	검은 학[650]은 금대[651]에서 때로 숨었다 나타나고
丹書翠壁半糢糊	붉은 글씨는 푸른 석벽에서 반쯤 흐릿하겠지.[652]
自天雨露持旌節	임금의 은혜로 깃발과 부절을 가지고 떠나니
滿地風烟似畵圖	끝없이 널려 있는 멋진 풍광은 그림과 같으리.
海上白鷗如問我	바다 위에 갈매기 내 소식 묻거들랑
爲言猶保舊淸癯	맑게 여윈 몸 그대로라 말해 주시게.

-못난 이 몸이 일찍이 영동 고을을 다스렸기 때문에 언급한 것이다.-

-鄙人曾宰嶺東縣 故及之-

---

648) **우통(郵筒)** : 서찰을 봉해 부칠 때 사용하는 통이다.

649) **성산편(盛山篇)** : 당(唐)나라 위처후(韋處厚)가 고공부랑(考功副郎)으로 있다가 성산(盛山)이란 외진 고을로 좌천되어 산수를 유람하면서 읊은 〈성산십이시(盛山十二詩)〉란 시가 있다. 이 시에 당대의 명사인 원진(元稹), 백거이(白居易) 등이 차운(次韻)하였는데, 이에 〈성산십이시〉와 그 차운시가 세상에 크게 유포됨. 또한 한유(韓愈)가 성산(盛山)의 수령으로 가는 위시강(韋侍講)에게 12편의 시서(詩序)를 써 준 일이 있다. 《한창려문집(韓昌黎文集)》 권21 참조.

650) **검은 학[玄鶴]** : 진(晉) 최표(崔豹)의 《고금주(古今注)》 조수(鳥獸)에 "학이 1천 년 지나면 푸른 색이 되고 2천 년 지나면 검은 색으로 바뀌는데, 이것이 이른바 현학(玄鶴)이다." 하였다.

651) **금대(金臺)** : 신선이 사는 곳이다.

652) **붉은 글씨 …… 흐릿하겠지** : 삼일포의 북쪽 벼랑에 붉은 글씨로 쓴 '영랑도 남석행(永郎徒南石行)'이란 여섯 자가 있는 고사에서 온 말이다. 《신증동국여지승람(新增東國輿地勝覽) 권45·고성(高城)》. 윤휴(尹鑴)의 〈풍악록(楓岳錄)〉에는 다음과 같은 기록이 있다. "배를 타고 사선(四仙)이 썼다고 하는 바위 사이의 단서(丹書)를 보았더니 글자획이 모두 흐려져서 알아볼 수가 없고 판독할 수 있는 것은 '남석행(南石行)' 이 세 글자뿐이었다."하였다.

강원 방백 신 졸재의 행사[653]에 뒤늦게 지어 부치다[654] 만력 신해년(1611) 답청 이틀 뒤
追寄江原方伯申拙齋行史 萬曆辛亥踏靑後二日

윤근수(尹根壽)[655]

湖西攬轡官纔滿	호서 지방 다스리고 임기를 채우자마자[656]
又向關東建使旌	또 관찰사 깃발 세우고 관동으로 향하네.
正喜臨觀多絕境	부임하는 곳에 절경이 많아 참으로 기쁠 터인데
自憐衰朽縛塵纓	늙도록 속세의 벼슬에 매인 내 신세 가련 쿠려.
峯環萬瀑山皆玉	만폭동 둘러싼 봉우리 산은 모두 옥이고
路傍重溟沙盡鳴	겹겹 바다 옆길에서는 모래자갈 울리라.
巖畔更尋千古字	암벽 한켠에서 다시금 천고의 글씨를 찾으리니
丹書猶記述郎行	붉은 글씨로 술랑(述郎)의 행적이 적혀 있지요.[657]

653) **행사(行史)** : 행차(行次)와 같다.

654) 이 시는 윤근수의 《월정선생집(月汀先生集)》에 〈봉송신졸재식출안관동(奉送申拙齋湜出按關東)〉이란 제목으로 실려 있다.

655) **윤근수(尹根壽, 1537~1616)** : 본관은 해평(海平), 자는 자고(子固), 호는 월정(月汀)이다. 영의정 윤두수(尹斗壽)의 아우이다. 동부승지·대사성·부제학·황해도관찰사·형조판서·대사헌·이조판서 등을 역임하였다. 명나라에 가서 종계변무를 한 공으로 1590년 광국공신(光國功臣) 1등에 해평부원군(海平府院君)에 봉해졌다. 정철(鄭澈)이 광해군의 세자책봉을 건의한 일로 유배되자 형 윤두수와 함께 파면되었다가 임진왜란 때 예조판서로 재기용되었다. 난중에 선조를 호종하고 문안사·원접사·주청사 등에 임명되어 명나라와의 외교를 담당한 공으로 호성공신(扈聖功臣) 2등에 봉해졌다. 저서로 《월정집》 등이 남아 있으며, 시호는 문정(文貞)이다.

656) **호서 …… 채우자마자** : 졸재공은 1608년부터 이듬해(1609)까지 충청도관찰사를 역임하였다. 《光海君日記 卽位年 7月 12日》

657) **붉은 글씨로 …… 적혀 있지요** : 신라시대에 국선(國仙)으로 불렸던 영랑(永郎)·술랑(述郎)·안상(安詳)·남석행(南石行) 네 사람이 고성(高城)의 삼일포(三日浦)에 와서 3일을 놀았다 하여 후인이 그것을 기념하는 뜻으로 삼일포의 작은 섬에 정자를 세우고 사선정이라 하였고, 또 삼일포의 남쪽 벼랑에 붉은 글씨로 새겨진 '술랑도 남석행(述郎徒南石行)' 여섯 글자를 말한다. 각주 652)번 참조.

춘천별장春川別章[658]

춘천부사로 나가는 신 졸재 참판을 봉송하다 만력 임자년 6월 하순[659]
奉送申拙齋參判出知春川府 萬曆壬子六月下浣

윤근수(尹根壽)

積雨初晴水路遙	오랜 비 막 개자 물길은 아득만 한데
使君行色動蘭橈	사군의 행차 목란삿대[660]따라 움직이네.
頻年謾抱別離恨	여러 해 동안 부질없이 이별의 설움 품겠지만
五袴應傳村巷謠	오고(五袴)의 노래[661]는 마을 민요로 전하리라.
攬轡曾持廉使節	남비징청(攬轡澄淸)하러 안렴사[662]의 부절을 잡으셨고
班荊相送月卿標	반형[663]의 정 나누며 월경의 의표[664]를 전송하네.
昭陽長韻還堪和	소양강 장편의 시는 또한 화운할 만하니
眞樂高風更田苗	진락공[665]의 고풍이 다시 전원에 있게 되리라.

658) **춘천별장** : 임자년(1612, 광해군 4)에 졸재공이 춘천부사로 부임할 때 제현들이 지어준 전별시이다.

659) **임자년 6월 하순** : 임자년(1612, 광해군 4)에 졸재공이 춘천부사로 임명되었다. 《광해군일기[중초본]》 광해 4년 5월 28일조 참조.

660) **목란삿대(蘭橈)** : 향목인 목란으로 만든 노. 전하여 작은 배의 미칭이다. 《초사(楚辭)》 〈구가(九歌)·상군(湘君)〉에 "蓀橈兮蘭旌"의 구가 있다.

661) **오고(五袴)의 노래** : 백성들이 편안한 가운데 부유한 생활을 하게 되었다고 칭송하는 노래이다. 후한(後漢)의 염범(廉范)이 촉군태수(蜀郡太守)로 나가 불편한 법령을 없애는 등 민생(民生) 위주의 정사를 펼치자, 백성들이 노래하기를 "염숙도여, 어찌 이리 늦게 오셨는가. 평생에 속옷도 입지를 못했는데, 지금은 바지가 다섯 벌이나 되는구나.[廉叔度 來何暮 平生無襦 今五袴]"라고 한 고사가 전해 온다. 《후한서》 〈염범전(廉范傳)〉 참조.

662) **안렴사(按廉使)** : 관찰사(觀察使)이다.

663) **반형(班荊)** : 친구가 서로 만나 이별의 정을 나눔을 이른다. 춘추시대 초(楚)나라의 오거(伍擧)와 성자(聲子)가 서로 이별할 때 싸리나무를 깔고서 서로 음식을 먹었다 한다. 《좌전》 양공(襄公) 26년 참조.

664) **월경(月卿)의 의표** : 《서경》 〈홍범(洪範)〉에 "왕이 살펴야 할 것은 오직 해이고, 경사는 오직 달이고, 사윤은 오직 날이다.[王省惟歲 卿士惟月 師尹惟日]"라고 한 데서, 월경은 곧 조정의 귀관(貴官)을 가리킨다. 여기서는 춘천부사로 나가는 졸재공을 가리킨다.

665) **진락공(眞樂公)** : 이자현(李資玄, 1061~1125)의 시호. 고려의 학자. 본관은 인주(仁州), 자는 진정(眞靖),

춘천부사 신 사군 숙정을 전송하며[666] 2수

送春川申使君叔正 二首

이호민(李好閔)

病暑蝸廬鼻息煩　와려[667]에서 더위 먹어 숨쉬기조차 힘든 터이라
不堪樽酒送歸軒　술잔 잡고 그대를 전송하지 못해 안타까워라.
春州自是淸凉地　춘주[668]는 본래부터 청량한 땅이요
山水元非熱惱門　산수는 원래 열뇌[669]의 문이 아니라네.
欲辦掛冠遲歲月　괘관[670]하려 하지만 세월만 지체하고
聊憑製錦度朝昏　그저 제금[671]에 의탁하여 아침저녁 보내네.
秋來採藥多靈品　가을 되어 약초를 캐면 영약이 많으리니
倘寄笭籯到竹園　바구니에 담아 죽원(竹園)으로 부쳐주실는지.

호는 식암(息庵)·청평거사(淸平居士)·희이자(希夷子)이다. 자연(子淵)의 손자이며, 의(顗)의 맏아들이다. 1089년(선종 6) 과거에 급제하여 대악서승(大樂署丞)이 되었으나, 관직을 버리고 춘천의 청평산(淸平山)에 들어가서 아버지가 세웠던 보현원(普賢院)과 문수원(文殊院)에 들어가 평생을 수도생활로 일관하였다.

666) 이 시는 저본에 제목이 나와 있지 않다. 이호민(李好閔)의 《오봉선생집(五峯先生集)》에 〈송춘천신사군숙정(送春川申使君叔正)〉이란 제목으로 실려 있는바, 이에서 제목을 사용하였다. 또한 저본에는 지은이가 "목오옹(睦峿翁)"으로 되어 있으나 오기로 보고 이호민으로 정정하였다.

667) **와려(蝸廬)** : 달팽이집이란 뜻으로, 흔히 자신의 처소에 대한 겸칭(謙稱)으로 쓰인다. 누추한 집.

668) **춘주(春州)** : 춘천(春川).

669) **열뇌(熱惱)** : 사람의 속을 태우는 고뇌(苦惱)를 말한다. 《화엄경(華嚴經)》에는 "백전단향을 몸에 바르면 일체의 열뇌를 물리쳐서 청량한 마음을 얻을 수 있다.[以白旃檀塗身 能除一切熱惱而得淸涼也]"고 하였음. 백거이(白居易)의 증위처사(贈韋處士) 시에 "이미 백전단향이 없으니, 무엇으로 열뇌를 물리친단 말인가.[旣無白旃檀 何以除熱惱]"라고 하였다.

670) **괘관(掛冠)** : 관직을 버리고 떠나는 것을 이름. 후한(後漢) 때 봉맹(逢萌)이, '왕망(王莽)이 자식 죽이는 것을 보고는 삼강(三綱)이 끊어졌다'고 말하고, 즉시 동도성문(東都城門)에 관을 벗어 걸어 놓고 떠나버렸다. 《후한서》 〈일민전(逸民傳)·봉맹(逢萌)〉

671) **제금(製錦)** : 비단옷을 만든다는 말로, 지방관이 된 것을 비유. 《춘추좌전》 양공(襄公) 31년 조에 "그대에게 아름다운 비단이 있으면, 초보자에게 옷을 만들도록 하지는 않을 것이다. 큰 관직이나 큰 고을은 백성의 몸을 감싸주는 것인데, 초보자에게 다스리게 한단 말인가. 그 비중으로 말하면 아름다운 비단보다도 더하지 않겠는가."라고 한 데에서 유래한 것이다.

勝地栽瓜吏隱兼　승지(勝地)에 오이를 심으니[672] 이은[673]을 겸하였고
守株霜鬢面生慙　센 머리에 수주[674]하고 있어 부끄러운 빛 얼굴에 생기네.
吟哦湛湛臨江水　시를 읊조리며 맑고 맑은 강가에 임하고
杖屨時時過息庵　지팡이 함께 짚고 때때로 식암[675]을 찾으시리.
夢罷松簷山鳥語　소나무 처마에서 꿈을 깨니 산새 지저귀고
碁殘竹院嶽僧參　대밭에서 바둑 두니 산승이 함께 하네.
應知好景難分寄　좋은 경치야 나누어 부치기 어렵다지만
須把郵筒月遞三　시통(詩筒)만은 자주 전해 주시구려.

---

672) 오이를 심으니 : 《사기(史記)·소상국세가(蕭相國世家)》에 "진(秦)나라 사람 소평(召平)이 나라가 멸망하고 나자 포의(布衣)가 되어 장안성(長安城) 동쪽에서 오이를 재배하였는데, 그 오이가 매우 맛이 있었으므로 동릉과(東陵瓜)라 불렀다." 하였다. 여기서는 졸재공이 춘천의 지방관으로 감을, 시골에 돌아와 채소를 가꾸었던 소평의 모습에 비기어 말한 것이다.

673) 이은(吏隱) : 이록(利祿)을 전혀 마음에 두지 않음으로써, 비록 벼슬살이를 하기는 해도 마치 은자(隱者)와 같이 하는 것을 이른 말이다.

674) 수주(守株) : 수주대토(守株待兔)의 준말. 한 군데만 집착하고 변통할 줄 모른다는 말. 송(宋)나라 사람이 밭을 갈다가 밭 가운데 있는 그루터기에 토끼가 부딪쳐 목이 부러져 죽은 것을 보자, 밭 갈던 쟁기를 버리고, 그루터기만 지키면서 다시 토끼를 얻기 바랐으나, 결국 다시 얻지 못하고, 마침내 나라 사람들의 웃음거리가 되었다 한다. 《한비자(韓非子)》 〈오두(五蠹)〉 참조.

675) 식암(息庵) : 고려 중기의 문인인 이자현(李資玄)이 머물던 암자로, 그는 전국의 명산을 유력하던 중 춘천(春川) 청평산(淸平山)에 들어가 선학(禪學) 연구로 여생을 보냈다. 청평산에 그가 쓴 '청평식암(淸平息菴)'이라는 글씨가 남아 있다.

춘천 명부[676]의 안하(案下)에 기록하여 드리다 만력 임자년 여름

錄奉春川明府案下 萬曆壬子夏

유근(柳根)

握節纔關外	깃대를 잡고 관(關) 밖으로 나가시더니
分符又嶺西	부절을 나누어 또 영서(嶺西)로 가시네.
江流大灘合	강물의 흐름은 대탄(大灘)과 합치고
嶽勢衆香齊	산악의 형세는 중향성과 가지런히 하네.
扶杖迎騎鶴	지팡이 짚고 학 탄 신선을 맞을 것이고
操刀試割鷄	칼을 잡고 시험 삼아 닭을 잡아보시길.[677]
神仙供吏隱	신선들은 이은을 이바지할 것이니
人世隔雲泥	인간 세상은 구름과 진흙처럼 멀리라.[678]
抱疾違披豁	병을 앓으니 흉금을 털어놓기 어렵고
臨分倍愴悽	이별을 임하매 곱절이나 서글퍼지네.
政成應赴召	훌륭한 정사 이뤄지면 부름이 있으리니
鵬翮未全低	붕새의 날개가 축 늘어질 일 없을 걸세.[679]

676) **춘천 명부(春川明府)** : 명부는 지방관에 대한 경칭으로, 여기서는 춘천부사 졸재공을 가리킨다.

677) **칼을 …… 잡아보시길** : 지방관으로 부임해서 훌륭한 치적을 올리도록 권장하는 말. 정치란 원래 작은 고을을 다스릴 때와 큰 나라를 다스리는 때에 방법상 차이가 있는 것이라고 생각해 볼 수가 있지만, 그러나 작은 고을을 다스릴 때 큰 나라 다스리는 방법을 쓰면 더 훌륭한 치적을 올릴 수도 있다는 뜻으로 한 말이다. 《논어》 〈양화(陽貨)〉에, 공자의 제자 자유(子游)가 무성(武城)의 수령이 되자, 하루는 공자가 그 고을을 찾아갔다. 그런데 그 고을에 울리는 현가의 소리를 듣고 웃으면서 "닭을 잡는 데에 어찌 소 잡는 칼을 쓰는가.[割鷄 焉用牛刀]"라고 하였다. 작은 고을을 다스리면서 대도(大道)의 예악(禮樂)을 사용하여 잘 다스리는 제자가 흐뭇하여 농담으로 한 말씀이다. 결국 졸재공을 두고 나라를 다스릴 경륜을 지닌 인물이라고 칭송한 말이다.

678) **구름과 진흙처럼 멀어라** : 구름은 높이 하늘에 있고, 진흙은 낮은 땅에 있어 서로 거리가 멀다는 뜻이다. 《후한서》 〈일민전(逸民傳)·교창(矯蒼)〉 참조.

679) **붕새의 …… 없을 걸세** : 《장자》 〈소요유(逍遙遊)〉에 "붕새가 남쪽 바다로 옮겨 갈 때에는 물결을 치는 것이 삼천 리요, 회오리바람을 타고 구만 리를 올라가 여섯 달을 가서야 쉰다.[鵬之徙於南冥也 水擊三千里 摶扶搖而上者九萬里 去以六月息者也]"라고 한 데서 온 말로, 여기서는 결국 웅대한 포부를 펼칠 것이라는 말이다.

춘천으로 부임하는 신 사군을 받들어 전별하다 만력 임자년 6월
奉別申使君赴春川 萬曆壬子抄夏

박홍구(朴弘耉)

東湖風色滿行船	동호(東湖)의 좋은 경치 떠나는 배에 가득한데
路入昭陽錦纜牽	뱃길이 소양강으로 드니 비단 닻줄[680] 끌어당기네.
憩去棠陰曾此地	감당나무 그늘에서 쉬어간 곳 일찍이 이 땅이었으니[681]
飛來鳧舃復何年	오리 신발[682] 신고 날아온 일 어느 해에 다시 하실까.
已知民俗謠方續	이미 민간에서 노랫소리[683] 이어질 걸 알겠고
況有登臨賦可傳	높은 곳에 올라 지은 후세에 전할 글이 있음에랴.[684]
父老莫須窺露冕	부로(父老)들은 모름지기 노면[685]을 엿보지 말라
誰人不識使君賢	누군들 사군의 어짊을 알지 못하리오.

680) **비단 닻줄** : 닻줄을 미화한 것. 수나라 양제가 운하(運河)를 통해 강남(江南)을 순행(巡行)할 때, 자신은 용주에 타고 소후(蕭后)는 봉모(鳳艒)에 태운 뒤, 돛과 닻줄을 모두 비단으로 만들게 하고는, 장장 200여 리에 걸쳐 수백 척의 배로 자신을 뒤따르게 했다. 《수서(隋書)》 〈식화지(食貨志)〉 참조.

681) **감당나무 …… 땅이었으니** : 원문의 '당음(棠陰)'은 감당나무 그늘이라는 말로, 선정을 베푼 지방관을 의미한다. 여기서는 졸재공이 강원도관찰사로 나갔을 때 선정을 베풀었다는 뜻이다. 각주 244)번 참조.

682) **오리 신발** : 원문의 '부석(鳧舃)'은 오리와 신발로 지방 수령을 이른다. 후한(後漢) 명제(明帝) 때에 하동(河東) 사람 왕교(王喬)가 섭현(葉縣)의 현령으로 있었는데, 초하루와 보름마다 수레나 말도 타지 않고 머나먼 길을 와서 조회에 참석하였다. 황제가 이를 괴이하게 여겨 살펴보게 하였는데, 그가 올 때마다 오리 두 마리가 동남쪽에서 날아오므로 그물을 쳐서 잡고 보니, 그물 속에 신발 한 짝만 있었다고 하는 고사에서 유래하였다. 《後漢書 卷28 王喬列傳》

683) **민간에서 노랫소리** : 고을 수령의 선정(善政)을 찬미하는 백성의 노래라는 말이다. 동한(東漢)의 염범(廉范)이 촉군 태수(蜀郡太守)로 부임하여, 금화(禁火)와 야간 통행금지 등 옛 법규를 개혁하며 선정을 펼치자, 백성들이 "우리 염숙도여 왜 이리 늦게 오셨는가. 불을 금하지 않으시어 백성이 편하게 되었나니, 평생에 저고리 하나도 없다가 지금은 바지가 다섯 벌이라네.[廉叔度 來何暮 不禁火 民安作 平生無襦今五袴]"라는 찬가를 지어 불렀다고 한다. 숙도(叔度)는 염범의 자(字)이다. 《後漢書》 〈廉范列傳〉

684) **높은 곳에 …… 있음에랴** : 위(衛)나라 문공(文公)이 이적(夷狄)의 침입을 받아 초구(楚丘)로 도읍을 옮길 때, 높은 곳에 올라 초구를 바라보고, 때와 제도에 맞게 성시(城市)를 세우고 궁실을 경영하자, 백성들이 아름답게 여겨 정지방중(定之方中)의 시를 지어 찬양하였다. 《시경》 〈용풍(鄘風)·정지방중(定之方中)〉 참조. 여기서는 신 사군도 문공처럼 선정을 베풀어 칭송이 전해질 것이라는 말이다.

685) **노면(露冕)** : 면류관을 드러낸다는 뜻이다. 후한 명제(後漢明帝) 때 형주자사(荊州刺史) 곽하(郭賀)가 뛰어난 성적을 거두자 황제가 삼공(三公)의 의복과 면류(冕旒)를 하사하여, 수레를 타고 다닐 때마다 장막을 걷어 백성들이 그 면류관을 볼 수 있게 했다는 고사가 있다. 《後漢書 卷26 郭賀列傳》

삼가 소양[686]에 부임하는 신 영군[687]을 전별하다 임자년 6월
敬贐申令君赴昭陽 壬子季夏

신익성(申翊聖)[688]

春州太守來相別	춘주(春州) 태수가 작별하러 찾아오시니
南郭閑翁倍有情	남곽의 한가로운 늙은이[689] 아쉬운 정 갑절이라.
定是使君饒道氣	바로 이 수령께선 도기(道氣)가 넉넉하여
每聞爲郡卽仙城	고을을 다스리기만 하면 선성(仙城)이 된다 하네.
淸平人去迹猶在	청평사람 떠났으나 자취 외려 남아 있는데
二樂樓高江自橫	이요루[690] 높으매 강물 절로 비껴 흐르네.
却笑風塵吾已老	문득 풍진 속에 내 이미 늙은 것이 우스우니
碧雲何處聽鸞笙	먼 하늘 구름 속 어디에서 난생 소리[691] 들을까.

686) **소양(昭陽)** : 춘천의 소양강(昭陽江)을 가리킨 것으로 보임. 곧 춘천을 이른 것이다.

687) **영군(令君)** : 수령의 존칭이다.

688) **신익성(申翊聖 1588~1644)** : 본관은 평산(平山), 자는 군석(君奭), 호는 낙전당(樂全堂)·동회거사(東淮居士)이며, 시호는 문충(文忠)이다. 신흠(申欽)의 아들이다. 선조(宣祖)의 딸인 정숙옹주(貞淑翁主)와 결혼하여 동양위에 봉해졌다. 광해군 때 폐모론(廢母論)에 반대하여 전리(田里)로 쫓겨났고, 병자호란 때에는 왕을 남한산성으로 호종(扈從)하고 척화를 주장하다가 심양(瀋陽)에 잡혀갔다. 척화오신(斥和五臣) 가운데 한 사람이다. 문장과 글씨에 뛰어났으며, 저서로는 《낙전당집》과 《낙전당귀전록(樂全堂歸田錄)》, 《청백당일기(靑白堂日記)》가 있다.

689) **남곽(南郭)의 한가로운 늙은이** : 마음이 꺼진 재처럼 조용하여 외물에 전혀 동요하지 않는 노인이란 뜻. 《장자》 〈제물론(齊物論)〉에, 남곽자기(南郭子綦)가 안석에 기대앉아서 하늘을 우러러 숨을 길게 내쉬자 그 멍한 모양이 마치 짝을 잃은 것 같았으므로, 안성자유(顔成子游)가 그를 모시고 있다가 묻기를, "형체는 진실로 마른 나무와 같이 할 수 있고, 마음은 진실로 꺼진 재와 같이 할 수 있는 것인가?[形固可使如枯木 而心固可使如死灰乎]"라고 했다는 데서 온 말이다.

690) **이요루(二樂樓)** : 춘천도호부(春川都護府)에 있는 누정으로, 소양강 언덕에 있다. 예전에는 소양정(昭陽亭)이라고 일컬었다.

691) **난생(鸞笙) 소리** : 선인이 부는 생소(笙簫)의 미칭. 이백(李白)의 고풍(古風)에 "학의 등에 올라탄 한 선객이, 날고 날아 하늘을 올라가서, 구름 속에서 소리 높이 외쳐, 내가 바로 안기생이라고 하네. 좌우에는 백옥 같은 동자가 있어, 나란히 자란생을 불어 대누나.[客有鶴上仙 飛飛凌太淸 揚言碧雲裏 自道安期名 兩兩白玉童 雙吹紫鸞笙]"라고 하였다.

춘천부사로 부임하는 신 임곡(申臨谷) 영장을 봉송하다 만력 임자년 6월
奉送申臨谷令丈之任春川 萬曆壬子季夏

이경전(李慶全)[692]

江展明紈玉作巒	강물은 비단을 펼쳐 놓은 듯 산은 옥처럼 영롱한데
使君仙旆水雲間	수령의 신선 깃발은 물과 구름 사이를 지나가네.
靈城世閥同遺裔	영성 세벌[693]의 같은 후예이시고
白髮烏臺舊長官	백발로 오대의 장관[694]이셨네.
隨處信知恩渥厚	가는 곳마다 임금의 은혜 두터운 줄 알겠나니
人生休嘆別離難	우리네 인생 이별이 어렵다 한탄하지마소.
歸來袞袞相思話	돌아오면 줄줄이 서로 그리웠던 이야기
剪盡西窓蠟燭殘	서창(西窓) 가에서 촛불심지 돋우며 다하겠지.

692) **이경전(李慶全, 1567~1644)** : 본관은 한산(韓山), 자는 중집(仲集), 호는 석루(石樓)이다. 광해군 때 한평군(韓平君)을 습봉하고 좌참찬에 올랐다. 그 뒤 한평부원군(韓平府院君)에 진봉되고, 형조판서를 지냈다. 문필이 뛰어나 이름이 높았으며, 저서로 《석루유고(石樓遺稿)》가 있다.

693) **영성(靈城) 세벌(世閥)** : 영성은 관향이 고령신씨(高靈申氏)이므로 한 말이며, 세벌은 대대로 벼슬한 문벌을 가리킨다.

694) **오대(烏臺)의 장관(長官)** : 대사헌을 말한다. 오대는 지금의 검찰청과 감사원을 합한 것과 같은 기구로 사헌부를 가리킨다.

호서별장湖西別章[695]

호서로 가는 신 관찰사 행차를 전송하다 무신년 8월

送湖西申觀察之行 戊申中秋

신흠(申欽)

暫輟霜臺席　　잠시 사헌부의 자리에서 물러나
還看玉節行　　다시 옥절 잡고 떠나심을 보게 되었네.[696]
九重推眷奇　　주상의 기대와 돌보심이 특별하시니
一路要澄淸　　한 도가 말끔해지길[697] 바라심이라.
錦水秋波膩　　금강의 가을 물결 영롱하고
龍山縹氣明　　용산의 푸른 기운 밝아라.
棠陰隨處在　　감당나무 그늘[698] 가는 곳마다 있으리니
南國好流聲　　남녘에는 좋은 명성 널리 퍼지리라.

695) **호서별장** : 무신년(1608, 광해군 즉위년)에 졸재공이 충청도관찰사로 부임할 때 제현들이 지어준 전별시이다.

696) **옥절(玉節) …… 되었네** : '옥절'은 지방관으로 나갈 때 지니고 가는 옥으로 만든 부절(符節)을 말한다. 여기서는 졸재공이 충청도관찰사로 부임해 가는 것을 두고 한 말이다.

697) **말끔해지길** : 원문의 '징청(澄淸)'은 깨끗이 다스려 진정시킨다는 뜻으로, 후한(後漢) 때 기주(冀州)에 흉년이 들어 도적이 크게 일어났을 적에 조정에서 범방(范滂)을 청조사(淸詔使)로 삼아 그곳을 안찰(按察)하게 하자, 범방이 수레에 올라 말고삐를 손에 잡고는 개연히 천하를 깨끗이 맑히려는 뜻이 있었다는 데서 온 말이다. 각주 245)번 참조.

698) **감당나무 그늘** : 각주 244)번 참조.

봉산에 부임하는 신 고령을 봉송하다[699]
奉送申高靈赴蓬山

이정립(李廷立)

我年十五六　　내 나이 열대여섯 살 무렵
君年十八九　　그대는 열 여덟아홉 살이었네.
同居松橋里　　송교리에서 함께 살면서
多小齊把袖　　크고 작은 일 소매 잡고 상의하였네.
廿六君摘髭　　스물여섯 살에 그대가 과거에 급제하니
敢醉曲江酒　　곡강회[700]에서 술에 흠뻑 취했었네.
我爲丈人行　　내가 지팡이 짚을 나이가 되어서도
低頭遂拜屨　　머리를 숙이고 몸을 낮추었네.
相看每一笑　　서로 볼 때마다 활짝 웃었고
相信心期久　　서로 미더워 내심 기약한 지 오래되었네.
槐花去年夏　　괴화 피던[701] 지난해 여름에
猥側俊造後　　외람되이 준조[702]의 뒷줄에 끼었네.
日上東明門　　해가 동쪽 밝은 문에 떠오르고
衙鼓發淸晝　　관아에는 한낮에 북소리 울렸네.
荷君推輓之　　그대의 추천과 이끌어줌 입었으니
招尋期不負　　불러 찾아준 은혜 기필코 저버리지 않으리.

---

699) 이 시는 제목의 '봉산(蓬山)'이 신선이 산다고 하는 동해의 봉래산(蓬萊山)을 말한 것으로 보이는바, 졸재공이 강원도관찰사로 부임할 때의 전별시인 듯하다. 따라서 '관동별장'으로 들어가야 할 것으로 보인다.

700) **곡강회(曲江會)** : 과거 급제를 축하하는 잔치자리를 말한다. 당나라 때 과거에 급제한 사람들이 합격자 발표 뒤에 곡강정(曲江亭)에 모여 크게 잔치를 벌이곤 하였는데, 이를 곡강회 혹은 곡강연(曲江宴)이라고 하였고, 송나라 사람들은 이를 문희연(聞喜宴)이라고 불렀다.

701) **괴화(槐花) 피던** : 과거 보는 시기를 말함. 보통 괴화가 노랗게 핀 음력 7월경에 과거를 보였으므로 이른 말이다.

702) **준조(俊造)** : 준사(俊士)와 조사(造士)를 합칭한 말로, 뛰어난 인물을 의미한다. 준사는 주(周)나라 때의 학제(學制)에서 서인(庶人)의 자제(子弟)로 학덕이 뛰어나 태학(太學) 입학을 허가받은 사람을 말하고, 조사는 인격이 성취된 선비라는 뜻인데 이는 특히 태학의 진사(進士)에 선발될 자격이 있는 사람을 말한다.

忽然生別離	갑작스레 생이별을 하게 되니
紫塞驚楊柳	북쪽 변방이라 절양류곡(折楊柳曲)에 놀라네.
迢迢古全燕	멀고 먼 옛 연나라 땅에
矞雲捧玉后	상서로운 구름은 옥황(玉皇)를 받들고 있네.
遠遊經歲時	먼 유람이라 한 해가 지나고 나면
歸看錦囊富	돌아올 때 가득한 시주머니를 보리라.
一城罕對床	외로운 성엔 술상을 마주할 일 드물 테고
千里屢分手	천 리 길이라 자주 잡은 손 놓고 작별하겠지.
秋深旣西邁	가을이 깊어질 때에 서쪽으로 떠나갔지만
雪厚復東走	눈 쌓이는 때 다시 동쪽으로 오리라.
況玆行路難	하물며 이렇게 가는 길 험난하여도
出疆導人獸	국경을 나가서 인수(人獸)를 인도하리.
懲奸與綏遠	간특한 자를 징계하고 먼 지방 사람을 편케 하니
英選誠非偶	영걸로서 선발된 것이 진실로 우연이 아니네.
長亭接古驛	장정[703]은 옛 역과 접해 있으니
臘後雪梅秀	섣달이 지나면 설중매가 피어나리.
曉日生滄溟	새벽해가 푸른 바다에서 나오니
人煙雜橘柚	인가의 연기가 귤과 유자나무와 섞이네.
雕題識鳳麟	조제[704]도 봉황과 기린을 알아보아
家世推人右	대가세족(大家世族)으로 남들의 추대를 받았네.
扶桑掛弓已	앞서 부상[705]에 활 걸어 놓고서[706]
早回東馬首	일찌감치 동쪽에서 말 돌리시리.

---

703) **장정(長亭)** : 행인들의 휴게소로서 10리마다 설치하였다.

704) **조제(雕題)** : '조(雕)'는 새긴다는 뜻이요, '제(題)'는 이마인데, 조제는 단청(丹靑)으로 이마를 아로새기는 남만(南蠻)의 일족이다. 곧 미개한 사람들에 대한 별칭이다.

705) **부상(扶桑)** : 동해(東海)에 있다고 전해지는 전설상의 나무로, 그 아래에서 해가 떠오른다 하여 해가 뜨는 동쪽 바다를 가리킨다.

706) **활 걸어 놓고서** : 두보(杜甫)의 〈투증가서개부한(投贈哥舒開府翰)〉 시에, "청해엔 화살을 전할 필요가 없어, 천산엔 일찍 활을 걸어 놓았네.[靑海無傳箭 天山早掛弓]"라고 한 데서 온 말로, 전하여 전쟁이 끝나고 평화로운 세상이 된 것을 의미한다.

天涯望爾來　　하늘가에서 그대 오길 바라노니
惱殺十年舊　　십년지기의 심정 산란도 하여라.

서書

오봉(五峯) 이호민(李好閔)의 편지

만 리 밖에서 영공(令公)의 서신을 받아보니 심히 위로가 됩니다.[707] 다만 듣건대 대직(臺職)을 체직하셨다 하니 가탄스럽습니다. 저는 모진 목숨을 예전처럼 보전하고 있으며, 대사를 조사한 뒤로 황제의 수연 때문에 이십여 일 동안 답장도 못하였고, 이제야 비로소 관회(官會)를 마쳤습니다. 관회의 요청으로 완성된 시호를 곧바로 읽어보니, 소경(昭敬)이라 하였습니다. 시책(諡冊)을 상고해 보니, 본디 경(敬) 자는 전에 없는 아름다운 시호입니다. 늙은 신하가 일 년 동안 경과한 정이 다 채워졌으니, 비록 다른 사람들의 비방 때문에 강을 건너가서 바로 죽은들 무슨 한이 있겠습니까? 이곳의 사정은 별지에 써놓았습니다. 듣건대 경진[708]이 이것을 가지고 또한 높게 되었다 하니, 매양 말할 때마다 흰 머리로 갇히는 것을 면하게 된다면 다행이라 하였습니다. 어찌 다른 바람이 있겠습니까? 저는 풍토병인 담음[709]으로 지금 거의 죽을 지경에 이르렀으니, 만일 영공을 만나게 된다면 다행이겠습니다. 부디 노력해 주십시오. 일일이 다 쓰지 않습니다. 삼가 답장을 올립니다.

무신년(1608) 8월 28일 호민 -등잔 아래라 눈이 어두워 대충 썼습니다.-

-금일은 천조(天朝)에 하직하고, 내일은 대간에 하직하고, 바로 출발하면 시월 초순에는 서울에 들어갈 수 있을 것입니다.-

萬里見令書 甚慰 但聞□臺初遞 可歎 生頑命依保 大事查到之後 以聖壽 卄餘日 不得覆 今始除了官會 官會請直讀完成 諡曰 昭敬 考之諡冊 亦本敬無前美號 老臣一年經過之

---

707) **만 리 밖에서 …… 됩니다** : 이 서찰은 광해군 즉위년 2월에 이호민이 고부사(告訃使)로 북경에 들어가서, 선조(宣祖)의 죽음을 알리고 시호를 내려 줄 것과, 신왕의 등극을 책봉해 달라고 요청하러 갔을 당시에 보낸 것으로 보인다.

708) **경진(景眞)** : 조선 후기의 문신인 정창연(鄭昌衍 1552~1636년)의 자. 본관은 동래(東萊), 호는 수죽(水竹). 좌의정 유길(惟吉)의 아들이다.

709) **담음(痰飮)** : 위와 장에 물기가 있어 출렁출렁 소리가 나며 가슴이 답답한 병이다.

情 塞矣 雖以人言渡江卽死 何恨 此間事情 在另紙 聞景眞持此亦高云 每語之 白頭免鎖則幸矣 餘何有望否 伏水土痰飮 到今濱死 如俱及見令 幸矣 千萬努力 不一 謹謝狀

戊申 八月 卄八日 好閔 -灯下眼昏 草草-

-今日辭朝 明日辭臺 卽發 十月初旬 可入洛-

만전당(晩全堂) 홍가신(洪可臣) 편지

보내주신 서찰로 순찰사께서 이미 온양읍(溫陽邑)에 오셨다는 것을 알았습니다. 바라다 보이는 십 리 거리인데도 병으로 고단하여 누워있으니, 나아가 인사드릴 길이 없어 안타깝기만 합니다. 요사이 오래도록 서울 소식을 듣지 못해 여러 모로 답답합니다. 이제 서찰을 받아보니, 중국 사신의 행차가 이미 개성에 이르렀다 하는데, 조정의 능력으로는 그들의 계학과 같은 욕심[710]을 채울 길이 없으니, 그 근심과 어지러워짐을 어찌 이루 다 말할 수 있겠습니까? 계수(季收)는 근래 여기에 오지 않았고, 때마침 줄어든 농노(農奴)들이 겨를이 없어, 다시 가서 당신의 안부를 여쭐 길이 없으니, 참으로 한스럽습니다. 덕공(德公)께서 다시 관각(館閣)의 직책을 얻었다는 것을 지금에야 비로소 들었습니다. 그 사람을 위해 깊이 염려가 됩니다. 나머지는 다 말씀드릴 수가 없고, 다만 충성으로 근무하시는 몸이 만복하시길 바랍니다. 삼가 답장을 올립니다.

기유년 유월 초하루 가신(可臣)[711]

惠書知巡節已至溫邑 相望十里間 病憊僵臥 無計趨拜 哀哉 近久不得洛下消息 凡百鬱紆 今承詔使之行 已至開城 而朝家之力 無由滿其溪壑之慾 其爲憂擾 如何可言 季收近無此來 方耗農奴無暇 復未得往探安否 可恨可恨 德公又得館職 今始聞之 爲渠深念也 餘不能究 只祈忠勤萬福 謹上謝狀

710) 계학(谿壑)과 같은 욕심 : 큰 골짜기란 뜻으로 끝없이 먹으려고 하는 욕심을 비유하여 탐욕(貪欲)이 심하다는 말이다. 《국어(國語)》에 "골짜기를 채울 수는 있을망정 욕심은 채울 수 없다.[谿壑可盈 是不可充]"라고 한 데서 온 말이다.

711) 가신(可臣) : 홍가신(洪可臣, 1541~1615)으로 보인다.

己酉六月初吉 可臣

한강(寒岡) 정구(鄭逑)의 편지

오랜 병으로 거의 죽게 된 지경에 홀연히 영공께서 보내주신 서신을 받으니, 소생할 것 같은 감회의 지극함과 기쁘고 위로되는 깊은 마음을 질병으로 신음하는 즈음에 절로 가눌 길 없습니다. 백붕(百朋)[712]의 보물로도 어찌 우리 둘 사이에 견줄 수 있겠습니까? 더구나 영공의 체후(體候)가 두루 평안하시고, 장차 중국에 사신으로 가서 우리 성상(聖上)의 망극한 은혜를 우러러 펴시게 되니, 인신(人臣)의 지업(志業)에 무엇이 이보다 더함이 있겠습니까. 다만 염려되는 것은 우리 영공께서는 연령이 이미 높으시니, 만리 장도(萬里長途)에 영체(令體)를 더욱 진중하시어 전야(田野)에서 서로 아껴주는 간절한 기대에 부응하소서.

나는 노쇠하여 궁벽한 시골에서 살다보니 만사가 폐추(廢墜)되고, 또 작년 갑인년 봄에는 불이 나서 서가에 가득한 책들이 다 타버렸고, 그해 겨울에는 하나 있던 아들마저 잃고 말았습니다. 그 이듬해에는 풍비(風痺)의 병을 얻으니, 몸 한 쪽이 전부 말라 죽은 물건처럼 되었습니다. 앉고 눕기마저 마음대로 할 수 없게 되어 밤낮으로 아프고 괴로움에 백방으로 치료했지만, 그 효험을 얻지 못한 지가 이제 3년이 됩니다. 살기를 구하는 희망은 영영 끊어지고, 세상살이에 대한 생각이 식은 재처럼 흩어졌으니, 이밖에 다시 무슨 말을 드리겠습니까? 일찍이 당신의 편지를 받아보고 성상의 권애(眷愛)를 받아 아름다운 호를 현판으로 걸어 놓으셨다는 것을 알았습니다. 그런데 이를 찬양하는 글을 지어달라는 분부가 저 같은 천생(賤生)에게 잘못 미쳤으니, 스스로 생각하건대 몽매하고 누추한 사람이 어떻게 감당하겠습니까? 삼가 받들어서 간직하고 보배로 여기면서 때로 한 번 꺼내어 보면서 천 리 밖의 그리운 정을 부칠 뿐입니다. 아득히 그리워하던 차에 또 멀리 떨어지는 이별이 있게 되었으니, 애당초 조석간의 만남이나 당석(堂席)의 회합이 있었던 것은 아니지만, 이때의 암연(黯然)한 정이야 절로 그지없습니다. 손으로 붓을 잡을 수 없어 베개에 엎드려 입으로 불러 쓰게 하니,

712) **백붕(百朋)** : '붕(朋)'은 고대의 화폐 단위로 백붕은 많은 재화(財貨)를 말하는데 여기서는 서신을 받은 기쁨을 표현한 말. 《시경》 〈소아(小雅)·청청자아(菁菁者莪)〉에 이르기를, "이미 군자를 만나 보니 나에게 백붕을 주신 듯하다.[旣見君子 錫我百朋]"라는 말을 인용한 것이다.

어찌 마음속의 일을 다 아뢸 수 있겠습니까? 목을 길게 빼고 멀리서 그리워하매 오직 망연한 생각뿐입니다. 더 적지 않습니다.[713] 삼가 답장을 올립니다.

정사년(1617) 9월 18일 정구(鄭逑) 돈수[714]

積病瀕死中 忽得令惠手問 蘇感之至 欣慰之深 兩無以自裁於沈呻之餘 百朋之幸 亦何以較彼此耶 況審令候萬福 將奉使天朝 仰伸我聖上罔極之恩 人臣志業 孰有加焉 第念我令契年齡已高 切祝萬里長途 令體倍加珍嗇 以副田野相愛拳拳之望 逑摧頹窮巷 百事廢墜 又於甲寅春 燒盡滿架書 其冬只有一子而喪焉 其明年得風痺之疾 身一邊全枯爲死物 坐臥不自由 日夜痛楚 百治而俱未得其效者 今三歲矣 永斷求生之望 灰盡人世之念 此外復何言哉 曾奉盛教 承聖眷 揭佳號 贊揚之命 謬及於賤生 自惟蒙陋 其何以堪焉哉 謹奉藏而寶之焉 時一出而覽之 以寓千里之懷也 悠悠之思 又有此隔濶之別 初非朝夕之會堂席之合 而此時黯然之情 有不自已也 手不能操管 仆枕口占 安能盡心裡事 引領遠遡 唯有惘然而已 不宣 謹狀

丁巳九月十八日 鄭逑 頓首

한강(寒岡) 정구(鄭逑)의 편지

영공께서 보내신 서찰을 받자마자 답장을 써서 고양(高陽) 가는 인편에 부쳤습니다. 그런데 지금 다시 사정(私情)상 당신에게 우러러 번거롭게 부탁드릴 일이 생겨 다시 서신 한 통을 올려 아룁니다. 예전에 영공께서 서장관으로 연경에 가실 적에 제가 간청을 드려 《단계심법부여》[715]를 사다주시어 받아본 일이 있습니다. 그 책이 요즘 의방(醫方) 가운데서 가장 절실하고 요긴한 바가 되어 내심 아끼고 보배처럼 간직하였는데, 갑인년 실화에 다 타버렸습

---

713) **더 적지 않습니다[不宣]** : 불선(不宣)은 격식을 갖추지 못한다는 뜻으로 관속(官屬)이나 평교(平交) 사이에 이만 줄인다는 뜻으로 쓴다.

714) **돈수(頓首)** : 머리를 조아린다는 뜻으로 편지의 말미에 경의(敬意)를 표하기 위하여 쓰는 말. 주로 친구나 동년배에게 보낼 때 쓴다.

715) **단계심법부여(丹溪心法附餘)** : 의서(醫書) 《단계심법(丹溪心法)》의 부록. 명(明)나라의 고암(古庵) 방광(方廣, 字 約之)의 저서이다.

니다. 그러던 중 문득 중병을 얻어 곰곰이 생각해보니, 그 책속에 실로 참고하여 시용(試用)할 만 내용이 많은데 주위에 빌릴만한 곳도 없어서 항상 간절한 마음으로 한스럽게 여겨왔습니다.

이번에 마침 영공께서 또 중국에 사신으로 가신다는 소식을 들었습니다. 병든 이 몸이 요행히 잘 보전하여 영공께서 돌아오시기 전까지 죽지 않는다면, 어찌 하늘이 기회를 빌려주어 저에게 진귀한 처방을 다시 보도록 하는 일이 아니겠습니까. 집에 조그마한 재물이나마 받들어 부탁드릴 만한 것이 없던 차에 우연히 말린 해삼[716] 네 말을 얻어서 올리니, 바라건대 명하여 전대에 넣어가지고 가서 한번 책가게에 값이 얼마인지 물어보심이 어떻겠는지요? 혹 여유가 있으면 《만병회춘》[717] 또한 의가(醫家)에서 숭상하는 것으로, 일찍이 집에 있었으나 함께 불에 타버렸습니다. 이 책 역시 함께 사오도록 허락해 주심이 어떻겠습니까? 또 남음이 있으면, 방정학[718] 선생의 《손지재집(遜志齋集)》 역시 일찍이 가지고 있었지만 임진변란에 보전하지 못하였습니다. 평소 애독하고 숭상하던 것이니, 또한 명하여 사오도록 허락해 주심이 어떠신지요?

다만 생각건대, 혹시라도 작은 것으로 많이 얻고자 하는 혐의에 해당되지 않겠는지요? 어찌 감히 두루 갖기를 바라겠습니까. 한 책에만 미치고 돈이 다하면 나머지는 군이 유념하지 않으셔도 다행이겠습니다.

옛 정의만 간절히 믿고서 외람되게 이렇게 우러러 무릅쓰고 말씀드리니, 부끄럽고 죄송합니다. 엎드려 축원하옵기는, 영공께서 사신으로 나가시는 데에 만 배로 보중(保重)하셔서 전야에서 애모하는 이 사람의 바람을 위로해 주십시오. 이만 줄입니다. 삼가 추배(追拜)하고 글을 올립니다.

정사년 9월 19일 정구 돈수(頓首)

□奉令辱書卽拜 修謝已附高陽便矣 今復有私情 切於仰煩者 更拜一書 困稟盛聽 盖於昔年 令以書狀官 赴京時 因賤懇購得丹溪心法附餘之書以恩焉 其書 近日 醫方中

---

716) 해삼(海蔘) : 원문에는 '해삼(海參)'으로 되어 있다.

717) 만병회춘(萬病回春) : 1587년에 중국 명나라 공정현(龔廷賢)이 편찬한 전 8권의 종합 의서(醫書).

718) 방정학(方正學) : 정학은 명(明)나라 방효유(方孝孺)의 별호로, 명나라 성조(成祖)가 조카인 건문제(建文帝)의 제위(帝位)를 빼앗을 때에 이를 반대하고 죽은 충신이다.

最爲切要 心實愛之而寶藏矣 旣見燼於甲寅之失火 而旋遘此重病 追思其書中 實多可考而試用者 旁無有而可以相借處 常切追恨 今者適聞令又作朝天行 賤證幸保 不死於令還之前 則豈非天假便而使之重見珍方也耶 家無輕貲 可以奉托者 偶得乾海參肆斗呈上 幸命賚下橐 試一問於書肆何如値 或有□萬病回春之書 亦醫家之所尙 曾有而同火矣 亦許幷貿如何 又或有餘 方正學先生遜志齋集 亦曾有而未保於壬辰之變 平生所愛尙 亦命許貿如何 第念無乃或涉於持狹欲奢之嫌乎 然望何敢徧 及一而盡則餘不必留念幸甚 切恃舊義 猥此仰冒 慙悚慙悚 伏祝令行李 倍萬保重 慰此田野愛慕之望 不宣 謹追拜上□

丁巳九月十九日 逑 頓首

우복(愚伏) 정경세(鄭經世)의 편지

늦은 봄 따뜻한 날씨에 영후(令候)의 기거가 더욱 복되다 하시니, 위안됨과 사모함 모두 간절합니다. 못난 저는 겨우 병든 몸을 보전하고 있습니다만, 앞으로 제술할 일이 있게 됨에 진실로 염치없이 여러 선비들의 대열에 끼어드는 것이 어려운 줄을 알고 있습니다. 그러나 당초에 임금의 은명(恩命)을 사양하지 않았고, 지금 또 일로써 부르심에 가지 않는다면 군신간의 분의(分義)가 폐하여지는 것입니다. 장차 때에 이르러 한 번 가지 않을 수 없으니, 황공하고 답답해서 낭패됨에 몸 둘 바를 모르겠습니다. 혹 별다른 의리가 있다면 바라건대 꼭 자세한 내용을 편지로 주셔서 시의(時義)에 미혹되게 되지 않도록 해주시기를 지극히 바라고 바랍니다.

선유(先儒)들은 '벼슬에 나감과 물러남을 남에게 묻지 않았다'고 하는데, 이는 사람들로 스스로 살펴 알맞게 하고자 한 것이요, 다른 사람들이 확실하게 말하지 않을까 염려가 되어서입니다. 그러니 지금에 와서 이미 확실한 판단이 서지 않으니, 서로 아껴주는 영형 같은 사람은 반드시 남의 일이라고 보시지는 않을 것입니다. 이에 감히 속에 있는 마음을 다 펴서 말씀드립니다. 달성에 사는 인척 서시립(徐時立)이 노비를 붙잡아 데리러 가는 일로 당신이 계신 곳으로 나아가기에 대충 써 부칩니다. 이만 줄입니다. 영공께서 굽어 살펴주시길 바라며 삼가 편지를 올립니다.

3월 6일 경세 배(拜)

-추신. 이 조카의 여종은 본래 나쁜 사람은 아닙니다. 장차 잡아와서 부역시키려할 뿐인데, 반드시 몹시 싫어할 것입니다. 그 남편은 곧 관노로 감영 소속이라 하니, 혹 그가 중도에 빼앗아 갈 우환이 없지 않습니다. 모름지기 살펴봐 주시기 바라며, 엄한 명령을 거듭 펼치신다면 이런 병폐가 없을 것을 보장할 수 있을 것입니다. 어떻게 생각하시는지요?-

暮春和煦 伏惟令候起居益福 慰慕兩切 鄙生僅保病伏 但前頭有製述之役 固知難於强顏羣彦之列 而當初旣不能趨謝恩命 今又不赴以役之召 則分義廢矣 將不免臨期一行 惶憫狼狽 不知所措 如或別有義理 乞須委賜開示 使得不迷時義 至懇至懇 先儒行止不可問人之云 欲人自審稱停 又慮他人不肯質言 今旣自家權度不審而相愛如令兄 必不視爲他分上事 玆敢布懇耳 達成居姻族徐時立 以奴婢捉還事 進去 草草附此不究 伏惟令鑑 謹上狀

三月六日 經世 拜

-追悚 此姪之婢 本非橫逆 但今將捉來入役 必所深厭 其夫乃是官奴營屬云 或不無中路搶奪之患 望須賜之顔色 申以嚴令 則保無此獘矣 如何-

우복(愚伏) 정경세(鄭經世)의 편지

근년에 인사가 어그러져서, 만 리 길을 다녀오셨는데도 오히려 편지 한 통도 올리지 못했습니다. 비록 영형(令兄)께서 반드시 괴로운 저의 속사정을 이해하여 주실 줄은 알지만 내심 섭섭하고 한스러운 것이 가슴 속에 맺혀 있어 마치 먹은 것이 막혀서 내려가지 않은 것과 같습니다.

이번의 행차는 젊고 강건한 사람도 감당하기 어려운 것이 많았을 터인데, 오랫동안 중병을 앓은 뒤인데도 이에 탈 없이 돌아오셨으니, 신명의 보호가 아니었더라면 어찌 이에 미칠 수 있었겠습니까. 찬양하고 기뻐하는, 구구한 마음에 자나 깨나 당신을 잊지 못합니다. 이런 가뭄과 더위에 대감께서는 조용히 지내시며 조섭하시는 가운데 두루 평안하시라 생각됩니다.

나는 병들어 누워서 구차히 목숨을 이어가고 있는 형편이라 그리 기쁜 일이 없고, 도성에 들어와서도 경계하는 마음이 들어 몹시 괴롭습니다. 근래 생각해보니, 이제 칠순의 나이인지라 여생도 많이 남아 있지 않고 시사(時事) 또한 이와 같으니, 장차 죽을 곳을 알지 못하겠습니다. 우리 친구들 가운데 살아있는 사람이 몇 명 되지 않은데다 각각 이역(異域)에 있어서 서로 모일 수도 없고 편지로 생사를 물을 길도 없으니, 정리야 비록 참을 수 있다 해도 도리상 어찌 마땅한 일이겠습니까? 마침 서신을 보낼 인편을 만나 삼가 안부를 여쭈오니, 비록 감히 다른 이야기는 미처 하지 못하나, 원하건대 남에게 보이지 마십시오. 다른 곳에는 감히 편지를 하지 못했고 오봉(五峯)과 영공에게만 편지를 하였으니, 책망을 부를까 두렵습니다. 끝으로 자중하시고 보호하시면서 모쪼록 편안하시기 빕니다. 대감께서는 살펴주시리라 여기며 삼가 이 편지를 올립니다.

5월 17일에 경세 돈배(頓拜)

-영윤[719]은 지금 어느 곳에 가 있으며 잘 지내는지요? 그립고 그립습니다.-

年來 放倒人事 萬里行還 闕然無一字 雖知令兄必能諒此苦懷 而此心歉恨 結左膈上 如食噎不下也 此行 年少强健者 亦多不堪 而宿病重傷之餘 乃尔無恙 非神明扶護 豈能及此 區區贊喜 寤寐不忘 卽此旱熱 伏惟台候靜攝萬福 經世病伏苟延 甚無好況 入城至持戒 頗苦 近思之 政得稀年 餘景亦不多 時事又如許 人將不知死所 吾儕存者無幾 而各在異地 旣無由相聚 又不以書尺問死生 則情雖可忍 理豈宜然 適値信便 謹候起居 雖不敢及他說 亦願勿以示人 盖他處不敢作 惟五峯及令處有書 恐速誚責耳 餘祝珍衛萬安 伏惟台鑑 謹上狀

五月十七日 經世 頓拜

-令胤 今在何處 好在否 戀戀-

미상인의 편지

더위가 근래 혹독한데 영후(令候)께서는 더욱 진중히 몸을 보살피시기를 바랍니다. 못난

719) 영윤(令胤) : 남의 아들을 높여 부르는 말.

저는 겨우 목숨을 보존하고 있습니다. 국청(鞫廳)에서 의논하여 아뢰는 글이 조정에 들어간 지가 겨우 사흘밖에 안 되니 조만간에 혹 왕명이 있을 것이라 여겨지나 또한 감히 자신할 수는 없습니다. 저의 글을 당신 분부대로 졸필로 써서 드리오니, 반드시 이렇게 해야만 재사(齋舍)의 편액에 합당하겠는지요? 그저 우습기만 합니다. 《주문선집(朱文選輯)》은 지난번에 한 책을 받아보게 되어서 마음이 매우 기뻤습니다. 《주자대전(朱子大全)》의 글은 본래 마땅히 맨처음부터 끝까지 글자마다 이리저리 궁구해야 하는데, 다만 거기까지 정력이 미치지 못하여 빠짐없이 망라하는 데에 이르지 못했습니다. 그래서 늘 망령스럽게 초절[720]하고 싶었으나 황공하여 감히 손을 대지 못했습니다. 그렇기 때문에 《주자대전(朱子大全)》 전질 보기를 원했던 것입니다. 그러던 차에 얻어서 보았지만 마음에 썩 들지 않았습니다. 노선생[721]이 도리(道理)를 논하고 학문(學問)을 논한 말씀들이 서척(書尺)과 잡저(雜著)의 사이에서 중첩되어 나오는 것들은 후학들이 마땅히 앞머리서부터 읽어 지나가면서 이르는 곳마다 연구하고 침잠하며 젖어들고 반복하여 함영(涵泳)하면서 그 전후가 서로 같은 곳은 서로 참고하여 양쪽을 증험해 보아야 더욱 그 의미의 무궁함을 알게 될 것이고, 혹 마음과 맞는 곳이 있으면 자신도 모르는 사이에 손발이 덩실덩실 춤을 추게 될 것입니다. 그런데도 지금 곧 문(門)으로 분류하고 유(類)별로 모아서 상고하고 열람하기에만 편하게 하였습니다. 마치 과거를 보는 무리들이 고실(故實)이 될 만한 것을 뽑아 모은 책처럼 하였으니, 그 버리고 취하는 것이 마땅한지의 여부는 감히 알지도 못하겠으나, 다만 이러한 체제는 좋다 할 수가 없습니다. 송(宋)나라 남헌(南軒 장식(張栻))이 인(仁)에 대해서 말한 설을 종류별로 모은 《수사언인록(洙泗言仁錄)》은 뜻이 우연한 것이 아니었지만, 주자가 오히려 빨리 하고자 하고 지름길만을 좋아하는 마음을 조장하여 귀로 들어갔다가 입으로 나오는 폐단이 불어날까 염려하셨으니, 후학들을 위한 심려가 깊고 간절하다고 이를 수 있습니다.

당형천[722]이 비록 어떤 사람인지 모르지만, 중국에서 육학[723]에 휩쓸리고 있는 가운데서도 곧 이 책을 높이고 숭상하기에 힘을 썼으니, 이런 사람이야말로 진실로 호걸입니다. 다만 뜻을 세움이 조급하고 공부가 치밀하지 못함을 대체로 상상하여 볼 수가 있으며, 비평하는

720) **초절(抄節)** : 어느 대문만을 초록하는 일이다.

721) **노선생(老先生)** : 여기서는 퇴계(退溪) 이황(李滉)을 지칭한다.

722) **당형천(唐荊川)** : 형천(荊川)은 명(明)나라 때 학자 당순지(唐順之)의 호이다.

723) **육학(陸學)** : 송(宋)나라 육상산(陸象山)의 계통인 왕수인(王守仁)의 양명학(陽明學)을 가리킨다.

어법을 가지고 범주 밖의 것에 착안한 데에 이르러서는, 또한 명나라 유학자들이 전현(前賢)을 무시하여 함부로 논하기를 꺼리지 않는 습속을 면치 못한 것 같으니, 어떻게 생각하시는지요? 삼가 전질을 돌려드리고, 감히 서로 아껴주는 처지에서 저의 잘못된 견해를 다 말씀드림으로써 당신께서 물으시는 뜻에 답변을 드렸습니다. 만일 당신께서 옳지 않다고 생각하신다면, 그저 개인적으로 서로 의견을 교환하고, 절대로 남에게 보여서 함부로 논했다는 죄를 얻지 않게 해주시면 참으로 다행스럽겠습니다. 이만 줄입니다.

이름을 적지 않습니다.

炎氣比酷 伏惟令候益珍 鄙生僅保軀命 鞫廳議啓 入纔三日 早晩倘有恩命 亦不敢必耳 拙文依教以拙筆寫呈 必如此然後 爲合於齋扁耶 好好笑笑 朱文選輯 向蒙見寄一冊 心甚喜之 盖大全書 本當從頭至尾 字字尋繹而只緣精力不逮 包羅不及 常欲妄加抄節 而惶恐不敢下手 故見其全帙矣 及得見之則頗不慊心 老先生論道理論學之語疊現層出於書尺及雜著之間者 後學惟當從頭讀過 隨所到而研窮沈潛 浸漬反復涵泳其前後於同處 互相參攷 彼此證驗 愈見其意味之無窮 或有會心處 則自不覺手舞而足蹈 今乃門分類聚 以便攷閱 有若擧子輩抄集故實之爲者 其去取之乃宜與否 姑不敢知 只此規模 已是不好矣 南軒類聚洙泗言仁 意非偶然 而朱夫子猶慮其長欲速好徑之心 滋入耳出口之弊 其爲後學慮 可謂至深切矣 唐荊川 雖不知爲何人 在中朝靡然陸學之中 乃能尊尙此書而用力焉 此則固爲豪傑 但其立心之忙急 用功之不密 槩可想見 而至以評批語法 着在圈外 則又似不免明儒輩下視前賢 妄論無忌之習 如何如何 謹全帙還納 而謬見 不敢不悉陳於相愛之地 以答詢問之意 如以爲未然 只可私相反復 切勿示人 使獲妄論之罪 幸甚幸甚 不宣 名不具

우복(愚伏) 정경세(鄭經世)의 편지

맑은 가을 심히 서늘한 날씨에 영공의 건강을 신령이 도우시어 강건하심을 엎드려 바라오며, 갖가지로 위로해 주시는 마음을 잊은 날이 없습니다. 저는 노쇠한 병이 날로 심해져서 겨우 목숨만 보존하고 있고, 떨어져 쓸쓸히 사는 근심이 쌓여 늘그막에 더욱 괴로우며, 서로 멀리 있어 만날 길이 없으니, 이것이 서운합니다. 어제 김방량(金邦良)이 내방했는데, 듣자하니 영공의 편지글 속에 저를 걱정하신다는 말씀이 있다고 하니, 후의에 깊이 감사드립니다. 여기 수주[724]의 경박한 후생(後生)들이 도리를 알지 못하고 함부로 시끄러운 사단(事端)을 일으키자, 우리 지방의 선비들도 대부분 이에 호응하려 하였으나, 다행히 이를 그치게 할 수 있었습니다. 저들이 들은 일을 저의 약한 힘으로는 미칠 바가 아니니, 어찌 하겠습니까? 요즘에는 모든 생각이 재처럼 싸늘하게 식어서 회복의 기미가 보이지 않습니다. 그런데 영형(令兄)께서는 오히려 위축되고 무너져 타락하는 것을 근심해야 마땅한데도 도리어 이 사람을 걱정해 주시니, 사랑으로 인해서 두려운 마음이 생겼다 하겠습니다. 그립고 그립습니다. 이생(李生)이 왔다가 간다고 하기에 총총 써서 이렇게 부치니 만 가지 가운데 하나도 제대로 쓰지 못했습니다. 영감(令監)께서는 이해해 주시기 바랍니다. 삼가 문안의 편지를 올립니다.

8월 초하루 경세(經世) 배

-읽으신 다음 부병[725]해주시면 참으로 다행스럽겠습니다.-

淸秋涼甚 伏惟令候神相萬福 慰萬之懷 靡日而忘 鄙生衰病日甚 僅存性命 惟離索之憂 到老愈苦 而相望落落 無由會合 是可悵然 昨者金邦良來訪 聞令書中 有見憂之語 深感厚意 此是水酒輕薄後生輩 不識道理 妄起鬧端 吾鄕士子 亦多欲應 而幸得停止 彼聞之事 非弱力可及 奈何奈何 年來百念灰冷 吹嘘不起 令兄當憂其斂縮頹塌 而顧以是爲憂 可謂因愛生怖矣 耿耿 李生來告行 草草附此 萬不一及 伏惟令鑑 謹拜問狀

八月初吉 經世 拜

-照後付丙 幸甚-

우복(愚伏) 정경세(鄭經世)의 편지

요전에 보내신 서찰을 받고, 간곡한 보살핌에 깊이 감사드립니다. 인편이 없어 답장을 보

---

724) **수주(水酒)** : 경상북도 예천(醴泉)의 옛 이름이다.

725) **부병(付丙)** : 불에 살라 버린다는 뜻으로, 비밀의 편지 끝에 쓰이는 말. 병(丙)은 오행상 화(火)에 속하므로 말한 것이다.

내지 못해 한탄하고 있었는데, 이에 또다시 서찰을 받아서 서늘한 가을에 잘 지내고 계심을 알고 나니, 위안이 됩니다.

나는 그럭저럭 살면서 별다른 일은 없고 다음 달에 임기가 만료되니, 고향 산천으로 돌아가 숨어사는 것이 심히 좋은 일일 겁니다. 그러나 지금 영남은 즐거운 땅이 되질 못하니 어느 곳으로 향하는 것이 편안할지 몰라서 진실로 탄식이 됩니다. 신생(愼生)이 이곳에 왔다가 바로 돌아가니, 그를 데리고 한송정(寒松亭)으로 가고 싶으나, 바쁘게 하직하느라 총총해서 만나 뵙고 가지 못했습니다. 진중(珍重)을 빕니다. 영감께서는 살펴주시기 바라며 삼가 답장을 올립니다.

윤월 19일 경세 배

頃蒙示諭 深荷眷厚 方以無便闕報爲嘆 玆又承書 審凉秋起居冲裕 慰仰 經世粗保無它 官滿只在開月 歸伏故山 甚是好事 而今日南中 不成樂土 未知去向何處 方是穩便 良可嘆也 愼生到此卽歸 欲携往寒松 而以忙辭悤悤 不成晤行 只祝珍毖 伏惟令鑑 謹上復狀

閏月十九日 經世 拜

사계(沙溪) 김장생(金長生)의 편지

요즈음 기체(氣體)가 어떠하신지요? 우러러 사모하옵니다. 저는 먼 곳에 살아 도성에 들어가지 못해 뵐 수 없으니, 섭섭합니다. 저는 이곳에서 수년 전에 《예기(禮記)》를 읽고서 의심나는 곳을 기록하여 사람들에게 물어서 옳고 그른 것을 판정하고자 하였으나, 서로 아는 사람이 없었습니다. 요전에 듣자니, '영공께서 예서(禮書)에 뜻이 있으시다'[726]고 하니 반드시 실제로 그만한 소견이 있으실 것입니다. 지금 '의문(疑問)' 한 두루마리를 보내드리오니, 다른 종이를 사용하여 낱낱이 알려주시기를 앙망합니다. 또 별도로 예(禮)에 대해 의심나는 곳 몇 조목을 기록하였으니, 《의례(儀禮)》 및 《경전통해(經傳通解)》를 상고하여 알려주시면 어떻겠는지요? 먼 지방이라 서적이 없어 상고할 수가 없으니, 한탄스럽습니다. 엎드려 밝으신

726) 영공께서 …… 뜻이 있으시다 : 졸재공이 《의례고증(疑禮攷證)》을 지은 소문을 듣고 한 말인 듯하다.

가르침을 바라옵고, 삼가 편지를 올립니다.

경신년 11월 13일 장생(長生) 배(拜)

邇來 不審令候何如 仰慕仰慕 僕來寓遠地 不入城中 無由拜敍 悵仰悵仰 此中 數年前讀禮記 錄作疑義 欲問於人 以定其是非 無相知之人 向聞令公有意禮書 必有實見得 今送疑問一卷 以他紙一一示破 爲仰爲仰 且別錄禮之疑處數條 亦考儀禮及經傳通解 示敎何如 遠方無書籍不得考 可歎可歎 伏惟令照 謹拜狀

庚申至月十三日 長生 拜

사계(沙溪) 김장생(金長生)의 편지

우러러 사모하는 가운데 삼가 보내신 서찰을 받으니, 감사하고 감사합니다. 지난번에 감영으로 가서 뵙고자 하였으나, 마침 자식 혼사가 있어서 뜻을 이루지 못했습니다. 과기[727]가 이미 만료가 되었으니, 마땅히 도성으로 찾아뵐 계획입니다. 전에 보내주신 《의례(儀禮)》는 감히 산절(刪節)하지 못하였고, 《여지승람(輿地勝覽)》은 돌려드립니다. 오늘날의 학자들이 퇴계 선생을 유학의 종사(宗師)로 여겨서 평생도록 우러러 사모하여 한 번 뵙고자 하였는데, 지금에 와서는 불충과 불효로써 지목을 하니 ……(누락)…… 생각하건대 당신께서도 제가 품은 뜻과 같을 것입니다. 살펴주시기 바랍니다. 삼가 편지를 올립니다.

신해년 10월 20일 김장생(金長生)

仰慕中 謹承下書 仰感仰感 向者切欲就拜營下 適以賤息婚事 未得遂意 瓜期已滿 當拜城裏爲計 前下送儀禮 不敢刪節 還上輿地勝覽 今之學者 以退溪先生爲儒宗 平生仰思 欲一見 到今以不忠不孝目之 ……(누락)…… 伏想亦同此懷也 伏惟下鑒 謹拜上狀

辛亥十月二十日 金長生

727) 과기(瓜期) : 관직의 임기를 말한다. 《좌전》 장공(莊公) 8년 기사에, 제후(齊侯)가 연칭(連稱) 관지부(管至父)를 규구(葵丘)로 보내면서, "오이 먹는 철에 가니, 명년 오이 먹을 철에 교대하여 돌아오라(瓜時而往 及瓜而還)."를 인용한 것이다.

동고(東皐) 강신(姜紳)의 편지

신(紳)은 편지를 올립니다. 보내신 편지를 받고서 영후(令候)가 만안(萬安)하시다 하니, 위로되고 근심이 씻겨나가는 상쾌함이 지극합니다. 나는 집안의 우환이 몹시 참혹하고 늙은 매씨(妹氏)가 세상을 떠나니, 참통(慘慟)하기 그지없습니다. 그런 중에 보내주신 각종의 약료(藥料)는, 마음에 새겨두었다가 베풀어 주심이 여기까지 이를 줄은 생각지 못했습니다. 후의에 매우 감복되어 어떻게 사례해야 할지 모르겠습니다. 나머지는 영공께서 돌아오실 때를 기다렸다가 나아가 사례를 드리겠습니다. 영공께서는 이해하여 주시기 바라며 삼가 답장을 올립니다.

신해년 10월 29일에 복인[728] 강신(姜紳)[729]

紳啓 伏承令問 因審令候萬安 不勝慰浣之至 紳家患甚慘 老妹違世 慘慟罔極 且中令惠各種藥料 不意銘施至此 極感令厚 罔知攸謝 餘竢令返旆趨謝 伏惟令鑑 謹拜謝狀上

辛亥十月二十九日 服人 姜紳

오리(梧里) 이원익(李元翼)의 편지

와점(瓦店)에서 지난해에 이별했다가 부호(釜湖)에서 오늘 만나게 되니, 한편으로는 성은(聖恩)에 감사하고, 한편으로는 헤어지고 만나는 인생살이에 탄식이 나옵니다. 종전에 병든 사람을 위해 정성이 간절하고 지극하셨으며, 귀양 갔을 적에도 여러 번 위문의 편지를 보내주셨으니, 당신의 정성이 평범치 않음을 잘 알겠습니다. 감사드리는 한결같은 생각이 가슴속에 잊혀지지 않습니다. 저는 송추[730]에 다녀왔는데, 돌아오는 길에 더위 속에 곽란병을 얻어

---

728) **복인(服人)** : 상중(喪中)에 있는 사람을 가리키는 말인데, 여기서는 즉 강신(姜紳) 자신이 상중(喪中)임으로 쓴 것이다.

729) **강신(姜紳, 1543~1615)** : 본관은 진주, 자는 면경(勉卿), 호는 동고(東皐)이다. 문사랑(問事郎)으로 정여립(鄭汝立)의 옥사(獄事) 처리에 참여하여 평난공신(平難功臣) 3등에 책록되고 진흥군(晉興君)에 봉해졌다. 도승지·서북면순검사(西北面巡檢使)·대사간·경기도관찰사·좌참찬 등을 역임하였다. 시호는 의간(毅簡)이다.

730) **송추(松楸)** : 소나무와 가래나무는 무덤가에 많이 심는 나무로 곧 선영(先塋)을 가리킴. 고향 선산이다.

부축을 받고 여촌(驪村)에 도착하여 지금 겨우 머리를 들 정도입니다. 서울을 바라보니, 서로의 거리가 가깝지 않아 이후의 소식은 또한 자주 듣기가 어려울 것입니다. 섭섭하고 그리운 마음이 지극합니다. 오직 진섭(珍攝)하여 만왕(萬旺)하시기 바랄 뿐입니다. 삼가 답장을 올립니다.

기미년 6월 보름에 원익(元翼)[731] 돈수

瓦店昔年之別 釜湖今日之會 一以感戴天恩 一以興喟於人生之離合也 從前爲病人致意懇至 在謫時亦屢蒙記問 深見誠悃不尋常 銘佩一念 耿耿于中 生往還於松楸 廻路卒得暑癃 扶曳到驪村 今纔擧頭耳 瞻望洛城 不甚相邇 此後消息 亦難頻聞 悵遡之至 唯願珍攝萬重 謹拜謝

己未六月望日 元翼 頓首

오리(梧里) 이원익(李元翼)의 편지

강촌의 적적한 날에 다시금 당신이 생각나니, 어찌 잊을 수 있겠습니까? 홀연히 보내주신 문찰(問札)을 받으니, 완연히 당신을[732] 가까이서 대한 것 같아 놀라고 위로되어 감격함이 그지없습니다. 특별히 조제하신 납약(臘藥)을 정겹게 보내주시니, 깊은 시골마을에서 이런 것을 얻기는 귀하기가 황금보다 더하니, 극진히 감사의 배례를 드립니다. 이제 당신께서 물건을 보시는데 장애가 있으시다는 것을 알았으니, 깊이 염려가 됩니다. 지금은 조금 나아지셨다고 하니 위로되고 기쁩니다. 나머지는 어찌 하나하나 말씀드리겠습니까. 영감께서는 이해해 주시기 바라며 삼가 답장을 올립니다.

---

731) **이원익(李元翼 1547~1634)** : 본관은 전주(全州), 자는 공려(公勵), 호는 오리(梧里)이다. 태종의 아들 익녕군(益寧君) 치(袳)의 4세손으로, 억재(億載)의 아들이다. 호성공신(扈聖功臣)에 녹훈되고 완평부원군(完平府院君)에 봉해졌으며 선조·광해군 때 영의정을 역임하였다. 저서로는 《오리집》, 《오리일기》 등이 있다. 인조의 묘정(廟庭)에 배향되고, 시호는 문충(文忠)이다.

732) **당신을** : 원문의 '석진(席塵)'은 석진(席珍)의 오자인 듯하다. 석진(席珍)은 석상지진(席上之珍) 곧 좌석의 보배라는 뜻으로, 재질이 아름다운 유자(儒者)를 가리킨다. 여기서는 상대방을 말한다. 《예기(禮記)》 〈유행(儒行)〉 참조.

경신년 4월 14일에 원익(元翼) 돈(頓)[733]

江村寂寥日 復思想左右 如何可忘 忽奉問札 宛近席塵 驚慰感聳 無已無已 仍受情惠 別劑臘藥 深巷得此 貴不啻金 謝拜之至 第審視物有碍 深以有慮 今則向歇云 慰喜慰喜 自餘何能一一 伏惟令鑑 謹拜謝狀

庚申四月十四日 元翼 頓

오리(梧里) 이원익(李元翼)의 편지

영감께서 보살펴 주시는 마음이 오래될수록 더욱 깊어지셔서, 문안의 편지가 서로 이어짐에 거의 빈 달이 없었습니다. 떨어져 쓸쓸히 지내는 와중에 마음에 새겨진 감사함을 이루 다 말씀드릴 수 있겠습니까. 저는 가을에 큰 병을 앓은 뒤로 요통이 계속되어 더 심하다가 덜함이 일정하지 않고 세전(歲前)에는 배앓이를 하여 몹시 괴롭게 날을 보냈는데, 이제 다시 한 살을 더 살게 되었으니 이것은 액(厄)이지 복은 아닙니다. 보내주신 사탕은 삼가 잘 받았습니다. 감사의 배례를 드립니다. 나머지 만 가지 이야기는 어찌 멀리 보내는 편지에 다 적을 수 있겠습니까? 새해에 잘 지내시고 만복(萬福)이 있으시기 기원합니다. 영감께서는 이해해 주시기 바라며 삼가 답장을 올립니다.

신유년 새해 정월 12일 원익(元翼) 돈(頓)

令鑑情悃 愈久而愈深 存問相續 殆無虛月 索居之中 感佩銘刻 可盡仰喩 生秋間大病之後 腰痛繼作 緊歇無常 歲前又患腹疾 苦苦度日 今又添一年 厄也非福也 惠粆糖謹拜手以受 謝拜謝拜 自餘萬萬 何能悉於遠遣書 惟願新年 起居萬福 伏惟令鑑 謹拜上謝狀

辛酉元月十二日 元翼 頓

---

733) 돈(頓) : '머리를 조아립니다'라는 뜻으로, 윗사람이나 평교간에 보내는 편지에서 말할 내용과 자기 이름이나 관계를 쓰고 난 다음에 쓰는 말이다.

오리(梧里) 이원익(李元翼)의 편지

몹시도 그립던 중에 홀연히 문안의 서찰을 받아 봉함을 열어보고는 놀라 감격하여 마음이 진정되지 않았습니다. 저는 당신의 염려 덕분에 아직도 실낱같은 목숨을 보전하고 있습니다. 그러나 병약함이 날로 깊어져서 아침에 저녁까지 살 수 있을지도 기약할 수 없어 한 번 뵙기를 소원하나 이루지 못할 것 같으니, 길게 탄식한들 어쩌겠습니까. 이번에 당신께서도 병환이 낫지 않으신 것을 알았으니 염려가 됩니다. 듣건대 변방의 상황이 날로 급하여 필경에는 어떻게 될는지 모르겠으니, 가슴 아프고 민망하기가 지극합니다. 중화 선생(中和先生)은 세납(歲納)을 환납해 주시고 또 곡진하게도 노비까지 베풀어 주시니 칭념[734]의 일은 영감의 지극한 마음을 체득하여 하는 것입니다. 이미 선생의 감사에 배례하였고 또 영감께 감사드립니다. 나머지는 어떻게 하나하나 말씀드릴 수 있겠습니까? 영감께서는 헤아려 주시기 바라며 삼가 답장을 올립니다.

임술년 정월 초하루에 원익(元翼) 돈

-서울에 있으면서 극진하게 돌봐주심을 입었으니, 지극한 마음에 감명됩니다. 이곳에 온 뒤로 어느 날인들 마음에 잊을 수 있겠습니까? 인편을 구하기 어려워서 한동안 감히 답장을 드리지 못했습니다.-

萬分遡慕中 忽承問書 開緘驚感 心不自定 生蒙念尙保縷喘 而病敗日深 朝暮難期 一拜之願 知不可遂 長吁奈何 第審愆度未快 爲之貢慮 聞邊事日棘 未知畢竟作何如也 痛悶之至 中和先生 還致歲納 且曲施奴婢 稱念之事 是體令鑑之至意而爲之 旣爲先生謝拜 而亦爲令鑑感佩 餘何能一一 伏惟令亮 謹拜答謝狀

壬戌元月初一日 元翼 頓

-在洛 極荷厚眷 銘佩至意 來此後 何日忘于心 蹤跡難便 久不敢修-

734) 칭념(稱念) : 무슨 일에 대해 말하면서 잊지 말고 잘 생각하여 달라고 부탁하는 것이다.

월정(月汀) 윤근수(尹根壽)의 편지

영공께서 이미 해변의 고을로 떠나시니, 생[735]은 마땅히 도성 동쪽에서 조도[736]를 했어야 했는데, 몸이 노쇠한지라 기력이 마음을 따라주지 못해 결국 뜻을 이루지 못하고 다만 집으로 찾아가 말하고 작별하니 너무 소략하고 태만했습니다. 그런데 어찌 또다시 영감으로 하여금 저의 집에 왕림하여 작별하게 한단 말입니까? 조카 해창(海昌)이 오늘 자기가 있는 청파(青坡)에서 간략한 술자리를 마련하고 나에게 참석해 주기를 청하니, 밥을 먹고 난 뒤에 즉시 그곳으로 가겠으나 또 헛걸음을 하실까 두려우니, 절대로 그러지 마십시오. 어제 보았던 시첩(詩帖) 가운데 아계(鵝溪)의 시[737]와 글씨[738]가 삼연히 빛나니, 두 가지가 다 뛰어나다 말할 수 있겠습니다. 바라건대 홍태고(洪太古)와 이산인(李山人)[739]의 시와 아울러 베껴 보내주심이 어떻겠는지요? 수연첩(壽筵帖) 가운데 최간이(崔簡易 최립(崔岦))의 서문은 참으로 천고불후의 작품입니다. 이와 같은 글은 옛날의 작자라도 오히려 그렇게 짓기가 어렵습니다. 이별의 말은 감히 졸렬함을 감추지 못했습니다. 선대인(先大人)에 대한 저의 만사도 모름지기 적어 보내주십시오.

월정(月汀) 근수(根壽)

令旣瀕行 生當祖道城之東 而緣衰朽 力不從心 未之果 只造門墻話別 已極簡慢 豈可又枉令駕臨敝廬辭別乎 且家姪海昌 今日 暫設酌於所在青坡 請老生來叅 食後當卽往 又恐虛枉 千萬勿爾也 昨日所見帖中 鵞溪瓊什銀鉤 森然照騐 可謂雙美 幸望謄寫 幷及洪太古李山人詩 擲惠如何 壽筵帖中 崔簡易序文 眞足以不朽千古 如此等語 古之作者 猶難之矣 別語當不敢藏拙 先大人鄙挽 亦須錄示

月汀 根壽

---

735) 생(生) : 상대방과의 관계를 나타내지 않고 일반적으로 사용되는 자칭의 용어이다.

736) 조도(祖道) : 조도제(祖道祭). 조도연(祖道宴). 여행을 떠날 때 무사하기를 비는 뜻으로 행로신(行路神)에게 제사 지내는 것을 말한 것으로, 전하여 송별연(送別宴)을 의미한다. 옛적에 황제(黃帝)의 아들 누조(累祖)가 여행길에서 죽었으므로 후인이 행로신으로 모신다고 한다. 여기서는 전별(餞別)함을 말한다.

737) 시 : 원문의 '경십(瓊什)'은 남의 시에 대한 경칭(敬稱)이다.

738) 글씨 : 원문의 '은구(銀鉤)'는 잘 쓴 글씨를 말한다. 진(晋)나라 색정(索靖)이 초서(草書)를 잘 썼는데, 사람들이 그 글씨를, "은 갈퀴[銀鉤] 전갈의 꼬리[蠆尾]"라 칭하였다. 《진서(晉書)·60》 참조.

739) 홍태고(洪太古)와 이산인(李山人) : 홍적(洪迪)과 이산해(李山海)를 가리킨다.

한천(寒泉) 정협(鄭協) 편지

가을이 깊은데 직임을 돌보는 영공(令公)의 체후가 좋다고 하시니, 우러러 위안됩니다. 나는 대강 목숨을 보존하면서 염려해 주시는 가운데 8월 중에 산소를 살피는 일로 장단(長湍)의 묘소에 가 있다가 온 지 겨우 며칠이 됩니다. 말씀드리건대, 선친의 장지가 호랑이와 표범이 모이는 큰 들판입니다. 수발하는 일을 백 가지 천 가지 방법을 다 써야 하는데, 난리 뒤에 노복이 흩어져 도망가고 없어 홀로 빈주먹만 쥐고 있으니, 어떻게 해야 합니까? 우연히 예전 값으로 태안 땅에서 노복을 샀는데, 현재 토호(土豪)의 집에 살고 있으니, 만약 법으로 호되게 다스리지 않으면 빈손으로 돌아올 것이 틀림없습니다. 굽어 살펴주시기 바랍니다. 서족(庶族)에게 맡겨 보내오니, 각별히 공문을 내려서 다른 관청으로 옮겨 수금(囚禁)하게 하여 꼭 나타나게 해주신다면 참으로 다행스럽겠습니다. 선영(先塋)을 수직(守直)하는 일이 아니라면, 어찌 감히 개인적인 일로 시끄러운 일을 만들어 우러러 영감의 이목을 더럽힐 때이겠습니까? 다시 모름지기 살펴서 기억해 주시면 매우 다행이겠습니다. 오로지 당신께서 돌봐주실 것으로 믿고 감히 이렇게 우러러 말씀을 드리니, 더욱 송구함이 더합니다. 시국을 위하여 원기 왕성하게 지내십시오. 영공께서는 용서하시고 이해해 주시기 바라며 편지를 올립니다.

무신년 9월 29일 시생 협(協)[740)]

秋晚 伏惟令巡候有相 仰慰仰慰 協粗保下念中 八月中 以拜掃事 往在長湍墓下 入來纔數日耳 就達先人葬地 是大野虎豹之都 守潑事 百巧千窮而喪亂之餘 奴僕散亡殆盡 獨把空拳 奈何奈何 偶以宿價 買得奴僕於泰安地 而方爲依接於土豪家 若不痛繩以法 則空還必矣 伏望下察 委進孼族 欲各別行下 使之移他官囚禁 故以必現 幸甚 如非守直先墓之事 何敢以私仰溷於騷屑之日乎 更須省錄 幸甚 專恃盛眷 敢此仰稟 尤增悚然 只祝爲時萬重 伏惟令恕鑒 狀上

戊申九月廿九日 侍生 協

740) **협(協)** : 정협(鄭協, 1561~1611)으로 본관은 동래(東萊), 자는 화백(和伯), 호는 한천(寒泉)이다. 우의정 정언신(鄭彦信)의 아들이다. 이조참판·대사헌·대사간·동지의금부사·이조판서를 역임하였다. 문장에 능하여 앞서 임진왜란으로 소실된 역대실록을 중간할 때에는 편수관으로 참여하였다. 시주(詩酒)를 즐기고, 노소현우(老小賢愚)를 가리지 않고 교유하였다고 한다. 《성호집(星湖集)》 권60에 묘갈명이 실려 있다.

명銘

졸재명[741]
拙齋銘

정경세(鄭經世)

不文而素	채색하지 않아도 하얗고
不巧而樸	공교롭지 않으며 질박하니
則拙何傷	졸함이 무슨 해가 되리오.
惟物之質	오직 인물의 자질이
不樸不素	질박하지도 하얗지도 않다면
彫繪奚施	아름다운 그림 어디에다 그리랴[742]
則拙何病	그렇다면 졸함이 어찌 문제리오.
受善之基	이는 선을 받아드리는 기본인지라
是以君子	이 때문에 군자는
以之自修	이로써 스스로 닦았으니
黜己遜志	자신 낮추고 뜻을 겸손히 하였고
默口低頭	입 다물고 머리를 숙였지요.
若無若虛	있으나 없는 것 같고 찼으나 빈 것 같으며
白直前進	명백함과 정직으로 앞으로 나아갔으니

741) 이 글은 정경세의 《우복집(愚伏集)》 제14권 잡저(雜著)에 실려 있다. 제목 옆에 "지사 신숙정을 위하여 지었다.[爲申知事叔正作]"라는 설명이 붙어있다.

742) **채색하지 …… 그리랴** : 아름다운 자질이 있은 뒤에야 문식(文飾)을 가하였음을 말한다. 자하(子夏)가 공자(孔子)에게 "옛 시에 '예쁜 웃음에 보조개가 예쁘며 아름다운 눈에 눈동자가 선명함이여! 흰 비단으로 채색을 한다.' 하였으니, 무엇을 말한 것입니까?[巧笑倩兮 美目盼兮 素以爲絢兮 何謂也]"라고 묻자, 공자가 대답하기를, "그림 그리는 일은 흰 비단을 마련하는 것보다 뒤에 하는 것이다.[繪事後素]"라고 하였다. 《論語 八佾》 여기서는 졸재공이 충신(忠信)한 자질을 갖추고 있음을 비유한 것이다.

不謀其獲　　무얼 얻을 생각조차 아니 했는데
矧肯求聞　　더더구나 명성 얻길 구하였으리.
相外雖絅　　바깥에서 보긴 비록 홑옷이건만
實錦在中　　비단옷을 속에 품고 있었던 거네.[743)]
惟德之崇　　생각건대 덕이 날로 높아지는 건
惟拙之功　　그건 오직 졸하게 한 공인 거라오.
何彼巧令　　저들은 듣기 좋은 말과 고운 낯빛으로
致飾于外　　외양만을 꾸미는데 힘을 쓰는가.
言甛色取　　달콤한 말 부드러운 낯빛을 하고
務要人愛　　다른 사람 총애 얻길 힘을 쓰누나.
甚或行詐　　심한 경우 남 속이는 짓을 하면서
肆爲機械　　제멋대로 기교 부려 속이려 하나
求巧益拙　　교묘하게 꾸밀수록 더욱 졸해져
露見肝肺　　속속들이 모두들 다 드러난다네.
卓哉吾友　　우뚝하고 뛰어나다 나의 벗이여
謙恭慤實　　겸손하고 공손하고 또 성실하네.
作齋以居　　서재 지어 그 안에서 거처하면서
自標以拙　　졸재라고 이름 붙여 뜻 드러냈네.
匪爾自標　　스스로가 표방 이리 한 게 아니라
先王所評　　선왕께서 평가하여 주신 것이네.[744)]
灼見厥守　　그 지킴을 환하게 잘 살펴봤으니
知臣孔明　　신하 알길 아주 밝게 아신 것이네.
服膺休命　　아름다운 그 명 응당 가슴에 새겨
罔敢失墜　　혹시라도 감히 실추시키지 말라.

---

743) 바깥에서 …… 거네 : 덕을 속에 품고 있으면서 바깥으로 드러내지 않는다는 뜻이다. 《중용장구》에 이르기를, "시(詩)에 이르기를, '비단옷을 입고 또 홑옷을 입는다.[衣錦尙絅]' 하였으니, 이는 밖으로 드러내는 것을 싫어하는 것이다." 하였다.

744) 선왕께서 …… 것이네 : 졸재공이 예를 좋아하고 학문에 독실하였으므로 선조(宣祖)가 몹시 아끼면서 "신식은 졸(拙)하다."라고 평하였는데, 신식이 서재의 이름을 졸재(拙齋)라고 하였다.

我則銘之	이에 내가 그대 위해 명을 지어서
以發其志	그 뜻을 이와 같이 드러내노라.

좌목座目

수친양로계 좌목[745)]

壽親養老稧座目

姜伸	癸卯生	慈侍下	壽辰	癸未 四月十二日	鴈行	弟絪 紞	晉州人
洪履祥	己酉生	慈侍下	壽辰	戊子十月 二十九日	鴈行	弟 鸞祥 鳳祥	豐山人
沈友勝	辛亥生	慈侍下	壽辰	己卯 十二月 二十日	鴈行	友善 友俊	青松人
張晩	丙寅生	慈侍下	壽辰	己丑 六月 十九日	鴈行	兄晤 暖 弟映	仁同人
尹暾	辛亥生	慈侍下	壽辰	丙戌 三月 初二日	鴈行	兄曄	南原人
吳億齡	壬子生	嚴侍下	壽辰	甲辰 二月 初一日	鴈行	弟百齡	同福人
申湜	辛亥生	嚴侍下	壽辰	壬午 三月 十四日	鴈行	兄渚 弟涌 澋	高靈人
朴東亮	己巳生	慈侍下	壽辰	辛卯 七月 初一日	鴈行	兄東尹 東洩 東望	錦城人
南以信	壬戌生	慈侍下	壽辰	丙申 十月 十六日	鴈行	兄以仁 弟以恭 以順	宜寧人
韓述	辛丑生	慈侍下	壽辰	丁丑 正月 二十九日	鴈行	弟懷	清州人
李蘧	辛丑生	慈侍下	壽辰	甲子 四月 初十日	鴈行	弟遷	南平人
羅級	壬子生	慈侍下	壽辰	甲申 四月 初三日	鴈行	無 文輔德 號後谷	安定人
趙存性	甲寅生	慈侍下	壽辰	丙申 八月 二十六日	鴈行	無	漢陽人
權詗	辛丑生	慈侍下	壽辰	戊寅 十二月 二十四日	鴈行	兄誼	安東人
韓浚謙	辛未生	慈侍下	壽辰	甲寅 四月 十四日	鴈行	無	清州人
趙挺	甲寅生	慈侍下	壽辰	戊寅 八月 十五日	鴈行	無	漢陽人
徐渻	丙寅生	慈侍下	壽辰	甲戌 八月 二十三日	鴈行	無	大邱人
崔有源	甲午生	嚴侍下	壽辰	丙戌 九月 二十三日	鴈行	無	海州人

745) 좌목(座目)은 계첩(契帖)에 계원의 성명을 차례로 적은 것. 참고로 '엄시하(嚴侍下)'는 부모 중 아버지만 모시고 있는 경우이고, '자시하(慈侍下)'는 어머니만 모시고 있는 경우이다. '수신(壽辰)'은 생신이고, '안항(雁行)'은 형제를 이른다.

閔中男	甲午生	慈侍下	壽辰	丙寅 九月 十三日	鴈行	無		驪興人
尹壽民	庚申生	慈侍下	壽辰	甲午 八月 初九日	鴈行	無		海平人

【乾册 終】

습유 _ 拾遺

【이하는 《영원잡영》에 누락된 시문을 모은 것임】

시·문

詩·文

시詩

'한강을 유람하다' 시에 차운하다[746] 2수

次遊漢江韻

皇華使者謫仙人	황제의 사신[747]은 적선과 같은 재사로서[748]
玉樹風標迥出塵	옥수[749]의 풍치가 속진을 멀리 벗어났네.
芝誥初頒箕甸日	고명이 처음 기전에[750] 반포된 날에
蘭舟晚泛漢江春	목란 배[751] 저물녘 한강의 봄날에 띄우네.
一邦謠俗咨詢徧	온 나라의 풍속을 두루 자문하고[752]

746) 이 시는 1602년(선조 35)에 명나라 정사 고천준(顧天埈)과 부사 최정건(崔廷健)이 황태자 책봉(冊封)의 조서(詔書)와 복왕(福王)을 봉하는 조서를 반포하러 우리나라에 와서, 한강을 유람할 때 최정건이 지은 〈유한강(遊漢江)〉 2수에 대해 당시 호조참판이었던 졸재공이 화운(和韻)한 것이다. 최정건의 원운(原韻)은 다음과 같다. "漢江萬古閱遊人 幾許遊人迹逐塵 吹簫猶見舞蛟意 摩碣空瞻芝草春 伎曲劇陳歡事盛 山河四顧感懷新 徘徊向夕促歸棹 轉盼渾如夢裏身", "澄江萬頃碧 山勢幾迴灣 波光深漾日 雲影細紆斑 興寄滄溟外 樂行山水間 主人勤勸酢 日夕方言還"

747) **황제의 사신** : 원문의 '황화사(皇華使)'는 황제의 명을 받든 사신. 곧 중국 사신을 칭한다. 《시경》 〈황황자화(皇皇者華)〉에 "찬란한 꽃이여, 저 언덕과 습지에 피었도다.[皇皇者華 于彼原隰]"라고 한 데서 유래한 말로, 모시 서(毛詩序)에 "〈황황자화〉는 군주가 사신을 보내며 위로하여 읊은 시이니, 예악으로서 전송하며 멀리 나가 국가를 빛내라고 말한 것이다."라고 하였다.

748) **적선 같은 재사로서** : 원문의 '적선인(謫仙人)'은 "하늘에서 인간 세상으로 귀양 온 사람"이란 뜻으로, 당(唐)나라 하지장(賀知章)이 일찍이 이백을 칭찬하여 부른 칭호이다.

749) **옥수(玉樹)** : '훌륭한 인품' 또는 '빼어난 풍모'를 뜻하는 말. 두보(杜甫)의 〈음중팔선가(飮中八仙歌)〉에 "종지는 씻은 듯 맑은 풍모의 미소년이라, 환하기 마치 옥으로 된 나무가 바람 앞에 선 듯해라.[宗之瀟洒美少年 皎如玉樹臨風前]" 하였다. 《古文眞寶 前集》

750) **고명(誥命)이 …… 기전에** : 원문의 '지고(芝誥)'는 '고명(誥命)'으로 '제왕의 조서'를 뜻하고, 기전(箕甸)은 우리나라를 이른 말로, '옛날에 기자(箕子)가 다스리던 땅'이라는 뜻이다.

751) **목란 배[蘭舟]** : 원문의 '난주(蘭舟)'는 목란주(木蘭舟)로, 결이 곱고 향기 좋은 목련나무로 만든 작은 배이다. 흔히 조각배의 미칭으로 쓰인다.

752) **온 나라의 …… 자문하고** : 원문의 '자순(咨詢)'은 사신이 민속과 좋은 의견을 묻는 것을 이른다. 《시경》 〈소아(小雅)·황황자화(皇皇者華)〉에 "말을 달리며 채찍질하여 이에 두루 자문하도다.[載馳載驅 周爰咨諏]" 한 데서 온 말로, 왕의 사신이 지나가는 지역의 풍속·산천·정치 등까지 두루 자문하는 것인데, 일반적인 사신의 임무를 상징하는 말로 쓰인다.

千里湖山指顧新　　천리의 강산 가리키며 돌아보니 새로워라.
彩筆還成大堤曲　　채색 붓[753]으로 다시 대제곡[754] 지으시니
誰知太白是前身　　뉘 알았으랴 전신이 바로 이태백이었음을.

肅舲循漢口　　아름다운 배로 맞아 한강 따라 떠가니
移棹指楊灣　　노 저으며 버들 물굽이[755] 가리키네.
樹盡含煙曖　　나무 숲 끝까지 아지랑이 어렴풋 머금었고
花多翳葉斑　　꽃이 다북하니 나뭇잎 아롱져 가렸어라.
人依明鏡裏　　사람들 거울처럼 맑은 수면에 의지하고
鳥度畫屏間　　새들은 그림 병풍 사이를 지나가네.[756]
遽戒從流下　　물길 따라 한없이 내려감 경계하여[757]
斜陽半道還　　비낀 석양에 중도에서 배 돌리었네.

《황화집(皇華集)》[758]

---

753) **채색 붓** : 원문의 '채필(彩筆)'은 뛰어난 문장실력을 지칭하는 말로, 중국 남조(南朝) 때의 강엄(江淹)이 어릴 적에 어떤 사람이 오색 붓을 주는 꿈을 꾸고부터 문장이 크게 진보하였는데, 10여 년 뒤에 곽박(郭璞)이라는 사람이 다시 붓을 회수해 가는 꿈을 꾼 뒤로는 좋은 문장이 나오지 않았다는 고사와, 이백(李白)이 어릴 때 그가 사용하는 붓 끝에서 꽃이 피어나는 꿈을 꾼 뒤로 글재주가 뛰어나 천하에 이름을 떨치게 되었다는 고사가 있다. 《太平御覽 卷398》《開元天寶遺事 卷2 夢筆頭生花》

754) **대제곡(大堤曲)** : 악곡의 이름. 대제(大堤)는 호북성(湖北省) 양양현(襄陽縣)에 있는 제방(堤防)으로, 악부(樂府)에 대제곡(大堤曲)이 있다. 여기서는 '한강을 중국의 양양(襄陽)을 거쳐 흐르는 한수(漢水)에 비유하여 표현한 것'으로 보인다. 이백(李白)의 〈대제곡(大堤曲)〉에 "한수는 양양에 임해 있는데, 꽃이 피자, 대제는 따뜻하여라.[漢水臨襄陽 花開大堤暖]"라고 하였다.

755) **버들 물굽이** : 한강의 양화도(楊花渡) 일대를 가리킨 것으로 보인다. 《국역 임하필기(林下筆記)》 제34권 〈화동옥삼편(華東玉糝編)〉에 "한강(漢江)을 따라 내려가며 있는 잠두(蠶頭)·선유봉(仙遊峯)·양화도(楊花渡) 등 여러 곳은 모두 중국 사신을 위해 잔치를 베풀던 장소이다."라고 하였다.

756) **사람들 …… 지나가네** : 이백의 〈청계행(淸溪行)〉 시에 "사람은 명경 가운데를 걸어가고, 새는 병풍 속을 지나가누나.[人行明鏡中 鳥度屏風裏]"라고 하였다.

757) **물길 …… 경계하여** : 《맹자》 〈양혜왕 하(梁惠王下)〉에 "뱃놀이를 하면서 물의 흐름을 따라 한없이 내려가서 돌아오기를 잊는 것을 유(流)라 하고, 물의 흐름을 따라 한없이 거슬러 올라가서 돌아오기를 잊는 것을 연(連)이라 하며, 짐승을 좇아 사냥하기를 무한정 하는 것을 황(荒)이라 하고, 술을 즐겨 마시기를 싫증 내지 않는 것을 망(亡)이라 한다.[從流下而忘反 謂之流 從流上而忘反 謂之連 從獸無厭 謂之荒 樂酒無厭 謂之亡]"라고 하였다.

758) **황화집(皇華集)** : 조선 문신과 명(明)나라 사신의 창수(唱酬, 酬唱)를 모은 시문집으로, 《시경》의 '황황자화(皇皇者華)'의 구절을 따서 책 이름을 삼은 것이다. 조선시대에는 중국의 사신이 오면 원접사(遠接

정백곡(鄭栢谷)곤수(崐壽)[759]에 대한 만사

孤忠一灑秦庭血	외로운 충정 한번 진나라 조정에 피눈물 뿌려[760]
十萬天兵捲塞雲	천자의 십만 병사 변방의 구름 깨끗이 걷었네.
從此靑丘還有國	이로부터 우리 땅에 다시 나라가 있게 되었고
秖今蒼海更無氛	지금껏 바다에는 다시 추한 기운 없게 되었네.
功鐫彝鼎嗟何緩	공훈을 종묘의 솥[761]에 새기는 일 어찌 이리 느린고
神返尾箕恨莫分	신령은 기미성[762]으로 돌아갔는데 한은 풀리지 않았네.
虎逝龍亡不盡慟	호랑이 떠나고 용이 사라지니 애통함 다할 수 없어
爲題哀挽寄慇懃	애절한 만시 사뢰어 간곡한 마음 부쳐 보내노라.

《백곡선생집(栢谷先生集)》

使)를 의주(義州)까지 보내서 맞이하였고 이들과 동반하여 서울에 들어오게 하였으며, 사신이 돌아갈 때에는 원접사(遠接使)를 반송사(伴送使)로 고쳐 다시 의주까지 전송케 했다. 이때의 시부(詩賦) 및 문답한 것 등을 문집으로 만들어 놓았다가 우리나라에서 중국으로 사신 갈 때에 가지고 갔었다. 《황화집》은 세종 32년(1450)부터 인조 11년(1633)까지 전부 23회에 걸쳐 간행되었는데, 이 시는 《황화집》 37권 1602년(선조 35)의 기록으로 원접사는 예조판서 이호민(李好閔)이다.

759) **정곤수(鄭崐壽, 1538~1602)** : 본관은 청주(淸州), 자는 여인(汝仁), 호는 백곡(栢谷)·경음(慶陰)·조은(朝隱)으로 한강 정구(鄭逑)의 중형이다. 1592년 병조와 형조의 참판이 되었다가 의주로 선조를 호종하였으며, 대명 외교에 큰 역할을 하였다. 그가 죽은 뒤인 1604년 호성공신(扈聖功臣) 1등에 녹훈되었으며 서천부원군(西川府院君)에 추증되었으며, 성주의 유계서원(柳溪書院)에 제향되었다. 《백곡선생집(栢谷先生集)》이 전하며, 영의정에 추증되었고, 시호는 충민(忠愍)이었는데 충익(忠翼)으로 바뀌었다.

760) **진나라 …… 뿌려** : 춘추시대 때 오(吳)나라가 초(楚)나라를 침공하자, 초나라 신하 신포서(申包胥)가 명을 받들고 진(秦)나라에 가서 구원병을 청하였는데, 진백(秦伯)이 곧바로 허락하지 않자, 궁전 뜰에 서서 7일 밤낮을 통곡한 끝에, 마침내 구원병을 얻어낸 고사를 이른다. 《春秋左氏傳 定公4年》

761) **종묘의 솥** : 원문의 '이정(彝鼎)'은 종묘에 쓰는 술그릇과 솥으로, 큰 공이 있으면 이정에 그 사실을 새겨 두었다.

762) **기미성(箕尾星)** : 미성(尾星)과 기성(箕星)의 별 이름으로, 훌륭한 사람이 죽어 그 영혼이 이 별이 되었음을 의미한다. 《장자》 대종사(大宗師)에, "옛날 상(商) 나라의 명재상인 부열(傅說)이 미성과 기성을 타고 하늘로 올라가 여러 별이 되었다."라고 하였다.

김백암(金栢巖)[763]에 대한 만사

洛水淸而駛　낙동강 물 끊임없이 맑게 흘러내리듯
儒林世有人　유림에 대대로 훌륭한 인물이 계셨어라.
鵬程曾退步　붕새의 길[764]에서 일찍이 물러나셨고
龜壑久頤神　구학에서 오랫동안 정신을 기르셨네.[765]
強起非初計　마지못해 나아간 벼슬길 본뜻이 아니었고
危言豈爲身　준엄했던 언행들[766] 어찌 자신을 위함이랴.
九原人已矣　구원[767] 속으로 가셔 다 끝났으니
吾道日荊榛　우리의 도는 날로 황폐되리라.

《백암선생문집(栢巖先生文集)》

당흥부원군(唐興府院君) 홍공(洪公)진(進)[768]에 대한 만사

聞道前冬木稼氷　듣건대 지난 겨울 나무에 얼음이 맺혔다[769] 하더니
鵷班果見達官薨　원반[770]에서 과연 고관께서 돌아가심을 보게 되네.

---

763) **김백암(金栢巖)** : 김륵(金玏, 1540~1616)으로, 자는 희옥(希玉), 호는 백암(栢巖), 본관은 예안(禮安)이다. 영주(榮州) 출신으로, 소고(嘯皐) 박승임(朴承任)·이황(李滉)의 문인이다. 1576년(선조 9) 식년문과에 병과로 급제, 검열·전적·정언 등을 지냈다. 1580년 홍문록(弘文錄)에 등록되고 이듬해 대사헌이 되어 〈시무16조(時務十六條)〉를 상소하였다. 1593년(선조 26)에는 경상도관찰사, 1599년 형조참판·충청도관찰사를 지내고, 1612년 하절사(賀節使)로 명(明)나라에 다녀왔으며, 그 뒤 대사성에 이르렀다. 김직재(金直哉)의 무옥(誣獄)에 연루되고 사묘(私墓)의 일로 광해군의 노여움을 사서 강릉으로 유배되었으나 대신들의 변호로 풀려났다. 영천의 구강서원(龜江書院)에 제향되었고, 이조판서가 추증되었다. 저서로 《백암문집》이 있다. 시호는 민절(敏節)이다.

764) **붕새의 길** : 원문의 '붕정(鵬程)'은 붕새가 나는 길, 곧 벼슬길을 말한다.

765) **정신을 기르셨네** : 원문의 '이양(頤養)'은 이신양성(頤神養性)의 준말로, 마음을 가다듬어 정신을 수양한다는 뜻이다.

766) **준엄했던 언행들** : 《논어》 〈헌문(憲問)〉에 "나라가 도가 있을 때에는 말을 높게 하고 행실을 높게 하며, 나라가 도가 없을 때에는 행실을 높게 하되 말은 공순하게 하여야 한다.[邦有道 危言危行 邦無道 危行言孫]"라고 하였다.

767) **구원(九原)** : 전국시대 진(晉)나라 경(卿)·대부(大夫)의 묘가 있었던 곳으로, 곧 무덤을 이른다.

先朝耆舊嗟誰在	선왕 조정의 기구[771]론 몇 분이나 살아계시나
此日儒紳慟倍增	이 날 유신[772]들은 애통한 마음 배가되었네.
世祿殊勳孫有繼	대대로 국록 받던 남다른 공훈은 손자가 잇지만
家傳絕學子無承	가통(家統)으로 전하는 학문은 계승할 아들이 없네.
定知精爽騎箕尾	혼백이 기미성을 타고 가심[773]을 정녕 알겠나니
夜夜長天紫氣騰	밤이면 먼 하늘에 자기(紫氣)가 솟아오르리라.[774]

《퇴촌유고(退村遺稿)》

김 장군(金將軍 김응하(金應河))에 대한 만사

金甲渠魁一箭殲	금빛 갑옷의 저들 괴수 한 화살로 무찌르니
華夷嘖嘖歎奇男	천하가 입 닳도록 기이한 남아라 탄복했다오.
那知督府當前蹶	어찌 독부[775]가 선봉에서 쓰러질 줄 알았으랴
更見中師在後憯	다시 중국의 군사들 그 후에 패함을 보게 되었네.

---

768) **홍진(洪進, 1541~1616)** : 각주 524)번 참조.

769) **나무에 …… 맺혔다** : 추위가 심하여 나무에 얼음이 얼어붙어 갑옷의 형상을 이룬 것인데, 현인이나 고관이 죽을 조짐이라 한다. 우리말로는 상고대라고도 한다. 송(宋)나라 왕안석(王安石)이 지은 한기(韓琦)의 만사(輓詞)에 "나무 고드름에 고관이 두려워 떨었다는 말 들었는데, 산이 무너진 오늘 철인이 죽었도다.[木稼曾聞達官怕 山頹今見哲人萎]"라고 하였다. 《石林詩話》

770) **원반(鵷班)** : 조정 반열. 조정 백관(百官)들의 행렬을 가리키는 말로, 원행(鵷行)·원로(鵷鷺) 등으로 쓰기도 한다.

771) **기구(耆舊)** : 기로(耆老)와 구신(舊臣). 노성한 신하란 뜻으로, 나이가 많고 덕이 높아 사람들의 존경을 받을 만한 사람을 가리킨다.

772) **유신(儒紳)** : 유림(儒林)과 진신(搢紳)들.

773) **기미성(箕尾星)을 타고 가심** : '기미'는 기성(箕星)과 미성(尾星)의 사이로, 부열(傅說)의 별자리가 있는 곳이다. 부열은 은(殷)나라 고종(高宗) 때의 재상인데, 전설에 의하면 부열이 죽은 뒤 하늘로 올라가 별이 되었다 한다. 《莊子 大宗師》

774) **밤이면 …… 솟아오르리라** : 나라를 걱정하는 충정의 표현을 뜻한다. 진(晉)나라 때 충신 장화(張華)가 일찍이 두성(斗星)과 우성(牛星) 사이에 자기(紫氣)가 뻗치는 것을 보고, 뇌환(雷煥)을 보내 풍성현(豐城縣)의 옛 옥사(獄舍)에서 용천(龍泉)과 태아(太阿) 두 명검(名劍)을 얻은 고사가 있는데, 이를 원용하여 한 말이다.

775) **독부(督府)** : 각 외지의 군정을 총괄하던 지방통치기관. 여기서는 김응하를 지칭한다.

子孑隻身捐塞北　　혈혈단신으로 변방에서 몸을 마치시니
堂堂大義動江南　　당당한 대의는 강남[776]을 경동시켰네.
旌忠新廟西關路　　충신을 정표하는 새 사당 서관 길에 세워져
長使行人聳視瞻　　길이 행인들로 하여금 우러러 보게 하셨네.

《충렬록(忠烈錄)》[777]

정한강(鄭寒岡 정구(鄭逑))에 대한 만사

三達兼全一代尊　　삼달[778]을 다 갖추어 당대에 존경 받아
五賢之後幾人存　　오현[779]으로 불렸던 뒤로 몇 분이던가.
高名山斗知何用　　태산북두의 높은 명망 무슨 소용 있겠냐며
至樂簞瓢矢不諼　　단표의 즐거움[780] 잊지 않기로 맹세하셨네.
滿壁遺書渾古跡　　온 벽에 가득 남긴 서책 모두 옛 자취이고
長空霽月是還魂　　너른 하늘의 맑은 달빛 공의 넋 분명하네.
龍亡虎逝公私慟　　용 죽고 범이 떠나[781] 공사 간에 애통하고

776) **강남(江南)** : 우리나라보다는 중국으로 보는 것이 맞을 듯 하다.

777) **충렬록(忠烈錄)** : 명나라가 후금(後金)을 칠 때 명의 요청으로 원병을 이끌고 참전했다가 심하(深河) 전투에서 전사한 김응하(金應河, 1580~1619)의 공적을 기리기 위해 1621년(광해군 13)에 간행한 책이다.

778) **삼달(三達)** : 사람들이 공통적으로 높이는 삼달존(三達尊)을 가리키는바, 관작[爵]·연치[齒]·덕망(德望)이다. 《맹자》 〈공손추 하(公孫丑下)〉에 "천하에 공통으로 높이는 것이 세 가지가 있으니, 관작이 하나요 연치가 하나요 덕망이 하나이다. 조정에서는 관작보다 더 높은 것이 없고, 거주하는 지방에서는 연치보다 더 높은 것이 없고, 세상을 돕고 백성을 다스림에는 덕망보다 더 높은 것이 없다.[天下有達尊三 爵一 齒一 德一 朝廷莫如爵 鄕黨莫如齒 輔世長民莫如德]"라고 보인다.

779) **오현(五賢)** : 문경공(文敬公) 한훤당(寒暄堂) 김굉필(金宏弼), 문헌공(文獻公) 일두(一蠹) 정여창(鄭汝昌), 문정공(文正公) 정암(靜庵) 조광조(趙光祖), 문원공(文元公) 회재(晦齋) 이언적(李彦迪), 문순공(文純公) 퇴계(退溪) 이황(李滉)을 가리킨다.

780) **단표(簞瓢)의 즐거움** : 안빈낙도(安貧樂道)의 생활을 가리킨다. 《논어》 〈옹야(雍也)〉에 "어질다, 안회여. 한 대그릇 밥과 한 표주박 음료로 누추한 시골에 있는 것을 딴 사람들은 그 근심을 견뎌내지 못하는데, 안회는 그 즐거움을 변치 않으니, 어질다, 안회여.[賢哉 回也 一簞食 一瓢飮 在陋巷 人不堪其憂 回也 不改其樂 賢哉 回也]"라는 공자의 말씀에서 나온 것이다.

781) **용 …… 떠나** : 원문의 '용망호서(龍亡虎逝)'는 소식(蘇軾)의 〈제구양문충공문(祭歐陽文忠公文)〉에서 구양수(歐陽脩)의 죽음에 대해 "비유하자면 깊은 산, 큰 못에 용이 죽고 범이 떠나면 온갖 변괴가 나와

泣向南天未敢言	남쪽 향해 울먹이며 감히 말을 못 한다오.

大學書中愼獨知	《대학》의 글 속에서 신독[782]을 깨닫고
工程惟在審其幾	그 기미를 살펴야 하는데 공부를 두었네.
關頭血戰堂堂陣	천리와 인욕의 관문에서 당당히 싸울 적에
軍令霜嚴勿勿旗	추상 군령 삼엄하게 힘써 깃발 세우셨네.[783]
天爵修來人爵至	천작을 닦은 뒤에 인작이 따라오고[784]
私心克去道心輝	사심을 제거해야 도심이 빛나는 법.
自從一二先生死	한두 선생이 세상을 떠난 뒤로는
無復言論講及茲	이에 대해 더 이상 강론할 이 없거늘.

《한강집(寒岡集)·한강연보》

미꾸라지와 두렁허리가 춤추고 여우와 살쾡이가 울부짖는 것과 같다.[譬如深山大澤 龍亡而虎逝 則變怪雜出 舞鰌鱓而號狐狸]"라고 하였다. 《古文眞寶後集 卷8》

782) **대학(大學)의 …… 신독(愼獨)** : '신독'은 남이 보지 않는 곳에 혼자 있을 때에도 도리에 어긋나지 않도록 조심하여 말과 행동을 삼가는 것을 말한다. 《대학장구》 전 6장에, "이른바 그 뜻을 성실히 한다는 것은 스스로 속이지 않는 것이니, 악을 미워하기는 악취를 미워하는 것과 같이 하며, 선을 좋아하기는 아름다운 여색을 좋아하는 것과 같이 하여야 하니, 이것을 자겸(自慊)이라 이른다. 그러므로 군자는 반드시 그 홀로를 삼가는 것이다.[所謂誠其意者 毋自欺也 如惡惡臭 如好好色 此之謂自慊 故君子必愼其獨也]"라는 말씀이 보인다.

783) **힘써 깃발 세우셨네** : 원문의 '물물기(勿勿旗)'에서 물물은 부지런히 힘쓴다는 뜻인데, 물물기(勿勿旗)를 사물(四勿)의 깃대라는 중의적 표현으로 볼 수 있다. 곧 《논어》 〈안연(顔淵)〉에 "예(禮)가 아니면 보지 말며, 예가 아니면 듣지 말며, 예가 아니면 말하지 말며, 예가 아니면 움직이지 말라.[非禮勿視 非禮勿聽 非禮勿言 非禮勿動]" 하였으므로, 이 물(勿) 자로 기를 만들어 세운다는 말이다.

784) **천작(天爵)을 …… 따라오고** : 《맹자》 〈고자 상(告子上)〉에 "古之人 修其天爵而人爵從之"라는 구절이 있다. 옛사람은 천작을 닦음에 인작(人爵)이 따라왔다."라는 말씀을 인용한 것이다. 천작은 인의(仁義)와 충신(忠信)을 행하여 사람들로부터 존경을 받음을 이르고, 인작은 공(公)·경(卿)·대부(大夫)와 같이 군주가 내려주는 벼슬을 이른다.

청풍군수 금릉(金陵) 이공(李公)기설(基卨)에 대한 만사

粹行徵諸孝　　순수한 행실은 효에서 증험할 수 있고
工程在一欽　　공부의 노정은 흠(欽)자 하나에 두셨네.[785)]
爲貧曾奉檄　　가난 때문에 일찍이 벼슬길에 나갔고[786)]
求志却投簪　　뜻을 추구하려 도리어 벼슬을 놓으셨네.
舊學閑中進　　옛날 배운 것은 한가한 중에 진보되고
新知靜裡深　　새로 안 것은 고요함 속에 깊어졌어라.
少微收彩遽　　소미성이 갑자기 광채를 거두니
長慟劇儒林　　유림들 몹시도 애통해하는 도다.

《연봉집(蓮峯集)》

---

785) **흠(欽)자 …… 두셨네** : '흠'은 '공경히 하라'는 뜻으로, 《서경》 〈요전(堯典)〉, 〈순전(舜典)〉에서 '흠재(欽哉)'라는 말을 많이 사용하였는데, 요(堯) 임금이 순(舜) 임금에게 일을 맡긴 뒤에 "공경하라.[欽哉]"라는 말로 당부하기도 하였다.

786) **벼슬길에 나갔고** : 원문의 '봉격(奉檄)'은 임관(任官)의 사령장을 받고 관직(官職)에 나아가는 일. 《후한서(後漢書)》 〈유평등전서(劉平等傳序)〉에, 노강(盧江)의 모의(毛義)는 집이 가난하였으나 효행(孝行)으로 일컬어졌으므로 장봉(張奉)이란 자가 그 이름을 듣고 가서 살펴보니, 부(府)의 사령장이 이르러 모의를 수령(守令)에 임명하자, 모의가 기쁜 얼굴을 하기에 장봉이 천박하게 여겼다. 그러나 모의의 어미가 죽자 조정에서 불렀어도 가지 않으니, 이에 모의가 그 어버이를 위하여 뜻을 굽혔던 것을 알았다는 고사가 있다.

계啓

전라도의 관군·의병의 실태 및 백성 안정책을 건의한 계[787)]

부제학(副提學) 신식(申湜)이 전라도에서 올라와 아뢰기를,

"신이 삼가 윤음(綸音)을 받들고서 장사(將士)와 군민(軍民)들을 선유(宣諭)하고 방어에 대한 형지(形止)를 살펴보았습니다. 병사(兵使) 이광악(李光岳)과 방어사(防禦使) 원신(元愼)이 함께 남원(南原)에 주둔해 있는데, 처음부터 주둔할 병영이 없이 10리 밖에 있는 촌막(村幕)에 흩어져 있었습니다. 병사가 거느린 군사는 휴번(休番)을 제외하고 여러 곳에 나누어 매복시킨 군사가 2백여 명이며, 현재 거느리고 있는 군사는 겨우 3백 명입니다. 방어사가 거느린 군사는 휴번을 제외하고 각 처에 나누어 매복시킨 군사가 2백여 명이며, 현재 거느리고 있는 군사는 겨우 2백여 명입니다. 이들 대부분이 오합지졸(烏合之卒)로 궁시(弓矢)도 제대로 갖추어지지 않아 위급할 때에 쓰기가 어렵습니다. 이와 같은 잔병(殘兵)으로는 요로(要路)에 매복하였다가 소수의 왜적을 토벌하는 데는 그래도 혹 가능하겠지만, 막강한 대 부대의 왜적은 결코 감당할 수 없을 것이니, 매우 한심합니다.

평안병사(平安兵使) 이경준(李慶濬)도 역시 남원에 있는데, 그가 거느린 병마(兵馬)는 적을 만나면 용감하게 잘 싸우고 뿔뿔이 흩어져 도망치는 일이 없으니, 이들을 잘 쓴다면 힘을 얻을 수 있겠다고 합니다. 감사(監司) 황신(黃愼)은 수하에 거느린 군사가 전혀 없고, 별장(別將)이라고 부르는 구덕령(具德齡)·송덕일(宋德馹)이 혹자는 2백 명을 거느리고 혹자는 30~40명을 거느리고서 적이 있는 근처를 오가며 매복하고 있습니다. 각처의 의병(義兵)들은 혹자는 70여명을 거느리고 혹자는 20~30명을 거느리고서 각 고을에 흩어져 왕래하며 매복하고 있는데, 이름만 있을 뿐 실적이 없습니다. 신이 삼가 살펴보건대, 본도는 병화(兵禍)가 더욱 혹심했던 탓으로 읍리(邑里)는 폐허가 되어 사람 사는 흔적이 없고 곡식은 들판에 가득해도 수확하는 사람이 없습니다. 간간이 살아남은 백성이 흙집 속에 있기는 하지만 그들

787) 이 글은 《선조실록》 96권, 선조 31년(1598) 1월 21일 정미(丁未) 4번째 기사이다.

역시 적극적으로 살아보려는 생각이 없습니다. 그래서 아침마다 곡식을 가져다가 근근히 입에 풀칠만을 하고 있을 뿐입니다. 눈앞에서 일하는 사람들은 모두가 적에게 잡혀 머리를 깎였다가 도망쳐 나온 사람들로 또한 상복(喪服)을 입지 않은 사람이 없으니, 상심되고 참담함을 차마 말할 수가 없습니다.

이들을 안집(安集)시켜 무마하는 책임은 수령에게 달려 있는데, 조정에서 대부분 잘 골라서 보내지 않는가 하면 혹 부득이 바꾸어 임명하는 경우도 있습니다. 그리고 온갖 방법으로 피하려드는 것은 물론 여러 달 동안 부임하지 않음으로써 더욱 관사(官事)를 그르치고 있습니다. 감사 황신이 이 일을 매우 근심하여 간절히 말하였기 때문에 감히 아울러 아룁니다." 하니, 알았다고 전교하였다.

副提學申湜 自全羅道來啓 臣恭奉綸音 宣諭將士軍民 而察其防禦形止 兵使李光岳防禦使元愼 俱在南原 初無箚營之所 散處於十里外村幕 兵使所領 除休番外 各處按伏者二百餘名 時帶率者僅三百名 防禦使所領除休番外 各處按伏者二百餘名 時帶率者僅二百餘名云 率多烏合 弓矢不備 緩急難以爲用 以此殘卒 按伏要路 勦殺零賊 則猶或可矣 若其大勢之賊 則決無抵當之理 極爲寒心 平安兵使李慶濬 亦在南原 所帶兵馬 遇賊敢戰 不爲潰走 若善用之 則可以得力云 監司黃愼則手下無所領之兵 以別將稱號者 具德齡宋德馹 或領二百名 或領三四十名 往來按伏於近賊地方 各處義兵 或將七十名 或將二三十名 散在其邑 往來伏兵 徒有其名而無其實 臣竊見本道兵禍尤酷 邑里丘墟 無復人烟 禾稼滿野 無人收穫 間有子 遺於土宇之中 而亦不以生生爲念 朝朝將禾穀 僅自糊口 而眼前服事者 皆是剃削回走之人 亦無不爲縞素者 傷心慘目有不忍言者 安集撫綏 責在守令 而朝廷多不擇遣 或有不得已遞改者 而多般謀避 累月不赴 益致官事之敗壞 監司黃愼極以是爲悶 切切言之不已 敢此竝啓 傳曰知道

《선조실록(宣祖實錄)》

발跋

여덟 글자 병풍에 대한 발문
八字屛跋

내가 연경(燕京)에 사신 가서 황경(皇京)에 들어간 지 십여 일 동안 소우상(蕭友相) 군이 나를 좇아 함께 지냈다. 하루는 나에게 묵파(墨派)의 구본(舊本) 하나를 보여주었는데, 그 찬란한 글씨가 사람의 이목을 경동시켰다. 먹물이 흥건하고 아지랑이가 서린 듯하였으며, 은 갈고리와 쇠사슬,[788] 옥 젓가락과 얼음 가지 같은 필적이 좀이 슨 상자의 어지러운 먹물 자국 사이에서 은은히 드러나 빛을 발하고 있었다. 두세 번을 펼쳐보면서 글자마다 상고해 보니, 곧 "효제충신(孝弟忠信), 예의염치(禮義廉恥)" 여덟 글자였다.

내가 두 번 절하고 일어나 묻기를, "세상의 그림에 뛰어난 자는 항상 겉으로 꾸미는 데서 실수를 하고 글씨에 뛰어난 자는 늘 부화하고 화려한 데서 실수를 한다. 그런데 지금 이 묵본[789]은 그 필획이 청아하며 법도에 맞고, 그 뜻이 고원하며 실제에 입각하였다. 비록 석전[790]의 묘한 필치라도 이보다 더할 수는 없다. 이 분에 대해 듣고 싶다."라고 하자, 소군(蕭君)이 나에게 읍을 하고 말하였다. "이것은 귀국의 서장관 한충[791]이 쓴 것입니다. 중국 사람이 지

---

788) **은 갈고리와 쇠사슬** : 원문의 '은구철삭(銀鉤鐵索)'은 글씨의 획을 형용한 말로, 은구는 완곡(婉曲)한 모습을, 철삭은 힘찬 모습을 형용한다. 곧 필법이 힘차고 군센 것을 표현한 말이다.

789) **묵본(墨本)** : 먹으로 쓴 글씨.

790) **석전(石田)** : 명나라 때의 문인으로 서화에도 뛰어났던 심주(沈周)의 호이다. 당인(唐寅)·문징명(文徵明)·구영(仇英)과 함께 명나라의 사가(四家)로 일컬어진다.

791) **한충(韓忠, 1486~1521)** : 본관은 청주(淸州), 자는 서경(恕卿), 호는 송재(松齋)이다. 별시문과에 장원 급제, 전적에 등용된 뒤 정언·이조정랑·응교를 역임하였다. 1518년 종계변무(宗系辨誣)를 위한 주청사 남곤(南袞)의 서장관이 되어 명나라에 갔으나 남곤과 의견이 충돌하여 그의 미움을 받았다. 직제학·동부승지·좌승지를 역임하였다. 1520년 충청도수군절도사로 재임 중에 기묘사화가 일어나자 그가 평소에 조광조(趙光祖)와 교유하였다 하여 거제로 유배되었다. 신사무옥 때에 남곤의 계략으로 투옥되었다가 중종의 친국 후 풀려났으나 남곤이 보낸 하수인에 의하여 살해되었다. 뒤에 신원되어 이조판서에 추증되었다. 시호는 문정(文貞)이다. 저서로는 《송재선생문집》이 있다.

금까지 간직하며 보배로 삼고 있는데, 오늘 그대 역시 좌해[792] 사람이기에 감히 이를 보여드린 것입니다."라고 하였다.

내가 탄식하고 말하기를 "이는 단지 필획과 서법만 가지고 장단을 비교할 것이 아니다. 이 글씨를 보고 당시 그분의 규모와 기상을 상상해보건대, 사람들로 하여금 아직도 찬란하게 빛나게 함이 있다. 진실로 재주와 덕이 모두 현저한 분이 아니라면, 그 어찌 먼 곳의 사람들이 경모하기를 이처럼 할 수 있었겠는가."라고 하였다. 공은 충성이 천지에 우뚝하고 정기가 해와 달을 꿰뚫어서 한 글자 글씨 한 조각이라도 얻게 되면 흥기하고 감탄함이 진실로 이와 같거늘, 하물며 직접 고아한 그의 의표를 목도하고 그의 가르침을 받은 사람들에 있어서랴. 이에 감응이 있어 쓴다. 신식이 발문을 적다.

余之使燕 入皇京十餘日 有蕭君友相者從余遊 一日 示余一墨派舊本 其雲章虹角 動人耳目 墨沫淋漓 煙嵐滿地 銀鉤鐵索 玉筋氷條 隱映發輝於蠹箱亂墨之間 再三披閱 字字考覈 乃孝悌忠信禮義廉恥八字也 余再拜而起 問曰 世之工於畫者 常失於藻飾 工於書者 常失於浮靡 而今此墨本 其畫淸雅典則 其意鶩高踏實 雖石田墨妙 無以過此也 願聞其人 蕭君揖余而言曰 此是貴國韓書狀忠之所寫者 華人迄今遺以爲寶 而今君亦左海人 故敢此呈現 余噫戲歎曰 此非直以筆畫書法 較其脩短也 見其書而想象乎當時規模氣象 則令人尙燁燁有光也 苟非才德之俱著者 其何能致遠人傾慕之若是哉 公忠誠軒天地 正氣貫日月 得其隻字片墨 而興起感歎固如是 況親覩雅表 得承謦咳者歟 於是 有感而書 申湜跋

《송재선생문집(松齋先生文集)》

792) 좌해(左海) : 바다의 동쪽이라는 뜻으로, 중국에서 볼 때 우리나라가 바다 동쪽에 있기 때문에 우리나라를 달리 이르던 말로 쓰인다. 해동(海東)과 같다.

묘비문墓碑文

증 이조참판 신공 묘비문
贈吏曹參判申公墓碑文

공은 휘가 서(漵), 자는 자심(子深)이니 본관은 고령이다. 고조의 휘는 장(檣)이니 집현전 제학으로 영의정에 증직되었고, 증조의 휘는 숙주(叔舟)니 영의정으로 시호는 문충공이요, 조부의 휘는 형(泂)이니 내자시 정으로 우의정에 증직되었다. 시조 휘 성용(成用)으로부터 시정(寺正)에 이르기까지 9대를 문과에 오르는 일은 옛날에도 드문 바다. 부친의 휘는 광윤(光潤)이니 한성참군으로 수직(壽職) 가선에 올라 좌승지에 증직되고, 모친은 충주지씨 현감 준(浚)의 따님이니 파평부원군 윤필상(尹弼商)의 외손이다.

성화 계묘년(1483) 10월 12일에 공을 낳으니, 공은 자품이 온순하고 지행이 독실하여 부모를 섬기는 일과 아우와 여동생을 대함에 효성과 우애가 지극하여 고장에서 칭찬이 있었다. 천성이 총명하고 기억력이 좋아 젊었을 때 반악[793]의 〈서정부(西征賦)〉를 읽을 때 다섯 번을 읽자 암송하였고, 필적이 묘하여 진나라 왕희지의 법을 얻으니, 그 재주와 덕이 족히 당시에 쓰일만한 정도였다. 마침 연산군의 어지러운 시대를 만나 파평의 옥사[794]를 만나 체포되어 화를 면치 못할 경지에 이르렀다. 이로 인하여 벼슬에 나갈 생각을 끊어 버리고 시골에 숨어 살았다. 이어 기묘년을 만나 사림(士林)의 여론이 외면하고 문호가 쇠체(衰替)하여 종신토록 침체되어 세상에 알려지지 않았다. 가정 정유년(1537) 2월 10일에 병으로 청안의 집에서 별세하니, 청주의 선영 해좌사향의 언덕에 전부인과 함께 합장하였다. 향년 55세였다. 수

793) **반악(潘岳)** : 진(晉)나라 형양 중모 사람. 자는 안인(安仁). 어려서 재주가 뛰어나 신동이라 불렀고 서정부를 지어 천하에 명성을 떨쳤다. 용모가 아름다워 수레를 타고 양주를 지나면 여인들이 귤을 던져 귤이 수레에 가득하였다고 한다. 《晉書 五十五》

794) **파평(坡平)의 옥사** : 갑자사화를 이르는 말. 곧 연산군은 즉위한지 10년에 외할머니에게 자기 어머니가 비명에 죽은 것을 들었다. 이에 분노한 연산군은 폐비 사건 때 권좌에 있으면서 간하지 못한 대신들을 죽이거나 귀양보냈다. 이 때 희생된 인물로는 윤필상·한치형·한명회·정창손·어세겸·이세좌 등 많은 사람이었다. 공의 부인은 윤필상의 외손녀였기 때문에 연좌되었다.

명도 오래 살지 못하였으니 어찌 명이 아닌가? 공은 먼저 찰방 진주 강황(姜璜)의 가문에서 부인을 맞았고, 계실은 전주 이은(李殷)의 따님이다. 강씨는 홍치 계축년(1493) 정월 초5일에 태어나고 가정 을유년(1525) 7월 14일에 별세하니 향년 33세였고, 이씨는 정덕 기사년(1509) 정월 26일에 태어나고 만력 신묘년(1591) 8월 20일에 별세하니 향년 83세였다. 묘는 공과 함께 하였는데 강씨 묘는 외쪽에 있고 이씨 묘는 뒤에 있다.

강씨는 2녀 1남을 두셨으니, 따님은 박윤금(朴胤金)의 처와 김응량(金應良)의 처이고 아드님은 나의 선고이신 휘 중엄(仲淹)이시다. 이씨는 1녀 1남을 두셨으니, 따님은 장천복(張天福)의 처이고 아드님은 휘 중황(仲潢)이시다. 내외손의 남녀는 20여 인이고 증손이 40여 인이니 나머지는 다 기록하지 않는다. 만력 무술년(1598)에 손자 식(湜)이 귀하게 됨으로써 통정대부 승정원 좌승지와 겸경연참찬관에 증직되고, 신축년에 우리 선고께서 재상의 반열에 올라 현재의 직함에 증직되고 배위는 함께 정부인에 봉해졌다.

아! 공이 별세한 뒤로부터 이제 73년이 되었다. 그 당시 노인으로 살아계신 분이 없으니, 공의 덕을 고찰하여 비문을 지으려하나 어렵지 않을 수 있겠는가? 그러나 전해 들은 한두 가지의 근거에 의하여 족히 공의 큰 덕을 알 수 있어서 후손들에게 베푼 은택이 무궁하게 되었으니, 돌아보건대 위대한 일이 아니겠는가.

公諱潡 字子深 貫高靈 高祖諱檣 集賢殿提學 贈領議政 曾祖諱叔舟 領議政 謚文忠公 祖諱泂 內資寺正 贈右議政 自始祖諱成用 至寺正 九世聯科 古所稀有 考諱光潤 漢城參軍 壽官嘉善 贈左承旨 妣忠州池氏 縣監浚之女 坡平府院君 尹弼商之外孫也 以成化癸卯十月十二日生公 公資品溫良 志行純篤 事父母遇弟妹 孝友天至 鄉邦稱之 且性聰明强記 少時嘗讀潘岳西征賦 五過能成誦 筆跡亦妙得晉法 之才之德 足爲時需 適丁燕山政亂 坐坡平獄 逮繫幾不免 因絶意干祿 卷藏于鄉 繼值己卯秋 士論不競 門戶衰替 終身沉晦 遂不克顯于世 嘉靖丁酉二月初十日 疾終于淸安之庄舍 附葬于淸州之先塋亥坐巳向之原 享年五十五 壽亦不遐 寧非命耶 公先聘于察訪晉州姜璜之門 繼室以全州李殷之女 姜氏生於弘治癸丑正月初五日 歿於嘉靖乙酉七月十四日 享年三十三 李氏生於正德己巳正月二十六日 歿於萬曆辛卯八月二十日 享年八十三 幷與公同塋 姜氏墓在左 李氏墓居後 姜氏生二女一男 女朴胤金金應良 男卽我考諱仲淹也 李氏生一女一男 女張天福 男仲潢也 內外孫男女二十餘人 曾孫四十餘人 餘不能盡記

萬曆戊戌 以孫湜故 贈通政大夫承政院左承旨 兼經筵參贊官 辛丑 我先考位躋樞宰 加贈今官 配俱封貞夫人 嗚呼 自公之下世 今七十有三載矣 當時故老 無有存者 欲考引公德而有所稱述 不亦難哉 然據其傳聞之一二 亦足以識公之大者 其垂裕於後昆也 斯無窮矣 顧不偉哉

《고령신씨세보유사(高靈申氏世譜遺事)》[795]

795) **고령신씨세보유사(高靈申氏世譜遺事)** : 고령신씨종중에서 1899년에 목활자본 상하권 2책으로 발행하였다. 간기는 광무(光武) 2년 무술년(1898)이다.

제문祭文

강수(江叟) 박훈(薰) 선생(朴先生)에 대한 제묘문[796]

만력 27년 기유년(1599, 선조 32) 9월 을묘삭 4일 무오에 충청도관찰사 신식은 삼가 성환도찰방 정운붕(鄭雲鵬)을 보내 감히 닭과 술[797]을 갖추어 강수(江叟) 박 선생(朴先生)의 묘에 경건히 제사드립니다.

維萬曆二十七年 歲次己酉 九月乙卯朔 初四日戊午 忠淸道觀察使申湜 謹遣成歡道察訪鄭雲鵬 敢以鷄酒之奠 敬祭于江叟朴先生之墓

惟靈	삼가 영령께서는
受天間氣	천지의 간기를 타고나시어[798]
爲世醇儒	당대의 순유[799]가 되셨습니다.
名高山斗	명망은 태산북두처럼 높으셨고
義動寰區	의리는 천하를 움직이셨습니다.
茅茹當日	현인들이 진출한[800] 그 당시에

796) 이 글의 출전인 《눌재강수유고》에 "졸재공이 충청도관찰사로 있을 때 행한 일이다.[時爲錦伯]"라고 적혀 있다.

797) 닭과 술 : 원문의 '계주(鷄酒)'는 척계두주(隻鷄斗酒), 혹은 적계서주(炙鷄絮酒)의 준말로, 변변찮은 제사 음식을 말한다.

798) 천지의 …… 타고나시어 : 세상에 드문 영걸이 태어남을 뜻한다. 예전 중국에서는 5백 년에 한 사람씩 큰 성인(聖人)이 난다고 하였다. 5백 년간의 정기(精氣)가 모여서 한 성인이 탄생한다는 것이다. 간기(間氣)는 5백 년간의 간(間)과 정기(精氣)라는 기(氣)를 합한 것으로 성어(成語)가 되어 있다. 맹자가 "오백 년 만에 반드시 왕자(王者)가 태어나는데 그 사이에 반드시 세상에 이름난 인물이 있다.[五百年必有王者興 其間有名世者]"라고 하였다. 《孟子 公孫丑上》

799) 순유(醇儒) : 훌륭한 유현(儒賢)을 말한다.

800) 현인들이 진출한 : 원문의 '서여(茅茹)'는 뛰어난 인재들이 때를 만나 한꺼번에 조정에 진출하는 것을 가리킨다. 《주역》 〈태괘(泰卦)·초구효(初九爻)〉의 "띠풀의 뿌리를 뽑아 올리는 것과 같은지라, 끼리끼리 진출함이니 길하도다.[拔茅茹 以其彙征 吉]"라는 말에서 유래하였다.

志回唐虞	당우[801]로 회복함에 뜻을 두셨습니다.
蠨蝀中途	중도에 사악한 기운을 만나니
世事蹉跎	세상 일이 어그러졌습니다.
道之將廢	도가 장차 폐하게 됨에
命也如何	국운이 그러하니 어찌하리오.
鄉谷後生	향곡(鄕谷)의 후생으로
夙欽風聲	풍성[802]을 흠모해왔습니다.
爰遣屬僚	이에 속료(屬僚)를 보내어
敬掃封塋	묘소를 찾아뵙고 소분하나이다.
英靈如在	영령께서 계시거든
庶歆玆誠	이 정성 흠향하소서.

《눌재강수유고(訥齋江叟遺稿)》

송동래(宋東萊 송상현(宋象賢))에 대한 제문 만력 무신년 10월 일에 율봉찰방 정봉남을 보내 대신 고유하였다.[803]

祭宋東萊文 萬曆戊申十月日 遣栗峯察訪鄭鳳男 遞告

時危作屛	시국이 위태로울 제 병한[804] 되고
歲寒爲松	날씨가 추워지자 송백이 되셨네.[805]
平生篤信	평생토록 도를 독실하게 믿었더니

801) **당우(唐虞)** : 중국 상고의 나라 도당(陶唐)과 유우(有虞). 도당은 요(堯), 유우는 순(舜)을 말한 것으로서, 잘 다스려진 요순시절을 의미한다.

802) **풍성(風聲)** : 그 기풍과 명성.

803) 《천곡선생집(泉谷先生集)》〈연보〉에 의하면, 1595년 선조는 명나라 제독 이여송(李如松)과 함께 수륙지획주사(水陸地劃主事) 두사충(杜師忠)을 보내 청주 가포곡(加布谷)에 장지를 정하고, 왜란 중임에도 불구하고 가마에 관을 실어 청주로 옮겼다고 한다.

804) **병한(屛翰)** : 울타리와 기둥으로, 나라를 지키는 데에 큰 역할을 하는 사람을 비유한다. 《시경》〈판(板)〉에 "큰 제후국은 병풍[屛]이 되고, 종자(宗子)는 기둥이 된다.[大邦維屛 大宗維翰]"라고 한데서 유래하였는데, 후대에는 간성(干城)과 같은 말로 쓰이게 되었다.

此日從容	이날에 의연히 목숨을 바치셨네.[806]
義動華夷	의리는 화이[807]에 진동하고
名垂汗史	명성은 역사에 드리웠구나.
邦國生光	나라에는 광채가 생겨났고
山河增氣	산하에는 정기가 더해졌네.
眇余蹇拙	내 졸하고 고지식한 자질로
早托知己	일찍이 지기지우로 의지했네.
承宣南出	왕명을 받들고 남쪽으로 나오니[808]
忍過西門	어찌 차마 서문을 지날 수 있으랴.[809]
忠□賁遯	충절은 은둔했을 때도 드러났고
名煥竹帛	이름은 청사에 빛나시네.
上黨之岡	저 상당의 언덕은
毅魄攸托	굳센 넋 의탁한 곳이라.
夜夜有氣	밤이면 그 기운 있어
上于斗牛	두우성에 뻗치리라.[810]

805) **날씨가 …… 되셨네** : 날씨가 추워진 뒤에도 변하지 않는 소나무나 측백나무의 모습처럼 혹독한 환경 속에서도 절의가 변치 않음을 기리는 말이다. 《논어》 〈자한(子罕)〉에 "날씨가 추워진 뒤에야 소나무와 측백나무가 다른 나무보다 늦게 시드는 것을 알 수 있다.[歲寒然後 知松柏之後彫也]"라고 한 공자의 말씀을 원용한 것이다.

806) **의연히 …… 바치셨네** : 《근사록》 권10 정사류(政事類)에, "일시적으로 감격하고 분개해서 자기 몸을 죽이기는 쉬워도, 의연히 의리를 위해서 목숨을 바치기는 어렵다.[感慨殺身者易 從容就義者難]"라는 정이천(程伊川)의 말이 나온다.

807) **화이(華夷)** : 중국과 오랑캐. 즉 천하의 모든 나라.

808) **왕명을 …… 나오니** : 원문의 '승선(承宣)'은 승류선화(承流宣化)의 준말이다. 《한서(漢書)》 〈동중서전(董仲舒傳)〉에 나오는 말로, 풍교(風敎)를 받들어 숭상하고, 은택을 베풀어 백성을 교화하는 방백 등 지방 장관을 가리킬 때 쓰는 표현이다. 여기서는 송상현이 동래부사로 나간 것을 말한다.

809) **어찌 …… 있으랴** : 진(晉)나라의 상수(向秀)가 혜강(嵇康), 여안(呂安)과 산양(山陽)이란 곳에서 함께 살며 서로 가까이 지냈는데, 두 벗이 죽은 뒤 산양의 옛터를 지나다가 이웃 사람이 부는 처량한 피리 소리를 듣고, 옛날 벗들과 함께 놀던 것을 생각하여 죽은 두 벗을 위하여 〈인적부(隣笛賦)〉를 지었다는 고사를 사용하였다. 《晉書 卷49 向秀列傳》

810) **밤이면 …… 뻗치리라** : 나라를 걱정하는 장부의 충정을 뜻한다. 진(晉)나라 때 장화(張華)가 일찍이 두성(斗星)과 우성(牛星) 사이에 자기(紫氣)가 뻗치는 것을 보고, 뇌환(雷煥)을 보내 풍성현(豐城縣)의 옛 옥사(獄舍)에서 용천(龍泉)과 태아(太阿) 두 명검(名劍)을 얻은 고사가 있는데, 이를 원용하여 한 말

聊伻下僚　　애오라지 아래 관료를 보내

敬薦溪蘩　　공손히 하찮은 제수 올립니다.

無斁於斯　　여기에 기꺼이 흠향하시리니

不昧者存　　혼매하지 않은 영령이 계시오리다.

《천곡선생집(泉谷先生集)》

당흥부원군(唐興府院君) 홍공(洪公)진(進)에 대한 제문

만력 45년 세차 정사년(1617) 정월 정묘삭 23일 무자일에 지중추부사 신식이 삼가 술과 과일 등의 제물로 경건히 고(故) 당흥부원군(唐興府院君) 홍공(洪公)의 영전에 제사를 올립니다.

維萬曆四十五年 歲次丁巳正月丁卯朔越二十二日戊子 知中樞府事申湜 謹以酒果之奠 敬祭于故唐興府院君洪公之靈

惟靈　　생각건대 영령께서는

瑚璉之器　　호련의 그릇[811]으로

廊廟之姿　　낭묘의 자질[812]이셨습니다.

訓自家庭　　가르침은 가정에서 얻으사

不勞求師　　스승 구할 어려움 없었습니다.

早占經魁　　이른 나이에 과거에 급제하여

平步青雲　　청운의 길 평탄히 걸으셨습니다.

盛之玉堂　　옥당(玉堂)에 몸담아 있으셔서는

이다. 참고로 송(宋)나라의 충신 악비(岳飛)의 시 〈주병신감제복마사벽(駐兵新淦題伏魔寺壁)〉에 "웅기가 당당하게 두성·우성을 관통하니, 맹세코 충절로써 임금의 원수 갚으리라.[雄氣堂堂貫斗牛 誓將眞節報君讐]"라고 하였다.《晉書 卷36 張華列傳》

811) **호련(瑚璉)의 그릇** : '호련'은 종묘의 제사에 서직(黍稷)을 담는 제기로, 조정에 크게 쓰일 인재에 비유된다. 하(夏)나라의 제기는 호(瑚)이고, 상(商)나라의 제기는 련(璉)이다. 공자가 제자 자공(子貢)을 평하여 호련(瑚璉)이라 하였다.《論語 公冶長》

812) **낭묘(廊廟)의 자질** : '낭묘'는 대신들이 정사(政事)를 의논하고 집행하는 곳인 묘당(廟堂)으로, 곧 국정을 운영할 만한 자질의 인물이라는 뜻이다.

煥乎其文	그 문장이 찬란하게 빛났습니다.
置之蘭臺	사간원에 등용되어 계실 때엔
直哉如矢	진언이 화살처럼 곧았습니다.
罄無不宜	모두 마땅하지 않음이 없었으니
歷剔華美	화미한 자리를 역임하셨습니다.
臨危效忠	위태한 시국에 충성을 바치시어
扈聖崆峒	공동까지 임금을 호종하셨습니다.[813)]
乃擢京尹	이에 한성부윤으로 발탁되시고
乃作秩宗	이어 예조판서[814)]가 되셨습니다.
荐膺冢宰	거듭 이조판서[815)]에 부응되시니
志在和衷	화충[816)]에 뜻을 두셨습니다.
終圖麟閣	마침내 인각[817)]에 공신으로 그려지고
位冠元功	지위는 원공의 으뜸이셨습니다.[818)]
德卲齒尊	덕이 높고 연륜도 높으시매
三達存躬	삼달존[819)]을 몸에 지니셨습니다.

813) **위태한 …… 호종하셨습니다** : 임진왜란 때 홍진이 호군으로 어가(御駕)를 호종한 일을 말하며, 그 공으로 호성공신(扈聖功臣) 2등에 책록되었다. 공동(崆峒)은 선조(宣祖)를 의주로 호종한 일을 말한다. 황제(黃帝)가 천자가 되어 공동산(崆峒山)에 가서 선인(仙人) 광성자(廣成子)를 만난 일이 있다.《史記 卷1 黃帝本紀》

814) **예조판서** : 원문의 '질종(秩宗)'은 종묘의 제사를 관장하는 관직으로,《서경》〈순전(舜典)〉에서 유래된 말이다. 순(舜) 임금이 백이(伯夷)를 질종으로 삼아 삼례(三禮)를 맡도록 하였는데, 삼례는 천신(天神), 인귀(人鬼), 지기(地祇)에게 제사하는 예이다. 조선조의 예조 또는 예조판서의 별칭이다.

815) **이조판서** : 원문의 '총재(冢宰)'는 주대(周代) 육관(六官)의 우두머리인데, 후세에는 이조판서의 별칭으로 사용되었다.

816) **화충(和衷)** : 서로의 마음이 합하는 것을 가리킨다.《서경》〈고요모(皐陶謨)〉에 "군신이 공경함을 함께 하고, 공손함을 합하여 충(衷)을 화하게 하소서.[同寅協恭 和衷哉]"라고 하였다. 나중에는 서로 마음을 함께하여 화목하게 지내는 것을 지칭하게 되었다.

817) **인각(麟閣)** : 기린각(麒麟閣)의 준말로 공신들의 화상(畫像)을 모셔 놓은 전각을 말한다. 한 선제(漢宣帝) 때 곽광(霍光) 등 공신 11인의 초상화를 기린각에 걸어서 길이 기념토록 한 고사가 전한다.

818) **지위는 …… 으뜸이셨습니다** : 홍진은 임진왜란 때 호종한 공으로 호성공신(扈聖功臣) 2등에 책록되었고, 당흥부원군(唐興府院君)에 봉해졌으며, 영의정에 추증되었다.

819) **삼달존(三達尊)** : 사람들이 보편적으로 존숭하는 작위·연령·덕망을 말함.《맹자(孟子)》공손추(公孫丑) 하에 "천하에 보편적으로 존경되는 것이 세 가지가 있는데, 작위가 그 하나이고, 연령이 그 하나이

謙謙君子	겸손하고 겸손한 군자시자[820]
蹇蹇王臣	충직한 왕의 신하셨습니다.
優哉暮景	노경에는 한가로이
與物皆春	만물과 함께 봄날이셨습니다.[821]
一念惟學	일념을 오직 학문에 두시어
好之無已	좋아하심이 그지없으셨습니다.
整襟開卷	옷깃을 여미고 책을 펼치시매
道腴是味	도의 지경을 맛보셨습니다.
朝紳稽疑	조신[822]들은 의구로움을 풀었고
士類服義	사류들은 의로움에 감복하였었죠.
云胡一夕	어이하여 하룻밤 사이에
老星墜地	노인성이 땅으로 떨어졌습니까.
天不憖遺	하늘이 공을 남겨두지 않으샤
哲人萎矣	철인께서 돌아가셨습니다.[823]
嗟嗟元老	아아 원로시여
而至斯耶	이 지경에 이르셨단 말입니까.

고, 덕망이 그 하나이다."라고 하였다.

820) **겸손하고 …… 군자시자** : 원문의 '겸겸군자(謙謙君子)'는 겸양의 덕을 갖춘 군자를 말한다. 《주역》 〈겸괘(謙卦) 초육(初六)〉에 "겸손하고 사양하는 군자는 겸손한 덕행으로 자신을 다스린다.[謙謙君子 卑以自牧也]"라는 말이 있다.

821) **만물과 …… 봄날이셨습니다** : 원문의 '여물개춘(與物皆春)'은 사물에 응하여 봄의 화기를 지니게 된다는 뜻이다. 즉 사물의 변화에 따라 그와 함께 즐거움을 누린다는 의미이다. 진순(陳淳)의 〈경서재명(敬恕齋銘)〉에 "자기가 하고 싶지 않은 일은 남에게 베풀지 말라고 하셨으니, 이대로 행한다면 만물과 함께 모두 봄이 될 것이다. 안과 밖으로 경(敬)과 서(恕)를 행하면, 사욕이 어디에 붙을 수 있겠는가. 천리가 두루 유행하여 갖춰지지 않은 곳이 없을 것이다.[己所不欲 勿施於人 以是而行 與物皆春 內外敬恕 私欲何寓 天理周流 無所不具]"라는 내용이 보인다. 《北溪全集 卷4》

822) **조신(朝紳)** : 조정의 벼슬아치. 조관(朝官).

823) **철인께서 돌아가셨습니다** : 원문의 '철인위의(哲人萎矣)'는 위인(偉人)의 죽음을 슬퍼하는 심정을 표현한 말이다. 《예기(禮記)》 〈단궁 상(檀弓上)〉에 이르기를, "공자가 일찍 일어나서 손을 잡고 지팡이를 끌면서 문 주위에서 서성이다가 노래하기를, 태산이 무너지는구나. 들보가 쓰러지는구나. 철인이 시드는구나.[泰山其頹乎 梁木其壞乎 哲人其萎乎]"라고 노래하였는데, 자공(子貢)이 이 노래를 듣고는 "태산이 무너지면 우리가 장차 어디를 우러러보며, 들보가 쓰러지고 철인이 시들면 우리가 장차 어디에 의지하겠는가.[泰山其頹 則吾將安仰 梁木其壞 哲人其萎 則吾將安放]"라고 말한 고사가 전한다. 《禮記 檀弓上》

隱卒崇終	죽음을 애통해하고 높였으니
睿眷有加	임금의 돌보심에 더함이 있으셨습니다.
生死榮哀	생사 영애[824]가
亦孔之嘉	또한 매우 아름답습니다.
嗚呼哀哉	아아, 슬픕니다.
眇余蹇拙	보잘 것 없는 제가
夙趨下風	일찍이 공의 하풍을 추향하였습니다.
忘年托交	망년의 교분을 맺었으니
氣味攸同	의기가 서로 같았습니다.
奧在先朝	거룩한 선조(先朝) 때에
繙經有局	경전을 읽음에 재국이 있으셨습니다.
忝聆緖論	외람되이 강론을 들을 때면
實服精識	실로 정치한 식견에 감복했습니다.
我來自東	저는 동쪽으로부터 와서
家患屛伏	집안의 우환으로 엎드려 있었습니다.
不克參尋	참여하고 찾아뵈올 수가 없어
秖自耿切	그리운 마음만 간절하였습니다.
相會朝班	서로 조정의 반열에서 만남에
兩深慰悅	심히 위로가 되고 기뻤습니다.
何知此日	어찌 알았으리오, 이 날
遽至不淑	갑자기 돌아가실 줄을
失聲長號	목 놓아 길이 울부짖으며
公哭私哭	공·사적으로 통곡합니다.
聊斟一爵	겨우 술 한 잔을 따르고
辭以告臆	글로 심정을 고하옵니다.

824) **생사 영애(生死榮哀)** : 자공이 공자를 두고 "살아서는 세상이 다 그를 존경하고, 죽어서는 세상이 다 그를 슬퍼하나니, 어떻게 그분에게 미칠 수 있으리오.[其生也榮 其死也哀 如之何其可及也]"라고 한 데서 온 말로, 생전과 사후에 모두 존경받고 애도 받음을 이른 말이다. 《論語 子張》

不昧者存　　영령이 혼매하지 않고 계시다면
其庶昭格　　바라옵건대 밝게 강림하소서.
嗚呼哀哉　　아 애통하외다.
尙饗　　부디 흠향하소서.

《퇴촌유고(退村遺稿)》

정한강(鄭寒岡)에 대한 제문

伽山鬱茀　　울울창창한 가야산과
洛水淸駃　　맑고 세찬 낙동강 정기로
篤生異人　　특출한 인물 태어나니
實惟間氣　　천지의 빼어난 정기를 지니셨네.
英資超邁　　자품이 매우 뛰어났고
美質溫粹　　아름다운 자질 온화하고 순수하셨네.
爰自志學　　이에 학문에 뜻을 두던 때부터[825)]
知有爲己　　위기지학(爲己之學)을 알아서
絶意科目　　과거에 대한 뜻을 끊어버리고
專精義理　　의리(義理)에 오로지 정진하셨네.
功加愼獨　　신독에 공부를 더하였고[826)]
學要近裏　　학문은 정미한 경지에 들으셨네.[827)]

---

825) 학문에 뜻을 두던 때부터 : 원문의 '지학(志學)'은 지학지년(志學之年)으로 15세를 일컫는 말이다.

826) 신독(愼獨)에 …… 더하였고 : 정한강은 근본을 두텁게 배양하기를 힘써 내면공부에 치력(致力)하였는데, 특히 사무사(思無邪)·무불경(毋不敬)·무자기(毋自欺)·신기독(愼其獨) 등을 공부의 핵심으로 삼았으니, 곧 심성수양과 관련된 실천적인 측면에 중점을 둔 것이다.《寒岡全集下·寒岡先生言行錄》

827) 학문은 … 들으셨네 : 정한강은 학문함에 있어, 스스로 법칙을 세워서 탐구(探求)하여 정미(精微)한 곳까지 깊이 들어갔다는 말이다. 북송의 명도(明道) 정호(程顥)가 "학문이란 단지 투철하게 탐구하여 정미한 곳까지 깊이 들어가 자신에게 절실하게 할 따름이다. 그러므로 절실히 묻고 가깝게 생각하면 인이 그 가운데에 있는 것이다.[學只要鞭辟近裏 著己而已 故切問而近思 則仁在其中矣]"라고 한 말이《이정유서(二程遺書)》 권11 〈사훈(師訓)〉에 보인다.

尋師取友	스승 찾고 벗을 취할 제
求道是急	구도를 급선무로 여기셨네.[828]
德山大谷	덕산과 대곡에게[829]
足靡不及	찾아뵙고 배우지 않음이 없었네.
退陶一曲	퇴계 도산 한 굽이
洙泗眞源	수사의 참 연원[830]에
就而正焉	찾아가서 질정하니[831]
所聞益尊	수준이 더한층 높아졌네.
蘭香自聞	난초의 향기처럼 명성이 절로 퍼지매
鶴書入谷	학서[832]가 산골에 들어왔네.
擢置臺端	발탁되어 대단[833]에 앉자
爲世矜式	세상의 본보기가 되셨네.
晉如摧如	나아가고 물러남에[834]
確乎其志	그 뜻이 확고하였고
不仕無義	벼슬하지 않음을 옳지 않다고 여기고[835]

828) **스승 …… 여기셨네** : 정한강은 학문에 둔을 둔 뒤로 구도적(求道的) 지향을 하였다.《寒岡全集下·寒岡先生言行錄》李厚慶記 "先生常歎時文之累 慨然有求道之志 旣冠謝場屋 專意聖賢之學"

829) **덕산(德山)과 대곡(大谷)에게** : 덕산은 남명(南冥) 조식(曺植)을, 대곡은 대곡(大谷) 성운(成運)을 이른 것으로 보인다.

830) **퇴계 …… 연원** : 퇴계(退溪)와 도산(陶山)은 경상북도 안동시 도산면에 있는 두 지역으로 이황(李滉)이 강학(講學)한 곳이고, 수사(洙泗)는 수수(洙水)와 사수(泗水)의 합칭으로 중국 산동성(山東省) 곡부(曲阜)에 있는데 공자가 문인들에게 도를 전수한 곳이다. 곧 이황이 공자의 도를 일맥상통하게 이어받았다는 뜻으로 한 말이다.

831) **찾아가서 질정하니** : 《논어》〈학이(學而)〉에 "음식은 배부름을 구하지 않고, 거처는 편안함을 구하지 않으며, 일은 민첩하게 행하고 말은 신중히 하며, 도가 있는 이를 찾아가서 질정한다면, 배우기를 좋아한다고 이를 만하다.[食無求飽 居無求安 敏於事而愼於言 就有道而正焉 可謂好學也已]"라는 공자의 말씀이 나온다.

832) **학서(鶴書)** : 조정에서 부르는 문서로, 그 글씨가 학의 머리와 같다고 하여 학서라고 하였다.

833) **대단(臺端)** : 대각(臺閣)의 말단이라는 뜻이다.

834) **나아가고 물러남에** : 《주역》〈진괘(晉卦)·초육(初六)〉에 "나아가거나 물러감에 정(貞)하면 길(吉)하고, 믿어주지 않더라도 여유로우면 허물이 없으리라." 하였으며 상(象)에 이르기를, "진여최여(晉如摧如)는 홀로 바름을 행함이요, 여유로우면 허물이 없음은 명령을 받지 않았기 때문이다." 하였다.

835) **벼슬하지 …… 여기고** : 《논어》〈미자(微子)〉에 자로(子路)가 세상을 버리고 은거하는 노인에 대해서

牛刀屢試　원대한 계책을 여러 번 시험하셨네.[836)]

召入銀臺　승정원 승지로 불리어 들어가니

嘉乃懋學　학문 높아 임금님 가상히 여기셨고

出按巡闑　강원도관찰사로 나가서는

風化是責　풍속 교화를 책무로 삼으셨네.

再把南麾　다시 남쪽으로 부임하였다가

惟意卷舒　진퇴 거취를 뜻에 맞게 하셨네.

歸來一室　사직하고 돌아와선

左右圖書　도서 속에 묻히셨네.

嗣服初年　새 임금이 즉위한 해

求賢側席　현자 찾아 예우할 제

起公都憲　대사헌에 기용되어

調護兼托　세자 교육 겸하셨네.[837)]

片言驚世　한마디 말씀으로 세상을 놀라게 했다가

狼跋而南　진퇴양난에 처하여[838)] 남으로 와서

困石據藜　돌에 시달리고 찔레에 앉듯이 하니[839)]

畏譏憂讒　비난이 꺼려지고 참소가 걱정되었네.

朋來自遠　의기 통한 벗들이 멀리서 찾아와도

"벼슬하지 않는 것은 의리가 아니니, 장유(長幼)의 예절도 없애서는 안 되는데 군신(君臣)의 의리를 어떻게 없앨 수 있겠는가. 자기 일신을 깨끗이 하고자 큰 인륜을 어지럽히는 짓이다.[不仕無義 長幼之節 不可廢也 君臣之義 如之何其廢之 欲潔其身而亂大倫]"라고 한 내용이 보인다.

836) **원대한 …… 시험하셨네** : 뛰어난 재주를 지니고도 작은 고을을 다스렸다는 말이다. 《논어》 〈양화(陽貨)〉에 "공자가 무성에 가서 거문고와 노래 소리를 들었다. 부자가 빙그레 웃으면서 '닭을 잡는데 어찌 소 잡는 칼을 쓰느냐.'라고 말씀하셨다.[子之武城 聞弦歌之聲 夫子莞爾而笑曰 割鷄 焉用牛刀]"라고 하였다.

837) **대사헌에 …… 겸하셨네** : 정한강은 1608년 3월에 대사헌 겸 세자보양관에 특배되었다.

838) **진퇴양난에 처하여** : 원문의 '낭발(狼跋)'은 이리가 나아가지도 물러가지도 못하는 모습인데, 《시경》 〈빈풍(豳風) 낭발(狼跋)〉에 "늙은 이리가 앞으로 가다간 제 턱 밟아 엎어지고, 곧 뒷걸음치다간 제 꼬리 밟아 넘어지네.[狼跋其胡 載疐其尾]"라는 구절에서 인용한 말로, 진퇴양난의 곤경에 처한 것을 비유한다.

839) **돌에 …… 하니** : 《주역》 〈곤괘(困卦)의 육삼(六三)〉에 "돌에 곤하며 찔레에 앉아 있다.[困于石 據于蒺藜]" 하였는데, 전(傳)에 "돌은 견고하고 무거워서 감당하기 어려운 물건이고, 찔레는 가시가 찔려서 앉아 있을 수 없는 물건이므로 진퇴가 이미 곤하면 제자리를 편안히 여기고자 하나 더욱 할 수가 없다"고 하였으니, 군자가 매우 어려운 처지에 처해 있음을 뜻한다.

非樂伊懼　　즐겁지 아니하고 두려울 뿐이었고
白髮紛如　　백발이 성성하도록
丹心益苦　　단심 더욱 괴로워하셨네.
據經獻規　　경전에 근거하여 헌규[840]하며
猶復惓惓　　그래도 간곡한 마음 변함없었고
十行溫綸　　열 줄의 온후한 윤음(綸音)에
足見聖眷　　성상의 권애를 볼 수 있었네.
新結茅廬　　초당 새로 엮으니
泗水之濱　　사수의 물가[841]였네.
俯仰天地　　하늘 우러르고 땅 굽어보며[842]
爲一閑人　　한가로운 사람이 되셨어라.
奚其爲政　　벼슬을 해야만 정사하는 것이랴[843]
尙有典刑　　오히려 법도[844]를 그대로 지녔건만
何天不憖　　하늘이 공을 남겨 두지 않아
遽夢兩楹　　느닷없이 두 기둥의 꿈꾸고 서거하셨네.[845]
士友肝摧　　사우(士友)들 간장이 무너지고
儒林氣索　　유림의 기상이 삭막해졌도다.

---

840) **헌규(獻規)** : 좋은 계책을 올리고 불가한 일을 말림을 이른다.

841) **사수(泗水)의 물가** : 칠곡군(柒谷郡)에 있는 사수를 이른다. 정한강은 75세 때인 1617년(광해군 9)에 이곳에 사양정사(泗陽精舍)를 짓고 자신의 호를 사양병수(泗陽病叟)라 부르며 말년을 보냈다.

842) **하늘을 …… 굽어보며** : 소옹(邵雍)의 〈병극음(病亟吟)〉에 "천지 사이를 굽어보고 우러러 봄에, 내 마음 호연하여 부끄러울 것 없네.[俯仰天地間 浩然無所愧]"라고 하였다.

843) **벼슬을 …… 것이랴** : 이 말은 《논어》 〈위정(爲政)〉에 혹자가 공자에게 왜 정사를 하지 않느냐고 묻자, 공자가, "《서경》에 말하지 않았는가. '효도하도다. 효도하고 형제간에 우애하여 정사에 베푼다.'라고 하였으니, 이 또한 정사를 하는 것이다. 어찌 벼슬을 해야만 정사를 하는 것이 되겠는가.[書云 孝乎 惟孝友于兄弟 施於有政 是亦爲政 奚其爲爲政]"라고 한데서 온 말이다.

844) **법도** : 원문의 '전형(典刑)'은 전형(典型)과 같은 말로, 모범이 될 만한 떳떳한 법을 말한다. 《시경》 〈대아(大雅) 탕(蕩)〉에 "비록 노성한 사람은 없으나, 그래도 떳떳한 법은 남아있다.[雖無老成人 尙有典刑]"라고 하였다.

845) **느닷없이 …… 서거하셨네** : 원문의 '양영(兩楹)'은 당상(堂上)의 동서(東西)에 있는 커다란 두 기둥이다. 훌륭한 사람의 죽음을 가리킨다. 공자가 '두 기둥 사이에 앉아 제수를 받는 꿈을 꾸고[夢坐奠於兩楹之間]' 얼마 뒤에 돌아가신 고사에서 유래한다. 《禮記 檀弓上》

已矣斯文　　끝났구나 우리 사문[846]이여
死灰難復　　꺼진 재 되살리기 어려우이다.
禮書編成　　엮어 이룬 예서(禮書)
宛然手澤　　공의 수택 그대로 남아 있는데[847]
門無直卿　　문하에 직경 없으니[848]
誰使之續　　뒤를 누구에게 잇게 할꼬.
嗚呼哀哉　　아 슬프도다.
余以孤陋　　나는 고루한 사람인지라
自知寡與　　허여해 주는 이 드물었는데
惟公不棄　　오직 공은 나를 버리지 않고
猥見奬許　　분수 넘는 장려를 받았도다.
四十年前　　사십 년 전부터
辱與之遊　　서로 종유(從遊)하였고
向來離合　　그 동안 만났다 헤어졌다 하며
一何悠悠　　얼마나 많은 세월 흘러갔는가.
磨肌鳳池　　봉지[849]에서 정답게 지내며
肝膽相照　　간담을 서로 비추었고

---

846) **사문(斯文)** : 유도(儒道)를 가리킨다. 《논어》 〈자한(子罕)〉에 공자가 "문왕(文王)이 이미 별세하셨으니, 문(文)이 이 몸에 있지 않겠는가. 하늘이 장차 '이 문[斯文]'을 없애려 하였다면 내가 이 문에 참여할 수 없었을 것이다.[文王旣沒 文不在玆乎 天之將喪斯文也 後死者不得與於斯文也]"라고 하였다. 이에 대해 주자(朱子)는 집주(集註)에서 "도(道)가 드러난 것을 문(文)이라 한다." 하였다. 이후로 유도를 대칭하는 말로 쓰였으며, 유학자를 직접 지칭하기도 한다.

847) **엮어 …… 있는데** : 수택(手澤)은 그 사람이 쓰던 기물에 남아있는 손때의 자취를 말한다. 정한강은 예학에 조예가 깊어 《가례집람보주(家禮輯覽補註)》, 《오선생예설분류(五先生禮說分類)》, 《심의제조법(深衣製造法)》, 《예기상례분류(禮記喪禮分類)》, 《오복연혁도(五服沿革圖)》 등을 편찬했으며, 이황의 예에 관한 서신을 모은 《퇴계상제례문답(退溪喪祭禮問答)》을 간행하였다.

848) **직경(直卿) 없으니** : 직경은 송(宋)의 학자 황간(黃幹)을 말한다. 직경은 그의 자이고 호는 면재(勉齋). 주희(朱熹)의 사위이자 제자로 주자학(朱子學)을 계승하였다. 여기서는 정한강의 도학을 충실히 계승한 인물이 없음을 염려한 말이다.

849) **봉지(鳳池)** : 요직(要職)에서 벼슬한 것을 말한다. 위진남북조(魏晉南北朝) 시대에 금원(禁苑)에 파 놓았던 연못인 봉황지 근처에 임금을 측근에서 보좌하여 중요한 기무(機務)를 관장하는 중서성(中書省)이 있었던 데서 비롯된 말이다.

繙經天祿　천록에서 경전 번역할 때
資益不少　도움 받음이 적지 않았다네.[850)]
進退殊途　진퇴의 길 서로 달라
渭樹江雲　위수 강운처럼 갈라져 있었지만[851)]
高山景行　높은 산 큰 길 같아[852)]
馳仰徒勤　흠모의 마음 간절했다오.
粤在前歲　생각건대 지난해에
我朝天闕　중국에 사신 갈 제
公寄書來　공은 내게 편지 보내
爲求醫訣　의서를 구해 달라 하셨네.
知公此意　공의 이렇게 보낸 뜻
夫豈徒爾　어찌 공연한 것이리오.
活國醫民　나라와 백성 살리려 함
道無二致　다른 이치 없는 법.
所以古人　이 때문에 옛사람들
靈祠禱止　신령의 사당에 기도했던 것이네.
公計至此　공의 형편이 이에 이르니
惟其戚矣　너무도 슬플 뿐이로다.
白首相思　백발에 공 그리워도
靑眼無從　서로 만날 도리 없어

---

850) **천록(天祿) …… 않았다네** : '천록'은 천록각(天祿閣)으로, 한대(漢代)에 궁중의 비서(祕書)를 보관했던 곳인데, 여기서는 교서관(校書館)을 가리킨 것으로 보인다. 한강(寒岡)이 60세 때인 1602년(선조 35) 4월에 경서언해 교정청 당상(經書諺解校正廳堂上)으로 조정에 나아간 적이 있는데, 이때 졸재공이 《주역언해(周易諺解)》 작업을 함께한 것을 두고 말한 것이다.

851) **위수(渭樹) …… 있었지만** : 두보의 〈춘일억이백(春日憶李白)〉 시의 "위북에는 봄날의 숲이 푸른데, 강동에는 석양의 구름 붉으리.[渭北春天樹 江東日暮雲]"라고 한 데서 나온 말이다. 위북은 두보가 있던 곳이고, 강동은 이백이 있던 곳으로, 멀리 떨어져 있는 친구를 그리워하는 마음을 묘사한 것이다. 졸재공 자신은 서울 근교에, 정한강은 멀리 성주 고을에 멀리 떨어져서 서로 그리워했다는 뜻으로 한 말이다.

852) **높은 …… 같아** : 정한강의 고상한 덕행과 정대한 행실을 말한다. 《시경》 〈소아(小雅)·거할(車舝)〉에 "높은 산을 우러러보고 큰길을 가는도다.[高山仰止 景行行止]"라고 한 데서 유래하였다.

兩地襟期	두 곳에서의 흉금
只憑鱗鴻	서찰에만 의지하였네.
頃有疑問	저번엔 의심나는 곳 물어보았고
且求齋箴	졸재잠(拙齋箴)도 청하였는데
公答公題	공의 답서와 저술이
在道浮沈	도중에 사라졌었네.
聞來懊恨	소식 듣고 한스러워
擬再請益	다시 청하려했더니
何意如今	어찌 뜻했으랴 지금 같이
幽明永隔	유명이 영원히 막힐 줄을.
我病經年	해 넘도록 앓던 이 몸
公訃遽聞	공의 부음 갑자기 듣게 되니
心驚膽喪	심장 놀라고 간담 녹아내려
第切哀殞	그저 애절할 뿐이도다.
非夫人慟	공 개인만을 위해 슬퍼함이 아니고
爲吾道痛	오도(吾道)의 장래를 위해 마음 아파하는 것이라오.
千里緘辭	천리 밖에서 제문을 지어 보내며
一觴代奉	한 잔 술과 함께 대신 올립니다.
書不盡言	글로는 하고 싶은 말 다 쓰지 못하고
言不盡意	말로는 가슴 속 다 표현해내지 못하니
英靈不昧	영령이여 어둡지 않으시다면
其庶鑑此	저의 이 뜻 살펴주소서.
嗚呼哀哉	아 슬프도다.

《한강집(寒岡集)·한강연보(寒岡年譜)》

청풍군수(淸風郡守) 금릉(金陵) 이공(李公)기설(基卨)에 대한 제문

연월일(年月日)에 첨친(忝親)[853] 행 동지중추부사(行同知中樞府事) 신식(申湜)은 삼가 외손 우간(禹幹)을 보내어 술과 과일 등의 제수로 고(故) 청풍군수(淸風郡守) 금릉(金陵) 이공(李公)의 영령께 제전을 올립니다.

年月日 忝親行同知中樞府事申湜 謹遣外孫禹幹 以酒果之奠 敬祭于故淸風郡守 金陵李公之靈

惟靈　　생각건대 영령께서는
金玉其相　　그 바탕이 금이며 옥이고[854]
瑚璉之器　　호련과 같은 그릇이셨습니다.
終溫且惠　　끝내 온화하시고 또 순하셨고[855]
旣明而粹　　이미 밝고도 정수하셨습니다.
早棄俗學　　일찍이 속학(俗學)을 버리시고
學要近裏　　학문은 내면으로 독려하셨습니다.[856]
爲仁由己　　인을 행함은 자신에서 달려 있고[857]
孝悌而已　　효제일 뿐이셨습니다.[858]

---

853) **첨친(忝親)** : 외람된 친속이란 뜻으로, 사돈 간에 자신을 낮추어 부르는 칭호이다.

854) **그 …… 옥이고** : 《시경》 〈대아(大雅)·역복(棫樸)〉에 "아로새긴 그 문채요, 금옥 같은 그 바탕이로다[追琢其章 金玉其相]"라는 글이 보인다.

855) **끝내 …… 순하셨고** : 《시경》 〈연연(燕燕)〉에 "중씨가 미더우니, 그 마음 진실하고 깊도다. 끝내 온화하고 또 순하여 그 몸을 잘 삼갔고, 선군을 생각하라는 말로써 과인을 권면하도다.[仲氏任只 其心塞淵 終溫且惠 淑愼其身 先君之思 以勗寡人]"라고 하였다.

856) **학문은 …… 독려하셨습니다** : 《근사록(近思錄)》에 "학문은 모름지기 자신의 내면으로 채찍질하여 독려해야 한다.[學要鞭辟近裏]"라는 정자(程子)의 말씀이 있다.

857) **인을 …… 달려 있고** : 《논어》 〈안연(顔淵)〉에 "사욕을 이기고 예로 돌아가는 것이 인이다. 하루라도 사욕을 이기고서, 예로 돌아가면 천하가 그 인을 허여할 것이다. 인을 행하는 것은 자기에게 달려 있다. 어찌 남에게 있겠는가.[克己復禮爲仁 一日克己復禮 天下歸仁焉 爲仁由己 而由人乎哉]"라는 공자의 말씀이 보인다.

858) **효제(孝悌)일 뿐이셨습니다** : '효제'는 어버이에게 효도하고 형제에게 우애함이다. 공자가 "효제는 인을 실천하는 근본이다.[孝悌也者 爲仁之本與]"라고 하였다. 《論語 學而》 또한 "요순의 도는 효제일 따름이다.[堯舜之道孝悌而已矣]"라고 하였다. 《孟子 告子下》

幽蘭播芬	그윽한 골짝의 난향이 퍼지듯
香聞遠邇	향기가 원근에 풍겨갔습니다.
周賓造士	주나라 때 인재를 빈객으로 예우하였고[859)]
漢擧才子	한나라에서 재자를 천거하듯 하였습니다.
不由科目	과거를 거치지 않고
乃筮乃仕	관직 얻어 벼슬길에 나아가셨습니다.
武城絃歌	무성의 현가(絃歌) 소리 일 듯
化俗百里	백리 풍속을 교화하셨습니다.[860)]
枳棘栖鸞	봉황이 가시나무에 깃들었나니[861)]
知德者幾	그 덕을 알아보는 자 몇이랴.
俄尋遂初	얼마 뒤 초심의 뜻[862)]을 이루시니
昨非今是	어제는 그르고 오늘이 옳으셨습니다.[863)]
如石其介	절개가 돌처럼 단단하시어
不終日俟	하루도 기다리지 않고 떠나셨습니다.[864)]

859) **주나라 …… 예우하였고** : 《주례(周禮)》 〈지관사도(地官司徒)·대사도(大司徒)〉에 "향학(鄕學)의 삼물로 만민을 교화하고, 인재가 있으면 빈객의 예로 우대하면서 천거하여 국학(國學)에 올려보낸다.[以鄕三物敎萬民而賓興之]"라는 말이 나온다. 곧 유능한 자를 손님으로 예우하여 등용함을 이른다.

860) **무성의 …… 교화하셨습니다** : 《논어》 〈양화(陽貨)〉에, 공자의 제자인 자유(子游)가 무성(武城) 현령을 지낼 때 공자가 그곳을 방문하여 현가(絃歌) 소리를 듣고 "닭 잡는데 어찌 소 잡는 칼을 쓰는가?"라고 하며 자유의 선치(善治)를 칭찬한 고사를 원용하여, 연봉 이기설이 고을의 수령을 맡았을 때, 문교(文敎)로써 백성들을 잘 다스렸음을 비유한 것이다.

861) **봉황이 …… 깃들었나니** : 훌륭한 사람이 지방의 낮은 벼슬을 하는 것을 비유한다. 후한(後漢) 환제(桓帝) 때에 고성(考城)의 현령 왕환(王奐)이 구람[仇覽, 일명 구향(仇香)]을 보내면서 말하기를 "가시나무는 난봉이 깃들 곳이 아니니, 백리 고을이 어찌 대현이 있을 곳이겠는가.[枳棘非鸞鳳所棲 百里豈大賢之路]"라고 했던 고사에서 온 말이다. 《後漢書 卷81 獨行列傳》

862) **초심의 뜻** : 원문의 '수초(遂初)'는 벼슬을 그만두고 은거하려고 했던 본래의 뜻이라는 말이다. 진(晉)나라 때에 손작(孫綽, 314~371)이 고양(高陽), 허순(許詢) 등과 함께 고상한 뜻을 품고 회계산(會稽山)에 은거하면서 10여 년간 산수를 돌아다니며 살았는데, 〈수초부(遂初賦)〉를 지어 자신의 뜻을 드러낸 고사에서 나온 말이다. 《晉書 卷56 孫楚列傳》

863) **어제는 …… 옳으셨습니다** : 도잠(陶潛)의 〈귀거래사〉에 "실로 길을 헤맸으나 아직 멀리 가진 않았으니, 지금이 옳고 어제가 글렀음을 깨달았노라.[實迷途其未遠 覺今是而昨非]"라고 한 데서 온 말이다.

864) **하루도 …… 떠나셨습니다** : 연봉 이기설이 자신의 신념과 어긋날 경우에는 지조를 돌처럼 굳게 지키면서 단호하게 벼슬을 버리고, 전원에 돌아감을 은근히 비유한 말이다. 《주역》 〈계사전 하(繫辭傳下)〉에 "군자는 기미를 보고 떠나면서 하루가 다하기를 기다리지 않는다. 〈예괘(豫卦) 육이(六二)〉에 '지조가 돌

確乎卓乎　　굳세어라 우뚝해라
其勇其智　　그 용기 그 지혜여.
薦紳交辟　　조정 신료들 다투어 초빙하였고
睿眷亦至　　성상의 돌보심 또한 지극하셨습니다.
擢之豸臺　　치대(豸臺)에 발탁되셨고
陞之貂珥　　초이[865]에 오르셨습니다.
噬肯回頭　　기꺼이 머리를 돌리시더니
終莫之起　　끝내 벼슬에 나오지 않으셨죠.
不知者疑　　알지 못하는 자들은 의심하고
謂士也詭　　선비가 거짓되다 말하였습니다.
一室圖書　　도서(圖書) 가득한 방에서
獨寢永矢　　홀로 자면서 지조 지키길[866] 맹세하셨습니다.
飢斯飯蔬　　주리시면 거친 밥 드시고
渴斯飮水　　목마르면 물 마실 뿐이셨습니다.
其樂自有　　그 즐거움 본디 타고나신 본성
聊復得此　　애오라지 다시 이에서 얻으셨습니다.
何知一疾　　어찌 알았으랴, 한 번의 병환으로
哲人萎矣　　어지신 인물이 쉬 가실 줄을
少微收光　　소미성[867]이 광채를 거두니
儒林喪氣　　유림들은 기백을 잃었습니다.

처럼 견고해서 하루가 다하기를 기다리지 않으니, 정하고 길하다.'라고 하였다. 절개가 돌과 같으니 어찌 하루가 다하기를 기다리겠는가. 이를 통해서 군자가 결단하는 것을 알 수 있다.[君子見幾而作 不俟終日 易曰 介于石 不終日 貞吉 介如石焉 寧用終日 斷可知矣]"라는 말이 나온다.

865) **초이(貂珥)** : 옛날 담비 꼬리로 장식한 시중(侍中), 상시(常侍) 등의 관(冠)인데, 전하여 고관 대신(高官大臣)을 가리킨다.

866) **홀로 …… 지키길** : 원문의 '독침(獨寢)'은 혼자 있을 때의 품행을 경계하는 말이다. 《신논신독(新論愼獨)》에 "홀로 서 있을 때는 그림자에 부끄럽지 않게 하고, 혼자 잠잘 때는 이불에 부끄럽지 않게 해야 한다.[獨立不慚影 獨寢不愧衾]"라고 한 데서 온 말이다.

867) **소미성(少微星)** : '소미성'은 처사(處士), 즉 벼슬에 나아가지 않고, 은거하는 덕망이 높은 선비를 뜻하는데, 이 별이 빛나면 처사가 세상에 나오고, 빛을 잃으면 처사가 죽는다고 한다.

矧伊吾黨	하물며 우리네 고장에서
不慟誰爲	애통해하지 않으면 누굴 위해 하리오.
嗚呼哀哉	아아 슬프옵니다.
辱與游久	욕되시게 오랫동안 교유하시며
不我遐棄	저를 멀리해 버리지 않으셨습니다.
屬玆艱危	지금 간위한 때를 만나
時事日異	시국이 나날이 다릅니다.
我抱沉痾	저는 병들어 누워 있었고
公又避地	공은 또 자리를 옮기셨습니다.
曠世暌違	오랫동안 떨어져 있음에
積有胸鄙	가슴 속에 비루함만 쌓였습니다.
公到江滸	공께서 강가에 이르셨음을
我不聞只	저는 듣지도 못하였습니다.
公病公亡	공께서 병드시고 돌아가셔도
不問不視	위문도 찾아뵙지도 못하였습니다.
分義豈然	친분과 도의로 어찌 이렇게 하리오
幽明有愧	유명을 달리하시니 부끄러울 뿐입니다.
公今卽遠	공께서 지금 멀리 떠나심에도
我病猶痹	저는 병으로 거동이 어려웠습니다.
一酹不躬	한 잔 술도 몸소 못 올렸으니
萬恨俱萃	온갖 한스러움이 몰려옵니다.
抒辭告哀	글로 적어 슬픔을 고하노라니
言不盡意	말로는 슬픔을 다할 수 없나이다.
不昧者存	어둡지 않은 영령이 계시거든
其庶格思	바라옵건대 이에 강림하소서.
嗚呼哀哉	아아 슬프옵니다.
尙饗	부디 흠향하소서.

《연봉집(蓮峯集)》

제현의 글

경수연 시慶壽宴詩

신 참판 숙정(叔正) 댁의 어버이 수연(壽宴) 석상에서 붓을 달려 짓다 申參判叔正宅壽親宴席上走筆

최립(崔岦)

壽道尊樞府　장수(長壽)로 말한다면 존귀한 동지중추부사시고
榮看大侍郎　영예로 말한다면 자제가 어엿한 시랑[868]이라네.
樽開千日醞　술동이 열고 보니 천일주[869] 넘실대고
果祝萬霜嘗　과일로 축하하니 만년의 세월 맛보네.
促席先年近　나이 비슷한 분들은 앞에 함께 자리하시고
稀音並夜長　세상에 드문 음악 소리 밤 깊이 어우르네.
生叨隣世契　내 외람되이 이웃에서 선대의 교분 덕에
再得上華堂　아름다운 잔치 자리에 거듭 오르게 되었구려.

《간이집(簡易集)》

신 동지중엄 수연에서 바로 읊다 申同知仲淹壽席口占

심희수(沈喜壽)

僅有人間八耋尊　이 세상에 팔순의 존귀한 분 몇 분뿐이신데
壽官官制古今存　수관[870]을 내리는 관제는 고금이 마찬가지네.
自家陳乞猶常典　가문에서 진걸[871]함은 오히려 범상한 은전이고

868) 시랑(侍郎) : 참판의 별칭으로 졸재공은 당시 호조참판이었다.

公道超陞最聖恩　　벼슬길에서 높이 승진함은 임금의 은총 입었네.
龜鶴含眞桃結子　　거북 학[872]이 진주를 머금으니 반도[873]가 맺었고
金貂照座酒盈樽　　금초[874]의 장식이 좌중을 비추니 동이에 술 넘쳐나네.
服中雙璧斑衣舞　　품 안의 쌍벽[875] 같은 두 아들 색동옷에 춤을 추니
世羨高靈福履繁　　너나없이 고령 신문(高靈申門)의 성한 복록 부러워하네.

《일송선생문집(一松先生文集)》

신 참판(申參判) 숙정(叔正) 형제가 연 경수연 시첩에 쓰다
書申參判叔正兄弟慶壽宴帖

이항복(李恒福)

大郎腰間金帶長　　큰아드님 허리 사이에 금대[876]가 기다랗고
小郎鬢上玉環光　　작은아드님 살쩍 위에 옥환자[877]가 빛나네.
扶將鶴髮左右舞　　학발 어버이 모시고 좌우에서 춤을 추며
舞獻慶壽齊陵岡　　저 능강[878]같이 만수무강하시길 헌수하네.

---

869) 천일주[千日醞] : 보기 드문 명주(名酒)를 이른다. 옛날에 중산(中山) 사람인 적희(狄希)가 천일주(千日酒)를 잘 만들었는데, 유현석(劉玄石)이 그 술을 한 번 마시고는 천 일 동안 취했다가 무덤 속에서 술이 깨어 일어났다는 '일취천일성(一醉千日醒)'의 이야기가 전한다. 《박물지(博物志)》 10권 〈잡설 하(雜說下)〉 및 《수신기(搜神記)》 19권 참조.

870) 수관(壽官) : 수직(壽職). 조선시대 80세 이상 된 노인에게 주는 산직(散職)이다.

871) 진걸(陳乞) : 70이 넘은 신하가 임금에게 고향에 돌아가 편안히 쉬기를 빌던 일. 걸골(乞骨).

872) 거북 학[龜鶴] : 거북과 학은 둘 다 천 년의 수를 누린다 하여 예로부터 장수를 상징한다.

873) 반도(蟠桃) : 동해(東海) 가운데 선경(仙境)에 있다는 복숭아나무로, 3천 년 만에 한 번씩 꽃이 피고 열매를 맺는다는 전설이 있다. 여기서는 귀한 자식을 비유한 말이다.

874) 금초(金貂) : 황금당(黃金璫)과 초미(貂尾)의 준말인데, 높은 품계의 관원이 착용하는 관의 장식으로 쓰인다.

875) 쌍벽(雙璧) : 우열을 가리기 어려울 정도로 똑같이 재질이 뛰어난 형제를 비유하는 말이다.

876) 금대(金帶) : 정2품 관원이 조복(朝服)에 띠는 띠. 가장자리를 금으로 아로새겨서 꾸몄다.

877) 옥환자(玉環子) : 옥관자(玉冠子)를 말한다. 종 1품 이상의 관원은 환옥(環玉) 관자를 사용하고, 당상 정3품 관원은 조각한 옥관자를 사용했다. 곧 옥관자를 다는 고관의 직위를 말한다.

878) 능강(陵岡) : 강릉(岡陵). 산과 언덕처럼 장수하라고 축원할 때 쓰는 표현이다. 《시경》 〈소아(小雅)·천보(天保)〉에 이르기를, "하늘이 그대를 안정시켜 모든 것이 흥성하네. 높은 산과 언덕처럼 산과 구릉처

阿翁八十健如牛　　어르신께선 나이 여든에 황소처럼 건장하시어
尙能百拜新恩優　　너끈히 두터운 성은에 백 번 절을 올리시네.
蒼顔黃耉聯翩來　　창안백발의 신료들 줄 이어 내방하고
金屛列坐神仙儔　　병풍 앞에 벌여 앉으니 신선들이로고.
同聲齊唱百千壽　　한 소리로 일제히 백천의 장수를 호창하니
此樂如今世更有　　지금 세상에 이런 즐거움 어디에 또 있으랴.
人稱崇福五能全　　사람들이 말하는 큰 복 다섯 가지 겸전하시고
世有達尊三竝取　　세상에 있는 달존 셋[879]까지 아울러 취하셨네.
翁言老身此何堪　　늙은 몸이 이를 어찌 감당하랴 어르신 말씀하시며
瑟縮幾欲循墻走　　어쩔 줄 몰라 담장을 따라 달아나 듯하시네.[880]
仍呼二妙前致辭　　이어서 두 아드님 앞에 불러 놓고 이르시기를
嗟我兒曹戒終咎　　아 너희들은 경계하여 끝까지 허물없기를.
婁門盛德本恭謹　　누문의 훌륭한 덕은 공근에 근본하였고[881]
石家萬石由忠厚　　석가의 만석은 충후(忠厚)로 말미암은 것이라.[882]
手摩口授更繾綣　　어루만지며 일러 주고 또 간곡히 당부하노니
兒爾無忘迺父顧　　너희들은 이 아비의 말 잊지 말라 하시네.

럼 흘러오는 강물처럼 불어나지 않음이 없네.[天保定爾 以莫不興 如山如阜 如岡如陵 如川之方至 以莫不增]"라고 하였다.

879) **달존(達尊) 셋** : 삼달존(三達尊)을 가리킨다. 맹자(孟子)가 천하에 두루 통하는 존귀한 세 가지, 즉 고을에서의 나이[齒]와 조정에서의 벼슬[爵]과 세상을 돕고 백성을 기르는 덕(德)을 말하였다. 《孟子 公孫丑下》

880) **어쩔 줄 …… 듯하시네** : 더욱 공근(恭謹)한 자세를 보이는 것을 말한다. 공자(孔子)의 선조인 정고보(正考父)의 정명(鼎銘)에 "일명(一命)을 받아 대부(大夫)가 되어서는 고개를 숙이고 재명(再命)을 받아 경(卿)이 되어서는 허리를 굽혔으며 삼명(三命)을 받아 상경(上卿)이 되어서는 몸을 굽히고 담장을 따라 빠른 걸음으로 지나다니니 나를 감히 업신여기는 이가 없었다.[一命而僂 再命而傴 三命而俯 循牆而走 亦莫余敢侮]"라고 하였다. 《春秋左氏傳 昭公7年》

881) **누문(婁門)의 …… 근본하였고** : 누문은 당(唐)나라 때의 명상(名相) 누사덕(婁師德)을 이른다. 누사덕은 30년 동안 장상(將相)을 지내면서 특히 덕이 많고, 공근박충(恭勤樸忠)하기로 이름이 높았다. 《唐書 卷108》

882) **석가(石家)의 …… 것이네** : 석가는 한 무제(漢武帝) 때 명신(名臣) 석분(石奮)인데, 몸가짐이 공손하고 근신하였다고 한다. 그의 아들 4형제도 모두 효성과 근실함으로 이름이 있었고 벼슬이 2천 석의 지위에 이르렀으므로 그를 만석군(萬石君)이라 불렀다. 집안이 화목하고 예법을 잘 지켰으며 장수하여 선망의 대상이 되었다. 《史記 卷103 萬石君列傳》

風流話本落人間	풍류어린 이야기 인간 세상에 떨어지니
片言終成一家訓	한 마디 말씀 끝내 한 집안의 가훈이 되리라.
鋪張勝事屬老夫	아름다운 일 펼쳐짐이 늙은 내게 있게 되었으니
老夫身世堪嗚呼	늙은 나의 처지로 아아 감내하기 어렵도다.
題詩撫己一潸然	시 쓰고 몸 추스르며 눈물 한 번 쏟자니
夕陽風樹啼慈烏	석양의 바람 이는 나무에 까마귀 우는구나.[883]

《백사집(白沙集)》

883) **바람 이는 …… 우는구나** : 돌아간 부모를 생각하여 슬퍼하는 말이다. 바람 이는 나무란 곧 "나무는 고요하고자 하나 바람이 그치지 않고, 자식은 봉양하고자 하나 어버이가 기다려 주지 않는다[樹欲靜而風不止 子欲養而親不待]."고 한 고사에서 온 말이며, 까마귀는 본디 제 어미에게 반포(反哺)를 하는 효조(孝鳥)이므로 말한 것이다.

별장別章

서장관 신 선생에게 올리다
伏呈書狀官申先生

이대해(李大海)[884)]

昔於騎省逐高風　　옛날 병조에서 선생의 풍도를 따르며
雅量慈懷每服中　　아량과 자애에 매양 심중으로 흠복했네.
紫氣臨官天下雋　　자기어린 궁중에서 벼슬에 임하니 천하의 준걸이요
靑霜冠帶域中雄　　준엄한 기상으로 관대를 갖추니 나라의 웅걸이네.
幾遊玉砌傳禮樂　　몇 번이나 성군을 보필하며 예악을 전했던가
更從金地卞西東　　다시 서쪽 땅 따라 서쪽과 동쪽을 따져보네.
瞻回牛斗驚時物　　두성과 우성[885)] 운행 바라보시면 계절에 놀라시고
夢落山河近帝宮　　꿈 같은 산하를 지나노라면 황제 궁에 가까워지시리.
想得還年江上柳　　생각건대 돌아올 때에는 강가의 버들 순마다
纖眉撩亂繫氷公　　눈썹 같은 버들잎에 살얼음 매달려 있으리라.

《역주 명가보묵(名家寶墨)》[886)]

---

884) **이대해(李大海, 1562~?)** : 자는 백종(百宗), 본관은 여주(驪州)이다. 사간원 정언·형조정랑을 역임하고 정여립(鄭汝立) 일당의 체포를 독려하기 위한 독포어사(督捕御史)로 전라도에 파견되었고, 홍문관 교리를 지냈다. 종계개정(宗系改正)과 관련한 표창에서 광국원종일등훈(光國原從一等勳)의 녹권과 가선대부 승정원 도승지에 증직되었다.

885) **두성(斗星)과 우성(牛星)** : 견우성(牽牛星)와 남두성(南斗星)으로, 소식(蘇軾)의 〈적벽부(赤壁賦)〉에 "달이 동산 위에서 솟아나와, 두성과 견우의 사이를 배회하는데, 흰 이슬은 강물 위에 가득 내리고, 강물의 빛은 하늘과 맞닿았다.[月出於東山之上 徘徊於斗牛之間 白露橫江 水光接天]"라고 하였다.

886) **역주 명가보묵(名家寶墨)** : 청주(淸州)에 세거한 고령신씨 영성군파 문중에서 전해온 묵적[첩]을 역주한 책이다. 내용은 신중엄(申仲淹, 1522~1604)의 팔순 잔치에 아들 신식(申湜, 1551~1623)·신설(申渫, 1561~1631) 형제가 초대하거나 따로 시를 받아 묶은 《경수도첩(慶壽圖帖)》, 신식·신설 형제의 관력(官歷)과 관계된 《연경별장(燕京別章)》·《관동별장(關東別章)》·《해서별장(海西別章)》, 그리고 《경수도첩》에 누락된 글을 포함하여 당대 인사들과 주고받은 《만력간독첩(萬曆簡牘帖)》, 신설의 현손 신택

서장관으로 연경에 조회가는 숙정 선생을 전송하다 압록강에서 써서 드렸다.

送叔正先生書狀朝京 在鴨江邊 草呈

안령산인(鴈翎山人)[887]

曾識書林玉有人	진작 서림[888]에 옥 같은 사람 있음을 알았으나
那期此地更相親	어찌 이 땅에서 서로 친하게 될 줄 기대나 했으랴?
男兒肝膽須堪照	남아의 품은 뜻은 모름지기 비춰볼 만하고
末路風埃政可嚬	말세의 그릇된 풍조는 참으로 찡그릴 만하네.
遼海應尋千歲鶴	요동에서는 응당 천년의 학을 찾을 것이고[889]
關河悵別一孤臣	국경에서는 슬프게 외로운 신하를 이별하리라.
遙知兩處秋來夢	알겠네 두 곳에서 가을 기다리는 마음
長在烟波鴨水濱	이내 물결 압록강 물가에다 두었으리라.

《역주 명가보묵(名家寶墨)》

(1662~1729)이 허목(許穆, 1595~1682)에게 받은 좌우명을 적은 《미수서적(眉叟書蹟)》이다. 충북대학교 우암연구소(충북대학교 출판부, 2011)에서 발행하였다.

887) 안령산인(鴈翎山人) : 미상이다.

888) 서림(書林) : 서책이 숲처럼 많이 쌓여 있다는 것으로 서책을 간직해둔 곳을 뜻하는데, 여기서는 내각(內閣)을 말한 듯하다.

889) 요동에서는 …… 것이고 : 도연명(陶淵明)의 〈수신후기(搜神後記)〉에 "정영위(丁令威)는 본래 요동(遼東) 사람으로 영호산(靈虎山)에서 도를 배워 신선이 되었는데, 그가 뒤에 학으로 화하여 성문 앞의 큰 기둥인 화표(華表)에 앉아 있었다. 이때 어떤 소년이 활로 쏘려고 하자 학이 날아서 공중을 배회하며 말하기를 '새여, 새여, 정영위로다. 집을 떠난 지 천 년 만에 이제야 돌아오니, 성곽은 옛적과 같은데 백성은 그때 사람이 아니로구나. 어찌하여 신선술을 배우지 않아 무덤만 즐비한고?[有鳥有鳥丁令威 古家千年今始歸 城郭如故人民非 何不學仙冢纍纍]" 하고는 날아가 버렸다." 하였다.

사은사로 가는 용졸재신식 영공에게 주다[890)]
贈用拙申湜令公謝恩使之行

유근(柳根)

屬國瀕危甚　우리나라가 대단히 위태로울 때
皇威再救之　황제의 위엄으로 구해 주셨네.[891)]
讒言雖罔極　참소하는 말이 비록 망극하지만
慈母詎生疑　자모께서 어찌 의심나는 일 하셨으랴.
白日明難掩　흰 해는 밝아서 가릴 수 없고
高天聽卽卑　하늘은 낮은 곳의 말까지 듣지.[892)]
俄然快昭雪　금세 깨끗하게 밝혀졌으니
何以答恩私　무엇으로 큰 은혜에 보답하리오.
季札曾觀樂　계찰은 일찍이 음악을 감상했고[893)]
文忠久說詩　문충은 오래도록 시를 말하셨지.[894)]
獨賢人共惜　홀로 수고함을 사람마다 안타까워하는데
專對衆皆推　전대의 적임자로 모두들 추천하셨네.[895)]

---

890) 졸재공은 1599년(선조 32)과 1619년(광해군 11)에 사은사로 명나라에 다녀왔는데, 이 시에서 "백운(白雲)을 들어 부친을 그리워하게 될 것"이라고 하였는데, 부친 신중엄(申仲淹)은 1604년에 타계하였으므로, 이 시는 1599년에 지어진 것으로 보인다.

891) **우리나라가 …… 주셨네** : 임진왜란으로 위기에 처한 조선을 명나라가 도와주었다는 말이다.

892) **흰 …… 듣지** : 진실은 숨길 수가 없어서 반드시 밝혀진다는 말이다. '천고청비(天高聽卑)'는 하늘이 높아도 듣는 것은 낮다는 말로 땅 위에 있는 것을 다 듣는다는 뜻이다.《史記 卷38 宋微子世家》

893) **계찰(季札)은 …… 감상했고** : '계찰'은 춘추시대 오(吳)나라 왕자이다. 왕위를 마다하고 각국을 유람하며 당대의 현인들과 교유하였으며, 노(魯)나라에 가서 주악(周樂)을 구경하고 치란(治亂)과 성쇠(盛衰)에 관해 알았다고 한다.《史記 卷31 吳太白世家》

894) **문충(文忠)은 …… 말하셨지** : 외국에 사신 가서 시(詩)를 말한 사람으로 선대인 문충공(文忠公) 신숙주(申叔舟)의 고사를 이른 것으로 보인다.

895) **홀로 …… 추천하시네** : 졸재공이 나랏일에 많은 노력을 기울이고 있는데, 또 사신의 임무를 수행할 적임자로 추천되었다는 말이다. 원문의 '독현(獨賢)'은《시경》〈북산(北山)〉에 "넓은 하늘 아래 어떤 곳도 왕의 땅 아닌 곳이 없으며, 어느 땅 물가의 사람도 왕의 신하 아닌 자가 없는데, 대부가 공평하지 못하여 나만 일을 시키며 홀로 어질다 하는구나.[溥天之下 莫非王土 率土之濱 莫非王臣 大夫不均 我從事獨賢]"라고 한 데서 유래하여 나랏일에 헌신하는 신하를 가리키는 말로 사용된다. 또한 원문의 '전대(專對)'는《논어》〈자로〉에 "시경 삼백 편을 외더라도 정사를 맡겨주되 제대로 해내지 못하고, 사방에 사명

適我淹羈旅　마침 내가 타향에 머물다가
逢君愴別離　그대 만나 이별을 슬퍼하네.
聊因一字改　애오라지 한 글자 고치기 위해
贏得數旬遲　어느덧 수십 일이나 지체되었구려.
華表千年柱　천 년의 화표주 지나고
清風萬古祠　만고의 청풍사 들르겠지[896)]
夢應迷日下　꿈에서도 한낮에 헤매겠지만
身已杳天涯　몸은 이미 하늘가에 아득하여라.[897)]
夜宿烏蠻館　밤에 오만관에서 묵고
晨隨白玉墀　새벽에 백옥지 따르겠지.[898)]
班行分馬象　반열은 말과 코끼리로 나뉘고
燈燭引龍虁　등촉은 용과 기가 이끌겠지.[899)]
稽首瞻虞殿　머리 조아리며 어전을 우러르고
揩眸覩漢儀　눈 비비며 황실의 위의 보리라.[900)]

을 받들고 나가되 혼자서 응대를 하지 못한다면, 아무리 많이 왼들 어디에 쓰겠는가.[誦詩三百 授之以政 不達 使於四方 不能專對 雖多 亦奚以爲]"라고 한 데서 유래하여 외국에 사신으로 나감을 의미하는 말로 사용된다.

896) **천 년의 …… 들르겠지** : 졸재공이 사행(使行) 도중에 지나게 될 곳을 언급한 것이다. 화표주(華表柱)는 요동성(遼東城) 성문 앞의 백탑(白塔)을 가리키고, 청풍사(淸風祠)는 요동의 난하(灤河)에 있는 이제묘(夷齊廟)인데 이곳에 백이(伯夷)와 숙제(叔弟)를 제향한 청성사(淸聖祠)가 있다.

897) **꿈에서도 …… 아득하여라** : 졸재공이 멀리 명나라로 사신 가지만 꿈에서도 임금을 그릴 것이라는 말이다. 원문의 '일하(日下)'는 해의 아래라는 말인데 도성 또는 직접 임금을 가리키는 말로 사용된다.

898) **밤에 …… 따르겠지** : 졸재공이 북경에 도착하여 숙소에서 묵고 새벽에 황제를 배알할 것이라는 말이다. 오만관(烏蠻館)은 중국 남쪽 지방의 오랑캐인 오만(烏蠻)의 사신들이 북경에 왔을 때 묵던 관소(館所)인데, 사신들이 묵는 숙소를 가리키는 말로 사용된다. 백옥지(白玉墀)는 백옥으로 된 섬돌이라는 말로 황궁을 가리킨다.

899) **반열(班列)은 …… 이끌겠지** : 황제에게 조회할 때의 모습을 읊은 것이다. 권협(權悏)의 《연행록(燕行錄)》 정유년(1597, 선조 30) 3월 6일 기사에 "4경에 일어나 대궐에 나아갔다. 동장안문(東長安門)으로 들어가서 금천교(禁川橋)를 지나 승천문(承天門)으로 해서 단문(端門)을 거쳐 오문(午門) 앞에 이르러 왼편 긴 행랑에서 잠시 쉬었다가 날이 밝아올 때쯤 어로(御路) 아래에 나아가 서 있었다. 이윽고 입위군(入衛軍)과 코끼리가 함께 나간 다음에 홍려시 관원이 어로에 오르라고 외치니, 조회에 참석한 여러 관원들이 모두 어로에 올라 다섯 번 절하고 세 번 머리를 조아렸다."라고 하였다. 이로 보아 코끼리를 타고 인도하는 의장대가 있었음을 알 수 있다.

900) **머리 …… 보리라** : 졸재공이 황제를 우러러보고, 명나라 조정의 위의를 목격하게 될 것이라는 말이다.

風煙留宿債　　바람과 안개의 풍광에 묵은 빚 남았으니
葩藻騁新辭　　멋진 말로 새 시 지으리.
努力加餐日　　힘써 식사 잘 하시고
寬心把酒時　　여유롭게 술도 마시구려.
白雲長在望　　흰 구름이 멀리 눈에 들어오는데[901]
靑草幾生池　　푸른 풀은 얼마나 못가에 돋아날까.
薊北無消息　　계주 북쪽에는 소식도 없고
遼西隔夢思　　요서에는 꿈조차 막히리.[902]
遠遊堪作惡　　멀리 가니 괴롭기 그지없는데
良覿邈難期　　기쁜 만남도 아득하여 기약할 수 없네.
暑雨愁頻遇　　여름 비 자주 만날까 염려되니
征車戒疾馳　　수레가 빨리 달리지 못하도록 경계하네.
丁寧問屠狗　　정성스레 도구[903]에게 물어보오
誰是好男兒　　누가 멋진 남아인지를.

《서경시집(西坰詩集)》

우전(虞殿)은 순 임금의 궁전이란 말로, 여기서는 황제의 어전을 의미한다. 한의(漢儀)는 한나라의 의례(儀禮)인데 명(明)나라 조정의 위의를 의미한다.

901) **흰 …… 들어오는데** : 졸재공이 사행하는 동안 아버지를 그리워할 것이라는 말이다. 백운(白雲)은 당(唐)나라 적인걸(狄仁傑)의 고사에서 유래하여, 타향에서 아버지를 그리워하는 마음을 비유하는 시어이다.

902) **계주(薊州) …… 막히리** : 졸재공이 사행 중에 집안 소식을 받기 어려울 것이라는 말이다.

903) **도구(屠狗)** : 개백정을 가리키는 말이다. 전국 시대 말기의 유명한 자객인 형가(荊軻)가 연(燕)나라 태자 단(丹)의 부탁을 받고 진왕(秦王)인 영정(嬴政)을 죽이러 갔다가 피살당했는데, 《사기》 〈자객열전(刺客列傳)〉에 그가 연나라에 와서 개백정과 축(筑)의 명인인 고점리(高漸離)와 어울렸던 내용이 나온다. 북경이 옛 연나라 지방이기 때문에 도구를 인용하여 말한 것이다.

강릉으로 부임하는 신숙정식을 보내면서
送申叔正湜赴江陵

황정욱(黃廷彧)[904)]

昔遊東表鏡湖亭	옛날 관동의 경포정에서 놀 적에
雲夢胸吞八九平	가슴속에 운몽택 여다홉 개나 삼켰다오.[905)]
露浥海棠猩血艶	이슬 젖은 해당화는 성혈[906)]처럼 짙붉고
玉鳴沙路馬蹄輕	모랫길에 옥 울리 듯 말발굽도 가벼웠지.
袁宏秋渚波聲靜	원굉이 놀던 가을 호수[907)]에 물결소리 고요하고
庾亮南樓月色淸	유량이 오른 남루에는[908)] 달빛도 맑았어라.

904) **황정욱(黃廷彧, 1532~1607)** : 본관은 장수(長水), 자는 경문(景文), 호는 지천(芝川), 영의정 황희(黃喜)의 후손이다. 1558년 식년 문과에 급제하고, 1584년 종계변무주청사(宗系辨誣奏請使)로 명나라에 가서 사명을 완수하고 돌아왔다. 1589년 정여립(鄭汝立)의 모반에 연좌되어 파직되었다가 곧 복직되었다. 이듬해 종계변무의 공으로 광국공신(光國功臣) 1등이 되어 장계부원군(長溪府院君)에 책봉되면서 대제학이 되었다. 이어 예조판서·병조판서를 역임하였다. 1592년 임진왜란이 일어나자 호소사(號召使)가 되어 왕자 순화군(順和君)을 배종(陪從)하여 관동으로 피신하였다. 여기서 의병을 모집하는 격문을 돌렸다. 문장과 시와 서예에 모두 능하였다. 저서에 《지천집》이 있다.

905) **가슴속에 …… 삼켰다오** : 운몽택(雲夢澤)은 운몽호(雲夢湖)로 900리 사방의 큰 늪. 한(漢)나라 사마상여(司馬相如)의 〈상림부(上林賦)〉에 "초나라에는 칠택이 있고, 그중에 하나인 운몽택은 사방이 9백 리인데, 운몽택 같은 것 여덟아홉 개를 삼키어도 가슴속에 조금도 거리낌이 없다.[楚有七澤 其一曰雲夢 方九百里 吞若雲夢者八九 其於胸中曾不蔕芥]" 한 데서 온 말로 광대한 포부가 있음을 말한다. 여기서는 강릉 호수의 경관에 감탄했음을 뜻한다.

906) **성혈(猩血)** : 성성(猩猩)이란 짐승의 피를 말하는데, 성성의 피가 선홍색(鮮紅色)이므로, 전하여 선홍색의 뜻으로 쓰인다.

907) **원굉(袁宏)이 놀던 가을 호수** : '원굉'은 진(晉)나라 사람으로 문장이 뛰어났는데, 진서장군(鎭西將軍) 사상(謝尙)이 우저(牛渚) 지방을 진무하고 있을 때, 달 밝은 가을밤에 막료들과 배를 띄워 놀기를 좋아하였다고 한다. 어느 가을밤에 달이 하 밝자, 갑작스럽게 좌우 막료들을 거느리고 미복(微服) 차림으로 우저에 배를 띄워 노닐던 중, 딴 배에서 청아하게 시가를 읊조리는 소리가 들려 한참을 듣고 있다가, 그가 누구냐고 물으니 원굉이라 하므로, 그를 맞이하여 한배에 타고 밤새도록 담론을 즐겼다는 고사에서 온 말이다. 《晉書 卷92 袁宏傳》

908) **유량(庾亮)이 오른 남루에는** : '유량'은 진대(晉代)의 재상으로 일찍이 정서장군(征西將軍)이 되어 무창에 있을 때 장강 가에 누각을 세우고 이를 남루(南樓)라 하였는데, 어느 가을날 밤에 달이 막 떠오르고 천기(天氣)가 아주 쾌청하자, 유량이 남루에 올라가서 그의 좌리(佐吏)인 은호(殷浩), 왕호지(王胡之) 등과 함께 시를 읊조리며, 고상한 풍류를 만끽했던 고사에서 온 말이다. 《晉書 卷73 庾亮列傳》

萬古風流餘興在　　만고의 풍류 속에 남은 흥취 있나니[909]
亭中倘有客星經　　정자에 간혹 객성[910]이 있어 놀고 갔다네.

《지천집(芝川集)》

관동관찰사 신숙정에게 주다 강릉에서 조정으로 돌아온 지 얼마 안 되었다. 이름은 식(湜)이다.
贈關東按使申叔正 自江陵還朝未久 名湜

김상헌(金尙憲)

關外仙區結勝緣　　대관령 밖 신선 땅과 좋은 인연 맺었는데
主恩重踏舊山川　　임금 은혜 받아 거듭 옛 산천을 밟게 됐네.
錦衣玉節臨瀛館　　금의 입고 옥절 들고 임영관[911]에 올라보면
陳迹分明一愴然　　묵은 자취 분명하여 마음 한번 창연하리.

《청음집(淸陰集)》

---

909) 만고의 …… 있나니 : 두보의 〈강릉절도사양성군왕신루성왕청엄시어판관부칠자구동작(江陵節度使陽城郡王新樓成王請嚴侍御判官賦七字句同作)〉 시에 "퇴청한 여가에는 막료들을 맞아 즐기니, 강한의 풍류가 만고에 길이 전하리로다.[自公多暇延參佐 江漢風流萬古情]"라고 하였다. 《杜少陵詩集 卷21》

910) 객성(客星) : 동한(東漢) 때 엄자릉(嚴子陵). 곧 엄광(嚴光)을 말한다. 어떤 사람이 떼를 타고 은하에 올라 직녀와 견우를 보고 여기가 어디냐고 물으니, 촉중(蜀中)의 엄군평(嚴君平)을 찾아가 물으라 하였다. 돌아와서 엄군평을 찾아가 그곳이 어디냐고 물어보니, 군평이 대답하기를, "모 연월일에 객성이 견우성을 범했다."고 하였다. 여기서는 '길손'으로 풀이해도 좋을 듯하다.

911) 임영관(臨瀛館) : 강릉에 있는 동헌의 이름인데 임영은 강릉의 고호이다.

한송정에서 신숙정식(湜) 부백[912]에게 장난삼아 써서 주다
寒松亭 戲贈府伯申叔正湜

이정형(李廷馨)[913]

月白寒松五時詩　　달빛어린 한송정 철마다 노래하였으니
騷人千載留佳句　　시객들 천 년간 멋들어진 시구 남겼네.
使君善政虎渡河　　수령의 선정에 범은 하수(河水)를 건너갔을 터
今日寒松景依舊　　오늘의 한송정 경관은 예전과 다름이 없으리.

-옛사람의 말에 "찬 소나무는 어느 날 호랑이가 물고 갈 것인가"라는 시구가 있다.-[914]

-昔人有寒松何日虎將皈之句-

《지퇴당집(知退堂集)》

912) **부백(府伯)** : 부(府)의 으뜸가는 벼슬로 부사(府使)를 말한다.

913) **이정형(李廷馨, 1549~1607)** : 본관은 경주(慶州), 자는 덕훈(德薰), 호는 지퇴당(知退堂)·동각(東閣)·서산노인(西山老人)이다. 1586년(선조 1) 문과에 합격한 뒤 정언·예조정랑·헌납 등을 지냈으며, 1578년(선조 11)에 서장관으로 중국에 다녀왔다. 이후 대사성, 대사간, 우승지, 이조참판, 예조참판 등을 역임하였다. 1602년(선조 35) 성절사(聖節使)로 다시 중국에 다녀온 뒤 양주목사(楊州牧使)와 삼척부사(三陟府使) 등을 지냈다. 저서에 《동각잡기(東閣雜記)》와 문집인 《지퇴당집》이 있다.

914) **옛사람의 …… 있다** : 《해동잡록(海東雜錄)》에, "강릉(江陵)의 한송정(寒松亭)은 경치가 좋기로 관동(關東)에서 제일이었다. 사신(使臣)들과 손님의 내왕이 많아 수레가 몰려들었으며 그들의 접대비가 무척 많이 들자, 고을 사람들이 항상 불평하기를 '한송정은 호랑이가 어느 때 물어 갈꼬.' 하였다."라는 내용이 있다.

호(號)와 관련한 시

용졸재 찬 짤막한 발문을 함께 붙임
用拙齋贊 幷小跋

신흠(申欽)

智不以巧　지혜를 공교롭게 아니 하시니
奚其鑿兮　어찌 천착할 리 있겠는가.
言不以巧　말씀을 공교롭게 아니 하시니
近仁德兮　인덕(仁德)에 가까우네.
行不以巧　행실을 공교롭게 아니 하시니
敦乎朴兮　돈독하고 박실(朴實)하시네.
世騖於巧　사람들 공교로움에 힘쓰는데
公胡拙兮　공은 어찌하여 졸(拙)하신가.
有命自天　천명으로 받은지라
公是述兮　공은 그대로 하셨도다.
玄酒不漓　현주[915]여서 흐리지 않고
古井不波　옛 우물처럼 잔잔하시네.
繢繡不施　수를 놓아 꾸미지 않았고
雕鏤不加　조각과 장식 더하지 않으시네.
眞全質完　참 바탕 온전히 하시고
於道則多　도(道)에는 여유로우셨네.
伊拙之用　저 졸함을 쓰시니

915) **현주(玄酒)** : 제사나 의식에 쓰는 정화수(井華水)의 별칭으로, 예스럽고 질박하며 아담(雅淡)한 것을 비유하는 말이다. 송나라 소옹(邵雍)의 〈동지음(冬至吟)〉에 "현주는 맛이 담박하고 대음은 소리가 드물다.[玄酒味方淡 大音聲正希]" 하였다. 《擊壤集 卷18》

用而無窮　　　써도 다함이 없네.
其何師乎　　　그 누굴 스승 삼으셨나
惟周元公　　　오직 주원공[916]이라네.

사람이 세상에 태어나서 자신을 알아주는 사람을 실로 만나기 어려우니, 혹 세상에 드물게 서로 감응하기도 하고 혹은 길이 어긋나 서로 잃기도 한다. 같은 동류들 사이에도 그러한데 하물며 임금과 신하 사이이겠는가. 선조대왕께서 한 마디로 공에게 명명하신 것을 공은 종신토록 몸에 지니는 부적으로 삼았고, 그것을 몸에 지녔을 뿐만 아니라 또다시 한 걸음 나아가 선양하기까지 하였다. 아, 십분 군신의 관계를 엿볼 수 있으니, 이에 한층 더 감회가 일어나지 않을 수 없다. 그 의미를 부연하여 드러내는 사항은 여러 사대부 선생들이 이미 다 말씀하였기 때문에 나는 더 이상 군더더기를 덧붙이지 않고 찬(贊)만을 지었다. -용졸(用拙)은 지중추부사(知中樞府事) 신식(申湜)의 호이다. 일찍이 승지로 있을 때 조정에서 지추(知樞)를 중국의 사신을 접대하는 직임에 차임하려 하자, 선조대왕이 하교하기를 "모는 졸하다.[某也拙]" 하였기 때문에 지추가 그것으로 호를 삼았다.-

人生世間 知遇實難 或曠代相感 或交臂相失 其於倫輩猶然 況君臣之際耶 宣祖大王一言命公 而公乃爲終身佩持之符 匪直佩持 又揄揚之 噫 足以觀君臣矣 於是乎尤不能不以之興懷也 乃若敷暢厥義 諸薦紳先生已盡之矣 欽毋用贅 姑爲之贊云 -用拙 申知樞湜之號也 曾爲承宣 朝廷將以知樞擬差天朝官儐接之任 宣祖大王下敎曰 某也拙云 故知樞仍以自號-

《상촌선생집(象村先生集)》

916) 주원공(周元公) : 송나라 주돈이(周敦頤). 원공은 그의 시호임. 〈졸부(拙賦)〉를 지었으므로 인용한 것이다.

졸재에 대한 시 서문을 함께 붙임
拙齋詩 幷序

이호민(李好閔)

나는 일찍이 옛사람이 "천하는 본래 일이 없는데 용렬한 사람이 소요스럽게 할 뿐이다."[917]라고 한 말을 듣고서 좋아하였지만 소요스럽게 하는 까닭을 깊이 알지는 못하였다. 그러던 중 《맹자》를 읽다가 "지혜로운 자를 미워하는 까닭은 천착하기 때문이다."[918]라고 한 말씀에 이르러 소요스럽게 하는 근본이 천착함에 있음을 비로소 알았다. 또 주염계(周濂溪)의 〈졸부(拙賦)〉에서 "천하가 졸(拙)하면 형벌하는 정사가 없어진다."[919]라는 글을 읽고서야 졸(拙)이 천착하지 않고 소요스럽게 하지 않는 근본이 되고 형벌하는 정사가 이 때문에 없어짐도 알게 되었다.

나의 벗 신숙정(申叔正)은 이름이 식(湜)인데, 성품이 간결하고 조용하여 작위(作爲)함을 좋아하지 않아 사물에 있어 분란하게 하거나 과장하는 경우가 드물었다. 우리들은 일찍이 그를 완고하고 막힌 사람으로 의심했었는데, 우리 선조대왕께서 그를 일컬어 "식(湜)은 졸

917) **천하는 …… 할 뿐이다** : 본래 당(唐)나라 때 포주 자사(蒲州刺史)를 지낸 육상선(陸象先)이 한 말이다. 《新唐書 陸象先列傳》

918) **지혜로운 …… 때문이다** : 《맹자(孟子)》 〈이루 하(離婁下)〉에 "지혜를 미워하는 것은 천착하기 때문이다. 만일 지혜로운 자가 우 임금이 물을 흘러가게 하듯이 한다면 지혜를 미워하는 일이 없을 것이다. 우 임금이 물을 흘러가게 하심은 그 억지로 일을 만들어냄 없이 행하신 것이니, 만일 지혜로운 자가 그 억지로 일을 만들어 함이 없는 바를 행한다면 지혜가 또한 클 것이다.[所惡於智者 爲其鑿也 如智者若禹之行水也 則無惡於智矣 禹之行水也 行其所無事也 如智者亦行其所無事 則智亦大矣]" 하였다. 주자 주석에 "천하의 이치는 본래 모두 화순(利順)한데 작은 지혜를 쓰는 사람들이 천착하기를 힘쓰니, 이 때문에 잃는 것이다."라고 하였다. '천착(穿鑿)'은 자연을 따라 순리대로 하지 않고 억지로 작위(作爲)함을 이른다.

919) **주염계(周濂溪)의 …… 없어진다** : '주염계'는 송(宋)나라 주돈이(周敦頤)의 호. 일찍이 〈졸부(拙賦)〉를 지어 처세에 있어 졸(拙)이 교(巧)보다는 우위에 있다는 논지로 자신을 졸자(拙者)로 자칭하였는바, 〈졸부〉의 내용은 다음과 같다. 혹자가 나더러 사람들이 당신을 고졸(古拙)하다고 하므로, 내가 말하기를 '교묘함은 내가 부끄럽게 여기는 바이며, 또 세상에 교묘한 사람이 많은 걸 걱정하노라.' 하고, 나는 속으로 기쁘게 여겨 글을 짓기를 '교묘한 자는 말을 잘하고 고졸한 자는 침묵하며, 교묘한 자는 수고롭고 고졸한 자는 안일하며, 교묘한 자는 남을 해치고 고졸한 자는 덕스럽고, 교묘한 자는 흉하고 고졸한 자는 길하다. 아, 천하의 사람이 다 고졸하면 형벌하는 정사가 없어져서, 윗사람은 편안하고 아랫사람은 순종하여, 풍속이 깨끗해지고 폐단이 없어지리라.[或謂予曰 人謂子拙 予曰巧 竊所恥也 且患世多巧也 喜而賦之曰 巧者言 拙者默 巧者勞 拙者逸 巧者賊 拙者德 巧者凶 拙者吉 嗚呼 天下拙 刑政徹 上安下順 風淸弊絶]" 《周子抄釋 卷2》

(拙)하다."라고 하셨으니, 아, 신하를 알아보는 사람은 임금만한 분이 없다. 사람들은 그저 그를 완고하고 막힌 사람으로 의심할 줄만 알았지, 그가 완고하고 막힌 것을 의심하게 된 것이 실로 졸(拙)에서 말미암았음을 몰랐던 것이다. 그런데 우리 선조께서 보시는 것이 분명하시어 먼저 잘 아셨던 것이다.

아, 천착함과 소요스럽게 함에서 숙정은 벗어날 줄을 안 것이니, 이는 좋은 소식의 실마리가 된다. 신식이 마침내 크게 감격하여 졸(拙)자로써 서재의 이름으로 짓고 가슴에 새기었다. 벗 연안 이 아무개가 이에 대한 시를 지어 서로 권면하노라.

某嘗聞之 古人曰 天下自無事 庸人擾之耳 某知悅其言 而不深知所以擾之之故 及讀孟子書曰 所惡於智者 爲其鑿也 始知擾之本在鑿也 至讀周濂溪拙賦曰 天下拙 刑政徹 又始知拙爲不鑿不擾之本 而刑政之所由徹也 吾友申君叔正名湜 性簡靜 不喜作爲 於物少勞攘 於事少鋪張 吾儕嘗疑其爲固滯也 我宣考大王嘗稱之曰 湜也拙 噫 知臣莫如君 人但知疑其爲固滯 而不知所以疑其爲固滯者實由於拙也 我宣考灼見之明先深得之也 噫 鑿與擾 叔正其知免夫 而爲好消息之端矣 湜遂大感激 以拙名齋而服膺也 其友延安李某作此詩 以相勖云

天者理之至　　하늘은 이치의 지극함이니
至巧藏諸物　　지극한 공교로움 만물에 감춰뒀네.
物各自爲用　　만물은 절로 이에 쓰임이 되니
順之無夭閼　　이를 순히 따라 막힘이 없다오.
聖人無所爲　　성인은 작위하는 바가 없고
後天奉天時　　천도를 뒤따르며 천시를 잘 받드셨네.[920]

920) **천도를 …… 받드셨네** : 성인(聖人)의 덕이 지극함을 이르는 말로, 《주역》 〈건괘(乾卦)〉에 "대인(大人)이란 천지(天地)와 그 덕이 똑같으며, 일월(日月)과 그 밝음이 똑같으며, 사시(四時)와 그 질서가 똑같으며, 귀신과 그 길흉의 판단이 똑같아서, 하늘보다 먼저 하여도 하늘이 어기지 않으며 하늘보다 뒤에 하여 천시(天時)를 받드나니, 하늘도 어기지 않는데 하물며 사람에게 있어서며, 귀신에게 있어서랴.[夫大人者 與天地合其德 與日月合其明 與四時合其序 與鬼神合其吉凶 先天而天弗違 後天而奉天時 天且弗違 而況於人乎 況於鬼神乎]" 하였고, 그 전(傳)에 "성인이 하늘보다 먼저 하여 하늘이 이에 똑같게 하고, 하늘보다 뒤에 하여 하늘에 순응하는 것은 도에 합할 뿐이니, 도에 합하면 사람과 귀신이 어찌 어길 수 있겠는가.[聖人 先於天而天同之 後於天而能順天者 合於道而已 合於道 則人與鬼神 豈能違也]"라고 한 구절이 있다.

是爲天下拙	이것이 천하의 졸함이 되나니
刑政所由徹	형벌의 정사가 이로 없어진다오.
至哉我宣考	지극할 손 우리 선조대왕께서
以拙命臣湜	졸자로 신하 신식을 명하셨도다.
非謂已能造	이미 이 경지에 올랐다 평함이 아니요
因性利疏導	본성 따라 순히 함을 말씀한 것이네.
湜乃奉周旋	신식이 이에 받들고 준수하여
名齋服無斁	서재 이름으로 짓고 복응하도다.
其友作此詩	그의 벗이 이 시를 지어
持以交相勖	서로서로 권면하노라.

《오봉선생집(五峯先生集)》

계啓

임소에 도착한 신임 방백에게 올리는 계사[921]

上新方伯到任啓

이수광(李睟光)

감사의 인장이 대궐에서 내려오니 구천(九天)의 교서로 새로운 은혜가 넘치고, 감사의 수레가 남쪽 구름과 어우러지니 홍련의 막부[922]에 아름다운 기운이 성대합니다. 이에 곤수(閫帥)의 부월(斧鉞)에서 광채가 발하고 남쪽 지방에는 희색이 만면합니다.

삼가 생각건대, 공께서는 유서 깊은 영천(靈川)의 후손으로 대대로 고관을 배출한 명문가의 출신입니다. 형제들이 나란히 빼어난 것은 원방과 계방처럼 난형난제(難兄難弟)라 할 만하고,[923] 어버이의 상(喪)을 만나 거상하심은 대련(大連)과 소련(小連)처럼 잘하셨습니다. 강릉의 불이 저절로 꺼졌으니 유곤(劉昆)의 덕정(德政)에 비견되고,[924] 광주의 샘물을 마셔도 탐욕스런 마음이 생기지 않았으니 오은지(吳隱之) 같은 맑은 풍모를 지니셨습니다.[925] 또 오

---

921) 이 글은 졸재공이 관찰사로 처음 임소에 왔을 때 이지봉이 올린 계사로, 이지봉은 당시 홍주목사(洪州牧使)로 있었다. 졸재공은 1608년(광해군 즉위년) 7월에 충청도관찰사에 제수되었다. 《光海君日記 卽位年 7月 12日》

922) **홍련(紅蓮)의 막부(幕府)** : 남조(南朝) 제(齊)나라의 재신(宰臣) 왕검(王儉)의 막부를 당시 사람들이 홍련막(紅蓮幕) 또는 연화지(蓮花池)라 일컬었던 데서 온 말로, 전하여 재상 대신의 막부 또는 장수의 막부를 가리키는데, 여기서는 졸재공이 부임하는 충청 감영을 가리킨다. 《南史 卷49 庾杲之列傳》

923) **원방(元方)과 …… 만하고** : '원방'과 '계방(季方)'은 후한(後漢) 진식(陳寔)의 아들인 진기(陳紀)와 진심(陳諶)의 자(字)로, 학문과 덕행으로 명성이 높아 사람들이 난형난제(難兄難弟)라고 칭한 고사가 전해진다. 《後漢書 卷92 陳寔列傳 陳紀》

924) **강릉(江陵)의 …… 비견되고** : '유곤(劉昆)'은 후한(後漢)의 유명한 양리(良吏)로, 유곤이 일찍이 강릉영(江陵令)으로 있을 때, 고을에 화재가 나자 유곤이 불을 향해 머리를 조아리니 불이 잠시 뒤에 꺼졌다는 고사가 있다. 여기서는 졸재공이 일찍이 강릉부사(江陵府使)가 되어 선정(善政)을 베풀었기 때문에 이렇게 말한 것이다. 《後漢書 卷79 儒林列傳 劉昆》

925) **광주(廣州)의 …… 지니셨습니다** : '오은지(吳隱之)'는 진(晉)나라의 유명한 양리(良吏)로, 그가 일찍이 광주자사(廣州刺史)로 부임했을 때, 그 근방에 탐천(貪泉)이란 샘이 있어 이 물을 마신 자는 끝없는 욕심을 품게 된다는 전설이 있었으므로, 그가 일부러 탐천을 찾아가 그 물을 떠 마시면서 "백이(伯夷)와 숙제(叔齊)에게 마시게 한다면 그들은 끝내 마음을 바꾸지 않으리라."라는 시를 지어 청렴할 것을 다짐

래도록 조정에서 높은 벼슬을 하시고 거듭 홍문관에서 직임을 수행하셨으며, 대사헌의 자리에서 떠나자마자 문득 감사의 부절을 차게 되셨습니다.

감사 행차의 고각 소리는 가을에 금수(錦水)의 물결에 이어지고, 우로(雨露)가 넉넉한 깃발은 한낮에 감당의 그늘[926]을 옮겨옵니다. 그 기개는 수백 리의 땅을 맑게 하고 그 위엄은 열두 산봉우리를 진동시킵니다. 감사와 순찰(巡察)의 권한을 겸하니 옛날의 연수(連帥)에 견주어지고 병마(兵馬)와 수군(水軍)의 직임을 통제하니 오늘날의 총융(摠戎)이 됩니다. 우리 도내에 은연중에 이러한 분이 계시게 되었으니, 우리 고을은 가만히 앉아 있어도 아무 탈 없이 편안할 것입니다.

삼가 생각건대, 저는 평소에 아첨하지 못하고 출사해서는 통재(通才)가 부족하였습니다. 5년 동안 강호(江湖)에서 지내다가 재차 고을 수령이 되었는데, 하루저녁에 문득 서울로부터 공께서 감사로 오신다는 소식에 멀리서 기뻐하였습니다. 이는 하늘이 공과의 만남을 주선해 준 것이 아니겠습니까. 참으로 저는 소원한 바를 이루게 되었습니다.

공의 행차를 친히 맞이하여 수판(手板)을 잡은 채 공손히 공의 가르침을 들어야 하겠습니다만, 붓을 적셔 정성을 다해 감히 짧은 글에 공경하는 마음을 폅니다.

-신임 감사 신공 식(申公湜)은 고령(高靈)의 세가(世家)로, 형제가 모두 현달하고 거상(居喪)을 잘하였으며, 또 일찍이 강릉부사(江陵府使)와 광주목사(廣州牧使)를 역임하였기 때문에 이렇게 운운한 것이다.-

金章下北闕 渙紫泥九天之新恩 皁蓋映南雲 藹紅蓮一幕之佳氣 輝生閫鉞 喜動坤維 伏惟華胄靈川 名家喬木 弟兄比美 若元方季方之難 草土居憂 同大連小連之善 江陵之火自滅 齊德政於劉昆 廣州之泉不貪 挹淸風於吳隱 久鳴履於北斗躔上 重影纓於白雲署中 纔離峨豸之班 遽借刻麟之節 星河鼓角 秋連錦水之波 雨露旌旗 晝轉甘棠之影 氣槪澄淸數百里 威稜震疊十二山 兼監司巡察之權 視古連帥 統兵馬水軍之任 爲今總戎 惟方面隱然有人 乃吾州坐而無事 伏念某生無媚骨 出乏通才 五年江湖 再辱銅章之選 一夕霄漢 遙欣袞衣之來 非天侈其逢乎 是余得所望者 趨塵斂板 行竊聽

하고 이후로 더욱 청렴한 생활을 하였다고 한다. 여기서는 졸재공이 일찍이 광주목사(廣州牧使)를 역임하면서 청렴한 풍도를 지켰으므로 이렇게 말한 것이다.《晉書 卷90 吳隱之列傳》

926) **감당(甘棠)의 그늘** : 지방관의 선정을 비유한 말이다. 각주 244)번 참조.

於下風 削楮濡毫 敢申敬於尺牘

-新監司申公湜 高靈世家 而兄弟竝頤 善於居喪 且曾任江陵廣州故云-

《지봉집(芝峯集)·잡저(雜著)》

상량문上樑文

문암서원 상량문 을묘년(1613, 광해군 7) 춘천(春川)의 부백(府伯)으로 있는 신숙정(申叔正)을 위하여 지은 것이다.

文巖書院上梁文 乙卯爲春川府伯申叔正作

정경세(鄭經世)

하늘이 우리 사문(斯文)을 없어지지 않게 하여 정학(正學)이 밝은 시대에 끊어졌다가 이어졌으며, 백성들이 이 떳떳한 덕(德)을 좋아하매 대현(大賢)을 명당(明堂)에다 경건히 모셨도다. 이에 한때의 사람들이 보고 들음이 새롭게 되었고, 만대토록 영원할 추향(趨向)이 정해지게 되었도다.

아, 아름답도다. 우리 동방의 부자(夫子)로는 오직 퇴계(退溪) 선생 한 분만이 계시는도다. 포은(圃隱)에서부터 회재(晦齋)에 이르기까지 여러 학자들의 정연한 이치를 집대성하였으며, 민락(閩洛)에서부터 수사(洙泗)에 이르기까지 천성(千聖)의 연원(淵源)을 거슬러 올라가셨도다. 하신 공부는 널리 학문을 닦고 예로써 요약하는 박문약례[927]의 공부였고, 하신 일은 전 시대의 성인을 잇고 후대의 선비들을 틔워 주는 계왕개래[928]의 사업이었도다. 동서남북 할 것 없이 모두들 심복하며 따르기를 생각하지 않는 사람이 없었으며, 기린이나 봉황처럼 모두들 손으로 가리키면서 상서로 삼았노라. 무릇 지나가기만 해도 교화가 된 지방[929]은 모두가 종사(宗祀)하는 전례를 올리는 것이 걸맞도다.

---

927) 박문약례(博文約禮) : 널리 학문을 닦고 이를 예로써 요약한다는 뜻으로, 《논어》 〈옹야(雍也)〉에 이르기를, "군자가 문에 대하여 널리 배우고 예로써 요약한다면 또한 도에 크게 어긋나지 않을 것이다.[君子博學於文 約之以禮 亦可以弗畔矣夫]" 하였다.

928) 계왕개래(繼往開來) : 성현들의 사업을 뒤에서 잇고, 후생들이 나아갈 길을 앞에서 틔워 주는 것을 말한다.

929) 지나가기만 …… 지방 : 퇴계가 일찍이 머물러 있었던 지방을 말한다. 맹자가 말씀하기를, "군자는 지나는 곳마다 다 교화가 되며, 마음에 두기만 하면 신묘해진다.[夫君子 所過者化 所存者神]" 하였다. 《孟子 盡心上》

하물며 이 수춘[930] 큰 부(府)는 평소에 문헌(文獻)의 명향(名鄕)으로 칭해지고 있도다. 산과 냇물이 신령스러움을 기르매 건안이 축모(祝母)의 관향(貫鄕)이 되었고,[931] 바위와 골짜기가 향기를 띠매 형악(衡嶽)에 회옹(晦翁)이 제(題)한 것이 남아 있도다. 이미 덕이 있는 분을 흠모하는 유림(儒林)이 있으니, 도를 높이는 성대한 거사가 없어서야 되겠는가. 시기는 반드시 적당한 때가 오기를 기다려야 하는 법이고, 예라는 것은 본디 저절로 행해지는 것이 아니도다.

삼가 생각건대, 명철한 부백공(府伯公)께서는 시례(詩禮)의 학문으로 자신의 몸을 닦았고, 박아(博雅)한 성품으로 옛것을 좋아하였도다. 옥순의 반열[932]에 있을 적엔 양대 조정에서 착한 말을 진달한 충성스러운 신하였으며, 송계(松桂)의 숲속에 있을 적엔 외직으로 나가 독서를 한 신선 같은 수령이었도다. 정사를 베풂에 있어서는 이미 백성들의 폐단을 없애 주는 데 부지런하였으며, 염려함에 있어서는 우선 먼저 교화의 근원을 도탑게 할 것을 생각하였도다. 이에 드디어 학문을 흥기시킬 계책을 세웠으며, 아울러 선현들의 영혼을 편히 모실 전례(典禮)를 의논하였도다.

풍성(風聲)이 동하는 바에는 경전을 풀이하며 부지런히 일하는 선비들이 앞다투어 달려왔고, 귀신(鬼神)이 능력을 보여주어 하늘이 아끼고 땅이 감춰 두었던 신령스러운 지역을 드러냈도다. 삼대(三代) 시대에 법궁[933]을 짓던 제도를 상고하여, 양하의 하옥[934]의 제도를 써서 지었도다. 기둥·지붕·문·시렁·서까래·처마·추녀 등은 바깥에서 보면 의표(儀表)가 반듯하고, 실(室)·당(堂)·방(房)·서(序)·호(戶)·유(牖)·계(階)·숙(塾) 등은 안으로 들어가 보면 규모가 삼엄하도다. 오르내리며 제사를 지냄에 아주 마땅한바 그 반듯함에 마음이 상쾌하고, 학문을 닦고 쉼에 있어서 할 수 있는 곳이 있으매 물가의 언덕이 산뜻하도다. 그 누가 잡목이 우거져 있던 이곳이 울연히 학문을 닦는 곳으로 변할 줄 알았으리오.

일천 겹 둘러쳐진 푸른 산은 신령이 깎아 놓은 무이[935]의 산언덕이고, 세 면을 둘러싼 맑

930) **수춘(壽春)** : 춘천(春川)의 고호(古號)이다.

931) **건안(建安)이 …… 되었고** : 주자(朱子) 어머니의 성(姓)이 건안(建安)을 관향으로 삼는 축씨(祝氏)이다. 여기서는 퇴계의 어머니인 춘천박씨(春川朴氏)를 축씨에 비유한 것이다.

932) **옥순(玉筍)의 반열** : 뛰어난 영재들이 많이 있는 조정의 반열이란 뜻이다.

933) **법궁(法宮)** : 궁실의 정전(正殿)으로, 임금이 거처하면서 정무를 처리하는 곳이다.

934) **양하(兩下)의 하옥(廈屋)** : 맞배지붕 양식으로 된 커다란 집으로, 용마루를 중심으로 하여 양쪽으로 처마가 늘어지게 지은 집이다.

935) **무이(武夷)** : 복건성(福建省) 숭안현(崇安縣)에 있는 산 이름인데, 산 안에는 아름다운 아홉 골짜기가

은 물은 하늘이 지어 놓은 반궁[936]의 형세로다. 닦아서 밝힌 것은 중고(中古) 시대의 문물이고, 꾸며서 수식한 것은 제일가는 강산이로다. 수많은 사람들 공경스레 우러러보기에 마땅하니, 한 시대의 기이한 일이라고 자랑할 만하도다. 이에 애오라지 육위(六偉)의 노래를 불러 대들보를 올리는 것을 돕는 도다.

抛梁東	들보를 동쪽으로 들어 올리니
水繞山回意未窮	산과 물이 굽어 돌매 가없는 뜻 무궁하네.
從此倘成仁智趣	이곳에서 인과 지의 학문 능히 이룬다면
許君親見退陶翁	그대 친히 퇴도옹을 뵈었다고 허여하리.

抛梁西	들보를 서쪽으로 들어 올리니
潭影澄明抱曲堤	연못 물은 깨끗하고 제방은 빙 둘러 있네.
霜落霧凝元不惡	서리 오고 안개 낌은 본디 싫지 아니하나
最嫌狂雨送黃泥	거센 비에 흙탕물 흘러듦이 제일 싫다네.

抛梁南	들보를 남쪽으로 들어 올리니
畫裏峯巒玉立三	그림 같은 산봉우리 셋이 우뚝 서 있구나.
只怕古人心未獲	옛사람 맘 못 얻을까 싶은 것만 겁나나니
風光眞似濯纓潭	풍광이야 정말로 탁영담[937]과 흡사하네.

있어 이를 무이구곡(武夷九曲)이라고 한다. 주자(朱子)가 일찍이 이곳에 거처하였다.

936) **반궁(泮宮)** : 학궁(學宮)으로, 주위의 삼 면이 물로 둘러져 있다. 《시경》 〈반수(泮水)〉에 이르기를, "즐거운 반수에서 잠깐 미나리를 뜯는도다. 노후가 이르시니 그 깃발을 보리라.[思樂泮水 薄采其芹 魯侯戾止 言觀其旂]" 하였다.

937) **탁영담(濯纓潭)** : 도산서원 앞에 있는 연못 이름이다. 〈도산잡영(陶山雜詠) 탁영담(濯纓潭)〉에서 퇴계가 "어부가 당시에 혼자 술 깬 이를 비웃었으니, 공자께서 알뜰히 경계하신 말씀 어떠한가.[漁父當年笑獨醒 何如孔聖戒丁寧]"라고 읊었는데, 어부는 굴원(屈原)의 〈어부사(漁父辭)〉에 "굴원이 어부를 만나서, '세상 사람이 다 취하였는데 나만 홀로 깨었으므로 이렇게 추방을 당하였다.' 하니, 어부가, '세상 사람이 다 취하였다면 술찌꺼기라도 먹어 같이 취하지 아니하고 왜 추방을 당하였는가.' 하고는, 돛대를 두드리고 가면서, '창랑(滄浪)의 물이 맑거든 나의 갓끈을 씻을 것이요, 창랑의 물이 탁하거든 나의 발을 씻으리라.' 하였다." 한 데서 인용한 것이다. 공자가 경계한 말이란 《맹자》 〈이루 상(離婁上)〉에 "어떤 어린아이가 노래하기를, '창랑의 물이 맑거든 나의 갓끈을 씻고 창랑의 물이 탁하거든 나의 발을 씻으리로다.'

抛梁北　　　　　　들보를 북쪽으로 들어 올리니
山勢騰騰來不極　　산의 형세 등등하게 끊임없이 뻗어왔네.
請看雲煙變滅中　　그대 보게나 변화무쌍한 구름 안개 속에서도
蔚然萬古青蒼色　　우뚝하니 만고토록 푸르른 빛 띠고 있네.

抛梁上　　　　　　들보를 위로 들어 올리니
山月江風無盡藏　　산 달에다 강 바람은 무진장의 보고로다.
欲敎胸次一般清　　가슴속을 그와 같이 맑게 하고 싶거들랑
須向靈臺消翳障　　모름지기 마음속의 구름 장벽 없애게나.

抛梁下　　　　　　들보를 아래로 들어 올리니
突兀眼前看大廈　　우뚝하니 눈앞에 커다란 집 보이누나.
權輿從此養賢材　　이로부터 시작해서 어진 인재 기를 거니
濟濟鹿鳴歌小雅　　많은 선비 예 올리며 소아 녹명장[938] 노래하리.

삼가 대들보를 올린 뒤에는 신령(神靈)은 상서롭지 못한 것을 금하고, 땅은 빼어남을 잉태하리라. 고요한 곳에서 시서(詩書)와 예악(禮樂)을 익히매 오늘날 사람들과 함께 거처하면서 옛것을 상고할 것이고, 밝은 뜨락에서 문장(文章)을 꾸미고 생황(笙簧)을 울리매 통달하였을 때 시행하는 것은 궁할 때에 수양한 바일 것이다. 선비들은 현인이 되기를 희망하고 성인을 사모하는 뜻을 분발하고, 집집마다 금(琴)을 뜯고 글을 읽는 소리가 들려오리라. 사람들이 이단(異端)을 스승으로 삼지 않아서 사설(邪說)을 떠들어 대는 자들이 일어나지 않을 것이며, 나라에는 훌륭한 선비들이 태어나서 다스림의 교화가 이로 말미암아 융성해지리라. 그리하여 문(文)을 숭상하는 여풍(餘風)이 우리 동방에 영원토록 전해지리라.

하니, 공자가 듣고 제자들에게, '얘들아, 들어라. 맑으면 갓끈을 씻고 탁하면 발을 씻는다 하니 이것은 창랑수의 맑고 탁하기에 달려 있구나.' 하였다." 한 데서 인용한 것이다. 그러므로 윗 구절의 '옛사람 맘'은 굴원이나 공자 및 두 사람의 마음을 터득했던 퇴계의 마음을 가리킨다고 할 수 있다.

938) 녹명장(鹿鳴章) : 《시경》의 편명으로, 옛날 과거에 급제하여 잔치를 베풀 때에 이 시를 노래하였다. 여기서는 이 서원에서 배출된 많은 선비들이 과거에 급제할 것을 말한다.

天未喪斯文 正學繼絶於昭代 民之好是德 大賢揭虔於明宮 新一時之瞻聆 定萬世之趨向 猗歟東土夫子 寔惟退溪先生 自圃隱至晦齋 集成諸子之條理 由閩洛達洙泗 遡洄千聖之淵源 博文約禮之功程 繼往開來之事業 自東西南北而無思不服 如麒麟鳳凰之皆指爲祥 凡在過化之邦 擧稱宗祀之典 矧伊壽春大府 素稱文獻名鄕 山川毓靈 建安爲祝母之貫 巖洞帶馥 衡岳留晦翁之題 旣有慕德之儒林 可無尊道之盛擧 時必有待 禮不自行 伏惟府伯明公詩禮治躬 博雅好古 玉筍班裏兩朝陳善藎臣 松桂林中一麾讀書仙宰 政已勤於民隱 念先敦於化源 遂建興學之謨 竝議妥靈之禮 風聲所動 奔釋經敦事之靑衿 神鬼與能 發天慳地祕之靈境 徵三代法宮之制 用兩下廈屋之規 棟宇楣庋楹翼廉阿觀於外而儀表整飭 室堂房序戶牖階塾入其中而摸範森嚴 登降祼薦之攸宜噲噲其正 藏修息游之有所 秩秩斯干 誰知榛莽之場 蔚爲絃誦之地 千回翠壁 神刓武夷之岡巒 三面晴虹 天作泮宮之形勢 修明中古文物 賁飾第一江山 宜萬目之聳觀 詑一代之奇事 聊陳偉唱 助擧修梁 抛梁東 水繞山回意未窮 從此倘成仁智趣 許君親見退陶翁 抛梁西 潭影澄明抱曲堤 霜落霧凝元不惡 最嫌狂雨送黃泥 抛梁南 劃裏峯巒玉立三 只怕古人心未獲 風光眞似濯纓潭 抛梁北 山勢騰騰來不極 請看雲煙變滅中蔚然萬古靑蒼色 抛梁上 山月江風無盡藏 欲敎胸次一般淸 須向靈臺消翳障 抛梁下 突兀眼前看大廈 權輿從此養賢材 濟濟鹿鳴歌小雅 伏願上梁之後 神呵不祥 地孕其秀 靜地詩書禮樂 今人與居古人與稽 明廷黼黻笙鏞 達時所施窮時所養 士奮希賢慕聖之志 家有彈琴讀書之聲 人無異師 邪說者不得作 國生多士 治化之所由隆 右文餘風左海終古

《우복집(愚伏集)》

쌍천서원 상량문
雙泉書院 上樑文

신필청(申必淸)[939]

엎드려 생각건대, 하늘이 사문(斯文)을 없애지 않으사 성덕(盛德) 있는 사람이 일세의 모범이 되고, 죽어서는 사(社)에서 제사를 받듦에[940] 공론이 백년의 기다림이 있었도다. 새로 큰 건물이 이루어지니, 무지개 같은 들보가 들려 올려지도다.

공손히 생각하건대 졸재 신 선생은 가학으로 시례(詩禮)를 전수하셨고, 학문에 연원이 있으셨도다. 호서에서 책 상자 짊어지고 대곡(大谷 성운(成運))께 가르침을 받으셨고, 영남에서 옷자락 여미고 퇴계 문하에서 수학하셨도다. 하학상달[941]의 공부에 부지런히 힘을 다하셨고, 박문약례[942]의 교훈을 곡진히 가슴에 새기셨도다. 의리의 정밀하고 미묘한 곳을 탐구하사 홀로 명백하고 광대한 경지를 보셨고, 사우(師友)의 문로(門路)를 준행하사 멀리 관민[943]의 학문에 거슬러 올라가셨도다. 오묘하게 깨달은 깊은 뜻은 성경[944]과 이미 부합하셨고, 만년의 공부는 천질[945]에 더욱 깊으셨도다. 관혼상제의 길·흉례(吉凶禮) 적용에 몽매한 이들

939) **신필청(申必淸, 1647~1710)** : 본관은 고령(高靈), 자는 청지(淸之), 호는 죽헌(竹軒)이다. 하은공 신용(申涌)의 증손으로, 할아버지는 신득치(申得治)이고, 아버지는 신집(申潗)이다. 1684년(숙종 10) 정시문과에 장원으로 급제하였다. 지평(持平)을 거쳐 정언(正言)을 역임하였고, 외직으로 파주목사로 나갔으나 이동언옥사(李東彦獄事)에 관련되어 의금부·형조당상·삼사 관리들의 추문을 받기도 하였다. 순흥부 임소에서 죽었다. 저서로는 《죽헌집》이 있다.

940) **죽어서는 …… 받듦에** : 그 지방 출신의 학자나 절의가 높은 사람이면 사당을 짓고 제사할 수 있음을 뜻한 것이다. 《고문진보후집(古文眞寶後集)》 권3 〈송양거원소윤서(送楊巨源少尹序)〉에 "옛날에 이른바 '향선생(鄕先生)으로 죽으면 사(社)에 제사한다.'라는 것은 바로 이 사람에게 있을 것이다.[古之所謂鄕先生沒而可祭於社者 其在斯人歟]"라고 하였다.

941) **하학상달(下學上達)** : 《논어》 〈헌문(憲問)〉에 나오는 "아래로 인간의 일을 배우면서 위로 천리(天理)를 통달한다.[下學而上達]"는 말씀을 가리킨다.

942) **박문약례(博文約禮)** : 글을 통하여 지식을 넓히고, 예를 통해 행동을 검속함을 이른다. 《논어》 〈옹야(雍也)〉에 "군자가 글을 널리 배우고, 예로써 요약한다면 또한 도에 어긋나지 않을 것이다.[君子博學於文 約之以禮 亦可以弗畔矣夫]"라고 한 데서 온 말이다.

943) **관민(關閩)** : 염락관민(濂洛關閩)의 준말. 염(濂)은 염계(濂溪)로 송학(宋學)의 비조(鼻祖)인 주돈이(周敦頤)가 거주하던 곳이며, 낙(洛)은 낙양(洛陽)으로 정호(程顥)·정이(程頤) 형제가, 관(關)은 관중(關中)으로 장재(張載)가, 민(閩)은 민중(閩中)으로 주희(朱熹)가 거주하던 곳인데, 곧 정주학(程朱學) 또는 도학(道學)을 가리킨다.

944) **성경(聖經)** : 성경현전(聖經賢傳). 곧 성현이 지은 경전(經傳)을 이른다.

945) **천질(天秩)** : 하늘이 규정한 품질(品秩)과 등급을 이르는 말로 예법과 제도 등을 이른다.

에게 은미한 뜻을 밝게 보여주셨고, 절문과 의칙[946]의 경중 차이는 취송[947]에서 여러 학설을 증험하셨도다. 선생께서 지으신 책을 보고 노사(老師)와 선진[948]들이 찬탄하였고, 외진 고을 비루한 선비들도 책을 펴보고 훤히 알게 되었도다.[949] 저 충효의 성품은 하늘에서 부여받은 것을 온전히 하셨도다. 40년간 기쁜 얼굴로 어버이를 모시며 승순[950]하셨고, 6,7년 동안 판탕의 난[951]에 임금님 보필하며 애쓰셨도다. 점려[952]에서 예제를 지키면서 상을 마칠 때까지 자고처럼 피눈물을 흘리셨고,[953] 경연(經筵)에서 권강[954]의 직임을 맡아서는 매사에 조우[955]의 충정을 바치셨도다. 호서(湖西)로 순선하여[956] 남전여씨의 규약[957]을 강하셨고, 섬동을 교화하여[958] 소백의 당음처럼 그리움[959]을 남기셨도다. 진퇴함에는 오직 의에 따를 뿐이셨고, 어

946) **절문과 의칙(節文儀則)** : 예의범절을 가리킨다. 주희가 "예는 천리의 절문이고, 인사의 의칙이다.[禮者天理之節文 人事之儀則]"라고 정의한 데서 나온 말이다.《晦庵集 卷60 答曾擇之》

947) **취송(聚訟)** : 여러 설(說)을 가지고 분분히 서로 다투어 정론(定論)이 없는 것을 이른다.《후한서(後漢書)》 권35 〈조포열전(曹褒列傳)〉에 "길옆에 집을 지으면 3년이 걸려도 완성할 수 없고, 예(禮)를 따지는 사람이 모인 것을 이름하여 취송이라 한다.[作舍道旁 三年不成 會禮之家 名爲聚訟]"라고 하였다.

948) **선진(先進)** : 선배 또는 학문이나 지위가 남보다 앞선 사람.《논어》 〈선진(先進)〉에, 공자께서 "선배들이 한 예악(禮樂)을 따르겠다."라고 하였다.

949) **관혼상제의 …… 되었도다** : 《의례고증(疑禮攷證)》과 《가례언해(家禮諺解)》 등의 예서(禮書)를 저술한 것을 말한다.

950) **승순(承順)** : 부모의 명(命)을 받들어 순종함.

951) **판탕(板蕩)의 난** : '판탕'은 나라가 위태롭고 사회가 혼란함을 뜻하는 말이다. 여기서는 임진왜란을 이른다.

952) **점려(苫廬)** : 거적자리의 여막(廬幕). 곧 상제가 거처하는 곳이다.

953) **자고(子羔)처럼 …… 흘리셨고** : '자고'는 공자의 제자로, 어버이의 상을 당해서 3년 동안 피눈물을 흘리며 한 번도 이를 드러내어 웃은 적이 없었다고 《예기》 〈단궁 상(檀弓上)〉에 보인다.

954) **권강(勸講)** : 임금 또는 세자를 모시고 경전(經傳)을 강의하는 것이다.

955) **조우(祖禹)** : 송(宋)나라의 시강(侍講) 범조우(范祖禹). 그가 경연에서 강독하는 모습에 대해 정이(程頤)는 "온화한 기색으로 시비를 개진하여 임금의 뜻을 잘 인도한다."라고 칭찬하였고, 소식(蘇軾)은 "범순부의 강설(講說)은 경연의 강관(講官) 중에 제일이다. 말이 간략하면서도 합당하며, 의리가 명백하니, 강사(講師)의 삼매(三昧)에 들었다."라고 칭찬하였다. 이에 후대에는 강론을 잘한 사람으로 칭송된다.《宋史 卷337 范鎭列傳 范祖禹》 및 《言行龜鑑 卷1 學問門》 참조.

956) **호서(湖西)로 순선(巡宣)하여** : '순선'은 관찰사가 되어 지방에 왕정(王政)을 두루 펴는 것을 말한다. 《시경》 〈대아(大雅)·강한(江漢)〉에 "왕께서 소호를 명하사, 와서 정사를 두루 펴라 하시다.[王命召虎 來旬來宣]"라고 한 데서 온 말로, 여기서는 충청도관찰사로 나간 것을 이른다.

957) **남전여씨(藍田呂氏)의 규약** : 《여씨향약(呂氏鄕約)》을 이른다. 남전 여씨는 송나라 때 섬서성(陝西省) 남전현(藍田縣) 사람 여대균(呂大均)으로 향약을 처음 만들어 백성들에게 예의를 가르쳤다.

958) **섬동(陝東)을 교화하여** : 강원도관찰사로 나간 것을 이른다.

959) **소백(召伯)의 당음(棠陰)처럼 그리움** : 지방관의 선정(善政)을 말한다. 각주 244)번 참조.

떠한 억압에도 굴복하지 않으셨도다. 성조[960]의 신하를 아시는 말씀에 감동하여 졸(拙) 자로 서재 이름을 지으셨고, 혼주의 윤리를 무너트리려는 치욕에 미쳐서는 목숨을 걸고 바른 도를 지키셨도다.[961] 왕실을 매양 염려함은 원안[962]의 찬연했던 정성처럼 성대하셨고, 태운이 겨우 회복되자마자[963] 강성의 일어나라는 꿈에서 깨셨도다.[964] 대대로 내려오는 청백한 가통(家統)이 관서에까지 전해지고, 자색 교서[965]의 새 유시는 전형이 사후에 부쳐졌도다.[966] 큰 집의 대들보가 꺾이니, 소자들은 어디에 의지하리오.[967] 고향 마을에 정려가 찬란하게 세워지니, 지나가는 자들도 경례하도다. 큰 제사를 거행하지 못하였으니, 몇 년이나 인심이 침울했던가. 유풍이 오히려 남아 있어, 오늘날 사기(士氣)가 진작되도다. 높은 산을 우러러 바라보듯, 누군들 덕망을 흠모하는 정성이 없으리오. 우리 고을은 아름답고 성대하게, 존현(尊賢)의 의리를 다투어 창도하도다. 악록[968]에 인물이 떠나시니 전형[969]이 멀어짐을 개탄하였고,

---

960) **성조(聖祖)** : 선조(宣祖)를 말한다.

961) **혼주(昏主)의 …… 지키셨도다** : 광해군 5년(1613) 폐모론(廢母論)이 일어나면서 백관들을 협박하여 정청(庭請)하도록 강요하였을 때, 졸재공은 두문불출하고 일체 응하지 않았던 일을 말한다. 또한 《논어》〈태백(泰伯)〉에 "독실하게 믿으면서 학문을 좋아하여야 하고, 죽음으로 지키면서 도를 잘 행하여야 한다.[篤信好學 守死善道]"라는 공자의 말씀이 보인다.

962) **원안(袁安)** : 후한(後漢) 화제(和帝) 때의 고사(高士)로 뒤에 사도(司徒)로 발탁된 인물이다. 그는 "공경들과 국가의 일에 대해서 이야기할 때면 탄식하며 눈물을 흘리지 않은 적이 없었으므로, 천자로부터 대신들에 이르기까지 모두가 그를 믿고 의지하였다.[與公卿言國家事 未嘗不噫嗚流涕 自天子及大臣皆恃賴之]"라고 하였다. 《後漢書 卷45 袁安列傳》

963) **태운(泰運)이 …… 회복되자** : '태운'은 태평한 운수로 인조반정을 이른다.

964) **강성(康成)의 …… 깨셨도다** : '강성'은 후한(後漢) 때의 경학자(經學者)인 정현(鄭玄)의 자. 그가 일찍이 꿈을 꾸었는데, 공자(孔子)가 "일어나라, 일어나라. 금년의 해는 진에 있고, 내년의 해는 사에 있다.[起起 今年歲在辰 來年歲在巳]"라고 하였다. 그 꿈을 깨고 나 참서(讖書)로 맞추어본 결과, 스스로 자기 수명이 다했음을 알았는데, 이윽고 병이 깊어져 죽었다는 고사에서 온 말로, 전하여 현인(賢人)의 죽음을 의미한다. 《後漢書 卷65 鄭玄列傳》

965) **자색 교서[紫誥]** : 금낭(錦囊)에 담아 자니(紫泥)로 봉함한 뒤 인장(印章)을 찍어서 반포하는 임금의 교서(敎書)를 말한다.

966) **전형(銓衡)이 …… 부쳐졌도다** : '전형'은 이조판서를 가리킨다. 여기서는 졸재공이 특별히 이조판서에 추증된 것을 말한다.

967) **큰 집에 …… 의지하리오** : 원문의 '대하(大廈)'는 큰 집이라는 뜻이다. 여기서는 큰 스승이 별세하여 제자들이 의지할 데가 없음을 말한 것이다.

968) **악록(岳麓)** : 중국의 악록서원(嶽麓書院)을 말한다. 송나라 태조(太祖) 개보(開寶) 9년(976)에 담주 태수(潭州太守) 주동(朱洞)이 강당과 서재를 건립하였고, 대중상부(大中祥符) 8년(1015)에 '악록서원'이라 사액하였다. 장식(張栻)과 주희(朱熹) 등 역대 명유(名儒)들이 학문을 강론하여 명성이 높았다.

969) **전형(典刑)** : 예부터 내려오는 법전(法典). 《시경》〈대아(大雅)·탕(蕩)〉에 "비록 노성한 사람은 없으나, 그래도 전형은 남아 있다.[雖無老成人 尙有典刑]"라고 하였다.

석고[970]의 산중이 비니 서원을 세우지 못함을 슬퍼하였도다. 서로 배우고 다투어 권하는 사이에, 도모하지 않아도 하는 말이 같았도다.

돌아보건대 여기 상당의 동쪽은 곧 선생의 고택 북쪽이로다. 쌍천(雙泉)이 콸콸 솟아 맑은 물이 근원에서 흘러오고, 뭇 산악이 푸르고 푸르러 구름 밖 먼 봉우리 굽어보도다. 지형이 운곡[971]과 같으니 제향할 학궁(學宮)을 창건함이 합당하고, 지경이 아호[972]와 흡사하니 여러 군자들의 혼령을 모실 장소가 될 만하도다. 더구나 어르신이 노니시던 곳으로 아무 물가 아무 언덕을 기억하고,[973] 그리고 의관이 묻힌 산이 겨우 한 겹과 한 가림 사이로다. 다시없는 옛 동천(洞天)이요, 제일가는 명구(名區)로다. 어언간 적당한 곳을 살피니 신령들이 숨기지 않았고, 거듭하여 길일을 얻으니 점괘도 화합하여 따랐도다.[974] 공사를 함에 달려가서 힘을 쓰니 명령을 어찌 수령에게 기다리리오. 재목을 옮겨오고 돌 다듬으니 독려로 장인들 번거롭게 할 것이 없었도다. 주역에서 대장괘를 본받았으니 위에 들보를 얹고 아래에는 서까래를 얹었고,[975] 녹동[976]에서 큰 규모를 옮겨오니, 왼쪽에 교 오른쪽에는 상[977]이 있도다. 고종의

---

970) **석고(石鼓)** : '석고'는 중국 형주(衡州)의 석고산(石鼓山)에 있는 석고서원(石鼓書院)을 말한다. 《성호전집(星湖全集)》 권45 〈논학제(論學制)〉에서 "서원은 고종(瞽宗)에서 악조(樂祖)를 제사하던 뜻을 본받아서 선비들이 강학(講學)하는 장소를 만든 것이니 그 의미가 매우 좋다. 백록동서원(白鹿洞書院), 석고서원(石鼓書院), 응천서원(應天書院), 악록서원(嶽麓書院)이 건립된 후에 드디어 하나의 풍조가 되어서 천하에 두루 퍼졌다."라고 하였다.

971) **운곡(雲谷)** : 주자(朱子)를 배향한 운곡서원(雲谷書院)을 이른다.

972) **아호(鵝湖)** : 강서성(江西省)에 있는 산 이름으로, 송나라 때의 대학자인 주희(朱熹)와 육구연(陸九淵)이 이곳에서 만나 학문을 변론한 일로 유명하다.

973) **어르신이 …… 기억하고** : 당(唐)나라 한유(韓愈)의 〈송양소윤서(送楊少尹序)〉에 "지금 그대가 고향에 돌아가면, 서 있는 나무들을 가리키면서 '저 나무는 나의 선인께서 심으신 것이요.'라고 말할 것이요, 물가나 언덕을 가리키면서 '저 물가와 저 언덕은 내가 어린 시절에 물고기를 잡으며 노닐었던 곳이다.[某水某丘 吾童子時所釣遊也]'라고 말할 것이다."라는 내용을 원용하였다.

974) **점괘도 …… 따랐도다** : 순리대로 일이 진행됨을 말한 것이다. 《서경》 〈대우모〉에 "귀신이 따라 순하여 거북점과 시초점이 화합하여 따른다.[鬼神其依 龜筮協從]"라고 하였다.

975) **주역에서 …… 얹었고** : 서원을 정대하게 지었다는 말이다. 본문의 '희경(犧經)'은 주역을 말하고, '대장(大壯)'은 대장괘(大壯卦)를 말하는데, 《주역》 〈계사전 하(繫辭傳下)〉에 "상고 시대에는 굴에서 살고 들에서 거처하였는데, 후세에 성인이 궁실로 바꾸어서 위에는 들보를 얹고 아래에는 서까래를 얹어 풍우에 대비하였으니, 대장괘에서 취하였다.[上古穴居而野處 後世聖人 易之以宮室 上棟下宇 以待風雨 蓋取諸大壯]"라고 하였다.

976) **녹동(鹿洞)** : 송나라 주자가 일찍이 남강군(南康郡)에 부임해 있을 때 학규(學規)를 정하고 강학(講學)을 했던 백록동서원(白鹿洞書院)을 말한다.

977) **교(膠) …… 상(庠)** : '교'와 '상'은 주(周)나라 때 학교의 이름이다. 주나라 때 교(膠)는 태학(太學)이고, 상(庠)은 소학(小學)이었는데, 후세에는 학교를 통틀어 교상으로 일컬었다. 《예기》 〈왕제(王制)〉에 "나

옛 법도로 없어진 악조(樂祖)에 대한 예전(禮典)을 일으키고,[978] 고정의 새 사당에서 진유(眞儒)에 대한 제향의식[979]을 융숭히 하는도다. 소윤의 동도(東都)에 비교되니[980] 곧 한 향당의 사당이고, 문공의 남해(南海)와 같으니[981] 백세의 사당이 되도다. 수많은 유생들은 성대한 일을 목도하려 늦을까 염려하고, 기뻐하는 고로(古老)들은 이 역사를 도우려 앞을 다투었도다. 경영하여 위치를 정하니, 때를 넘기지 않아 능히 사업이 마쳐지고 찬란히 빛나고 높고 크니, 길일을 가리어서 송축을 외치도다.

영근[982]을 잠시 내려놓고, 나의 파창[983]을 들어보라.

라의 원로는 동교(東膠)에서 봉양하고, 서민의 원로는 우상(虞庠)에서 봉양한다."라고 하였다. 여기서는 학사(學舍)를 말한다.

978) **고종(瞽宗)의 …… 일으키고** : '고종'은 은(殷)나라 때의 학교이다. 《예기》 〈명당위(明堂位)〉에 "고종(瞽宗)은 은(殷)나라의 학교"라고 하였다. 악조(樂祖)는 선사(先師), 선현(先賢)을 말한다. 《주례(周禮)》 〈춘관종백 하(春官宗伯下)〉의 대사악조(大司樂條)에, "무릇 도가 있는 이와 덕이 있는 이에게 가르치게 하고, 졸하면 악조로 삼아 사당에서 제사한다.[凡有道者 有德者 使教焉 死則以爲樂祖 祭於瞽宗]"라고 하였다.

979) **고정(考亭)의 …… 제향의식** : '고정'은 송나라 주자가 만년에 거처했던 곳으로, 고정서원(考亭書院)의 사액(賜額)을 받으면서 그를 일컫는 말이 되었다. 진유(眞儒)는 대유(大儒)를 일컫는다. 제향의식[享儀]은 원향의절(院享儀節), 곧 제향하는 의식이다. 여기에서는 서원(書院)과 같은 학궁(學宮)을 창설하여 현인(賢人)을 향사하는 것을 말한다.

980) **소윤(少尹)의 …… 비교되니** : '소윤'은 당나라 때 소윤을 지낸 양거원(楊巨源)을 이른다. 한유(韓愈)의 〈송양거원소윤서(送楊巨源少尹序)〉에 "한 선제(漢宣帝) 때에 태자태부 소광(疏廣)과 그의 조카 태자소부 소수(疏受)가 관성명립(官成名立)이면 물러나야 한다." 하면서 함께 벼슬을 버리고 고향으로 돌아올 때, 천자와 태자는 황금을 하사하고, 공경대부들은 동도문(東都門) 밖에서 성대하게 전별한 일이 있었다. 그 뒤 양거원이 노퇴(老退)하여 낙향하자, 재상이 그의 녹봉이 이어지도록 고향의 소윤(少尹) 벼슬을 주면서 송별시를 지어 주었고, 많은 사람들이 그 시운에 화운하여 송별시를 지어 주었다는 내용과, 옛날에 이른바 향선생으로 죽으면 서당에 제사한다는 구절이 있다. 이는 큰 유현(儒賢)이 아니더라도 그 지방 출신의 학자나 절의가 높은 사람이면 사당을 짓고 제사할 수 있음을 말한 것이다.

981) **문공(文公)의 …… 같으니** : '문공'은 한유(韓愈)의 시호로, 그가 지은 〈남해신묘비(南海神廟碑)〉에, 광주자사로 부임한 공규(孔戣)가 남해신(南海神)에게 제사를 지성껏 행하여 백성들이 신의 보우를 받게 되었음과 백성들에게 선정을 베푼 것을 찬양하였는데, 여기서는 졸재공이 지방관으로 나갔을 때의 행적을 두고 한 말이다.

982) **영근(郢斤)** : 《장자》 〈서무귀(徐無鬼)〉에 "영인(郢人)이 장석(匠石)의 솜씨를 철저히 믿어 자신의 코끝에다 마치 파리 날개만 한 흙을 바르고는 장석을 시켜 그 흙을 깎아내게 하였는데, 과연 장석이 바람소리가 휙휙 나도록 자귀를 휘둘러 깎아냈는데도 흙만 깨끗이 다 깎이고 코는 아무렇지도 않았다."라고 한 것에서 나왔다. 보통 다른 사람의 시문을 잘 고치는 감식안을 가리키는데, 여기서는 원문 그대로 '솜씨 좋은 장인의 연장'이라는 의미로 쓰였다.

983) **파창(巴唱)** : 초(楚)나라의 민간에서 유행하던 파리(巴里)라는 곡명(曲名)을 말하는데, 일반적으로 세속적인 음악을 뜻한다. 《문선(文選)》 〈송옥대초왕문(宋玉對楚王問)〉에 "어떤 사람이 영중(郢中)을 지나다가 하리파인(下里巴人)을 부르니 화답한 자가 수천 명이고, 양아해로(陽阿薤路)를 부르니 화답한 자

兒郎偉 抛樑東	어영차 들보를 동쪽으로 들어 올리니[984]
活水源頭一鑑空	활수[985]가 근원에서 솟아 흘러 거울처럼 맑도다.
何似岐山元聖廟	어찌 이다지도 기산에 있는 원성의 사당[986]에
淸泉長與世窮通	맑은 샘물이 길이 세상과 끝없이 통하는 것과 같게 되었는가.

兒郎偉 抛樑西	어영차 들보를 서쪽으로 들어 올리니
仙到峯前日欲低	선도봉 앞에는 해가 저물고자 하는도다.
欲識巖巖佳氣像	겹겹 바윗돌 아름다운 기상을 알고자 하거든
高山萬丈入雲齊	만장의 높은 산 구름 위에 솟아 가지런함을 보시라.

兒郎偉 抛樑南	어영차 들보를 남쪽으로 들어 올리니
秋晩汀洲水似藍	늦가을 물가에는 물빛이 쪽빛 같도다.
賢聖相傳千古訣	성현께서 서로 전수하신 천고의 지결(旨訣)
一輪明月照寒潭	한 둥근 밝은 달이 찬 못을 비추는 듯하네.[987]

兒郎偉 抛樑北	어영차 들보를 북쪽으로 들어 올리니

가 수백 명이고, 양춘백설(陽春白雪)을 부르니 화답한 자가 수십 명을 넘지 못했다."는 내용이 있다.

984) **어영차 … 들어 올리니** : 원문의 '아랑위 포양동(兒郎偉抛梁東)'은 상량식(上梁式) 때에 도편수가 들보 위에 올라가 "어영차(兒郎偉)"하고 만두나 송편, 건과(밤·대추 등)를 동·서·남·북·상·하로 던지며 각 방위에 보이는 아름다운 경지(境地)를 읊는 형식으로 짓는 것이 상량문의 형식이므로, '어영차하고 들보의 동쪽으로 던지며 바라보니'라고도 풀이한다.

985) **활수(活水)** : 근원이 있어 항상 흐르는 물을 말한다. 주자(朱子)의 〈독서유감(讀書有感)〉에 "묻노니 그대는 어찌 이렇게도 맑은가? 근원에서 활수(活水)가 오기 때문이네.[問渠那得淸如許 爲有源頭活水來]"라고 보이는데, 이는 학문이 근본이 있어 마음이 깨끗함을 비유한 것이다.

986) **기산(岐山)에 …… 사당** : '기산'은 주(周)나라의 수도(首都)이고, 원성(元聖)의 사당은 대성 주공(周公)을 모신 사당을 가리킨다.

987) **성현께서 …… 듯하네** : 송나라 주자가 당나라 진자앙(陳子昻)의 〈감흥시〉를 읽고 감명을 받아 이를 본떠 〈재거감흥(齋居感興)〉이란 제목으로 오언고시 20수를 지었는데, 이 구는 제10수 가운데 한 구에, "공손히 천 년의 마음을 생각하니, 차가운 물에 어린 가을달일레.[恭惟千載心 秋月照寒水]"라고 하여 앞뒤 구를 이뤘는데, 그 뜻은 요(堯)·순(舜)·우(禹)·탕(湯)·문왕(文王)·무왕(武王)·주공(周公) 등의 성현들이 이 세상에 살다 간 시간적인 차이는 천 년이 넘지만, 이들이 서로 전수한 심법(心法)은 경(敬) 하나를 벗어나지 않았으며, 그 맑고 밝은 마음은 마치 차갑고 맑은 못물에 비쳐 잠긴 둥근 가을 달처럼 밝았다는 것이다.《朱子全書 卷66 齋居感興二十首》

攻學元來如琢玉　　학문에 힘씀은 원래 옥을 쪼는 듯 하는도다.
爲報靑襟相講磨　　유생들에게 학문 강마할 것을 일러주노니
淵源直泝關閩洛　　연원은 염락관민[988]을 거슬러 가야 하네.

兒郎偉 抛樑上　　어영차 들보를 위로 들어 올리니
衰草荒原入遠望　　시든 풀과 거친 들녘 멀리 바라다보이도다.
莫道典型今不存　　모습이 지금 남아 있지 않다고 말하지 말라
英靈於此定來往　　영령께서 여기에 틀림없이 왕래하시리라.

兒郎偉 抛樑下　　어영차 들보를 아래로 들어 올리니
詩禮於秋絃誦夏　　봄가을에 시례를 가르치고 겨울 여름에 예악을 익히도다.[989]
佇看英才興蔚然　　영재들이 울창하게 일어남을 고대하노니
揚廷他日替王化　　조정에서 드날리는 훗날에 성왕의 교화를 대신하리라.

엎드려 바라건대, 상량한 뒤에 선비의 풍습이 크게 변하고, 우리의 도가 이를 통해 흥기하기를 기대하노라. 예의를 서로 먼저하여 향당의 신실(信實)하고 공손한 모양 본받고 서리와 눈이 번갈아 내려도 송백의 청청한 마음 지니기에 힘쓸지어다. 출입하는 겨를에 효제를 닦으며[990] 위기(爲己)의 학문을 배울 것이고, 빛나고 성대한 뜻으로 기욱(淇澳)을 강구하며[991]

988) 염락관민(濂洛關閩) : 각주 943)번 참조.

989) 봄가을에 …… 익히도다 : 《예기》 〈왕제(王制)〉에 "악정(樂正)이 네 가지 방도를 존중하여, 네 가지 가르침을 세워 선왕의 시서예악에 따라 선비를 양성하되, 봄과 가을에는 예악을 가르치고 겨울과 여름에는 시서를 가르친다.[樂正崇四術 立四教 順先王詩書禮樂以造士 春秋教以禮樂 冬夏教以詩書]"라는 말에서 나온 것으로, 인재를 선왕의 가르침대로 교육하여 훌륭한 선비로 만든다는 뜻이다.

990) 출입하는 …… 닦으며 : 《논어》 〈학이(學而)〉에서 공자께서 "자제들은 집에서 효도하고, 밖에서 공손해야 한다.[弟子入則孝 出則悌]"라고 하셨다.

991) 빛나고 …… 강구하며 : 《시경》 〈위풍(衛風)·기욱(淇澳)〉에 "문채나는 군자여, 잘라놓은 듯 다듬어 놓은 듯, 쪼아놓은 듯 갈아놓은 듯하도다. 치밀하고 굳세며 빛나고 점잖으니, 문채나는 군자여, 끝내 잊을 수 없도다.[有匪君子 如切如磋 如琢如磨 瑟兮僩兮 赫兮咺兮 有匪君子 終不可諼兮]"라고 하였는데, 이는 95세에도 학문과 덕을 닦자고 스스로 경계했던 위 무공(衛武公)의 덕을 위(衛)나라 사람들이 찬미한 시이다. 여기서는 학문과 행실을 닦아서 효험이 나타나기를 바란다는 뜻으로 한 말이다.

벗으로서로 인(仁)을 도우리로다.[992] 마을에는 글 읽는 소리가 잇따르고, 강산은 호걸선비 길러 주리라. 녹명[993] 읊어 관국[994]하니 해마다 현량이 발탁되고, 준분[995]하여 서원에 임하니 매년 시제를 봉행하오리라. 길이 서성[996]에서 공령[997]을 지어, 남강의 학규[998]에 부끄럽지 않고자 하시노라.

伏以天未喪斯文 盛德爲範於一世 歿而祭於社 公議有待於百年 燕廈垂成 虹梁載擧 恭惟拙齋申先生 家傳詩禮 學有淵源 負笈西湖 曾立雪於大谷 摳衣南嶺 早及門於退溪 下學上達之功 矻矻用力 博文約禮之訓 眷眷服膺 探義理之精微 獨觀昭曠 遵師友之門路 遠泝關閩 妙旨旣契於聖經 晩功尤邃於天秩 冠婚喪祭吉凶之用 發微義於牖蒙 節文儀則輕重之差 證衆說於聚訟 老師先進 尙嘖嘖於見書 僻鄕陋儒 自瞭瞭於開

992) 벗으로 …… 도우리로다 : 《논어》 〈안연(顔淵)〉에 "군자는 학문을 통하여 벗을 모아 인덕을 돕는다.[君子 以文會友 以友輔仁]"는 증자(曾子)의 말씀과 "벗들끼리는 충심으로 말해 주어 좋은 방향으로 인도해야 한다.[忠告而善道之]"는 공자의 말씀이 보인다.

993) 녹명(鹿鳴) : 《시경》 〈소아(小雅)〉의 편명이다. 원래는 천자가 사신으로 떠나는 신하를 위로하기 위하여 베푸는 잔치에서 부른 노래였으나, 후대에는 향시 합격자가 중앙으로 과거보러 갈 때의 전송 연회에서도 이 노래를 불렀고, 과거에 급제하여 잔치를 베풀 때에도 이 시를 노래하였다. 여기서는 이 서원에서 배출된 많은 선비들이 과거에 급제할 것을 말한다.

994) 관국(觀國) : 벼슬하여 도성의 훌륭한 문물과 제도를 구경하는 것을 말한다. 《주역》 〈관괘(觀卦) 육사(六四)〉의 "나라의 휘황한 빛을 봄이니, 왕에게 나아가 손님 노릇을 하며, 벼슬하는 것이 이롭다.[觀國之光 利用賓于王]"라는 말에서 나온 것이다.

995) 준분(駿奔) : 준분주(駿奔走)의 준말로, 준마처럼 신속히 달려온다는 뜻이다. 곧 급히 달려와서 정성껏 제사 일을 돕는 것을 말한다. 《시경》 〈청묘(淸廟)〉에 "하늘에 계신 분을 대하여, 신속히 달려와 사당에서 신주를 받든다.[對越在天 駿奔走在廟]"라는 말이 나오는데, 마서진(馬瑞辰)의 《통석(通釋)》에 "사당에서는 분주하며 신속히 하는 것을 공경하는 것으로 여긴다.[廟中奔走以疾爲敬]"라고 하였다. 《서경》 〈무성(武成)〉에도 "방(邦), 전(甸)과 후(侯), 위(衛)의 제후들이 신속히 달려와서 변두의 제기(祭器)를 잡았다.[邦甸侯衛 駿奔走 執豆籩]"라는 말이 보이고, 《후한서(後漢書)》 권2 〈장제기(章帝紀)〉에도 "교치에 신속히 달려와서, 모두들 제사를 도왔다.[駿奔郊畤 咸來助祭]"라는 말이 보인다.

996) 서성(西城) : 탕춘대성(蕩春臺城)으로 한성(漢城)의 서쪽에 있다고 하여 서성이라고 하였는데, 여기서는 도성(都城)을 말한 듯하다.

997) 공령(功令) : 과거(科擧)를 볼 때 짓는 여러 가지 문체. 즉 과문(科文)을 말하는데, 과거를 바로 이르기도 한다.

998) 남강(南康)의 학규(學規) : 남강서원(南康書院)의 학칙을 이른다. 주자가 지남강군(知南康軍)으로 있으면서 백록동서원(白鹿洞書院)의 유지를 찾아 주문(奏聞)하여 복원하는 한편, 강학을 행하고 학규(學規)를 만들어 지키도록 했던 일을 가리킨다. 이곳에 주돈이(周敦頤)를 모시고 정호(程顥)와 정이(程頤)를 배향하였으며, 그 곁에 별도로 도연명(陶淵明), 유환(劉渙), 유서(劉恕), 이택(李擇), 진관(陳瓘)을 모시는 오현당(五賢堂)을 세웠다. 《宋史 卷429 道學列傳 朱熹》《朱子年譜 卷2》

卷 若夫忠孝之性 全其賦予之天 四十年愉惋之容 左右承順 六七載板蕩之亂 出入勤勞 逮守制於苫廬 終喪泣子羔之血 任勸講於經幄 隨事效祖禹之忠 湖外巡宣 講呂氏藍田之約 陜東惠化 留召伯棠陰之思 然進退惟義之歸 有威武不屈者在 感聖祖知臣之語 用拙名齋 及昏主斁倫之辱 守死善道 王室每念 蔚袁安炳炳之忱 泰運纔回 驚康成起起之夢 青氈舊業 淸白空傳於關西 紫誥新綸 銓衡却寄於身後 去棟樑於大廈 小子安依 煥綽楔於故閭 過者亦式 元祀莫擧 鬱幾歲之人心 遺風猶存 作今日之士氣 高山仰止 孰無戀德之誠 吾黨斐然 爭倡尊賢之議 岳麓人去 慨典刑之已遙 石鼓山空 悵祀屋之未建 相學競勸 不謀同辭 顧玆上黨之東 乃是故宅之北 雙泉潑潑 來活水於源頭 列嶽蒼蒼 控遠岑於雲表 地如雲谷 合𠜾明禋之宮 境似鵝湖 可作群居之所 況杖屨曾遊之地 尙記某水某丘 而衣冠所藏之山 纔隔一重一掩 無雙舊洞 第一名區 於焉相地之宜 鬼神不秘 重以得日之吉 龜筮幷從 趨事赴功 令豈待於縣尹 寫材鍊石 督無煩於公輸 法大壯於犧經 上棟下宇 移宏模於鹿洞 左膠右庠 簪宗古規 擧墜典於樂祖 考亭新廟 隆享儀於眞儒 較少尹之東都 卽一鄕社 同文公之南海 爲百世祠 濟濟青襟 覩盛擧而恐後 欣欣白首 相斯役而爭先 經之營之 不踰時能事旣畢 奐焉輪焉 可指日善頌斯揚 少住郢斤 且聽巴唱 兒郎偉 抛樑東 活水源頭一鑑空 何似岐山元聖廟 淸泉長與世窮通 兒郎偉 抛樑西 仙到峯前日欲低 欲識巖巖佳氣像 高山萬丈入雲齊 兒郎偉 抛樑南 秋晩汀洲水似藍 賢聖相傳千古訣 一輪明月照寒潭 兒郎偉 抛樑北 攻學元來如琢玉 爲報青襟相講磨 淵源直泝關閩洛 兒郎偉 抛樑上 衰草荒原入遠望 莫道典刑今不存 英靈於此定來往 兒郎偉 抛樑下 詩禮於秋絃誦夏 佇看英才興蔚然 揚廷他日替王化 伏願上樑之後 士習丕變 吾道俟興 禮義相先 則鄕黨恂恂之貌 霜雪交墜 昜松栢青青之心 修孝悌出則入則之餘 學之爲己 講淇澳赫兮喧兮之義 友以輔仁 里巷接弦之聲 江山養豪之士 鹿鳴觀國 擢賢良於年年 駿奔在庭 瞻禴祀於歲歲 永作西城功令 無愧南康學規

《죽헌집(竹軒集)》

서書

신숙정식에게 답함 기유년(1609) 8월

答申叔正湜 己酉八月

이득윤(李得胤)[999]

이별의 한과 가을 회포 둘 다 모두 사람을 심히 번민케 하여 구곡간장의 시름을 금하기 어려워하던 차에 은근하고 자상한 마음에 보내주신 당신의 편지가 서원(西原)에서 왔습니다. 책상 위에서 펼쳐 보니 완연히 옥안(玉顏)을 마주한 듯하였고, 다시 그윽한 정의(情誼)를 더듬자니, 울결(鬱結)을 치료하는 패모(貝母)를 캔 듯하여 매우 위로가 되었습니다.

더군다나 이 천자첩(川字帖)을 주심은 사람의 의표(意表)를 찌름이 이와 같을 수 있는지요? 한편으론 사림을 흥기시키고 한편으론 향당을 감동하게 합니다. 사사로운 나의 감격한 심정은 말씀드릴 것도 없거니와 냇물의 물고기나 산속의 새들도 기뻐하며 뛰어 오를 것입니다. 다만 세상이 말세가 되고 풍속이 경박하여 그 하나도 보전하기도 어렵다고 하신 것은 당신이 지적한 바와 같습니다.

그러나 여기에 뜻이 있는 우리 향당의 몇몇 사람이 품고 있는 뜻은 한 가지로 똑같습니다. 수컷이 울자 암컷이 화답하듯 서로 창화(唱和)하면서 혹 이룸이 있게 되면, 뒷날 합하께서 지방을 살피시는 여가에 적막한 물가의 우리 초당을 찾아주시어 환히 빛나게 해주시고 유정서원[1000]에서 도학를 강학해주셔서 넓게 퍼져나가는 글 읽는 소리를 듣고 함께 향사(鄉

999) 이득윤(李得胤 : 1553~1630) : 본관은 경주(慶州)이고, 자는 극흠(克欽)이며 호는 서계(西溪)이다. 서기(徐起)의 문하에서 수학한 뒤 박지화(朴枝華)에게 역학을 배웠다. 광해군 때 고향에 머무르면서 김장생(金長生)·정두원(鄭斗源) 등과 서한을 교환하며 역학과 음악에 대해 토론하였다. 인조반정 이후에 괴산군수가 되어 민심을 수습하고 관기(官紀)를 바로잡는 등 선정을 베풀었다. 저서로는 《현금동문유기(玄琴東文類記)》 외에 《서계집(西溪集)》, 《서계가장결(西溪家藏訣)》이 있다.

1000) 유정서원(有定書院) : 충청북도 청주(淸州)에 있는 서원으로, 1570년(선조 3)에 남계(南溪) 경연(慶延), 강수(江叟) 박훈(朴薰, 1484~1540), 충암(冲菴) 김정(金淨, 1486~1521), 규암(圭庵) 송인수(宋麟壽, 1487~1547) 등 4인을 기리기 위하여 청주의 사림에 의해 건립되었다. 처음에는 서원이 위치한 마을 이름을 따라 유정서원(有定書院)이라고 하였다가 1660년(현종 1) 사액을 받으면서 '신항서원(莘巷書院)'으로

社)에 참여하시어 신실(信實)하게 성대한 뜻을 보여주신다면, 우리 고을이 바라던 풍속이 모두 오늘부터 있게 될 것이니, 이는 합하께서 주시는 것이 될 것입니다. 그렇게 되면 다행스럽지 않으며 아름답지 않겠습니까? 나머지는 더욱 덕을 높이고 업을 넓혀 태평 정치를 이룩하는 데 도우시어 산야에 있는 목숨을 보전할 수 있게 해주시기를 간절히 바랍니다.

別恨秋懷 均是激惱人 難禁九回之腸 珍翰勤縟 來自西原 披閱床上 宛若對如玉 更討幽欵 足當采蘊 慰荷慰荷 况此川字帖給 何其出人意表之若是耶 一以聳士林 一以感鄉黨 如我私悃之激 在所不言 溪山魚鳥 亦踴躍矣 但世末俗澆 難保其一 如所指 然吾黨二三人 有志於此者 其揆一也 雄唱雌和 儻或有成 他日閤下展省之餘 窮尋寂寞之濱 增我草堂之色 而講道有定 聽絃誦之洋洋 共參鄉社 示恂恂之盛意 則吾州庶幾之風 皆自今日 閤下之賜也 不其幸乎 不其美乎 餘冀益懋崇廣 贊襄太平 俾保山野之命 至懇至懇

《서계선생문집(西溪先生文集)》

신숙정에게 답함
答申叔正

정경세(鄭經世)

잇달아서 보내주신 편지를 받아보건대 정중하게 가르쳐 주시는 가운데서 간간이 우스갯소리도 하셨습니다. 봉독(奉讀)하노라니 기쁘고 즐겁기가 마치 한가로운 자리에서 재미있는 우스갯소리를 듣는 것만 같아, 울적하고 답답했던 마음이 확 뚫리면서 상쾌해졌습니다. "천

이름이 바뀌었다. 뒤에 청주 출신의 기묘명현의 한 사람인 한충(韓忠, 1486~1521), 임진왜란 때의 충신인 송상현(宋象賢, 1551~1592), 목은(牧隱) 이색(李穡, 1328~1396), 율곡(栗谷) 이이(李珥, 1536~1584)를 추향하였다. '신항'은 신지(莘摯)와 항안(巷顔)의 준말이다. '신(莘)'은 유신(有莘)이며 '지(摯)'는 이윤(伊尹)의 이름으로, 이윤이 유신의 들판에서 농사를 지었다고 한다. '항(巷)'은 누항(陋巷)이며 '안(顔)'은 안연(顔淵)으로, 안연이 누항, 즉 누추한 거리에서 안빈낙도(安貧樂道)를 즐긴 것을 가리킨다. 주희(朱熹)의 〈백록동부(白鹿洞賦)〉에 "진실로 유신 이윤의 뜻을 품으며 삼가 누항의 안연 지조를 지킨다.[允莘摯之所懷 謹巷顔之攸執]"라는 내용이 보인다. 서계 이득윤은 유정서원 제9대 원장을 지냈다.

하에는 단지 늙은이를 되돌려 어린아이로 만들어 줄 약만 없다."라는 등의 몇 구절은 호쾌한 기운이 사람을 감동하게 할 뿐만 아니라, 이는 이치에 있어서도 참되고 적절한 말씀입니다. 다만 이른바 "장(腸)을 닦아 내고 위(胃)를 씻어 내는 것은 화타(華陀)와 같은 명의(名醫)가 아니면 쓸 수가 없다. 쓴다면 반드시 사람을 죽이고야 말 것이다."라고 하신 것은, 어쩜 그리도 하신 말씀이 몹시도 시원스럽단 말입니까. 우습고도 우습습니다.

못난 저는 평생토록 힘쓴바 모두가 종이에 쓴 옛날 책을 뒤적이면서 공부하는 것이었는데, 알면서도 능히 행하지 못한 것이 어찌 끝이 있겠습니까. 유독 의서(醫書)에 대해서만 그러한 것이 아닙니다. 생각이 이에 미치니 몹시도 부끄럽고 탄식스러울 뿐입니다.

하옥(厦屋)의 제도에 대해서는 일찍이 《주자대전(朱子大全)》 가운데에서 대충이나마 비슷한 것을 상고해 보았으나, 환하게 깨우치지 못한 부분이 자못 많습니다. 그러므로 지난번에 경솔하게 대답했던 것이 고견과 들어맞지 않았으니 당초에 그 책을 읽어 보지 않은 것은 아니나, 범범하게 응답하였기 때문입니다. 지금은 본서(本書)가 여기에 없는데, 그 구절을 기억할 수 없기에 더욱더 감히 말씀드릴 수 없습니다. 다만 제가 본 바로는, 이 집은 본디 오가 오칸(五架五間)의 제도인데 가운데 삼가 삼칸(三架三間)이 정당(正堂)이 되고 후미(後楣) 북쪽의 3칸은 가운데가 실(室)이 되고 좌우가 동방(東房)과 서방(西房)이 되며, 그 동쪽과 서쪽 양서(兩序)의 바깥에는 각각 1칸 역시 앞뒤로 나뉘어서 앞쪽은 동상(東廂)과 서상(西廂)이 되고, 역시 각각 동당(東堂)과 서당(西堂)이 되는데, 대개 중당(中堂)과는 비록 담으로 막혀 있으나 위차(位次)는 서로 나란합니다. 뒤쪽은 동쪽과 서쪽의 협실(夾室)이 되는데, 역시 동쪽 방과 서쪽 방과는 담벼락으로 막혀 있으면서 나란히 위치합니다. 이것이 이른바 "앞쪽은 모두가 당(堂)이 되고 뒤쪽은 모두가 실이 된다."라는 것입니다. 전미(前楣)의 남쪽 5칸은 가운데 1칸을 '두 서까래의 사이'라고 하는데, 왼쪽과 오른쪽의 각 1칸을 '동영(東楹)의 동쪽'과 '서영(西楹)의 서쪽'이라고 합니다. 또 그 바깥의 각 한 칸씩을 서단(序端)이라고 합니다. 삼가 그 제도를 헤아려 보건대 대개 이와 같습니다. 그러므로 상(廂)으로써 재(齋)를 삼고 협(夾)에다가 책을 보관할 경우에는 당과 실이 위치가 뒤바뀜을 면치 못할 것으로 의심하였던 것입니다. 이제 가르침을 받들고서도 오히려 영형(令兄)의 견해에 대한 의심이 말끔히 없어지지는 않았습니다. 이것으로써 본다면 서찰로 말하는 것이 직접 대면해서 논하는 것보다 못함이 분명합니다.

앞쪽이 당이 되고 뒤쪽이 침(寢)이 되는 제도에 대해서는 별도로 3칸의 단옥(單屋)이 있는 줄은 알지 못하겠으나, 매번 후실(後室)로 그에 해당시키므로 앞서의 편지에서 명쾌하지 않다고 의심을 두었던 것입니다. 보내주신 편지를 받아 보매, 저의 고루함이 몹시 부끄럽습니다. 다만 이 말은 《주서(朱書)》나 《이아(爾雅)》의 석궁편(釋宮篇)에 실려 있지 않은 듯한데, 모르겠습니다만 어느 책에 나오는 것인지요? 다음 편지에서 알려 주시기를 간절히 바라고 또 바랍니다.

옛날에 주오자[1001]는 서쪽에서 동쪽을 바라보고 있고, 들어가는 자는 호(戶) 안쪽에서 서쪽을 향하여 절하였는데, 이것은 바로 산 사람으로 대우하는 예입니다. 그러므로 제사 지낼 때에도 섬돌 아래에서 서쪽을 향하여 절하는데, 이것은 오(奧)와 더불어 상대하는 뜻입니다. 그러니 과연 호 안에서 절하는 예는 없습니다. 그런데 앞서의 편지에서 범범히 잘못 썼으니, 탄식스럽고도 부끄럽습니다. 다만 생각건대, 연침(燕寢)의 제도가 곧바로 정침(正寢)의 북쪽에 있을 경우 지금 이곳을 묘(廟)로 삼게 되면 끝내는 등지고 앉는 모순이 생기는바, 아마도 침(寢)의 동쪽 편에 자리를 잡느니만 못할 것 같습니다. 대개 이 역시 삼대(三代) 시대의 제도입니다. 시험 삼아 《의례(儀禮)》 관례편(冠禮篇)의 "빈객을 맞이하여 들어갈 때에는 매번 곡읍을 한다.[迎賓入 每曲揖]"라는 부분의 주소(註疏)를 상고해 보면 아주 분명한데, 어떻게 생각하시는지요?

續承令翰 教誨鄭重 雜以嘲笑 奉讀喜歡 如聽善戲於燕申之地 幽鬱爲之醒快 天下只欠返老還童之藥數句 不惟豪氣動人 乃是理到眞切語 但所謂湔腸滌胃 非華佗不可用 用則必殺人 何令敎之太快耶 歌歌 鄙劣平生所著 皆是故紙上工夫 知之而不能行者何限 不獨於醫書爲然 思之及此 又深慙歎耳 廈屋之制 曾於朱子大全中 略考其髣髴而未透處頗多 故前日率爾之答 不得與高見默契 初非不經眼於其書而汎然應之也 今則本書不在 背念不起 尤不敢奉報 但以所見此屋本五架五間之制 而中三架三間爲正堂 後楣北三間 中爲室 左右爲東西房 其東西兩序外各一間亦分前後 前爲東西廂 亦各東西堂 蓋與中堂雖隔墻壁 而位次則相竝 後爲東西夾室 亦與東西房隔壁而竝位此所謂前皆爲堂 後皆爲室也 其前楣南五間 則中一間謂之兩楹之間 左右各一間 謂之東楹東西楹西 又其外各一間謂序端 竊料其制大概如此 故切疑以廂爲齋 以夾藏

1001) 주오자(主奧者) : 오(奧)는 실(室)의 서남쪽 모퉁이로, 방 안에서 가장 깊숙하고 가장 으뜸이 되는 구역인바, 주오자는 바로 이곳에 앉을 수 있는 자로, 가장 웃어른이나 신주(神主)를 말한다.

書 未免堂室換位 今承鐫誨 猶未瑩然無疑於令見 以此觀之 書札之不及於面論審矣 前堂後寢之制 不知別有三間單屋 每以後室當之 故前書以不得明快致疑 承示 甚愧孤陋 但此語似不載朱書釋宮篇 未知見出何書 乞於後便示及 至仰至仰 古之主奧者在西東面 入者自戶內西向而拜 乃是生人之禮 故祭時亦於階下西向而拜者 與奧相對之義 果無拜於戶內之禮 而前書汎筆錯了 可嘆可愧 但念燕寢之制 若正在正寢之北 則今以爲廟 終有背坐之礙 恐不若就寢東占位 蓋此亦三代之制 試考儀禮冠禮篇迎賓入每曲揖註疏則甚分明 如何如何

《우복선생문집(愚伏先生文集)》

신숙정식에게 답함

答申叔正湜

정경세(鄭經世)

바닷가 고을에서 병들어 누워 있노라니 그리운 생각이 바야흐로 간절하던 차에 홀연히 보내주신 편지를 받들게 되니, 답답하던 저의 마음이 몹시 위로가 됩니다. 다만 말질(末疾)이 걱정거리가 되었다는 것을 알았는바, 생각건대 그 역시 머지않아 마땅히 완쾌가 될 것입니다.

저의 병은 속병이라서 여름이 가고 가을로 접어들자 수시로 발작하는데, 곁에 밝은 의원과 좋은 약이 없어 치료할 수가 없습니다. 이에 답답하고 어지러운 심사로 나날을 보내고 있는바, 좋은 근황이라곤 하나도 없습니다. 재문(齋文)은 이로 인하여 오랫동안 짓지 못한 것이지, 감히 잊고 있었던 것은 아닙니다.

별지(別紙)에서 말씀하신 바에는 옛것을 좋아하는 뜻이 잘 드러나 있습니다. 저는 지난해에 《주자대전(朱子大全)》을 읽을 때 의심나는 부분이 자못 많았으나 연구하고 탐색하지 못하였습니다. 편지에서 말씀하신 두 가지 의문점은 바로 저의 견해와 딱 합치되기에 한번 웃었습니다.

삼가 생각건대 5칸 8자로 짓는 제도가 비록 4동(棟)으로 짓는 전옥(殿屋)의 제도와 서로 비슷하기는 하나, 지금 세속에서는 이를 많이 쓰고 있습니다. 더구나 사아[1002]의 제도와 또 모두 똑같지는 않은 데이겠습니까. 아마도 참람하다는 혐의는 없을 듯합니다. 그리고 신좌(神座)가 서쪽에 있으면서 동향(東向)을 할 경우, 제사 지내는 자가 호(戶)를 통해서 들어가 서쪽을 바라보면서 절하게 되니, 아주 좋습니다. 만약 옛 제도를 따라서 하고자 한다면 이는 의심스러운 점이 없을 듯합니다.

다만 실(室)의 제도가 지나치게 깊은 것이 염려되는바, 비록 문과 창문이 있다고는 하지만 앞쪽에 있는 당(堂)의 처마에 가려져 빛이 스며들기가 어려울 듯합니다. 주 부자(朱夫子)께서 이른바 "궁려(宮廬)의 제도는 모두 이미 오늘날 세상에는 마땅치 않다."라고 한 것이 비록 이러한 것들을 전적으로 가리켜서 말한 것은 아니나, 역시 온편한 것이 되지는 못합니다. 더구나 편지에서 말씀하신 "동상(東廂)과 서상(西廂)을 좌우 재(齋)의 협실(夾室)로 삼아 여기에 서책(書冊)을 보관하고자 한다."라고 한 것은, 옛날에 상(廂)을 당(堂)으로 삼고 협(夾)을 실(室)로 삼으며, 지붕 다섯 칸의 앞쪽을 모두 당으로 만들고 뒤쪽을 모두 방(房)과 실로 만든 것이 바로 이것입니다.

이제 상(廂)으로 재(齋)를 삼을 경우에는 선비들이 늘 거처하는 곳이 반드시 토상(土床)을 앉힌 다음에야 괜찮을 것이며, 협에 서책을 보관할 경우에는 경사(經史)를 모셔 두는 장소에는 마땅히 마루를 깔아야 할 것입니다. 그럴 경우 당과 실이 위치가 뒤바뀌게 됨을 면치 못하여서 옛 제도와는 맞지 않게 됩니다. 어떻게 생각하십니까?

옛 제도를 강구하여 시행하는 것은 참으로 성대한 일입니다. 그러나 불편한 곳에 대해서는 아마도 반드시 옛 제도에 구애받을 필요는 없을 듯합니다. 대개 의리의 옳고 그름이 달려 있는 바가 아니기 때문입니다. 이상에서 말한 것은 이에 일반적인 사리에 따라 논한 것으로, 생각건대 박아(博雅)하신 당신의 견해로는 반드시 저의 누추한 점을 비웃으실 것입니다.

향약(鄕約)의 범례(凡例)는 준수하여 시행하기에 아주 편합니다. 발문(跋文)에서 논한 바의 잘못을 서로 규계하여 바로잡는 한 조목 역시 아주 정밀하고 정확한바, 탄복스러움을 금치 못하겠습니다. 이쪽에서도 바야흐로 이를 시행하려고 하고 있는데, 좌우가 계신 곳에는 반드시 다른 본(本)이 있을 것입니다. 이에 원본(原本)을 삼가 여기에 보관해 두려고 합니다. 나머지 많고 많은 사연들은 지필(紙筆)로는 다 말씀드릴 수 없습니다. 마음속으로 묵묵히 양찰해 주시기만을 바랍니다.

1002) 사아(四阿) : 빗물이 사면으로 흘러내리게 되어 있는 지붕의 양식을 말한다.

病臥海濱 懸戀方苦 忽承令翰 甚慰幽鬱 第審末疾爲患 想亦非久當瘳 鄙生患在心腹 徂夏入秋 發作無常 旁無明醫良藥以救之 憫撓度日 甚無好況 齋文因此久未就 非敢忘也 別紙所示 甚見好古之意 生於向年讀大全時 疑處頗多 而究索不出 示兩疑正愜鄙見 一笑 竊意五間八脊 雖與殿屋四棟之制相似 而今俗多用之 況與四阿又不盡同 恐不嫌於僭 神座在西東向 祭者自戶入 西向拜 甚得 若欲從古 此似無疑 但念室制太深 雖有戶牖 爲前面堂楹所蔽 恐難納明 朱夫子所謂宮廬之制皆已不宜於世者 雖未必專指此等 而亦不得爲穩便 況來示欲以東西廂爲左右齋夾室 以藏書冊 古者廂爲堂 夾爲室 屋五間 前皆爲堂 後皆房室者是也 今以廂爲齋 則士子恒居之所 必安土床然後可 以夾藏書 則經史尊閣之所 當用抹樓 是未免爲堂室換位 不得純於古制 如何如何 講行古制 固是盛事 其不便宜處 恐不必泥 蓋非義理是非所在故耳 此是循常之論 想博雅之見 必笑其陋矣 鄕約凡例 極便於遵行 跋文所論規過一節 亦甚精確 不勝嘆服 此間方欲行此 而令所必有他本 故原本謹留置耳 千萬非紙筆可旣 只希心諒

《우복집(愚伏集)》

미상인의 편지

적막하고 황량한 산골에 있으면서, 때로 다시 생각해봐도 옛정이 오랠수록 더욱 돈독한 것은 말세에 보기 드문 일입니다. 감사하고 고마운 나머지 사람으로 하여금 심히 우러러보게 합니다. 이에 또 안부를 묻는 서찰이 먼 곳까지 이르니, 봉함을 뜯고 여러 번 읽으매 절로 손에서 놓아지지 않습니다.

저는 지난해 이후로 노쇠한 병이 더욱 심해져서 신음 속에 날을 보내고 있습니다. 남은 것이라고는 실낱같은 목숨뿐입니다. 산중에서 병을 안고 있어 한 알의 약도 구하기가 어려운데, 보내주신 각종 약재는 그 수가 매우 많습니다. 이는 반드시 영공께서 부모님을 모시면서 정을 다해 모으신 것 전부를 보내신 것이니, 더욱 배려하는 지극한 심정에 감사하는 뜻을 감내하지 못하겠습니다. 나머지는 어찌 낱낱이 말씀 드릴 수 있겠습니까? 오직 원하건대 절서에 따라 진중하시고 조섭하십시오. 이만 줄이고 삼가 답장을 올립니다.

정사년(1617) 새해 정월 25일. 감히 이름은 적지 않습니다.

寂寥荒村 時復思想舊情久而益篤 叔世之所罕見 感荷之餘 令人激昻 玆又承奉問札遠及 開緘圭復 自不能釋手 生自上年以後 衰病轉劇 呻吟度日 所存者 縷命而已 山中抱病 一丸之藥亦難得 所惠各種 數極多 此必令侍盡情收得 沒數以送 又不勝謝拜之至 自餘何能一一 惟願畧序珍攝 只此謹謝 丁巳新正念五日 不敢具名

《역주 명가보묵(名家寶墨)》

미상인의 편지

지난번에 보내주신 편지를 받고나니, 저를 버리지 않으신 성의(盛意)에 감사할 뿐입니다. 그런데도 번잡하여 감히 답장을 드리지 못했는데 지금 이 서찰을 받게 되었고, 장차 견책을 받을 걱정이 있으시다는 것을 알았습니다. 혹 또 떨어져 있게 된다면 소식이 이때부터 영영 막힐 것 같으니, 망연한 회포를 이기지 못하겠습니다. 이에 감히 몇 자를 써서 답장을 합니다.

보내주신 각종의 납약[1003]은 산촌에서는 얻기가 어려운 것들이라 지극히 감사하여 마음속에 있는 말을 일일이 다 할 수 있겠습니까? 오직 바라옵기는 하늘의 뜻에 따라 분수를 편히 여기시고 정신을 한가롭게 하여 병환을 요양하십시오. 삼가 편지를 올립니다.

무오년(1618) 2월 20일 감히 이름을 쓰지 못합니다.

曩承問書 感佩不遺之盛情 而煩未敢修謝 今玆奉札 得審將有負譴之憂 倘又分離消息從此永隔矣 不勝惘然之懷 敢以數字書爲報 惠各種臘藥 山村難得 極謝不盡下懷 何能一一 唯冀順天安分 暇神養病 謹狀 戊午二月念日 不敢續名

《역주 명가보묵(名家寶墨)》

1003) **납약(臘藥)** : 납일(臘日)을 전후하여 벼슬아치나 일반인들이 여러 곳의 친지들에게 선물로 보내던 여러 가지 환약(丸藥).

설說

졸재에 대한 설 만력 기미년(1619, 광해군 11) 3월 일
拙齋說 萬曆己未春三月日

정구(鄭逑)

지난날 영천(靈川) 신후 숙지(申侯叔止 신식(申湜))가 나에게 편지를 보내 말하기를, “지나간 선왕(先王 선조(宣祖)) 때에 언젠가 한가로이 경연에 입시한 자리에서 임금이 경연의 신하들을 하나하나 평하신 적이 있었는데, 저의 차례가 되자 ‘그대는 졸하다’라고 말씀하셨습니다. 저는 그 말씀을 듣고 부끄러워 어찌할 줄 몰랐으나 물러나 생각해 보니 뭇 신하 중에 신처럼 졸한 자가 없었습니다. 성주(聖主)의 한마디 말씀은 실로 저의 평소 실정을 정확히 표현한 것으로, 설사 진기한 의복을 하사받은 영광이라 하더라도 이에 견줄 수 없었습니다. 그 은혜에 흠뻑 감격한 나머지 보답하지 못할까 두려움을 금치 못하던 차에 갑자기 승하하시어 땅을 치며 통곡하였으나 이미 돌아가신 분을 다시 살릴 수 없었습니다. 그리하여 삼가 ‘졸(拙)’ 자를 저의 재호(齋號)로 삼는다면 아쉬운 대로 성상께서 알아주신 뜻을 체득하여 제가 종신토록 스스로 지키고 살아갈 격언으로 만들 수 있겠다는 생각에서 이미 최 사문 립(崔斯文笠)에게 부탁하여 기문(記文)을 지었습니다. 또 생각해 보니 서로 우정이 각별한 우리 족하(足下)께서도 한마디 말씀으로 저의 졸함을 기록해 주시는 일이 없어서는 안 되겠습니다.” 하였다.

나는 그 말을 듣고 감탄해 마지않았다. 이 일은 신후가 임금으로부터 남다른 인정을 받은 것이 감탄스러울 뿐만 아니라, 그 당시 임금과 신하들 사이에 서로 뜻이 맞았던 경사스러움이 또 과연 어떠했다 해야 할까. 그러나 나는 재주와 덕이 부족한 사람으로, 도를 깨우칠 시기를 이미 놓쳤고 지금은 무기력한 상태로 안일하게 나날을 보내고 있으니, 어찌 생각을 정리하고 말을 구사하여 거룩하신 성주의 말씀을 부연할 수 있겠는가. 그래서 결국 그 부탁을 들어주지 못하였고 그로부터 10년이 흘렀다. 그런데 어제 신후가 연경에서 돌아와 다시 편지를 보내 강요하며 말하기를, “저를 멀리 버리지는 않으시겠지요.” 하였다.

아, 10년이 흐르도록 말을 들어주지 않았으면 그만 포기할 만도 한데 이처럼 간곡하게 부탁하기를 마지않으니, 신후는 정말 졸한 사람이 아닌가. 혹시 신후가 졸하다는 말에 깊은 맛을 느끼고 반드시 졸한 사람의 말을 얻어 그것으로 졸함에 대처하는 방도에 도움을 받고자 한 것은 아닐까. 이는 사실 교묘한 자가 달갑지 않게 여기는 것이니, 신후가 졸하다는 평을 받게 된 이유일 것이다. 그리고 조정에 가득한 그 많은 신하들 중에서 성주께서 졸하다고 허여한 것은 오직 신후에 대해서뿐이었고, 서로 알고 있는 수많은 벗들 중에서 우리 신후가 졸함에 관한 설(說)을 써 달라고 부탁한 것은 반드시 나였으니, 그 어찌 우리 두 졸한 사람이 서로 뜻이 통하는 데에 마음이 움직여 예전에 들은 졸함에 관한 설을 한번 서술하고픈 생각이 나지 않을 수 있겠는가.

주 부자(朱夫子)가 졸함에 관해 논하기를, "천하의 이치는 오직 하나일 뿐이다. 그것을 궁리하는 것은 그 하나를 통하여 알자는 것이고, 통하여 안 것을 지키는 것은 거기에 단단히 안주하자는 것이다. 그 이치가 하나이고 단단히 지켜야 하는 것이므로 졸함에 가깝다." 하였다. 그 말씀을 더 부연하면 '그 의(誼)를 바르게 하고 이익을 도모하지 않으며 그 도를 밝히고 공을 계산하지 않는다.'라는 것 또한 졸함만으로써 그렇게 되는 것이다. 신후는 이미 임금께서 하사한 말씀을 흠모하고 있으니, 여기에 또 주자의 그 가르침을 깊이 체득하여 항상 염두에 두고 졸함의 도를 다할 것을 생각하길 바란다. 그렇게 하기 위해서는 언제나 임금과 스승을 마주 대한 듯 전전긍긍 조심하는 마음으로 이치를 반드시 궁리하여 꼭 지키고 의리를 반드시 올바로 세워 꼭 밝히면서 오직 털끝만큼이라도 본심의 졸함에 어긋남이 있을까 두려워하는 공부를 어찌 소홀히 할 수 있겠는가.

신후는 타고난 자질이 혼후하고 공부한 기간이 오래되었으니 도(道)의 경지에 깊이 들어가고 스스로 깨달은 공부는 거의 나처럼 졸한 자가 측량할 수 있는 일이 아니다. 그런데도 다시 이와 같은 말로 격려하였으니 이 또한 내가 졸하기 때문이다. 혹시 신후가 나의 말을 즐겁게 받아들여 예전에 배운 것과 서로 부합된다고 생각하고 끊임없이 더욱 노력하여 길이 그 졸함을 보전한다면 이것이 곧 도덕을 이루는 것으로서 이보다 더 복스러운 일은 없을 것이다. 이렇게 되면 우리 선왕의 은총을 우러러 보답하는 면에 있어서 장차 그 길이 없다고 두려워할 것이 뭐가 있겠는가.

靈川申侯叔正貽書言 昔在先王朝 嘗從容入侍 自上歷評筵臣 至於臣湜 則曰爾湜拙臣承命踧踖 退而竊思之 群下之中 蓋無有如臣之拙者 聖主一言 實愜臣平生所存 華衮之榮 不足以方焉 感激涵濡 懼無以仰酬 而弓劍忽遺 攀呼莫及 謹用名齋 庶幾體奉聖上之賞識 以爲我終身自守之地 已屬崔斯文岦爲之記矣 復念相好如吾足下 不可以無一言以志吾拙 余聞言興嘆 不惟感侯知遇之殊 其一時風雲際會之慶 又如何哉 然余下士也 聞道旣晩 方頹然自安其逸 安得構思駕言 以仰贊聖言之懿乎 遂不能副焉者垂十年矣 昨者 侯還自皇都 復有書强之曰 其不我遐棄否 噫 十年而莫之應 則可以止矣 而猶拳拳不已 侯眞拙哉 豈侯深有味於拙焉 而必欲得拙者之言 或有裨於處拙之方者乎 此固巧者之所不屑 而侯之所以爲拙也 且滿廷之多 而聖主之許拙惟於侯相識之衆 而吾侯之托拙必於我 其何能無感於兩拙之相契 而思一陳舊聞之拙也 朱夫子之論拙曰 天下之理 一而已矣 窮之欲其通於一 守之欲其安以固 以其一而固也 是以近於拙 極其言則正其誼不謀其利 明其道不計其功 是亦拙而已矣 侯旣欽上之賜又深服朱子之訓 念玆在玆 思有以盡拙之道焉 所以戰兢惕勵 常若對越君師 理必窮而必守 義必正而必明 惟恐一毫有違於本心之拙者 其可已乎 侯天資近道 用力已久其深造自得之功 殆非余拙之所可測者 而復誦此以勉焉 此又余之所以爲拙也 儻侯樂聞焉而謂符舊學 益敦無斁 永保其拙 則斯爲有德 吉莫大焉 其於仰酬我先王之恩遇將何所懼其無以哉

《한강선생문집(寒岡先生文集)》

기記

졸재에 대한 기문
拙齋記

홍가신(洪可臣)

나의 벗 관찰사 신숙정(申叔正)은 성품이 청백하고 정직하여 사람들과 말씀할 때에는 어물거리거나 둘러댐[1004]이 없기에 조정에 벼슬했던 40년 동안 계사나 소차[1005]로 아뢸 때에 식견 있는 사람은 그의 사람됨을 알았다. 우리 선조대왕께서 여가가 계실 때에 동시대의 뭇 영걸들을 평가하였는데, 공에 이르러 "아무개는 졸(拙)하다."라고 하시니, 공은 그 말씀을 듣고서 기뻐하며 매우 다행스럽게 여겼다.

옛날에 염계가 〈졸부〉[1006]를 지어 말씀하기를 "천하 사람이 다 졸(拙)하면 풍속이 깨끗해지고 폐단이 없어지리라."라고 하였으니, 그 뒤로부터 군자들이 '졸' 자의 의미가 넓은 것을 알게 되었다. 일찍이 보건대 채원장이 장천각(張天覺) 승상에 대해 논평하기를 "승상은 진실로 현명하지만 다만 계교와 술수가 부족하다"라고 하자, 장천각이 이를 듣고 분연히 말하기를 "채경은 머리를 베고 배를 갈라야 하는 놈이다. 내게 만약 계교와 술수가 있다면 도리어 너와 똑같은 사람이 되었을 것이다."[1007]라고 하였다. 계교와 술수는 '졸'과 반대이다. 지혜로운 자는 깊이 숭상하는 바인데, 장 승상은 어찌 그리 이처럼 혐오하였던가? 그리고 공은 어찌하여 선왕의 말씀을 깊이 다행스럽게 여기고 급기야 자신의 서재 이름으로 정하였는가?

옛사람의 시에 "낮은 선비가 늦게 도를 듣고서, 애오라지 졸함으로 스스로 수양한다."라고

1004) **어물거리거나 둘러댐** : 원문의 '회호(回互)'는 솔직하지 않고 말이나 행실을 어물쩍하거나 둘러대어 교묘하게 이해(利害)를 따져 보는 것이다.

1005) **계사(啓辭)나 소차(疏箚)** : '계사'는 신하가 임금에게 공사(公事)나 논죄(論罪)에 관하여 품의하는 말이나 글을 말하고, '소차'는 상소(上疏)와 차자(箚子)이다.

1006) **염계(濂溪)가 졸부(拙賦)** : '염계'는 송(宋)나라의 대유학자 주돈이(周敦頤)의 호이다. 그가 일찍이 〈졸부(拙賦)〉를 지어 자신을 졸자(拙者)로 자칭하며, 졸(拙)함을 끝까지 지키겠다는 뜻을 피력하였다.

1007) **채원장(蔡元長)이 …… 것이다** : '원장(元長)'은 북송의 간신인 채경(蔡京)의 자이다. 《주자대전》 권50 〈답정정사(答程正思)〉에 이 내용이 실려 있다.

하였는데, 회암(晦庵 주자(朱子))이 그 말씀을 깊이 음미하였다.[1008] 지금 공의 뜻도 역시 회암의 음미한 바에서 터득함이 있어서 흥기한 사람인가. 어찌도 오늘날 사람들이 좋아하지 않는 바를 좋아함이 이와 같은가. 공을 아끼는 사람은 공이 너무나 세상과 맞지 않음을 걱정하여 공에게 다소 고치기를 권하자, 공은 축연히 말하기를 "신하를 아는 사람은 임금만한 분이 없다[1009]고 하였으니, 진실로 나의 졸함을 바꿀 수 없다."라고 하였다. 나는 물러나 기문을 쓴다.

吾友申觀察叔正 性白直 與人語 無回互 立朝四十年 啓辭疏劄之間 識者知其爲人焉 我宣祖大王嘗於清燕之暇 評及一時群英 至公 若曰 某也拙 公聞之 意欣然甚幸 昔濂溪賦拙曰 天下拙 風淸弊絶 自此之後 君子蓋知拙之義博矣 嘗見蔡元長論張天覺丞相曰 丞相誠賢 只少些機械 張聞之 奮然曰 蔡京斫頭破肚漢 我若有機械 却與爾一般機械 拙之反 智者所深尙也 張丞相何惡之若是 而公何深幸先王之敎 至揭以名其齋乎 古人有詩曰 下士晩聞道 聊以拙自修 晦庵深味其言 今公之意 亦有得於晦庵之味而興起者乎 何其嗜今人之所不嗜如此哉 愛公者 憂公之太齟齬於世也 勸公稍加矯揉 公蹙然曰 知臣莫如君 誠不可易吾拙 某退爲記

《만전선생문집(晩全先生文集)》

1008) 옛사람의 … 음미하였다 : 소식(蘇軾)의 〈빈가정소지(貧家淨掃地)〉 시에 "모자라는 선비가 만년에 도를 듣고서, 그저 졸로 자신을 수양한다.[下士晩聞道 聊以拙自修]"라고 하였는데, 회암(晦庵)이 학문의 수용처를 묻는 임중삼(林仲參)의 질문에 "허름한 의자나 탁자가 집에 있으면 유용하게 쓰이지만 바깥으로 욕심을 내어 높은 산이나 깊은 계곡에 있게 되면 아무짝에도 쓸모없는 물건이 된다."라고 대답한 후 이 시를 인용하며 "전인(前人)도 이와 같이 말했다."라고 하였다. 《朱子語類 卷120》 이 시구는 수양이 제대로 되지 않은 선비가 늦게나마 자각하여 수양해 나간다는 뜻이다.

1009) 신하를 …… 없다 : 《사기(史記)》 33권 〈제태공세가(齊太公世家)〉에 이르기를, "관중(管仲)이 병이 나자, 제 환공(齊桓公)이 문병을 가서 묻기를, '여러 신하 중에 누가 재상이 될 만한 인물인가?'라고 하였다. 그러자 관중이 대답하기를, '신하를 아는 사람은 군주만 한 이가 없습니다.'고 하였다.[管仲病 桓公問曰 群臣 誰可相者 管仲曰 知臣莫如君]"라고 하였다.

용졸헌에 대한 기문
用拙軒記

유몽인(柳夢寅)

내가 천하의 일을 살펴보건대, 교묘하기는 졸함보다 교묘한 것이 없고,[1010] 졸하기는 교묘함보다 졸한 것이 없다. 여기에 어떤 교묘한 사람이 있다고 하자. 교묘하기가 족히 가시 끝에 원숭이를 새기고,[1011] 털에 매단 이를 활로 쏘아 맞히고,[1012] 장대 끝에 구슬을 쌓아 올리고,[1013] 동전 구멍에 기름을 붓고,[1014] 목마를 험한 곳으로 건너가게 하고,[1015] 능히 나무로 만

1010) **교묘하기는 …… 없고** : 《노자》 45장에 "크게 교묘한 것은 졸한 것처럼 보인다[大巧若拙]"라고 한 것과 의미가 상통한다. 노자의 이 말은 《장자》 〈거협(胠篋)〉에 인용된다. 장자는 성인이 사라져야만 대도가 사라질 것이고, 온갖 음률, 악기 등이 사라지면 천하의 귀가 밝아질 것이며, 물건 제작에 필요한 갖가지 도구들을 없애 버리고 솜씨 좋은 장인의 손을 꺾어 버릴 때라야 비로소 천하 사람들이 '교(巧)'를 간직할 것이라고 주장하면서 노자의 '대교약졸'을 명시하고 있다.

1011) **가시 …… 새기고** : 가시 끝에 원숭이를 새긴다는 뜻이다. 송나라 사람 중에 나무의 가시 끝에 암컷 원숭이를 새겨 연나라 왕에게 바치겠다고 하는 자가 있었는데, 단 조건이 3개월의 목욕재계를 하여야만 그 원숭이를 볼 수 있다는 것이었다. 그러나 곧 궁궐 안 대장장이의 설득으로, 그 일이 터무니없는 속임수라는 것을 알게 된 연나라 왕은 결국 그 자를 체포하여 사형에 처했다. 《韓非子 外儲說左上》

1012) **털에 …… 맞히고** : 털에 매단 이를 화살로 쏘아 맞춘다는 뜻이다. 기창(紀昌)이란 자가 비위(飛衛)에게 활쏘기를 배웠는데, 작은 것을 크게 보는 훈련의 일환으로 3년 동안 이를 털에 잡아매어 창에 매달고 바라보기에 매진하였다. 그러자 마침내 이가 수레바퀴처럼 보이게 되어 화살이 이의 심장을 꿰뚫어도 매단 털은 끊어지지 않게 되었다고 한다. 《列子 湯問》

1013) **장대 …… 올리고** : 장대 끝에 구슬을 쌓아 올린다는 뜻이다. 공자가 초나라로 갈 적에 매미를 아주 잘 잡는 한 곱사등이를 보고 "재주가 좋구려! 무슨 비결이라도 있소?"라고 물었다. 이에 곱사등이가 "대여섯 달 동안 둥근 구슬 두 개를 쌓아올려도 떨어뜨리지 않으면 놓치는 경우가 적어지고, 구슬 세 개를 쌓아올려도 떨어뜨리지 않으면 놓치는 경우가 열 번에 한 번 정도가 되고, 구슬 다섯 개를 쌓아올려도 떨어뜨리지 않으면 마치 땅에 떨어진 물건을 줍는 것처럼 매미를 잡게 됩니다."라고 대답하였다. 《莊子 達生》

1014) **동전 …… 붓고** : 동전 구멍에 기름을 붓는다는 뜻이다. 진요자(陳堯咨)라는 사람은 활쏘기를 잘하여 천하에 대적할 자가 없었다. 어느 날 집 뜰에서 활쏘기를 하던 중, 기름을 파는 한 노인이 자신의 활쏘기를 보고 마뜩찮아 하는 것을 보고 화를 냈다. 그러자 그 노인은 땅에 호로병을 세우고 그 입구에 동전을 올려놓은 다음, 동전 구멍 위에 기름을 따르기 시작하였다. 하지만 그럼에도 동전은 하나도 젖지 않았다. 《歸田錄》

1015) **목마를 …… 하고** : 나무로 만든 수레로 험한 곳을 건너게 한다는 뜻이다. '목마'는 제갈량이 위(魏)와 싸울 때 험준한 산길에 군량을 운반하기 위하여 썼다는 '목우유마(木牛流馬)'이다. "제갈량은 교사(巧思)에 능하여 연노(連弩)를 손익하였고, 목우유마(木牛流馬)도 모두 그의 생각에서 나온 것이다." 하였다. 《三國志 卷35 蜀志 諸葛亮傳》

든 인형의 눈을 깜빡이게 할 수 있다면[1016] 교묘하다고 할 만한가? 나는 반드시 그를 졸하다고 말할 것이다. 여기에 어떤 졸한 사람이 있다고 하자. 졸하기가 비둘기가 까치둥지에서 살고,[1017] 아기 새의 먹이를 달게 먹고,[1018] 지리소가 키질을 하고,[1019] 범상한 백정이 칼을 부러뜨리고,[1020] 광굴이 할 말을 잊고 무위위(無爲謂)가 대답할 줄 몰랐던 경지에까지 이르는 것이라면[1021] 졸하다고 할 만한가? 나는 반드시 그를 교묘하다고 할 것이다. 그렇다는 것을 어떻게 아는가?[1022]

1016) **나무로 …… 있다면** : 인형이 눈을 깜빡인다는 뜻이다. 언사(偃師)라는 기술자가 가죽과 나무, 아교 등을 가지고 사람의 형상을 만들어 주 목왕(周穆王)에게 바쳤는데, 그 형상과 움직임이 너무도 사람과 똑같은 나머지, 임금을 시종하던 여자에게 눈을 깜빡이며 수작까지 부렸다고 한다. 《列子 湯問》

1017) **비둘기가 까치둥지에서 살고** : 《시경》 〈소남(召南)·작소(鵲巢)〉에 "까치가 둥지를 둠에 비둘기가 살도다. 새아씨가 시집옴에 백량(百兩)으로 맞이하도다.[維鵲有巢 維鳩居之]"라는 대목이 나오는데, 주희의 집전(集傳)에 "까치는 둥지 만들기를 잘하여 그 둥지가 가장 완고(完固)하고, 비둘기는 성질이 졸하여 둥지를 잘 만들지 못하여 간혹 까치가 만든 둥지에 사는 경우가 있다." 하였다.

1018) **아기 …… 먹고** : 아기 새가 먹는 먹이를 달게 여긴다는 뜻이다. 화(華)땅을 유람하던 요 임금은 '장수'와 '부유함'과 '사내아이가 많은 것'은 무위자연의 덕을 기르는 방법이 아니라고 하면서 봉인(封人)의 축원을 사양한다. 그러자 봉인은 그 세 가지 일이 모두 하등 문제될 것이 없다며 "무릇 성인은 메추라기처럼 거처하면서 아기 새처럼 밥을 먹고, 새처럼 자유로이 다니면서 흔적을 남김이 없다." 하였다. 《莊子 天地》

1019) **지리소(支離疏)가 키질을 하고** : 지리소가 키를 까분다는 뜻이다. 지리소는 《장자》 〈인간세(人間世)〉에서, '무용(無用)'이 오히려 '대용(大用)'이 되고, '부재(不材)'가 오히려 복이 된다는 역설의 한 예로 등장하는 인물인데, 자신의 몸이 불구하다는 이유로 오히려 전쟁과 부역에 징발되지 않고 온전하게 자신의 몸을 보전할 수 있었다고 한다. "지리소는 턱이 배꼽 아래에 숨어 있고, 어깨가 정수리보다도 높고, 상투는 하늘을 가리키고, 오장이 위에 있으며, 두 넓적다리는 옆구리가 되었다. 바느질과 빨래로 족히 입에 풀칠할 수 있으며, 키를 까불고 쌀을 골라서 족히 열 사람을 먹여 살린다." 하였다.

1020) **범상한 …… 부러뜨리고** : 솜씨가 좋지 못한 백정이 칼에 익숙지 못하여, 뼈를 건드려 칼을 부러뜨린다는 말이다. 포정(庖丁)이 문혜군(文惠君)에게 칼로 소를 해체하는 기술에 대해서 말하면서 "솜씨 좋은 백정은 일 년에 한 번 칼을 바꾸는데 살코기를 베기 때문이고, 범상한 백정은 한 달에 한번 씩 칼을 바꾸는데, 칼을 부러뜨리기 때문입니다." 하였다. 《莊子 養生主》

1021) **광굴(狂屈)이 …… 것이라면** : 광굴이 말을 잊고 무위위(無爲謂)가 몰랐던 경지를 뜻한다. '지(知)'라는 자가 '무위위'를 만나 도(道)를 아는 것, 도에 편안한 것, 도를 터득하는 것에 대해 묻자 무위위는 대답을 할 줄 몰랐고, 다시 광굴에게 그것을 묻자 광굴은 대답을 하려다가 하려던 말을 잊어버리고 만다. 결국 지는 황제에게 가서 그 에 대한 해답을 듣게 되는데, 황제는 오히려 지에게 무위위는 '진실로 터득한 자[眞是]'이고 광굴은 '도에 가까운 자[似之]'라는 평가를 내린다. 그러한 평가를 내린 이유에 대해 황제는 "무릇 아는 자는 말하지 아니하고 말하는 자는 알지 못하기 때문에 성인은 말하지 않는 가르침을 행하신다."라고 하면서 "저 무위위가 참된 도를 터득한 것은 알지 못하기 때문이고 저 광굴이 도에 가까운 것은 그것을 잊어버렸기 때문이며 나와 그대가 끝내 가까이 가지 못하는 것은 그것을 알기 때문이다." 하였다. 《莊子 知北遊》

그 교묘함에 대해서 말해보겠다.[1023] 조물주가 삼라만상을 새기고 그리며 온갖 만물을 꾸미고 조각하여, 크게는 태산을 만들고 작게는 가을철의 짐승 터럭을 만들었다. 사람에게 다 얼굴이 있지만 그 모습은 만 가지로 다르고, 동물은 태와 알에서 태어나는 것은 같지만 그 형상은 제각기 달라지니, 이것은 모두 저절로 그러한 것이고, 그렇게 된 이유는 알 도리가 없다. 사람들 가운데 지극히 교묘한 자들이 그것의 만 분의 일이나마 비슷하게 만들려고 하지만 될 수 없다. 이에 밝음에도 어두움이 있고 장점 속에도 단점이 있어서 비록 큰 지혜를 지녔더라도 만인이 도모한다면 화를 면할 수 없다.[1024] 나는 이 때문에 졸하기는 교묘함보다 졸한 것이 없다고 하는 것이다.

그 졸함에 대해서 말해보겠다. 사당에 의탁한 가죽나무는 장인(匠人)의 벌목을 멀리하였고,[1025] 꼬리를 끌며 자유롭게 살아가는 거북은 종묘의 제사를 사양하였고,[1026] 도랑 속에 버

1022) 그렇다는 …… 아는가 : 《장자》의 "작은 지혜는 큰 지혜에 미치지 못하고 짧은 수명은 긴 수명에 미치지 못한다. 무엇으로써 그러함을 알 수 있는가? 조균(朝菌)은 한 달을 알지 못하고 쓰르라미는 봄, 가을을 알지 못하니 이것이 짧은 수명의 예이다."라는 말에서 나왔다. 《莊子 逍遙遊》

1023) 그 …… 말해보겠다 : 《장자》 〈제물론〉에 유사한 표현이 보인다. "도(道)는 본시 영역의 구분이 있지 않았고, 말은 본시 고정불변의 일정한 의미가 있지 않았다. 그런데 말로 도를 표현하고자 했으니 이 때문에 사물에 경계가 있게 되었다. 그 경계에 대해서 말해보겠다." 하였다.

1024) 밝음에도 …… 없다 : 밝음에도 어두움이 있고 긴 것에도 짧은 바가 있어서 비록 큰 지혜가 있다하더라도, 만인이 중지를 모아서 도모한다면, 그 만인이 이룬 계책에 따른 화에서 벗어날 수 없다는 뜻이다. 《장자》 〈외물〉에 나오는 다음의 일화에서, 이러한 표현이 비롯된 것으로 보인다. 신령스러운 거북이 신귀(神龜)가 어부인 여차(余且)의 그물에 잡히자, 송원군(宋元君)의 꿈에 나타나 자신을 구원해 주기를 요청했다. 꿈에서 깬 송원군은 여차를 불러 신귀를 받아낸 후, 신귀를 죽여서 점을 치면 길하다는 점괘에 따라 결국 신귀를 죽이게 된다. 공자는 이 이야기를 듣고 "신귀는 송원군(宋元君)의 꿈에 나타날 수 있었지만 일개 어부 여차의 그물은 피하지 못하였고, 그 지혜는 72번이나 구멍을 뚫어 점쳐서 한 번도 길흉을 맞추지 못할 때가 없었지만 내장이 갈라지는 재앙을 피할 수는 없었다. 이와 같다면 지혜에도 막히는 바가 있으며, 신통력에도 미치지 못하는 경우가 있는 것이니, 비록 지극한 지혜가 있다 하더라도 만인이 그를 도모할 수 있다. 물고기는 그물을 두려워하지 않고 사다새만을 두려워하니 소지(小知)를 버리면 곧 대지(大知)가 밝아지고, 선(善)을 버리면 곧 저절로 선해진다. 갓난아이는 태어나서 따로 큰 스승이 없이도 말할 수 있게 되는 것은 말할 줄 아는 사람과 함께 거처하기 때문이다." 하였다.

1025) 사당에 …… 멀리하였고 : 쓸모가 없는 가죽나무가 사단의 신목(神木)이 되어서 오래도록 베어지지 않고 수명을 누리는 것을 의미한다. 《장자》 〈인간세〉에 이런 일화가 전한다. 장석(匠石)이란 장인이 제자와 함께 어느 곳에서 사(社)의 상수리나무[櫟]를 보았는데, 그 크기가 매우 거대하였다. 그런데 장석은 그 나무를 거들떠보지도 않고 그냥 지나쳐버렸고, 제자는 왜 이런 훌륭한 재목을 그냥 두느냐고 따져 물었다. 그러자 장석이 "이 나무는 쓸모없는 나무이다. 쓸 만한 데가 없는지라 그 때문에 이와 같은 장수를 누릴 수 있었던 것이다."라고 대답했다. 후에 그 상수리나무가 제자의 꿈에 나타나서 마찬가지로 자신은 쓸모가 없기 때문에 이렇게 목숨을 보전하여 '대용(大用)'을 이룰 수 있었노라고 하였다. 제자는 꿈을 깬 후 장석에게 "그렇게 쓸모없음을 바랐다면 어찌하여 사당의 나무는 되었느냐"고 질문한다. 장

려진 나무 조각은 푸르고 누런 채색이 없고,[1027] 나뭇가지 하나에서 사는 편안함은 새장 속의 굴레를 사절하였다.[1028] 천하에서 가장 능력있는 것은 아무런 능력도 없는 것보다 나은 게 없으니, 그래서 틀어막고 비틀어지거나[1029] 소박하고 어리석은 듯 사는 것이[1030] 명철보신[1031]의 제일 방책이 된다. 그러므로 대문 하나 지키지 못한다고 해서 도도(騊駼)에게 재주가 없다고

석은 이렇게 말했다. "저 상수리나무는 다만 몸을 거기에 기탁했을 따름이다. (중략) 사(社)의 신목(神木)이 되지 않았다면 장차 벌목을 당했을 것이다. 또한 저 상수리나무는 보존하고 있는 것이 보통 사람들과는 다른데 의(義)를 가지고 평가한다면 또한 멀지 않겠는가?" 하였다. 《莊子 人間世》

1026) **꼬리를 …… 사양하였고** : 진흙 속에 꼬리를 끌며 자유롭게 사는 거북이가 종묘의 제사를 거절한다는 뜻이다. 다음과 같은 일화에서 비롯된 말이다. 초나라의 왕이 사자를 보내 장자에게 국정을 맡을 것을 부탁했는데, 장자는 "나는 듣건대 초나라에 죽은 지 이미 3천 년이나 된 신귀가 있는데 왕은 이것을 상자에 넣고 비단보로 싸서 나라의 묘당 안에 간직하고 있다지요. 이 거북이는 죽어서 뼈를 남겨 소중하게 받들어지기를 바랐을까요, 아니면 살아서 진흙 속을 꼬리를 끌며 다니기를 바랐을까요?"라고 반문하고, 자신은 "진흙 속에서 꼬리를 끌며 자유로이 놀 작정"이라고 하면서 그것을 거절했다. 《莊子 秋水》

1027) **도랑 …… 없고** : 도랑 속에 버려진 잘린 나무 조각이 푸르고 누런 채색이 없다는 뜻이다. "백 년 된 나무를 쪼개서 제사용 술동이를 만들어 푸른색과 누런색으로 칠해서 장식하는데, 그 잘려진 나무 조각은 도랑 속에 버려진다. 제사용 술동이를 도랑 속에 버려진 나무 조각과 비교한다면 미추(美醜)에는 커다란 차이가 있지만 본성을 잃어버렸다는 점에서는 매한가지이다." 하였다. 《莊子 天地》

1028) **나뭇가지 …… 사절하였다** : 한 나뭇가지 위에서 편안하게 자유를 누리며 사는 새가 새장속의 굴레를 사절한다는 말이다. '나뭇가지 하나에서 사는 편안함[一枝之安]'은 《장자》 〈소요유〉에서 허유가 요 임금으로부터의 선양제의를 거절하면서 한 "뱁새가 깊은 숲 속에 둥지를 짓고 살 때에 나뭇가지 하나에 지나지 않는다."에서 점화하였고, '새장 속의 굴레를 사절하였다.[謝樊籠之羈]'는 《장자》 〈양생주〉에서 우사(右師)가 "못가에 사는 꿩은 열 걸음 만에 한 입 쪼아먹으며, 백 걸음 만에 한 모금 마시지만 새장 속에서 길러지기를 바라지 않는다."라고 한 데서 점화하였다. 우사의 이 말은 본래 발이 베어지는 형벌을 받았음에도 불행한 처지를 비관하지 않고 운명에 순응한다는 의미를 내포한다.

1029) **틀어막고 비틀어지거나** : 《장자》 〈외물〉에 "눈이 통함을 명(明)이라 하고, 귀가 통함을 총(聰)이라 하고, 코가 통함을 전(顫)이라 하고, 입이 통함을 감(甘)이라 하고, 마음이 통함을 지(知)라 하고, 지(知)가 통함을 덕(德)이라 한다. 무릇 도(道)는 막기를 바라지 않는다. 막으면 목이 멘 듯 막히고, 막히어 그치지 않으면 곧, 어긋나며, 어긋나면 온갖 해가 생겨난다."라고 한 데서 비롯된 말이다.

1030) **소박하고 …… 것이** : 욕심이 없이 소박하고 무지하여 바보 같음을 뜻한다. 《장자》 〈마제〉에 "지덕의 시대에는 짐승들과 함께 살면서 무리 지어 만물과 나란히 살았으니 어찌 군자와 소인의 차별을 알았겠는가. 함께 무지(無知)하니 그 덕을 떠나지 않았으며, 함께 무욕(無欲)하니 이를 일러 소박(素樸)이라 한다. 소박함을 지키면 사람의 본성이 유지된다." 하였다. 이로 보건대, 소박과 치애(癡騃)는 각각 '무욕(無欲)'과 '무지(無知)'의 의미를 가진다. 한편 《장자》 〈천도〉에 "고요히 멈추어 있으면 성인이 되고 움직이면 제왕이 되고 무위하면 존중받고 자연 그대로의 소박을 지키면 천하에서 아무도 그와 아름다움을 다툴 수 없을 것이다."라고 하였다.

1031) **명철보신(明哲保身)** : 명철한 지혜로 일을 잘 처리하여 위험으로부터 자기 몸을 보존한다는 뜻이다. 《시경》 〈대아(大雅)〉의 "명(明)한데다 또 철(哲)하기까지 하여 제 몸을 보존하였네.[既明且哲 以保其身]"라는 말에서 비롯된다. 주희(朱熹)의 집전에 "명은 이치에 밝은 것을 이르고, 철은 일에 자세히 아는 것을 이른다.[明謂明於理 哲謂察於事]"라고 하였다.

할 수 없으며,[1032] 작은 구멍을 뚫지 못한다고 해서 대들보와 마룻대가 기용(器用)이 아니라고는 할 수 없는 것이다.[1033] 쓸모없는 것의 쓰임[1034]과 재목감이 못되는 것의 재목됨[1035]이 바로 큰 쓰임과 큰 재목이 되는 까닭이다. 나는 이 때문에 교묘하기는 졸함보다 교묘한 것이 없다고 하는 것이다.

신숙정(申叔正) 공은 이른 나이에 과거에 급제하여 순탄하게 높은 지위에 올랐는데, 공사(公私)를 처리하는 것이 모두 남들이 미치지 못할 바였다. 세상에 교묘한 재주를 부리는 자 어느 누구도 이 사람보다 나은 자가 없는데, 오히려 그 집에 '용졸(用拙)'이라는 이름을 붙인 이유는 어째서인가? 말은 마치 솟아나오는 샘처럼 도도한데도 시론(詩論)에 대해서는 어눌하고, 발은 바람을 앞지를 정도로 빠른데도 세도(勢途)에 있어 절름발이처럼 걸으며, 벼슬은 이미 고관에 이를 정도로 높은데도 외려 담장을 따라 조심조심 달아나고,[1036] 녹봉은 집을 화려하게 꾸밀 만큼 넉넉한데도[1037] 그 집은 그저 네 벽만 겨우 세워져 있을 뿐이라,[1038] 겸손

1032) **대문 …… 없으며** : 대문 하나 지키지 못한다고 해서 도도(騊駼)가 기술이 없다고 해서는 안 된다는 뜻이다. 도도는 곽박(郭璞)의 《산해경(山海經)》 〈해외북경(海外北經)〉에 나오는 준마의 이름이다. "북해(北海)의 안쪽에 짐승이 사는데, 그 생김새가 말과 같다. 이름은 도도이며 푸른색이다." 이 말은 《장자》 〈추수〉에서 "대들보와 마룻대 같은 큰 나무로는 성벽을 쳐부술 수는 있지만 조그만 구멍을 틀어막을 수는 없으니 이는 도구의 용도가 다름을 말한 것이다. 기기(騏驥), 화류(驊騮)는 하루에 천 리를 달리지만 쥐 잡는 일에는 살쾡이만도 못하니 이는 가지고 있는 재주가 다름을 말한 것이다."라고 한 데서, 말의 이름만 바꾸어 차용한 것이다. 기기, 화류는 모두 준마의 이름이다.

1033) **작은 …… 것이다** : 조그만 구멍을 뚫을 수 없더라도 들보와 마룻대가 기용이 못된다고는 할 수 없다는 뜻이다.

1034) **쓸모없는 것의 쓰임** : 《장자》 〈인간세〉에 "산의 나무는 스스로 자신을 해치며, 기름 등잔불은 스스로를 태우며, 계피는 먹을 수 있기 때문에 사람들이 베어 가며, 옻나무는 쓸모가 있기 때문에 사람들이 잘라 간다. 사람들은 모두 쓸모 있음의 쓸모만을 알고, 쓸모없음의 쓸모는 아무도 알지 못한다."라고 하였다.

1035) **재목감이 …… 재목됨** : 원문은 '부재지재(不材之材)'로, '무용지용(無用之用)'과 의미가 같다. 또 《장자》 〈인간세〉에도 비슷한 일화가 전한다. 남백자기(南伯子綦)란 사람이 커다란 나무를 발견하고 쓸모가 있을 것이라고 생각하여 자세히 살펴보았는데, 가지와 뿌리 등이 당최 재목으로서 쓸 수 없음을 깨닫고 "이 나무는 과연 쓸모없는 나무로구나. 그 때문에 이처럼 크게 자람에 이르렀구나. 아! 신인(神人)들도 이처럼 쓸모없음으로써 자신의 생명을 보존했을 것이다."라고 하였다.

1036) **담장을 …… 달아나고** : 달아날 때도 담장을 따라가며 몸가짐을 조심히 한다는 뜻이다. 송(宋)나라의 정승 정고보(正考父)는 세 왕을 보좌하였는데 명령을 받을수록 더욱 공손하였다. 그러므로 그 정명(鼎銘)에 이르기를, '첫 번째 명령을 받을 적에는 고개를 숙였고, 두 번째 받을 적에는 허리를 굽혔고 세 번째 받아서는 담장을 따라 달아났다.[一命而僂 再命而傴 三命而俯 循墻而走]' 하였다. 두주(杜註)에 "순장(循墻)은 감히 편안히 걷지 못하기 때문이다."라고 하였다. 《春秋左氏傳 昭公》

1037) **녹봉은 …… 넉넉한데도** : 여기서 '윤옥(潤屋)'은 부유하여 집을 윤택하고 화려하게 꾸민다는 말이다. 《대학장구》에 "부(富)는 집을 윤택하게 하고 덕(德)은 몸을 윤택하게 한다.[富潤屋 德潤身]" 하였다.

으로[1039] 스스로를 지킴이 갈수록 더욱 독실하였다. 세상에 교묘함으로 벼슬길에 나아간 자들은 대부분 중도에 쓰러져 능히 그 시종(始終)을 보전하는 이가 드문데, 공은 청요직을 두루 거치고 늙어서 공경의 지위에까지 오르도록 한 번도 요직에서 떨어진 적이 없으니, 이것은 모두 다 용졸의 덕이 그렇게 만든 것이다. 그리고 졸함 중의 교묘함은 비록 반수[1040]와 언사[1041]라도 그보다 더할 수 없으니, 그런즉 안회의 어리석음[1042]과 증자의 노둔함[1043]과 주돈이의 〈졸부(拙賦)〉와 노자의 《도덕경(道德經)》도 이 도를 사용한 것이다. 그러니 "졸함으로써 오도(吾道)를 보존한다."[1044]고 말한 두보는 아마 도를 아는 자일 것이다.

숙정씨가 나에게 기문을 부탁한 지가 거의 십 년이 다 됐는데, 일찍이 글이 졸하다고 사양하였다. 그런데 지금 만 리 길을 떠나면서 다시 전송의 선물을 구한다는 말을 들으니 나 또한 조금 분발되는 바가 있어 여기 용졸헌(用拙軒)에 글을 부친다. 아! 나 역시 졸하기로는 천하에 나보다 졸한 사람이 없으니, 졸하기 때문에 능히 졸한 사람을 알아보는 것이다.

1038) **네 …… 뿐이라** : 가난하여 집에 그저 네 개의 벽만 덩그러니 있을 뿐이라는 말이다. 《한서(漢書)》 〈사마상여전(司馬相如傳)〉에 "탁문군(卓文君)이 밤에 사마상여에게로 도망쳐 나오자 사마상여는 탁문군과 함께 말을 달려 성도(成都)로 돌아왔는데, 집안에는 그저 네 벽만 세워져 있었다."라 한 데서 비롯된 말이다.

1039) **겸손으로** : 《주역》 〈겸괘(謙卦) · 육사(六四)〉에 "겸손을 베풂에 이롭지 않음이 없다.[無不利 撝謙]" 하였는데, 그 전(傳)에 "휘(撝)는 펴는 상(象)이니, 사람이 손으로 펴는 것과 같다. 동식(動息)하고 진퇴(進退)함에 반드시 겸손(謙巽)함을 펴야 한다."라고 하였다.

1040) **반수(般倕)** : '반(般)'은 공수반(公輸般)을, '수(倕)'는 '공수(工倕)'를 가리키며, 이들은 모두 중국 고대의 전설적 기술자이다. 《맹자》 〈이루 상(離婁上)〉에 "이루의 밝은 눈과 공수자의 공교함으로도[離婁之明 公輸子之巧]"라 하였는데, 그 집주(集註)에 "공수자의 이름은 반(班)이며 노나라의 기술자이다."라 하였으며, 《장자》 〈달생〉에 "공수는 손을 움직이면 그림쇠와 곱자를 씌운 듯 딱 들어맞았다."라고 하였다.

1041) **언사(偃師)** : 주나라 목왕(穆王) 시절의 장인이다. 나무로 사람의 형상을 만들어 스스로 노래하고 춤을 추게 하는 등, 그 기술이 매우 정교하였다. 《列子》

1042) **안회의 어리석음** : 어리석은 사람처럼 스승의 가르침을 모두 어기지 않고 받들면서 그것을 실행한 안회의 우직함을 가리킨다. 《논어》 〈위정(爲政)〉에 공자가 "내가 안회와 더불어 이야기를 하는데 종일토록 내 말에 대해서 어김이 없는 것이 마치 어리석은 사람 같았었는데, 물러나 그 사생활을 살펴봄에 충분히 발명하니, 안회는 어리석지 않구나!"라고 하였다.

1043) **증자의 노둔함** : 《논어》 〈선진(先進)〉에 공자가 제자들을 평하면서 "삼(參)은 노둔하다.[參也 魯]" 하였는데, 정자(程子)가 말하기를 "증자(曾子)의 학문(學問)은 성실과 돈독함 뿐이었다. 성인 문하의 배우는 자들 중에 총명하고 재주 있으며 말을 잘한 자가 많지 않은 것이 아니었으나, 끝내 그 도를 전수한 것은 바로 질박하고 노둔한 사람이었다."라고 하였다.

1044) **졸함으로써 오도(吾道)를 보존한다** : 두보의 〈병적(屛跡)〉의 세 번째 수에서 "졸함으로써 오도를 보존하고, 숨어 살면서 물정(物情)에 다가간다.[用拙存吾道 幽居近物情 桑麻深雨露 燕雀半生成]"에서 온 말이다.

愚觀天下之事 巧莫巧於拙 而拙莫拙於巧 有巧於此 其巧足以雕棘猴 射氂虱 累丸竿上 注油錢孔 能使木馬涉險而偶人眴目 則可謂巧乎 曰吾必謂之拙也 有拙於此 居鷇巢 甘鷇食 支離鼓筴 族庖折刀 以至狂屈之忘意 無爲之不知 斯可謂拙乎 曰 吾必謂之巧也 奚以知其然也 請言其巧 今夫造物者 刻畫衆象 雕鏤庶品 埒而爲泰山 細而爲秋毫 人有面目而萬殊其狀 物有胎卵而各異其相 皆出於自然 莫測其爲然 人之吊巧者 欲髣髴萬一而不得 於是 明有所闇 長有所短 雖有鉅智 萬人謀之則不免焉 愚故曰拙莫拙於巧也 請言其拙 今夫依社之樗 遠梓匠之斲 曳尾之龜 辭宗祧之祀 中溝之斷 乏青黃之絲 一枝之安 謝樊籠之羈 天下之大能 莫過於百不能 而壅閼哽跈樸素癡騃爲明哲保身之第一策 故不可以不能守閭而謂駒駼爲無技 不能鑽隟而謂梁欐爲非器 無用之用 不材之材 廼所以爲大用大材 愚故曰巧莫巧於拙也 今申公叔正氏早世登科 平步青雲 公私所料理 皆人所不逮 世之用其巧者 未或侈玆 而名其軒 猶以用拙者 何耶 言如湧泉而訥於時論 足能軼風而蹇於勢途 秩已乘軺而走猶循墻 祿可潤屋而家則立壁 撝謙自守 愈久而愈篤 世之巧進者率多中道困躓 鮮能保其始終 而歇歷清華 老躋公卿 未嘗一跌高衢 此無非用拙之德 有以致之 而拙中之巧 雖般倕, 偃師 亦未能過之 然則回之愚 參之魯 濂溪之賦 老子之經 用此道也 而杜子所謂用拙存吾道者 其知道者也乎 叔正氏求記於愚殆十年 嘗以拙文辭 今聞有萬里行 復索以贐行 愚亦稍有所激 寓言于斯軒 吁 愚亦拙莫拙者 唯其拙 是以能知拙

《어우집(於于集)》

자오와(自娛窩)에 대한 기문

自娛窩記

유몽인(柳夢寅)

내 일찍이 한퇴지(韓退之)의 글을 읽어보니, "황량한 곳에서 궁박하게 지내노라니 초목은 무성하고 빽빽한데 나다닐 나귀나 말이 없어 사람들과 왕래를 끊은 채 방 안에서 스스로 즐길 수 있었다."[1045] 라는 말이 있었다. 한퇴지는 곤궁한 자로 남들이 즐기지 않는 것을 즐기며 스스로 즐거워하였다. 나는 이 뜻을 깊이 생각하여 내 원고의 이름을 《자오편(自娛編)》이라 하였다. 강가의 별장에서 머문 3년 동안 더욱 문장에 힘써 지은 시문이 대략 5, 6백 편이고 읽은 책 또한 수십 권이었는데 그 즐거움을 숨기고 사람들에게는 말하지 않았다. 신졸수(申拙叟 신식(申湜))가 십 리 밖에 있는 나를 방문하였고 얼마 안 되어 편지를 보내 자기 집의 기문을 청하였는데 또한 이름을 '자오와(自娛窩)'라고 하였다. 어쩌면 이렇게 졸수(拙叟)는 내가 예전에 즐거워했던 것을 자신의 즐거움으로 삼아 도리어 나로 하여금 기문을 쓰게 하는지, 졸수는 곤궁하게 늙어가고 있지 않으면서도 한퇴지를 사모하는 것이 서로 도모하지 않았는데도 일치하는[1046] 것이 아니겠는가.

내가 그의 집을 방문해보니, 대나무와 과일나무가 몇 이랑의 동산을 뒤덮었고 뜰 안에는 풀들이 한 자나 자라나 있으며 이끼가 길에 가득하여 다니기에 미끄러웠다. 말은 돌려보내 거름이나 나르게 하고[1047] 들보에 수레를 달아놓고 판자문을 닫은 채 종일 자물쇠를 걸어두고는 자신도 모르는 사이에 손뼉을 치고 무릎을 치며 노래를 부르는데 그 노랫소리가 금석에서 나오는 것 같았다. 책 상자를 열고는 내게 명현들의 기문과 명문 수십 편, 도서(圖書) 한 책에 대해 주묵(朱墨)으로 수정한 것을 보여주었는데 모두 노인이 직접 모은 것이었다. 《예기(禮記)》, 《의례(儀禮)》, 《통전(通典)》, 《가례의절(家禮儀節)》 등과 같은 예서(禮書)를 섭

1045) **황량한 …… 있었다** : 한유(韓愈)의 〈여위중행서(與衛中行書)〉에 나오는 말로, 한유가 변주와 서주에서 적시에 떠남으로써 변란의 화를 벗어난 일을 두고 한 말이다.

1046) **도모하지 …… 일치하는** : 한유의 〈청상존호표(請上尊號表)〉에 "진술한 것을 상고하면 의리에 합당하니 천인이 모두 원하여 도모하지 않아도 일치합니다."라고 한 데서 나온 말이다.

1047) **말은 …… 하고** : 《도덕경(道德經)》 46장에 "천하에 도가 있으면 날쌘 말을 돌려보내 거름을 나르게 하고, 천하에 도가 없으면 융마가 들판에서 새끼를 친다.[天下有道 却走馬以糞 天下無道 戎馬生於郊]"라고 한 데서 나온 말이다.

렵하여《주자가례》에 전주(箋註)를 내고 우리 언문(諺文)으로 번역하여[1048] 집안 사람들과 후학들로 하여금 배우지 않고도 쉽게 이해할 수 있도록 하였다. 이에 한 장쯤 되는 스승의 강석(講席) 안에서 함께 대답하며 배운 것은 모두 삼천 삼백의 예학[1049]이어서 성대하게 변할 수 없는 즐거움을 지니고 있었다.

아! 세상에서 이런 도를 아는 사람이 몇 사람이겠는가. 내가 살펴보건대, 세상 사람이 크게 즐거워하는 것에는 큰 근심이 따른다. 대부분 이목과 신체의 즐거움을 즐거움으로 삼는 것은 외부에 있는 것을 즐기는 것으로 그 마음속에 타오르는 불길이 벌판을 태울 듯하니, 하루아침에 숭산(崇山)과 태산(泰山) 같은 화가 들이닥친다면 쥐가 뿔로 지붕을 뚫고 참새가 어금니로 지붕을 뚫고 도망치듯[1050] 달아나고 싶어도 그럴 수가 없다. 지금 졸수의 문밖은 큰 길이 뚫려 있어 벼슬살이하며 영리를 쫓는 자들이 밤낮없이 소란스럽게 하는데도 졸수는 홀로 그 곤궁함을 즐기며 서적에 의지하고 있으니, 나의 뜰아래가 바로 도랑이어서 백관(百官)의 거마들이 가득하여 쌀알 같은 먹이를 다투느라 떠들썩한데도 나는 홀로 그 곤궁함을 즐기며 백구(白鷗)와 더불어 세상일을 잊은 것과 진정 똑같다. 우리 두 사람은 각자 자신이 즐거워하는 바를 즐기니 서로 바라보며 자연스레 미소를 짓게 된다.[1051] 이 즐거움을 아는 자만이 이 즐거움에 대해서 함께 말할 수 있다. 나는 노인이 내게 기문을 요구한 것에 이유가 있다는 것을 알기에 마침내 기문을 쓴다.

천계(天啓) 원년(1621, 광해군 13) 6월에 고흥(高興) 유몽인(柳夢寅)이 삼가 기문을 쓰다.

余嘗讀退之序 有曰窮居荒凉 草樹茂密 出無驢馬 因與人絶 一室之內 有以自娛 蓋退之 窮者也 娛人之所不娛而自娛之 余味乎此 名私藁曰自娛編 曁處湖庄三載 益其業

1048) **주자가례(朱子家禮)에 …… 번역하여** : 졸재공은 예학(禮學)에 밝아《의례고증(疑禮攷證)》·《가례언해(家禮諺解)》등을 저술하였다. 여기서는《가례언해》를 가리킨다.

1049) **삼천 삼백의 예학(禮學)** :《예기》〈예기(禮器)〉에 "삼백 가지의 경례(經禮)와 삼천 가지의 곡례(曲禮)는 그 근본은 성경(誠敬) 한 가지일 뿐이다."라고 한 데서 나온 말이다.

1050) **쥐가 …… 도망치듯** : 불가능한 방법을 억지로 써서 화를 피하려는 것을 가리킨다.《시경》〈소남(召南) 행로(行露)〉에 "참새가 뿔이 없으리오, 없다면 어떻게 내 지붕을 뚫었겠는가.[誰謂雀無角 何以穿我屋]"라고 하며, 또 "쥐가 어금니가 없으리오. 없다면 어떻게 내 담을 뚫었겠는가.[誰謂鼠無牙 何以穿我墉]"라고 한 데서 나온 말이다.

1051) **서로 …… 짓게 된다** : 서로 간에 깊이 인정하는 것을 뜻한다.《장자》〈대종사(大宗師)〉에 자사(子祀)·자여(子輿)·자리(子犂)·자래(子來) 네 사람이 생사를 초월한 친구를 서로 찾다가, 서로 보고는 웃으면서 마음에 걸리는 것이 없자 마침내 친구가 되었다는 내용이 보인다.

著詩文大都五六百篇 所諷誦亦數十百卷 秘其娯不道于人間 申拙叟存余十里外 尋走書要記其窩 亦目以自娯 是何叟之以余之娯於向者爲娯 而反使我記之 毋其窮老 而慕退之不謀而同乎 顧余入其窩 篁竹與果樹 掩翳數畒園矣 庭之中 蔡莽盈尺矣 蒼苔滿逕 步屧滑矣 却馬於糞 懸車於樑 關板扉盡日投鑰 而自不覺抃手擊節歌詠 若出金石 已披其篋 示余名賢記若銘數十章 圖書一通 朱墨點竄之者 皆叟手自蒐 獵諸禮書如禮記儀禮通典儀節等書 箋註朱子家禮 翻以東方諺 俾家人後學可無學而易曉焉 於是乎一窩函丈內所與唯唯諾諾者三千三百 而藹然有不改之樂焉 吁 世之知此道者 有幾人哉 余觀世人之所大娯者 有大憂存焉 率以耳目身體娯諸外者爲娯 而其中炎炎若燎于原 一朝禍之來如崧岱 雖欲如鼠角雀牙穿屋而遁 不可得矣 今也叟之門外卽通逵 青紫之逐逐榮利者 靡曉夜喧如也 而叟獨娯其窮 與黃卷爲依歸 正如余之庭下卽漕渠 百僚家車馬駢闐 爭粒米騷如也 而余獨娯其窮 與白鴎忘其機 吾兩人各娯其娯 相視油然而笑 惟知此娯者 可與言此娯 余知叟之求余記 有以也 遂記之 天啓元年季夏 高興柳夢寅 謹記

《어우집 후집(於于集後集)》

후서後敍

〈용졸재기〉[1052]에 대한 후서
用拙齋記後敍

이수광(李睟光)

도(道)는 교묘함도 없고 졸함도 없는 것인데, 세도(世道)가 점차 쇠퇴해진 이래로 인성(人性)을 날로 잃게 되어 비로소 교졸(巧拙)의 명목이 생겼다. 그리하여 이치를 따라 정도(正道)를 지키는 것을 졸하다 하며, 기변(機變)에 능하여 요행을 바라는 것을 교묘하다고 하는데, 도에 있어서는 어떠하겠는가.

군자(君子)는 염정(恬靜)하여 물러나기를 쉽게 하고[1053] 절개를 지켜 간사하지 않은데,[1054] 출세하는 데 교묘한 자들은 이를 졸하다고 여긴다. 군자는 조정에 서서는 직언을 올리고 일을 맡아서는 할 말을 다하는데, 영합하는 데 교묘한 자들은 이를 졸하다고 여긴다. 군자는 자신을 단속하기에[1055] 스스로 힘쓰고 의리에 맞지 않으면 취하지 않는데, 명리(名利)를 탐하

1052) **용졸재기(用拙齋記)** : 간이(簡易) 최립(崔岦)이 졸재공 신식을 위해 지어 준 기문(記文)으로, '용졸재(用拙齋)'는 졸재공의 재명(齋名)이자 자호(自號)이다. 최립의 기문을 살펴보면, 선조(宣祖)가 일찍이 연석(筵席)에서 근신(近臣)들의 인품과 재능에 대해 차례로 평가할 적에 신식에 대해서는 '졸(拙)' 하다고 평하였는데, 신식이 이 말을 듣고 기뻐하여 자신의 서재(書齋)에다 '용졸(用拙)'이란 두 글자를 편액으로 내건 뒤 최립 자신에게 기문을 부탁했다고 하였다. 《簡易集 卷9 用拙齋記》

1053) **물러나기를 쉽게 하고** : 벼슬자리를 물러나기를 쉽게 한다는 뜻이다. 《예기》 〈표기(表記)〉에 "임금을 섬길 적에, 나아가기는 어렵게 하고 물러나기는 쉽게 한다면 자리에 차서가 있게 되고, 나아가기는 쉽게 하고 물러나기는 어렵게 한다면 자리가 문란하게 된다. 그러므로 군자는 세 번 읍한 뒤에 나아가고 한 번 사양하고는 곧바로 물러남으로써 문란함을 멀리한다.[事君 難進而易退 則位有序 易進而難退 則亂也 故君子三揖而進 一辭而退 以遠亂也]"라고 한 데서 온 말이다.

1054) **간사하지 않은데** : 원문의 '회사(不回)'는 정도(正道)로써 벼슬을 구한다는 뜻이다. 《시경》 〈대아(大雅) 한록(旱麓)〉에 "화락하고 후덕한 군자여, 복을 구함이 간사하지 않도다.[豈弟君子 求福不回]"라고 한 데서 온 말이다.

1055) **자신을 단속하기에** : 원문의 '속수(束脩)'는 자신을 단속하고 신칙하여 구차히 얻는 것을 추구하지 않는다는 뜻이다. 《후한서(後漢書)》 권56 〈왕공전(王龔傳)〉에 "왕공은 자신을 단속하여 절조를 힘쓰고 예문을 돈독히 좋아하여, 구차히 얻는 것을 추구하지 않고 구차스런 행동을 하지 않는다.[王公束脩厲節 敦樂藝文 不求苟得 不爲苟行]"라고 하였다.

는 데 교묘한 자들은 이를 졸하다고 여긴다. 군자는 요직(要職)으로부터 자취를 감추려 하기를 마치 자신의 몸을 더럽힐 듯이 여겨 멀리하는데,[1056] 분경(奔競)에 교묘한 자들은 이를 졸하다고 여긴다. 이러하기 때문에 교묘함은 뭇사람들이 좋아하는 것이고 졸함은 뭇사람들이 꺼리는 것이다.

지금 지추 신공 숙정보[1057]는 '용졸(用拙)'로 자호(自號)하여 뭇사람들이 좋아하는 것을 저버리고 뭇사람들이 꺼리는 것을 취하였으니, 과연 무슨 뜻인가?

공은 몸은 마치 옷 무게도 이기지 못할 듯이 조심하고 말은 마치 입 밖으로 꺼내지 못할 듯이 조심하며,[1058] 거처하는 집은 흡사 비둘기 둥지와 같고[1059] 세리(勢利)를 피하기를 흡사 겁 많은 사람처럼 하고 있으므로 사람들이 진실로 공을 졸한 자로 의심하고 있다. 그러나 공은 벼슬은 청요직(淸要職)을 두루 맡다가 마침내 팔좌의 지위까지 오르고[1060] 나이도 칠순이 넘었으니, 세상 사람들이 또 이러한 까닭으로 공은 진짜 졸한 자가 아니라고 의심하였다. 나는 듣건대, 장주가 혜시에게 큰 것을 쓰는 데 졸하다고 하였으니,[1061] 공과 같은 분은

1056) **마치 …… 멀리하는데** : 《맹자》 〈공손추 상(公孫丑上)〉에 맹자가 백이(伯夷)에 대해 논평하기를 "악을 미워하는 마음을 미루어서 생각하기를 향인과 더불어 서 있을 때 그 관이 바르지 못하면 뒤도 안 돌아보고 떠나가 마치 장차 자신의 몸을 더럽힐 듯이 여겼다. 이 때문에 제후들이 비록 사명을 잘하여 찾아오는 자가 있더라도 받아들이지 않았으니, 받아들이지 않은 것은 이 역시 나아감을 좋게 여기지 않은 것이다.[推惡惡之心 思與鄕人立 其冠不正 望望然去之 若將浼焉 是故諸侯雖有善其辭命而至者 不受也 不受也者 是亦不屑就已]"라고 한 것을 차용한 것이다.

1057) **지추(知樞) 신공(申公) 숙정보(叔正甫)** : 지중추부사(知中樞府事)를 역임한 졸재공을 이른다.

1058) **몸은 …… 조심하며** : 매우 공손하고 겸양한 태도를 견지하였다는 말이다. 《예기》 〈단궁 하(檀弓下)〉에, 진(晉)나라의 어진 대부(大夫) 조문자(趙文子)에 대해 논평하기를 "그 몸은 겸퇴하여 마치 옷 무게도 이기지 못할 듯하고, 그 말은 어눌하여 마치 입 밖으로 꺼내지 못할 듯하였다.[其中退然 如不勝衣 其言吶吶然 如不出諸其口]"라고 한 데서 온 말이다.

1059) **거처하는 …… 같고** : 졸재공이 졸함으로 청렴하게 살아 거처하는 집이 좋지 않다는 말이다. '비둘기 둥지[鳩巢]'는 비둘기는 본디 꾀가 졸하여 스스로 둥지를 짓지 못하고 까치가 지어 놓은 둥지로 가서 산다고 하는데, 《시경》 〈소남(召南) 작소(鵲巢)〉에 "까치가 둥지를 지음에, 비둘기가 거기에 살도다.[維鵲有巢 維鳩居之]"라고 한 데서 온 말로, 전하여 꾀가 졸하여 생계를 잘 영위하지 못함을 의미한다.

1060) **팔좌(八座)의 지위까지 오르고** : '팔좌(八座)'는 재신(宰臣) 반열에 해당하는 8명의 고위 관료로, 각 시대마다 지칭하는 바가 약간씩 다른데, 우리나라에서는 주로 정2품 판서(判書) 급의 자리를 가리키는 말로 쓰였다. 졸재공이 정2품 지중추부사(知中樞府事) 자리에 올랐으므로 이렇게 말한 것이다.

1061) **장주(莊周)가 …… 하였으니** : 《장자》 〈소요유(逍遙遊)〉에, 혜시(惠施)가 장자에게 자신에게 아주 큰 박이 있지만 얕고 평평하여 물그릇으로도 쓸 수 없는 등 아무 쓸모가 없어 부숴 버렸다고 말하자, 장자가 혜시에게 이르기를 "선생은 참으로 큰 것을 쓰는 데 졸합니다.[夫子固拙於用大矣]"라고 하고는, 아주 큰 박이 있다면 그것으로 큰 술통 모양의 배를 만들어 강이나 호수를 떠다닐 생각을 하지 않고 그것이 얕고 평평하여 아무 것도 담을 수 없음을 걱정만 하느냐고 핀잔준 일화에서 온 말이다.

졸함을 체득하여 쓰기를 잘한 사람이라고 하겠다.

우리 선왕(先王)께서는 일찍이 졸함으로 공을 평가해 말씀하시고, 마침내 공을 크게 써서 끝까지 변함없이 예우하셨으니,[1062] 비단 공이 졸함을 잘 썼을 뿐만 아니라, 거룩하고 밝으신 선왕께서도 공을 알아보시고 공을 잘 쓰신 것이 지극하였다고 하겠다. 세상의 진출하기를 도모하는 자들은 모두 다 외면을 꾸미고 내면을 무르게 하여 아첨하고 연줄을 대는 것을 교묘함으로 여기지만 간혹 목적한 바를 얻지 못하기도 한다. 그런데 공은 홀로 그 졸함을 써서 임금에게 이처럼 지우(知遇)를 받았으니 참으로 천재일우(千載一遇)라 할 수 있다. 이 어찌 구구하고 간교한 방법으로 벼슬하려는 자들이 얻을 수 있는 것이겠는가.

무릇 사람에 졸한 자는 천도를 행함에는 교묘하고, 겉모습에 졸한 자는 도(道)에 교묘한 법이다. 옛날 안자의 어리석음[1063]과 증자의 노둔함[1064]은, 겉모습은 비록 졸한 듯하였지만 성인(聖人)의 학문을 전수하는 데 교묘하였으니, 어찌 하늘로부터 본성을 온전히 얻어 도에 깊이 나아갈 수 있어서가 아니겠는가.

바라건대, 공은 학문하는 데 그 졸함을 써서 성인(聖人)이 되는 경지에 나아가고, 또 자신에게 남은 바를 남에게 미루어 나감으로써 온 세상 사람들로 하여금 모두 교묘함을 버리고

1062) **우리 …… 예우하셨으니** : '선왕(先王)'은 선조(宣祖)를 가리키는 것으로, 선조가 대간들이 강원감사 박숭원을 우활하고 졸하다는 이유로 탄핵하하자 '세상 사람들이 모두 교묘한데 박숭원만 유독 졸하니 이는 취할 만하다.'라고 하고는 끝내 윤허하지 않았다. 그리고 경연에서 제신들의 능력 여부를 평가하였는데 이때 신식을 '졸하다.'라고 평가하였다. 신식은 이에 기뻐하며 '용졸(用拙)'이라고 자호하고 자신의 서재(書齋)에다 '용졸(用拙)' 두 글자를 편액으로 내건 뒤 최립에게 기문을 부탁했다고 하였다. 《簡易集 卷9 用拙齋記》《芝峯類說 卷3 君道部 用人》 그리고 《선조실록(宣祖實錄)》을 살펴보면, 졸재공은 선조조에 교리, 집의, 사간, 홍문관 부제학, 대사간, 도승지, 황해도 관찰사, 호조참판, 예조 참판 등의 청요직(淸要職)에 두루 기용되었다.

1063) **안자(顔子)의 어리석음[愚]** : '안자'는 공자(孔子)의 수제자인 안회(顔回)로, 자는 자연(子淵)이다. 서른두 살의 젊은 나이로 요절하였다. 《논어》 〈위정(爲政)〉에, 공자가 안자를 두고 이르기를 "내가 안회와 함께 온종일 이야기를 하였으나 내 말을 어기지 않아 어리석은 사람인 듯하더니, 그가 물러간 뒤에 그 사생활을 살펴봄에 충분히 드러내 밝혔으니, 안회는 어리석지 않도다.[吾與回言終日 不違如愚 退而省其私 亦足以發 回也不愚]"라고 한 데서 온 말이다.

1064) **증자(曾子)의 노둔함[魯]** : '증자'는 공자의 제자 증삼(曾參)으로, 자는 자여(子輿)이다. 노(魯)나라 무성(武城) 출신으로 효행(孝行)으로 유명하다. 공자보다 46살 연하로 나이가 어리고 노둔하였으나, 훗날 공자의 도를 자사(子思)에게 전수하였다. '노둔함'은 《논어》 〈선진(先進)〉에, 공자가 증자를 평하기를 "증삼은 노둔하다.[參也魯]"라고 한 데서 온 말로, 집주(集註)에서 정자(程子)는 "증자의 학문은 성실과 돈독함 뿐이었다. 성문(聖門)의 배우는 자들 가운데 총명하고 재주 있으며 말을 잘한 자가 많지 않은 것은 아니었으나 끝내 공자의 도를 전수한 것은 바로 질박하고 노둔한 사람이었다."라고 하였다.

졸함을 추구하게 한다면, 졸함을 쓰는 것으로 가능한 일이 다하게 될 것이다.[1065)]

나는 진실로 졸함을 본성으로 타고난 사람이니, 공에게 졸함을 잘 쓰는 방도를 들음으로써 나의 천성(天性)을 온전히 하여 도의 질박함[1066)]을 회복할 수 있게 하고자 한다.

道無巧亦無拙 自世道漸降 而人性日鑿 始有巧拙之目 以循理守正爲拙 以機變徼幸爲巧 其於道 何如也 君子恬靜易退 執節不回 而巧于進取者以爲拙 立朝謇諤 當事盡言 而巧于迎合者以爲拙 束脩自勵 非義不取 而巧于貪冒者以爲拙 斂跡要津 視之若浼 而巧于趨競者以爲拙 是故 巧者人之所艶 拙者人之所諱也 今知樞申公叔正甫 乃以用拙自號 背所艶而取所諱 果何意耶 公體若不勝衣 言若不出口 其居第若鳩焉 其避勢利若怯夫焉 人固以拙疑之 而官歷踐淸貫 遂躋八座 年且踰七袠 世以是又疑公非眞拙者 余聞莊周謂惠施拙於用大 若公 體拙而善用者也 惟我先王嘗以拙命公 而乃大用公 終始不替 則不特公之能用拙也 卽聖明之知公而能用公也至矣 世之媒進者 莫不飾外荏內 以側媚鑽刺爲巧 而或有不得者焉 公獨用其拙 爲上所知如此 可謂千載一遇 是豈區區巧宦者所能得哉 夫拙于人者巧于天 拙于貌者巧于道 昔顔之愚曾之魯 貌雖若拙 而巧于傳聖人之學 豈非全得於天而能深造乎道也 願公用其拙於爲學以進于作聖之域 又推其餘 使擧世之人 皆舍巧而趨拙 則用拙之能事畢矣 余固性於拙者 欲聞善用之方 庶幾全吾之天而反道樸焉

《지봉집(芝峯集)》

1065) 가능한 …… 것이다[能事畢矣] : 《주역》 〈계사전 상(繫辭傳上)〉에 "이끌어 펴며 유에 따라 확장해 나간다면 천하의 가능한 일이 다할 것이다.[引而伸之 觸類而長之 天下之能事畢矣]"라고 한 것을 차용하여 이렇게 말한 것이다.

1066) 도(道)의 질박함[道樸] : 《노자》 제20장에 "도는 언제나 이름도 없고 질박한 것이다.[道常無名樸]"라고 한 데서 온 말이다.

〈용졸재기〉 뒤에 쓰다[1067)]

書用拙齋記後

홍가신(洪可臣)

어떤 이가 만옹(晩翁)에게 물었다. "졸(拙)을 쓸[用] 수 있는가?"라고 하니, 만옹이 "졸은 쓸 수가 없다. 졸을 쓴다면 졸이 아니다."라고 대답하였다. 묻기를 "그렇다면 두자미는 어찌하여 '졸을 써서 자기의 도를 보존한다.'[1068)]라고 하였는가?" 하였다.

만옹이 말하였다. "이는 시인의 말일 뿐이니, 깊이 살필 것이 못 된다. '용(用)'에는 두 가지 의미가 있다. 하나는 얕고 하나는 깊으며, 하나는 허(虛)하고 하나는 실(實)하니, 단지 '이(以)'자의 뜻으로 보아 가볍고 가볍게 말하고 지나가면 병폐가 없을 것이다. 만약 작용하는 뜻으로 본다면 '졸'을 해침이 많을 것이니,[1069)] 선왕께서 공에게 '졸(拙)'을 허락하신 뜻이 아니다. 최공의 글[1070)]은 좋지만, 여기에 언급하지 않음은 어째서인가. 일찍이 생각해 보니, 선왕의 가르침은 참으로 성인의 말씀이다. 곧바로 한 글자도 더할 수가 없으니, 숙정은 잘 살피시길 바란다. 숙정이 최공의 글을 보여주며 나의 글을 요구하기에 공경히 그 뒤에 써서 보내노니, 숙정은 이를 어떻게 생각하시는가."

或問晩翁曰 拙可用乎 翁曰 拙不可用 用拙則非拙也 曰然則杜子美何以曰用拙存吾道也 翁曰 此詩人之詞也 不可以深求者也 用有二義 一淺一深 一虛一實 只作以字意看輕輕地說過則無弊也 若認爲作用底意思看 撓害拙多矣 非先王許公拙之意也 崔公之

1067) 이 글을 통해, 졸재공은 처음에 '용졸재(用拙齋)'로 자호하다가 홍가신의 주장을 받아들여 '졸재(拙齋)'로 바꾼 것으로 보인다. 졸(拙)은 교(巧)와 반대되는 개념으로, 지혜를 쓰지 않고 자연에 순응하여 살아감을 뜻한다. 이글에서는 이를 마음에 두어 억지로 '졸을 쓰려고[用拙]' 하지 말고, 얕고 허(虛)하게 무심히 행할 것을 말하고 있다.

1068) **두자미(杜子美)는 …… 보존한다** : 두보의 《두소릉시집(杜少陵詩集)》 권10 〈자취를 숨기고[屛跡]〉 3수 중 두 번째 시의 첫 구절에 "세상일에 고졸(古拙)함을 써서 내 도를 보존하니, 그윽한 살림이 물정에 가깝도다.[用拙存吾道 幽居近物情]"라고 한 말이 보이는바, 고졸(古拙)함을 써서 본성을 보존한다는 의미이다.

1069) **단지 …… 많을 것이니** : '이(以)'는 '~을 가지고'로 풀이하는 바, 이를 적용하면 '졸(拙)한대로'라는 의미이다. 곧 의도함이 없이 순수한 졸한 그대로의 상태를 이른다. 또 '가볍고 가볍게 말하고'란 마음에 두어 억지로 졸을 쓰려고 하지 말고, 가볍게 얕고 허(虛)하게 보라는 말이다.

1070) **최공(崔公)의 글** : 최립(崔岦)이 지은 〈용졸재기(用拙齋記)〉를 가리킨다.

文 善矣 其不及此 何也 竊嘗思之 先王之敎 眞聖人之言也 直是加一字不得 叔正其審之 叔正示余崔之文 求余言 敬書其後而歸之 叔正以爲如何也

《만전선생문집(晩全先生文集)》

발跋

《언해 가례》에 대한 발문
諺解家禮跋

이식(李植)[1071]

예(禮)를 조정에서 행하기는 어렵지 않지만, 민간에서 행하기는 어려운 점이 있다. 행하기 어렵다고 하는 것은, 자신의 감정대로 다 토로해 내기가 어렵다는 말이 아니라, 그 예문(禮文)대로 극진히 하기가 어렵다는 말이다.

국가에서 예전에 이미 오례의(五禮儀)를 정해 놓았었는데, 지금에 와서는 또 선정(先正)의 정론(定論)을 참고하여 보탤 것은 보태고 줄일 것은 줄여 놓았다. 그리하여 공제[1072]와 같은 잘못된 의제(儀制)까지도 모두 바로잡아 고쳤으니, 위로부터 아래에 이르기까지 모두 인효(仁孝)의 도를 행하는 대본(大本)이 확립되었다고 할 것이다.

오늘날 영동(嶺東) 백성들의 습속(習俗)을 살펴보면 지극히 괴벽스럽고 비루한 점이 없지 않으나, 상제(喪制)에 대해서만은 궁촌(窮村)의 세민(細民)들까지도 거의 대부분 삼가면서 소중히 여길 줄을 알고 있는데, 다만 사도(師道)가 제대로 펼쳐지지 못하고 이에 대한 서적이 두루 유포되지 못해 그 절문(節文)을 극진하게 행하도록 유도하지 못하는 것이 걱정일 따름이었다. 그런데 고(故) 대사간(大司諫) 용졸재(用拙齋 신식(申湜)의 호임) 신공(申公)이 일찍이 영동 지방을 안찰(按察)하면서 교학(敎學)을 권장하는 등 새로운 기풍을 진작시켰으므로 지금까지도 사민(士民)들이 찬양하고 있다.

1071) **이식(李植, 1584~1647)** : 본관은 덕수(德水)이며 자는 여고(汝固), 호는 택당(澤堂) 등이다. 좌의정 이행(李荇)의 현손(玄孫)이다. 1610년(광해군 2) 문과에 급제한 후 설서, 선전관 등을 지내다 폐모론(廢母論)이 일어나자 낙향하여 학문에만 전념하였다. 인조반정이 일어난 후 발탁되어 대사간·대사성·대제학·대사헌 및 형조·이조·예조의 판서 등 요직을 두루 역임하였다. 신흠(申欽)·이정귀(李廷龜)·장유(張維)와 함께 한문사대가로 꼽혔으며, 시에도 능하였다. 《택당집》 등의 저술이 남아있으며, 시호는 문정(文靖)이다.

1072) **공제(公除)** : 임금의 한 몸에 막중한 국가의 안위(安危)가 걸려 있는 만큼, 공적(公的)인 권도(權道)를 써서 예제(禮制)를 절충하여 임금의 상복(喪服)을 제(除)해야 한다는 주장을 말한다.

그러다가 이번에 그의 대윤(大胤 장남)인 현포공(玄圃公 신득연(申得淵))이 부친의 뒤를 이어 그 지방의 방백(方伯)이 된 뒤, 공이 지은《가례언해(家禮諺解)》1질(帙)을 간행 유포하여 한 지방의 사람들과 함께 행할 계획을 세우고 있다. 이렇게 되면 영동의 궁벽진 백성들과 예학(禮學)에 어두운 사람들이 성정(性情)을 제대로 표현하게 될 뿐만이 아니라 절문(節文)대로 행할 수 없던 이들도 근거 자료를 얻게 될 테니 더욱 다행스러운 일이다.

나도 일단 이 책이 간행되면 학교에 소장해 두고는 각 방(坊)마다 한 권씩 비치하여 이대로 행하도록 할 예정인데, 이 기회에 권말(卷末)에 한 글자 적어서 배우는 자들로 하여금 풍화(風化)가 어디에서 나오는 것인지를 알게 하려 하는 바이다.

禮不難行於朝 而難行於野 其行之難 非盡情之難 難於盡其文而已 國家旣定五禮儀 乃今參引先正定論 以損益之 以至公除謬制 悉從釐革 仁孝之道 自上達下 大本立矣 今觀嶺東氓俗至僻陋 然窮村細民 率知謹重喪祭 獨患其師道闕而載籍未徧 無以盡其節文焉耳 故大諫用拙申公 曾按是道 興勸教學 士民至今稱之 今其大胤玄圃公 繼美旬宣 以公所撰家禮諺解一帙 入梓行布 將與域內共之 而於嶺之僻氓蒙學 有情質而無節文者 得之爲尤幸 余旣印藏于校 且勸各坊置一本 擧而從事 仍識卷末 俾學者知風化所自

《택당집(澤堂集)》

만사挽詞

신 지사에 대한 만사 2수
挽申知事 二首

유근(柳根)

昔我香林寺　　예전에 내가 향림사[1073]에서
從公伯仲遊　　공의 형제와 함께 노닐었지.
爲僚曾幾度　　몇 번이나 동료 되었던가
同氣本相求　　기상이 같으면 서로 찾는 법.[1074]
身後伸如蠖　　죽어서야 자벌레처럼 몸을 폈고[1075]
生前拙學鳩　　살아서는 비둘기의 졸함 본받았지.[1076]
高門耆老會　　기로회 높은 가문에서
慚負紀風流　　풍류 기록하지 못해 부끄럽네.

我齒踰公二　　나는 공보다 두 살 많은데
公踰七十三　　공은 일흔셋이 넘었지요.
公居如竹所　　공의 거처는 대숲 집 같았고

1073) **향림사(香林寺)** : 서울 삼각산(三角山)에 있던 사찰로 보인다.

1074) **기상이 …… 법** : 서경 유근과 졸재공이 잘 맞았다는 말이다. 《주역》〈건괘(乾卦)·문언(文言)〉에 "같은 소리는 서로 응하고 같은 기운은 서로 구한다. …… 이것은 각자 자신에 맞는 성향을 따르는 것이다.[同聲相應 同氣相求 …… 則各從其類也]"라고 하였다.

1075) **죽어서야 …… 폈고** : 뜻을 굽히기도 하면서 신중한 자세로 살아온 것을 기린 말이다. 《주역》〈계사전하(繫辭傳下)〉에 "자벌레가 몸을 굽히는 것은 장차 몸을 펴기 위함이요, 용과 뱀이 칩거하는 것은 몸을 보존하기 위함이다.[尺蠖之屈 以求信也 龍蛇之蟄 以存身也]"라고 한 데서 온 말이다.

1076) **살아서는 …… 본받았지** : 졸재공의 검소하고 신중한 생활을 기린 말이다. 금경(禽經)에,"비둘기는 졸해도 편안하다."[鳩拙而安] 하였고, 그 주석에 "구(鳩)는 시구(鳲鳩)인데, 방언(方言)에 비둘기를 촉(蜀)나라에서는 졸조(拙鳥)라 한다. 집짓기를 좋아하지 아니하고, 새 집을 빼앗아서 사는데, 비록 졸해도 편안히 거처한다." 하였다. 지금은 본성이 좋다는 겸사(謙辭)로 쓰인다.

我屋近終南　우리 집은 남산과 가까웠지요.
咫尺稀相見　가까이 살아도 자주 만나지 못했는데
瞻望已不堪　이미 바라볼 수도 없게 되었구려.
哀詞凄欲斷　애사 쓰며 슬퍼 애간장 끊어지려 하니
老淚迸還含　늙은이 눈물 쏟아져 그렁그렁 맺힌다.

《서경집(西坰集)》

신숙정 지사에 대한 만사
挽申知事叔正

이준(李埈)[1077)]

嵩岳當年賀降申　숭악에서 당년에 신백 내심을 축하하였는데[1078)]
魯郊何遽泣亡麟　노교에서 돌연 기린의 죽음에 울 줄 알았으랴.[1079)]
屏藩惠澤沾襦袴　변방에서 베푼 혜택은 백성들을 적시었고[1080)]

1077) **이준(李埈, 1560~1635)** : 본관은 흥양(興陽), 자는 숙평(叔平), 호는 창석(蒼石), 시호는 문간(文簡)이다. 서애 류성룡의 문인으로, 1591년 별시 문과에 병과로 급제하여, 교서관 정자가 되었다. 응교·집의·전한·사간 등 삼사의 관직을 각각 여러 차례 역임하였으며, 승지와 대사간을 거쳐, 부제학에 임명되었다. 저서에 《창석집》이 있다.

1078) **숭악(嵩岳)에서 …… 축하하였는데** : '숭악'은 숭산(嵩山). 신백(申伯)은 주 선왕(周宣王) 때의 신하이다. 《시경》 〈숭고(崧高)〉에 "높고 높은 산악이 치솟아 하늘에 이르도다. 산악에서 신을 내려 중산보(仲山甫)와 신백을 내셨도다.[崧高維嶽 駿極于天 維嶽降神 生甫及申]"라고 하였는데, 산악의 정기가 주나라의 어진 신하인 신백을 낳았다는 뜻이다. 전하여 신백은 곧 어진 재상을 가리키며, 여기서는 신 지사 역시 신씨이므로 신백에 비유한 것이다.

1079) **노교(魯郊)에서 …… 알았으랴** : '노교'는 노(魯)나라 교외이다. 노나라 애공(哀公) 때에 애공이 서교(西郊)에 나가 사냥할 때, 계손씨(季孫氏)의 가신(家臣) 자서상(子鉏商)이 기린을 잡았는데, 군중들은 그것이 기린인지를 모르고, 상서롭지 못하다 하여 내버렸다. 뒤에 공자가 이를 보고 흐느끼며 "나는 짐승 가운데 기린과 같다. 지금 기린이 나왔다가 그냥 죽었으니, 나의 도(道)가 궁해졌다."라고 한 데서 온 말로, 세도(世道)가 쇠퇴한 것을 말한다. 《春秋左氏傳 哀公14年》

1080) **백성들을 적시었고** : 원문의 '유고(襦袴)'에서 유(襦)는 짧은 속옷을 말하고 고(袴)는 바지를 말하는데, 후한(後漢) 때 염범(廉范)이 일찍이 촉군 태수(蜀郡太守)가 되어 선정을 베풀자, 백성들이 그를 좋아하여 노래하기를, "염숙도여, 어찌 그리 늦게 왔느뇨. 불을 금하지 않아서, 백성들이 밤일을 편안히 하여, 평생에 속옷도 없다가 이젠 바지가 다섯 벌이라네.[廉叔度 來何暮 不禁火 民安作 平生無襦今五袴]"라고

臺閣淸風動薦紳	대각에서 맑았던 기풍 백관을 감동시켰네.
玉樹忍看埋厚地	옥수가 두터운 땅에 묻힘을 차마 볼 수야[1081]
瑤徽無復和陽春	거문고로 다시 양춘[1082]에 화답할 길 없어라.
英靈不逐浮雲散	영령이 뜬 구름 따라 흩어지지 않거든
紫府今爲第一賓	자부[1083]에서 이제 제일의 빈객 되시리라.

《창석선생문집(蒼石先生文集)》

신식 지사를 곡한 만사
挽申知事湜

이정귀(李廷龜)

癸卯春中慶壽筵	계묘년 봄날 열린 경수연 자리에서
與公同舞北堂前	공과 함께 북당 앞에서 춤을 추었네.[1084]
悲歡半世頭俱白	슬픔과 기쁨 속 반생 동안 머리털 함께 세었고
屛逐經年命各全	찬축되어 여러 해 지내면서 각자 목숨 보전하였네.
用拙昔蒙天語獎	'졸' 자로 자호(自號)하니 임금의 칭찬을 받았고
臨危方識老臣賢	위태론 때를 당해서야 늙은 신하의 현명함 알았네.

했던 데서 온 말로, 전하여 지방관의 선정을 비유한다.

1081) **옥수가 …… 볼 수야** : 뛰어난 재사(才士)의 죽음을 탄식하여 한 말이다. '옥수(玉樹)'는 뛰어난 인재를 비유한다. 진(晉)나라 때의 명상(名相) 유량(庾亮)이 죽자, 하충(何充)이 장례(葬禮)에 참석하여 "옥수를 지하에 묻으니, 사람의 슬픈 정을 어찌 억제할 수 있으리오.[埋玉樹於土中 使人情何能已已]"라고 탄식하였던 고사가 전한다.《晉書 卷73 庾亮列傳》

1082) **양춘** : 양춘곡(陽春曲)을 말한다. 백설곡(白雪曲)과 함께 따라 부르기 어렵기로 유명한 옛날 초나라의 고아(高雅)한 가곡 이름이다. 춘추시대에 초나라에서 어떤 나그네가 하리(下里)와 파인(巴人)의 노래를 부르니 수천 명이 따라 불렀고, 양아(陽阿)와 해로(薤露)의 노래를 부르니 몇백 명이 따라 불렀는데, 양춘(陽春)과 백설(白雪)의 노래를 부르니 몇십 명밖에는 따라 부르지 못했다는 고사가 전한다.《文選 宋玉對楚王問》

1083) **자부(紫府)** : 도교(道敎)에서 말하는 옥황상제가 거처하는 곳이다.

1084) **계묘년 …… 추었네** : 계묘년(1603, 선조 36) 졸재공 부친의 장수를 축하하는 잔치에 참석하여 함께 축수(祝壽)하였다는 뜻이다.

丹旐粉字新恩煥　　붉은 명정 흰 글씨 새로 성은이 빛나고
好去秋江上瀨船　　가을 강물에 오르는 배 잘도 가시는구려.[1085]

《월사선생집(月沙先生集)》

신식 지사에 대한 만사
挽申知事湜

목대흠(睦大欽)

兩朝人望擅官曹　　두 조정에서 인망으론 관원 중 으뜸이셨고
氷玉精神氣像高　　빙옥처럼 깨끗한 정신 기상도 높으셨네.
少日從師尋道脈　　소싯적에 큰 스승을 시종하며 도학의 맥을 찾았고
平生用拙合天褒　　한평생 '졸' 자를 쓰니 성상이 내린 뜻에 부합하셨네.
銘旌換粉鸞銜誥　　명정의 글자를 고치니[1086] 난새가 조서를 물어 오고
緖業傳家鳳有毛　　서업[1087]이 가문에 전하니 봉황의 터럭이 서렸구려.[1088]
追憶早秋勤索句　　이른 가을날 시구를 찾던 일 추억하노라니
但將悲涕洒江濤　　애오라지 슬픈 눈물 강 물결에 뿌릴 뿐이네.

《다산집(茶山集)》

1085) **붉은 …… 가시는구려** : 추증(追贈)된 직함이 적힌 명정(銘旌)을 세운 상여가 뱃길로 장지(葬地)로 떠나감을 이른다.

1086) **명정(銘旌)의 …… 고치니** : '명정'은 영구(靈柩) 앞에 세우는 죽은 사람의 관직과 성명을 쓴 붉은 기로 대부분 붉은 비단에다 백색의 분말로 쓴다. 여기서는 사후에 증직(贈職)이 내려져 명정의 직함을 고쳐 적게 되었음을 뜻한다.

1087) **서업(緖業)** : 전통의 가업.

1088) **봉황의 …… 서렸구려** : 원문의 '봉모(鳳毛)'는 봉황의 터럭으로, 곧 부조(父祖)처럼 뛰어난 재질을 소유한 자손들이 있다는 뜻이다. 《世說新語 容止》

제문祭文

신 지사 숙정식에 대한 제문
祭申知事叔正湜

이준(李埈)

惟靈	생각건대 영령께서는
川岳炳靈	강산의 빛나는 영기를 타고나셨고
琬琰成質	옥 같이 아름다운 자질이셨습니다.
問學旣深	학문은 이미 심오하셨고
踐履又實	실천함 또한 신실하셨습니다.
際會明時	밝은 시대를 만나시어
機鳴籟應	천기 울리자 천뢰 응하듯 하셨습니다.[1089]
何試不宜	어느 자리엔들 마땅치 않으리오
歷敭臺省	청요직(淸要職)을 두루 역임하셨습니다.
中遭道否	도중에 도가 비색한 시절을 만나
世故無涯	세상의 변고 끝없이 이어졌습니다.
公心皎然	공의 마음은 실로 깨끗하여
如水不波	물결 일지 않는 해맑은 물이셨습니다.
易退之節	물러나길 쉽게 여기는 지조였고[1090]
難奪之介	뜻을 빼앗기 어려운 기개였습니다.

1089) **천기(天機) …… 하셨습니다** : 임금님과 서로 호응하기를 마치 피리를 불면 소리가 울리는 것처럼 하였다는 뜻이다.

1090) **물러나길 …… 지조였고** : 벼슬길에 오를 때에는 매우 신중하게 하고 사직할 때에는 미련 없이 과감하게 물러나는 것을 의미한다. 《예기》 〈표기(表記)〉에 "임금을 섬길 적에, 나아가는 것을 어렵게 하고, 물러나는 것을 쉽게 한다면 자리에 질서가 잡힐 것이요, 나아가는 것을 쉽게 하고, 물러나는 것을 어렵게 한다면 문란해질 것이다.[事君難進而易退 則位有序 易進而難退 則亂也]"라고 한 데서 나온 말이다.

確乎自持	확고하게 스스로를 잘 지키면서
有隕無悔	불행에 빠져도 후회함이 없으셨습니다.
昔我徂東	옛날 내가 동쪽으로 가게 될 때
公送以言	공은 글을 지어 전송하셨습니다.
今我入洛	이제 내가 서울로 들어가려니
公已乘雲	공은 하마 구름 타고 가셨습니다.
達人大觀	달관한 사람은 크게 보므로[1091]
生死一境	삶과 죽음을 한 경지로 보셨습니다.
殄瘁之詩	진췌의 시[1092]를
朝野同詠	조야가 함께 읊조립니다.
輯禮正家	예서(禮書)를 찬집하여 집안 바로잡고
用拙存道	졸(拙) 자로써 도(道)를 보존하셨습니다.
惟公之德	오직 공의 아름다운 덕은
終始可攷	처음부터 끝까지 상고할 수 있습니다.
名流不朽	명류(名流)는 썩지 않는 법
慶衍未艾	복록이 끊이지 않으오리라.
公歿而寧	공께선 서거하셨으되 편안하시리니
我心何慨	이 내 마음 무얼 개탄하겠습니까.
丹旐南指	붉은 명정(銘旌)이 남쪽을 향해 가는데
素月西沉	밝은 달이 서녘에 잠기었습니다.
相訣之情	서로 영원히 이별하는 심정이야
江漢俱深	한강 물과 아울러 깊어만 갑니다.

《창석선생속집(蒼石先生續集)》

1091) **달관한 …… 보므로** : 달관한 사람[達人]은 대공무사(大公無似)하고, 세상을 달관하여 크고 넓게 전체를 내다보는 것을 말한다. 가의(賈誼)의 〈복조부(鵩鳥賦)〉 참조.

1092) **진췌(殄瘁)의 시** : 《시경》 〈대아(大雅) 첨앙(瞻仰)〉의 시로, 훌륭한 사람이 죽어서 나라가 병들 것을 탄식한 시인데, 그 시에 이르기를, "훌륭한 사람이 없으매, 나라가 끊기고 병이 들리라.[人之云亡 邦國殄瘁]"라고 하였다.

잡록雜錄

○ 신식(申湜) 공이 예를 좋아하고 학문에 독실하므로 선조가 아끼고 중히 여겼다. 정유년(1597, 선조 30)에 급사중 서관란[1093]이 동정(東征)을 조사하기 위하여 서울에 와서 동궁(東宮)을 만나 보고자 하였다. 이에 주상께서 중국말을 잘 아는 자를 택하여 수종(隨從)하게 하였는데, 당시에 부제학(副提學)으로 있던 공을 대신(大臣)들이 천거하였다. 주상께서 "신식은 졸(拙)하다."라고 말씀하시자, 공이 말하기를 "참으로 이른바 '신하를 아는 것은 임금만 한 분이 없다.'고 하였도다."라고 하고는 마침내 '졸(拙)' 자로 재호(齋號)를 지으니, 선조는 공을 위해 〈졸재명(拙齋銘)〉을 지어 주었다.

申公湜好禮篤學 先祖愛重之 丁酉年 給事中徐觀瀾以查勘東征到京 欲見東宮 上命擇華語曉解者以從 公時爲副學 大臣擧之 上曰 湜也拙 公曰 眞所謂知臣莫如君也 遂以拙名其齋 先祖爲撰拙齋銘

○ 졸재(拙齋) 신식(申湜)의 편지에 이르기를, "옛글에 이르기를, '조정에서 벼슬하고 있는 자는 뇌물 꾸러미가 문에 미치는 것을 부끄럽게 여기고, 외방에서 벼슬하는 자는 짤막한 편지라도 도성 안으로 들여보내는 것을 수치스럽게 여긴다.'라는 말이 있는데, 이는 선비가 자신을 지키는 의리를 깊이 얻은 것으로, 일찍이 이를 보고 명언(名言)이라고 여겼습니다. 지금 영형과 나의 사이에는 양쪽 다 이러한 혐의가 없는데도 한결같이 문안 편지조차 안 보내기를 마치 멀리 버려진 사람처럼 하고 있으니, 어찌 우러러 그리다가 서글퍼짐을 금할 수가 있겠습니까." 하였다. -《한거잡기(閒居雜記)》-

1093) **서관란(徐觀瀾)** : 호는 함벽(涵碧), 산서(山西) 택주(澤州) 출신이다. 1598년(선조 31) 9월 명나라에서 군액(軍額)의 유무를 조사하고, 군공(軍功)을 심의하고 결정하기 위해 파견된 흠차사감 병과좌급사중(欽差査勘兵科左給事中)으로 왔다. 11월 영남으로 내려갔다가 4로 군병(四路軍兵)을 순시하고 1599년(선조 32) 2월에 명나라로 돌아갔다.

申拙齋書云 古書有云 仕于朝者 以苞苴及門爲羞 官于外者 以尺書入城爲恥之語 深得士子守身之義 嘗以爲名言矣 今兄與我之際 兩無此嫌 而一向不聞問如遐棄然 曷勝瞻悵 -閒居雜記-

《우복별집(愚伏別集)》

○ 지중추부사 신식(申湜) 공이 예를 좋아하고 학문을 독실하게 하니, 선조(先祖)께서 아끼고 중히 여겼다. 정유년(1597) 급사중(給事中) 서관란(徐觀瀾)이 일본의 침략을 조사하고 감찰하는 일로 한양에 도착하여 동궁(東宮)을 뵙고자 하였다. 선조(宣祖)께서 종가[1094]할 신하를 매우 잘 간택하라고 명하였다. 대신들이 승지 한준겸(韓浚謙)과 허성(許筬)을 가려 계(啓)를 올리니, 주상께서 말씀하였다. "응대할 즈음에 말이 굼뜨거나 고루하여 막히면 안 된다." 또 명하여 중국어에 밝은 자를 뽑아 따르게 하였다. 신공(申公)은 당시 부제학이었는데 대신들이 다시 천거하니, 주상께서 말씀하였다. "식(湜)은 졸(拙)한데 어찌하여 심희수(沈喜壽)를 추천하지 않느냐?" 심공은 빈객(賓客)으로 이미 종사관에 포함되어 있으니, 바로 도승지 윤담무[1095]로 배종하게 하였다. 한공이 허공에게 말하였다. "굼뜬 것은 나에게 해당되니, 고루한 것은 공이 벗어날 수 없소." 서로 언쟁하기를 멈추지 않았다. 신식 공이 말하였다. "저를 졸하다고 평하신 것은 더더욱 부합한 말씀입니다. 한마디 말씀하시는 사이에 각각 그 사람의 실제 가치를 알맞게 평가하셨으니, 참으로 이른바 신하를 아는 것은 임금님만한 분이 없다는 것입니다." 마침내 '졸(拙)' 자로 서재 이름을 삼았고, 선조(先祖)께서〈졸재명(拙齋銘)〉을 지어 주었다.

知樞申公湜 好禮篤學 先祖愛重之 丁酉年 給事中徐觀瀾 以查勘東征到京 欲見東宮 宣祖命極擇從駕之臣 大臣以承旨韓浚謙許筬啓之 上曰應對之際 遲鈍而固滯 則不可爲也 又命擇曉解華語者以從 公時爲副學 大臣又擧之 上曰湜也拙 何不以沈喜壽爲

1094) 종가(從駕) : 원래는 임금을 모시고 따라가는 신하를 말하는데, 여기서는 동궁을 모시고 따라갈 신하를 말한다.

1095) 윤담무(尹覃茂, 1555~1597) : 자는 중번(仲蕃), 호는 봉탄(鳳灘), 본관은 파평(坡平)이다. 1579년 문과에 급제하였다. 대사간으로 재직할 때 승문원 제조를 겸하여 전란 중의 외교문서 작성을 담당하였으며, 정유재란 때 선조를 호종하였다.

之乎 沈公則以賓客已在從官中 乃以都承旨尹覃茂陪從 韓公謂許公曰 遲鈍則我當之矣 固滯則公不得免焉 相與爭之不已 公曰湜之拙稱 尤爲着題 片言之間 各當其實 眞所謂知臣莫如君也 遂以拙名其齋 先祖爲撰拙齋銘

《무첨재선생집·한거잡기(無忝齋先生集 閑居雜記)》

○ 신항서원 합향을 시행하지 말 것. 갑술년(1694, 숙종 20) 정월 초2일

예조(禮曹)에서 올린 계목(啓目)에, "계하(啓下)된 문건을 첨부하였습니다. 청주(淸州)의 유학(幼學) 권서(權瑞) 등의 상소를 보니, '증 이조판서(贈吏曹判書) 신식(申湜)은 선현(先賢)을 스승으로 삼아 계승하고 경서(經書)를 궁구하였으며, 예학(禮學) 등의 책에 대해서는 더욱 강구하여 밝혔고, 예절에 대한 주소(註疏)를 모아 해석해서 《가례언해(家禮諺解)》를 편찬하여 어린아이들이 책을 열면 명료하게 이해할 수 있도록 하였습니다. 효행에 이르러서는 진실로 천성(天性)에서 나왔고, 부모의 얼굴을 살피며 봉양해서 어기지 않았으며, 상제(喪制)에는 예를 다하였습니다. 그가 세상을 떠난 후에는 정려(旌閭)하는 은전(恩典)을 입게 되었고, 혼란한 조정에서는 절개를 지켜 포증(褒贈)하라는 명이 있었습니다. 그의 남은 향기와 여운은 후학들이 스승으로 삼는 모범이 되기에 충분하니, 신항서원(莘巷書院)에 추향(追享)할 수 있게 하여 많은 선비들의 바람에 부응하게 하소서.'라고 하였습니다. 신식의 경학과 절행(節行)은 이미 선배들에게 인정을 받아 정려를 세우고 포증하는 것으로 조정에서 숭상하고 보답하는 은전을 시행하였으니, 또한 지극하다고 할 수 있습니다. 사액서원에 합향(合享)하는 것은 일의 체모가 중대하니, 소장에 있는 사연은 그대로 두는 것이 어떠하겠습니까"라고 하였다. 강희(康熙) 33년(1694) 정월 초1일에 우승지(右承旨) 신(臣) 엄집(嚴緝)이 담당하였는데, "아뢴 대로 하라." 하셨다.

書院合享勿施 甲戌正月初二日

禮曹啓目 粘連啓下是白有亦 觀此淸州幼學權瑞等上疏 則贈吏曹判書申湜 師承先正 硏窮經籍 而至於禮學等書 尤所講明 裒集儀節註疏 釋爲家禮諺解 使蒙學開卷瞭然 至於孝行 實出天性 色養無違 喪制盡禮 旣歿之後 至蒙旌閭之典 當昏朝立節 又有褒贈之命 其遺芬餘馥 足爲後學之師範 乞得追享於莘巷書院 以副多士之望 亦爲白有

臥乎所 申湜之經學節行 旣爲先輩之所推許 旌閭褒贈 朝家崇報之典 亦可謂至矣 合享於賜額書院 事體重大 疏內辭緣置之 何如 康熙三十三年正月初一日右承旨臣嚴緝次知 啓依允

《서원등록(書院謄錄)》[1096)]

1096) **서원등록(書院謄錄)** : 인조(仁祖) 20년(1642)에서 영조(英祖) 18년(1742)까지 예조(禮曹)의 장계(狀啓)를 중심으로 서원(書院)의 설립·혁파·사액(賜額)·치제(致祭)·급전(給田)·급노(給奴) 등 여러 사항을 편년순으로 엮은 책이다. 《서원등록》에 수록된 내용은 여러 관서나 관인 또는 유생들이 올린 장계·상소(上疏)·계사(啓辭)와 마문(馬文) 등으로 구성되어 있다. 수록된 장계에는 임금의 비지(批旨)가 함께 붙어 있어 상주(上奏)한 사항에 대한 결과 조처까지도 알 수 있다. 주요 내용으로는 서원·사우 등의 설립·사액·혁파·제향·치제, 건물의 수리, 각종 비용의 조달 및 서원전(書院田)·노비(奴婢)의 하사 등에 대한 요청과 그에 대한 조치이다. 또한 서원과 관계되는 인물들의 불법 행위에 대한 조치 내용도 큰 비중을 차지한다. 그 밖에 어제(御製)나 누각(樓閣)의 현판(懸板) 등 예조의 일반 업무에 대한 사항도 들어 있다.

행장行狀

졸재공 행장
拙齋公行狀

신철우(申哲雨)[1097)]

공의 자는 숙정(叔正)이요 호는 졸재(拙齋) 또는 임곡(臨谷)이니, 졸재(拙齋)라고 한데에는 이유가 있다. 선조(宣祖) 30년(1597) 임진란(壬辰亂)에 이은 정유재란(丁酉再亂) 때 조선에 나와 있던 명(明)나라 지원군을 감독하기 위하여 파견된 서관란(徐觀瀾)이 왕세자(王世子) 면회를 요청해 왔다. 선조는 그를 응대하기 위하여 문신(文臣) 중에서 글 잘하는 사람을 고르도록 조정에 명했다. 이에 선발된 허성(許筬)과 한준겸(韓浚謙)과 공의 명단을 훑어본 선조는 이들을 평하여, '허(許)는 고집스럽고, 한(韓)은 느리고, 신(申)은 졸(拙)하니 다시 고르라'고 명하였다. 이래서 공은 '신하를 아는 이는 임금만 같은 분이 없다'고 하여 졸(拙) 자를 써서 아호를 '졸재'라고 고쳤던 것이다.

공은 유년기에는 백씨 정관재(靜觀齋) 저(渚)와 계씨 하은(霞隱) 용(涌)과 함께 정훈(庭訓)에서 배웠고 청년기에는 퇴계(退溪) 이황(李滉) 선생에 이어 대곡(大谷) 성운(成運) 선생 문하에서 수학했다. 선조 9년(1576) 문과에 급제하여 승문원 박사(承文院博士)로 벼슬을 시작하여 선조 13년(1580) 질정관(質正官)으로 명나라에 다녀와 전적(典籍)을 거쳐 예조좌랑(禮曹佐郎)으로 옮기고 다음 해 겨울에는 일본 사신(日本使臣)을 영남(嶺南)까지 호송(護送)했고, 선조 16년(1583)에는 호조·병조·형조 등 삼조(三曹)의 정랑(正郎)을 거쳐 지평(持平)으로 옮겼다.

선조 18년(1585) 여름에 성절사(聖節使) 서장관(書狀官)으로 명나라에 다녀오고 다음 해 사간원 정원(司諫院正言)으로 옮겼다. 선조 22년(1589) 장령(掌令), 의빈 경력(儀賓經歷), 홍

1097) 신철우(申哲雨, 1918~2001) : 자는 택민(澤民), 호는 경운(景雲)이다. 청주향교 제9대 전교·충북 향교재단 이사장·고령신씨 대종약회 부회장·제8회 고령신씨 세보편찬위원장·성균관 알성과거 고시위원·상당시단장(上黨詩壇長) 등 역임. 저서로 《古典의 饗宴》·《景雲詩文集》이 있다.

문관 수찬(弘文館修撰)을 거쳐 승문원 교검(承文院校檢)으로 옮겼으나 이해 겨울 정여립 사건(鄭汝立事件)이 일어나자 위관(委官)의 사혐(私嫌)으로 인해 곤양(昆陽)으로 유배되었다.

선조 25년(1592) 임진왜란이 일어나자, 귀양에서 풀려나와 곧 임금의 피난처로 가던 중 경기도순찰사(京畿都巡察使) 권징(權徵)의 종사관(從事官)으로 임명되고, 선조 26년(1593) 서울이 수복되자 한성부 서윤(漢城府庶尹)에 임명되고 다시 광주목사(廣州牧使)로 나갔다. 이때 광주(廣州)는 왜병(倭兵)이 휩쓸고 지나간 뒤라 마을은 불에 탄 빈 터 뿐이요 거리엔 굶어죽은 시체만이 나뒹굴고 있는 처참한 광경이었다. 공은 말에서 내리자마자 창고(倉庫) 문을 급히 열고 양곡(糧穀)을 모두 풀어 기민구제(飢民救濟)에 전 행정력(全行政力)을 집중하였다. 이에 힘입어 마을엔 푸른 연기가 피어오르고 주민들 얼굴엔 비로소 활기를 되찾게 되었다. 그 훗날 영릉 제관(英陵祭官)의 명을 받고 여주(驪州)로 가는 도중에 도둑떼를 만났다. 공을 알아본 그중 한명이 "아, 우리를 구제해 주신 광주목사의 행차다."라 하고 모두 도망쳐 갔다.

선조 27년(1594) 통훈대부(通訓大夫)에 오르고 사간(司諫)을 거쳐 교리(校理)·지제교(知製教)로 옮기고, 선조 28년(1595) 시강원 문학(侍講院文學)을 거쳐 집의(執義)로 옮기고 안무어사(按撫御史)로 경상도에 다녀와서는 통정대부(通政大夫) 동부승지(同副承旨)에 올랐다.

선조 29년(1596) 좌승지(左承旨)에서 다시 이조참의(吏曹參議)로 옮기고, 선조 30년(1597) 대사간(大司諫)에서 부제학(副提學), 다시 좌승지, 다시 부제학에 대사성(大司成)을 겸하고, 가을 석전대제(釋奠大祭)를 주관할 때는 이제까지 잘못되었던 악장(樂章)을 바로 잡았으니, 이로 보아 공이 국악예술(國樂藝術)에도 조예가 깊었음을 알 수 있다.

선조 31년(1598) 정월에 호남 선유사(湖南宣諭使)로 다녀오고 도승지(都承旨)에 올랐다. 정유년(丁酉年) 왜구의 재침으로 명나라 지원군이 다시 파견되어 왔을 때, 그들과의 연락사무(連絡事務)의 격증(激增)으로 공은 편할 날이 없이 3년 동안 승문원(承文院)에 머무는 한편 내직(內職)과 외직(外職)을 드나들며 전쟁에 지친 선조(宣祖)에게 격려의 충언(忠言)을 자주 올렸던 내용이 《선조실록(宣祖實錄)》에 보인다.

선조는 그 공로를 인정하여 가선대부(嘉善大夫) 동지중추부사(同知中樞府事)를 제수하였다. 선조 32년(1599) 공조참판(工曹參判)에 오르고 사은사(謝恩使) 겸 진주사(陳奏使)로 명나라에 다녀왔다. 이에 앞서 명나라 병부주사(兵部主事) 정응태(丁應泰)가 조선이 왜병을 끌어들여 중국을 침범하려 했다고 자기나라에 무고(誣告)한 사건이 일어났다. 선조는 그에 대해 석명(釋明)하기 위하여 진주사 이항복(李恒福)과 부사 이정귀(李廷龜)를 명나라에 보내 변무(辨誣)함으로써 명제(明帝)도 이를 인정한다는 조칙(詔勅)을 내렸다.

그러나 명나라의 조정 일부에서는 이를 석연치 않게 여기는 의론이 있다는 정보를 접한 선조는 공을 다시 사은사 겸 진주사로 파견했다. 이에 공은 명제(明帝)를 대하고 조리정연하게 해명함으로써 의혹을 완전히 풀었다. 이로 인해 명제는 각별한 예우와 함께 은동자(銀童子) 한 쌍을 선물로 주었다. 그해 겨울에 돌아와 곧 강릉부사(江陵府使)로 부임하였다.

선조 35년(1602) 호조참판(戶曹參判)에 임명되었다. 그때 선조는 경서교정청(經書校正廳)을 새로 설치하고 경서에 밝고 학문이 깊은 사람을 선발하였는데, 공이 이에 뽑히어 그 교정(校正)을 맡았고 4월에는 특진관(特進官)으로 경연(經筵)에 참여하였다. 선조 36년(1603) 정월 경서 교정(經書校正)을 마치자 그 공로로 가의대부(嘉義大夫)에 올랐고, 4월에 예조참판(禮曹參判), 8월에 대사헌(大司憲)으로 옮겼다.

선조 37년(1604) 다시 부제학을 겸직하였다. 김굉필(金宏弼)·이황(李滉)·이언적(李彦迪)·정여창(鄭汝昌)·조광조(趙光祖)는 조선조 초기의 명현(名賢)으로, 성균관(成均館) 관생(館生)들이 이 오현(五賢)을 문묘(文廟)에 종사(從祀)하기 위해 청원소(請願疏)를 올린바 있었다. 이에 정인홍(鄭仁弘)이 이언적을 흠잡아 극력 반대하니, 선조도 이에 당혹했다. 공은 이언적의 평생 행적(行績)을 소상히 열거하고 문묘 종사의 당위성을 주장하면서 정인홍을 반박하는 수백언(數百言)의 차(箚)를 동료와 연명으로 올렸다. 이에 선조도 충분히 인정했으나 정인홍의 거센 반발에 부딪쳐 일단 보류하였다.

그러나 뒷날 광해연간(光海年間)에 종사가 인허(認許)되었으니, 이는 공이 올린 차(箚)의 힘이라 하겠다. 선조 40년(1607) 형조참판(刑曹參判)으로 옮기고 선조 41년(1608) 선조가 승하하자, 형조참판으로 빈전도감 제조(殯殿都監提調)를 겸하였다. 광해군 원년(光海君元年)에 대사헌(大司憲)에 임명되었는데 때마침 임해군 옥사(臨海君獄事)가 일어났다. 심문관(審問官)인 공은 그 사실을 세밀히 조사하여 임해군을 진도 유배(珍島流配)로 관대하게 처리하였다. 또한 그해 가을에 충청도관찰사(忠清道觀察使)로 임명되었다. 충청도는 공의 고향이면서 충효의 고장이요 선비의 고장이기도 하다. 그러나 교육시설이 선비 양성에는 미흡했다. 더욱이 당시 학풍(學風)이 향교(鄕校)보다 서원(書院)으로 쏠리는 경향이 있어 교생(校生)과 원유(院儒) 사이에 묘한 분위기가 감돌고 있었다. 공은 흥학(興學)의 목표를 향교에 두고 그 안에 상·중·하의 동몽별(童蒙別)로 재사(齋舍)를 마련하는 한편, 열흘마다 그 성적을 고시

(考試)[1108]하게 했다. 근학(勤學)과 태만(怠慢)을 조사하여 상벌하는 학칙(學則)을 제정하고 순시하는 날엔 반드시 강독(講讀)하게 했고, 《용학혹문(庸學或問)》을 간행 보급하여 학풍을 크게 진작지켰다. 그리고 관내에 있는 명현 분묘(名賢墳墓)에 친히 제문(祭文)을 지어 치제(致祭)하였으니, 강수(江叟) 박훈(朴薰) 선생과 천곡(泉谷) 송상현(宋象賢) 선생 등이다. 특히 천곡 선생과는 나이도 동갑이요 과거도 동방(同榜)이면서 동향인(同鄕人)으로 서울에서 또한 동린(同隣)일 뿐 아니라 지조(志操)도 같고 취미(臭味)도 같았으니, 진실로 평생의 신교(神交)라 하겠다. 훗날 천곡 선생은 충(忠)으로 공은 효행(孝行)으로 각각 정각(旌閣)이 섰으니, 일향쌍벽(一鄕雙璧)으로 당시 세상 사람들의 화제에 올랐다.

한편 교화로 풍속을 바로 잡고 저축으로 재환(災患)에 대비하는 동시 여씨향약(呂氏鄕約)과 주자(朱子)의 사창법(社倉法)을 대본(臺本)으로 하고 율곡(栗谷) 선생의 해주 사창향약(海州社倉鄕約)과 서원향약 입의(西原鄕約立議)등을 참작하여 첨삭하고 과목(科目)과 조목(條目)별로 구분하여 다시 서문(序文)을 붙여 도내에 반포함과 아울러 시행에 옮기려 할 즈음 교체 발령으로 중지되었다.

광해군 원년(光海君元年) 겨울에 돌아와 동지중추부사(同知中樞府事)로 옮겼다. 광해군 2년(1610) 봄에 사국 당상(史局堂上)을 겸하여 《선조실록(宣祖實錄)》의 편수에 착수하고 가을에 강원감사(江原監司)로 나갔다. 광해군 3년(1611) 겨울에 돌아와 동지중추부사로 옮기고 참판 목장흠(睦長欽) 공의 청에 의하여 《기묘제현록(己卯諸賢錄)》의 서문(序文)과 발(跋)을 지었다. 광해군 4년(1612) 여름 춘천부사(春川府使)로 나갔다. 평소부터 지방 자율(地方自律)과 자치제(自治制)를 이상적으로 생각한 공은 부임과 동시에 여씨향약의 실현을 위하여 《여씨향약》 권말(卷末)에 의견을 붙여 간행 반포하였다. 한편 풍속 개량에는 문풍 진작(文風振作)이 앞서야 한다고 생각한 공은 우리나라 도의 철학(道義哲學)의 상징인 퇴계 선생을 학문의 구심점으로 삼기 위하여 당지 유림(當地儒林)들의 협조를 얻어 문암서원(文巖書院)을 창건했다. 당(堂)과 재(齋) 등을 모두 갖추어 인재양성의 기반을 마련하였으니, 그 전말이 공이 지은 〈문암서원기(文巖書院記)〉에 기록되어 있다.

광해군 7년(1615) 동지중추부사로 돌아왔다. 광해군 9년(1617) 인목대비(仁穆大妃)를 폐하려는 정청(庭請)에 참여치 않고 처벌의 명을 강서우사(西江寓舍)에서 대죄하였다.

1098) **고시(考試)** : 과거(科擧)의 성적을 살펴서 등수를 매기던 일을 말한다. 여기서는 강경(講經)을 고시(考試)하던 일로 보인다.

광해군 10년(1618) 사은사(謝恩使)로 명나라에 가서 광해군 11년에 돌아와 동지중추부사로 옮기고 광해군 12년(1620) 공의 나이 칠순에 이르자, 전례에 의해 기로소(耆老所)에 들어갔다. 광해군 13년(1621) 가을에 조정의 동료들과 기영회(耆英會)를 조직하였다. 회원 모두가 공경대부로서 좌의정 심희수(沈喜壽), 대제학 유근(柳根), 영의정 박승종(朴承宗) 등 10여명의 명단이 공이 지은 〈기영회소서(耆英會小序)〉에 보인다.[1099)]

인조(仁祖) 원년(1623)에 지돈녕부사(知敦寧府事)에 임명되고 곧 이어 대사간(大司諫)에 임명되었으나 의리상 이를 사양하였으니, 그것은 폐세자(廢世子) 탄핵의 소(疏)를 요구했기 때문이었다.

그해 가을에 졸(卒)하니, 인조는 조회를 폐하고 철시(撤市)하고는 예관(禮官)을 보내 조의와 제문(祭文)을 내리고 특히 이조판서에 추증하였다.

공은 효자시니, 《효경(孝經)》에 '효에는 서민(庶民)의 효가 있고, 사대부(士大夫)의 효가 있고, 경대부(卿大夫)의 효가 있다'고 했다. 그것은 지위와 환경에 따라 방법과 차원이 다르다는 것이다. 음식 공양(飮食供養)과 의복 절차(衣服節次)를 비롯하여 심지(心志)의 거처(居處)를 편안하게 받드는 것은 일반적 서민의 효일 것이요, 국가 사회(國家社會)에 업적(業績)이 있어 포상의 대상이 될 때 그 보람을 어버이에게 안겨드리는 것은 사대부[中]의 효일 것이요, 입신출세(立身出世)하여 이로 인해 그 어버이 지위도 높아져 많은 사람으로부터 존경받는 영광을 누리게 하는 것은 경대부[上]의 효일 것이다.

공은 일반적인 효를 다하면서 40년 동안 조석 문안(朝夕問安)을 하루도 거르지 않았고 삼년상 동안 여막에서 시묘(侍墓)하였다. 나라에 충성하고 백성에 혜택을 입혀 그 업적으로 벼슬이 높아지면서 그 추은(推恩)으로 선공(先公)에게 가자(加資)의 보람을 안겨 드렸다. 선공께서 80 대수(大壽)에 오르자 나라에서 우로은(優老恩)으로 가선대부 동지중추부사(嘉善大夫同知中樞府事)의 벼슬을 내렸다. 공은 이 영광을 현양(顯揚)하기 위해서 경수(慶壽) 잔치를 베풀었다. 그때의 경수도첩(慶壽圖帖)을 살펴보면, 당시 내빈으로 좌의정 김명원(金命

1099) 광해군 13년(1621)에 베풀어진 기로소(耆老所)의 연회 장면을 묘사한 규장각 소장의 〈기석설연지도(耆碩設宴之圖)〉가 전한다. 〈기석설연지도〉에는 기로회(耆老會)의 모습을 담은 그림과 심희수(沈喜壽)가 지은 서문과 찬시(讚詩) 그리고 참여자의 좌목(座目) 등으로 구성되어 있다. 좌목에는 심희수, 정인홍(鄭仁弘), 정창연(鄭昌衍), 한효순(韓孝純), 박홍구(朴弘耉), 조정(趙挺), 이광정(李光庭), 유근(柳根), 이준(李準), 조진(趙振), 신식(申湜), 남근(南瑾), 민인백(閔仁伯) 등 13명의 명단이 수록되어 있다. 참고로 심희수의 글은 《일송집(一松集)》에 〈기영회시병서(耆英會詩竝序)〉라는 제목으로 실려 있다.

元)·청평군(清平君) 한응인(韓應寅)·일송(一松) 심희수(沈喜壽)·판서 신잡(申磼)·판서 허성(許筬)·월사(月沙) 이정귀(李廷龜)·월정(月汀) 윤근수(尹根壽)·해고(海皐) 이광정(李光廷)·지봉(芝峰) 이수광(李睟光)·오봉(五峰) 이호민(李好閔)·청음(清陰) 김상헌(金尚憲) 등 명사(名士) 수십 인이다. 선조 신축년에서 갑진년까지 4년 동안 봄가을 두 차례씩 경수 잔치를 계속 하였다는 기록이 있다. 내빈 모두 헌수(獻壽)하고 어울려 춤을 추었으니, 월사 이정귀의 시구(詩句)에서 그 광경을 "계묘년 봄 경수 잔치에서 그대와 함께 아버님 앞에서 춤을 추었네.[癸卯春中慶壽宴 與君同舞北堂前]"라고 하였고, 동고(東皐) 최립(崔岦)은 〈경수도시서(慶壽圖詩序)〉에서 그때의 광경을 다음과 같이 적었다.

> "호조참판[식(湜)]과 승정원 우승지 군[용(涌)] 형제가 사제(私第)에서 그 대인(大人) 동추공(同樞公)을 위한 경수 잔치를 베풀었다. 기로석(耆老席)을 중심으로 조정을 옮겨 놓은 듯 공경대부가 한자리에 모였다. 경호원의 제벽소리에 거리가 요란하고 금관자(金貫子)의 화려한 빛이 연석(宴席)에 찬란하였다."

라고 하였다. 그로부터 70여 년 뒤인 숙종(肅宗) 경신년(1680)에 미수(眉叟) 허목(許穆)은 역시 《경수도시첩(慶壽圖詩帖)》 끝 장(章)에 평하기를 "축하시(祝賀詩) 수십 편 중에 정승만도 12인! 그 중에 백사(白沙) 이항복(李恒福)·한음(漢陰) 이덕형(李德馨)은 중흥 명상(中興名相)이요, 서평(西平) 한준겸(韓浚謙)·연흥(延興) 김제남(金悌男)은 국구(國舅)요, 문장가 8, 9인 가운데 동고(東皐) 최립(崔岦)이 대가(大家)요, 아계(鵝溪) 이산해(李山海)와 석봉(石峰) 한호(韓濩)는 명필가이다. 이들의 친필 모두 하나의 첩 속에 있으니, 아마도 백세 인물(百世人物)의 가장 거룩한 모임이었으리라."라고 덧붙였다.

여기서 이를 고찰할 때, 공은 실로 평생을 통하여 양친(養親)과 낙친(樂親)과 영친(榮親)의 효를 시종여일(始終如一)하게 한 효자 중의 효자라 하겠다. 인조(仁祖)도 이에 감동하여 곧 정려(旌閭)를 명했다. 그러나 오늘날엔 명정(命旌)한 판각(板刻)만이 남아 있다.

공은 우리에 알맞은 가례(家禮)를 하루 빨리 제정하여 절차(節次)를 통일시키겠다는 사명감에서 예서(禮書) 연구에 전념하였다. 이에 《주자가례(朱子家禮)》에서부터 다시 《의례(儀禮)》·《예기(禮記)》·《가례통전(家禮通典)》·《의절(儀節)》 등을 참작하여 우리 전통에 맞지 않는 부분과 어색한 자구(字句)를 뜯어 고치는 한편 한강(寒岡) 정구(鄭逑)·사계(沙溪) 김장생(金長生) 두 선생과 질의문답(質疑問答)을 통하여 상호간 보익(補益)이 많았다. 특히 길흉(吉凶)에 따른 절문(節文)·도수(度數)·동이(同異)를 분별하기 위하여 광범위한 문헌 수집과 다방면한 연구를 거듭하여 조목별로 분류하여 마침내 《의례고증(儀禮攷證)》 13권과 일반 대중이 알아보기 쉽도록 언문(諺文)으로 번역한 《가례언해(家禮諺解)》 5권을 편찬하였다. 이를 열람한 우복(愚伏) 정경세(鄭經世) 선생은 '이 책이야말로 가례(家禮)의 지극한 보배'라고 격찬하였고, 사계 김 선생은 '내용과 절차가 상세하면서 완전무결하다'고 탄상(嘆賞)하였다. 실로 우리나라 최초의 가례서(家禮書)로서 공의 일생정력(一生精力)의 결정이라 하겠다. 그러나 《의례고증》은 간행에 앞서 병자호란으로 소실되었으니, 가석(可惜)한 일이다. 여기서 특기(特記)할 것은 공의 5대조 문충공(文忠公)은 《국가오례의(國朝五禮儀)》를 편수하였고, 계씨 감사공 용(涌)은 《의례고람(儀禮考覽)》 6권과 《상례통재(喪禮通載)》 2권과 《오복통고(五服通考)》 2권을 저술하였고, 감사공의 현손 좌윤공 근(近)은 《의례유설(儀禮類說)》 5권을 남겼으니, 실로 공의 일문(一門)은 전통적인 예학가(禮學家)라 하겠다.

큰 뿌리에서 큰 나무가 자리듯이 큰 인맥에서 큰 인물이 나오기 마련이다. 공의 장남 득자(得滋)는 괴산군수(槐山郡守)요, 차남 득연(得淵)은 문과급제하여 이조참판(吏曹參判)이다. 장녀는 김덕민(金德民)의 처이니, 정유재란 때 왜병을 척살하고 이어 자결함으로써 보은(報恩) 종곡(鍾谷)에 '고령신씨 의열문(高靈申氏義烈門)'이 서 있고, 바로 그 외손자가 남인(南人)의 영수 백호(白湖) 윤휴(尹鑴)다. 차녀는 우홍업(禹弘業)의 처이니, 그 손서(孫婿)가 영상(領相) 권대운(權大運)이요, 삼녀는 우의정 강석기(姜碩期)의 처이니, 그 딸이 곧 소현세자빈(昭顯世子嬪) 강씨(姜氏)이다.

《고령신씨세보 을해 청주보(高靈申氏世譜 乙亥淸州譜)》